A Common-Sense Guide to
Data Structures and Algorithms in Python, Volume 1

진짜 쉬운

자료 구조와 알고리즘

파이썬 편

A Common-Sense Guide to Data Structures and Algorithms in Python, Volume 1
by Jay Wengrow

진짜 쉬운 자료 구조와 알고리즘 파이썬 편

초판 1쇄 발행 2025년 07월 21일 **지은이** 제이 웬그로우 **옮긴이** 심재철 **펴낸이** 한기성 **펴낸곳** (주)도서출판인사이트 **편집** 이슬 **교정교열** 김나희 **영업마케팅** 김진불 **제작·관리** 이유현 **용지** 유피에스 **출력·인쇄** 예림인쇄 **제본** 예림원색 **등록번호** 제2002-000049호 **등록일자** 2002년 2월 19일 **주소** 서울특별시 마포구 연남로5길 19-5 **전화** 02-322-5143 **팩스** 02-3143-5579 **이메일** insight@insightbook.co.kr **ISBN** 978-89-6626-480-3 책값은 뒤표지에 있습니다. 잘못 만들어진 책은 바꾸어 드립니다. 이 책의 정오표는 https://blog.insightbook.co.kr에서 확인하실 수 있습니다.

진짜 쉬운

자료 구조와 알고리즘 파이썬 편

제이 웬그로우 지음 | 심재철 옮김

인사이트

차례

1장   자료 구조가 중요한 이유   1

2장   알고리즘이 중요한 이유   21

추천의 글

모든 학생과 프로그래머는 알고리즘과 자료 구조가 양질의 소프트웨어를 만들 때는 물론이고, 최고의 회사에 취업하기 위해 얼마나 중요한지 알고 있지만, 이 주제를 실제로 명확하게 설명하는 자료는 거의 없습니다. 이 책은 그 점에서 다릅니다! 파이썬의 단순함과 알아야 할 내용을 상세히 설명하는 제이의 능력이 결합되어 훌륭한 조합을 이룹니다. 소프트웨어 엔지니어라면 반드시 읽어 볼 만한 가치가 있는 책입니다.

린든 퍼셀(Lyndon Purcell), OK200 소프트웨어 개발자

이 책은 때때로 난해할 수 있는 알고리즘 내용을 풀어내면서도 직접적이고 친근한 문체로 독자의 참여를 유도하는 보기 드문 책 중 하나입니다. 프로그래밍 능력을 향상하기 위해 알고리즘을 파고들려는 모든 사람에게 이 책을 강력히 추천합니다.

테리 페퍼스(Terry Peppers), LogicGate 부사장

코딩 초보자로서 알고리즘에 관한 많은 책을 읽었지만, 제이의 책은 독자가 수학 천재라고 가정하지도 않고 거들먹거리지도 않는 유일한 책입니다. 책의 시작부터 그는 멘토이자 친구로서 독자의 학습과 이해를 독려합니다.

케이티 더글러스(Katy Douglas), 오픈 대학교 학생

이 책은 자료 구조와 알고리즘의 기본 개념을 이해하고자 하는 개인에게 탁월한 참고서이며, 특히 컴퓨터 과학에 대한 사전 지식이 없거나 부족한 사람들에게 이상적인 입문서 역할을 합니다. 복잡한 알고리즘을 재치 있는 그림과 예제로 설명하여 읽는 재미를 더해 줍니다.

아마드 샤바(Ahmad Shahba), Science Systems and Applications, Inc. 수석 소프트웨어 엔지니어

소화하기 쉽고 친근한 내용 덕분에 다소 난해하고 수학적인 전문 용어가 많은 자료 구조와 알고리즘 분야라도 누구나 쉽게 접근할 수 있습니다. 공부하는 동안 다른 언어로 전환하는 게 불편했다면 개념을 오직 파이썬으로만 설명하는 이 책이 제격 입니다. 이 책과 함께라면 틀림없이 성공할 수 있습니다!

파 제이크(Paa JAKE), 소프트웨어 테스트 엔지니어

옮긴이의 글

"정성과 최선을 다했습니다."

독자 여러분께 드리고 싶은 제 진심을 한마디로 담았습니다. 그동안 여러 책에서 그래 왔듯이, 원고를 신중하게 작성하고, 여러 번 검토·수정하여 이 책을 완성했습니다.

컴퓨터 과학의 세계는 흥미롭고 빠르게 변화하는 곳입니다. 새로운 기술과 아이디어들이 끊임없이 등장하며, 기존의 문제 해결 방식도 끊임없이 발전하고 있습니다. 이러한 변화 속에서도 변함없이 중요한 것은 바로 자료 구조와 알고리즘입니다. 자료 구조는 데이터를 효율적으로 저장하고 관리하는 방법을 제공하며, 알고리즘은 데이터를 처리하고 문제를 해결하는 데 필요한 단계적인 절차를 정의합니다.

자료 구조와 알고리즘은 프로그래밍의 기초가 되는 것은 물론이고 프로그램의 성능과 효율성을 결정하는 중요한 역할을 합니다. 이 책을 처음 접했을 때 제가 그동안의 실무 경험에서 어렵게 생각했던 자료 구조와 알고리즘을 시각적인 그림과 유용한 파이썬 구현 코드로 알기 쉽게 설명하여 무척 놀랐습니다. 학교의 정규 과정이나 기타 외부 교육 과정에서 이 책과 같은 접근 방식으로 자료 구조와 알고리즘을 교육한다면 아주 효과적으로 학습할 수 있겠다는 생각이 듭니다. 이 책을 끝까지 읽고 실습 코드를 작성하면 자료 구조와 알고리즘을 더 확실하게 여러분의 지식과 능력으로 만들 수 있을 것입니다.

이 책을 출간하는 데 많은 도움을 주신 인사이트 출판사 한기성 대표님, 이슬 편집자님께 진심으로 감사드립니다. 또한 더 좋은 책이 되도록 수고해 주신 김나희 님과 윤영준 디자이너님께도 감사드립니다. 끝으로 항상 곁에서 조력해 주는 제 가족(아내, 아들, 딸)에게 고마움을 전합니다.

독자 여러분의 건투와 발전을 기원합니다!

심재철

지은이의 글

자료 구조와 알고리즘은 추상적인 개념 그 이상입니다. 이를 숙지하면 **효율적인** 코드를 작성할 수 있게 되어 더 빠르게 실행되고 메모리를 덜 소비하는 소프트웨어를 만들 수 있습니다. 오늘날의 소프트웨어 애플리케이션은 모바일 중심으로 발전하고 있고 점점 더 많은 데이터를 처리해야 하기 때문에 효율적인 코드 작성은 매우 중요해지고 있습니다.

하지만 이러한 주제를 다루는 대부분 자료의 문제점은, 글쎄요... 난해하다는 것입니다. 텍스트 대부분이 수학 용어로 가득해 수학자가 아니라면 도대체 무슨 말인지 파악하기 어려울 수 있습니다. 알고리즘을 '쉽게' 설명한다고 주장하는 책조차도 독자가 고급 수학 학위를 가지고 있다고 가정하는 것 같습니다. 이런 이유로 너무 많은 사람들이 자신은 이러한 개념을 이해할 만큼 '똑똑하지 않다'고 생각하며 이를 피합니다.

하지만 사실 자료 구조와 알고리즘에 관한 모든 것은 결국 상식 안에서 이해할 수 있습니다. 수학 표기법이란 그저 하나의 언어일 뿐이며 수학에서 다루는 모든 내용도 상식적인 용어로 설명할 수 있습니다. 이 책에서는 바로 그 상식적인 언어(그리고 많은 그림!)를 사용하여 간단하고, 감히 말하건대 쉽고 흥미 있는 방식으로 설명할 것입니다.

이러한 개념을 이해하면 효율적이며 빠르고 간결한 코드를 작성할 수 있습니다. 다양한 코드 대안의 장단점을 비교하고, 주어진 상황에 어떤 코드가 가장 적합한지 현명하게 판단할 수 있게 됩니다.

이 책에서 저는 이러한 개념을 **오늘 바로** 활용할 수 있도록 현실적이고 실용적인 아이디어로 설명하기 위해 노력했습니다. 물론 이 과정에서 정말 멋진 컴퓨터 공학을 배우게 됩니다. 여기에 그치지 않고 추상적으로 보이는 내용을 직접 실용적으로 만드는 데 중점을 두었습니다. 책을 마칠 즈음에는 더 나은 코드와 더 빠른 소프트웨어를 작성할 수 있을 것입니다.

대상 독자

이 책은 다음과 같은 독자에게 적합합니다.

- 자료 구조와 알고리즘을 쉬운 글로 설명하는 도서를 원하는 컴퓨터 과학 학부생에게 적합합니다. 이 책은 여러분이 사용 중인 교과서를 보완하는 역할을 할 수 있습니다.
- 기본적인 프로그래밍을 알고 있지만 더 나은 코드를 작성하고, 프로그래밍 지식과 기술을 향상하기 위해 컴퓨터 과학의 기초를 배우고 싶은 초보 개발자에게 적합합니다.
- 정규 컴퓨터 과학을 배운 적이 없는 독학 개발자(또는 배웠지만 다 잊어버린 개발자!)로, 자료 구조와 알고리즘의 능력을 활용하여 보다 확장 가능하고 간결한 코드를 작성하고 싶은 사람들에게 적합합니다.

여러분이 누구든 실력이 서로 달라도 누구나 읽고 즐길 수 있도록 이 책을 쓰려고 노력했습니다.

파이썬 에디션

파이썬 애호가 여러분, 기뻐하세요! 이 책의 모든 코드는 파이썬으로 작성되었습니다. 이 책의 초판인 《A Common-Sense Guide to Data Structures and Algorithms》 (2020년 《누구나 자료 구조와 알고리즘》 개정 2판(길벗, 2021) 출간)은 하나의 언어를 고르지 않고 여러 프로그래밍 언어를 사용해 집필했습니다. 자료 구조와 알고리즘이 컴퓨팅 전반에 걸쳐 적용되는 개념이므로 이 책이 특정 언어에만 유용한 책으로 비춰지지 않기를 바랐기 때문이었습니다.

수년간 독자들로부터 언어별 버전이 나왔으면 좋겠다는 피드백을 받았습니다. 특정 프로그래밍 언어로 작업할 때 모든 코드가 그 언어로 작성된 책이 있으면 좋지 않을까요?

그래서 저는 《A Common-Sense Guide to Data Structures and Algorithms》의 새로운 단일 언어 버전을 만들기로 했습니다. 그 첫 번째 책이 바로 지금 여러분이 읽고 있는 파이썬 버전입니다! 자료 구조와 알고리즘에 대해 다룰 내용이 너무 많기 때문에 책을 두 권으로 나눴습니다. 이 책은 시리즈 중 첫 번째 책입니다. 이 책에서는 이러한 개념의 기초를 다지고 가장 일반적인 자료 구조와 알고리즘을 다룹니다. 두 번째 책에서는 이 지식을 바탕으로 더 심화된 아이디어와 기법을 소개하여 수준을 더 높일 것입니다.

코드에 대하여

저는 (대부분) PEP 8 표준을 따르고 파이썬 버전 2와 버전 3 모두에서 똑같이 실행되도록 코드를 작성하기 위해 노력했습니다. 이제 여러분이 선택한 파이썬 언어로 예제 코드를 즐겁게 읽을 수 있습니다.

그러나 이 책에서 소개하는 개념은 사실상 모든 프로그래밍 언어에 적용할 수 있다는 점을 강조하고 싶습니다. 그리고 파이썬에 익숙하지 않은 독자도 이 책을 읽을 것이라 예상하기 때문에 다른 언어를 사용하는 사람들이 지나치게 당황할 수 있다고 생각되는 파이썬 특유의 표현은 일부러 피하기도 했습니다. 코드를 파이썬답게 유지하면서 파이썬을 모르는 독자들도 쉽게 이해할 수 있도록 균형을 잡는 것이 까다로웠지만, 대부분의 독자가 만족하도록 균형을 잡기 위해 최선을 다했습니다.

이 책에 실린 거의 모든 코드는 책의 웹 페이지[1]에서 온라인으로 받을 수 있습니다. 코드 저장소에는 자동화된 테스트도 포함되어 있습니다! 책에는 테스트가 나오지 않으니 꼭 확인하길 바랍니다.

'코드 구현'이라는 제목 아래에는 좀 더 긴 코드가 있습니다. 이 예제 코드를 공부하는 것이 좋지만, 책의 다음 부분으로 넘어가기 위해 마지막 줄까지 모두 이해할 필요는 없습니다. 긴 코드가 부담스럽다면 지금은 그냥 훑어보거나 건너뛰세요.

마지막으로 이 책에 실린 코드는 '실제 운영 환경에 바로 사용할 수 있는' 코드가 아니라는 점을 알려 드리고 싶습니다. 개념을 명확히 전달하는 데 중점을 두었으며, 코드를 가능한 한 완성도 있게 만들려고 노력했지만 모든 예외 상황을 다루지는 않았습니다. 코드를 더 최적화할 수 있는 여지가 충분하니 마음껏 수정해 보세요.

이 책의 구성

짐작했겠지만 이 책은 자료 구조와 알고리즘에 대해 꽤 많이 이야기합니다. 구체적으로 책의 구성은 다음과 같습니다.

---

1 *https://pragprog.com/titles/jwpython*

1장의 '자료 구조가 중요한 이유', 2장의 '알고리즘이 중요한 이유'에서는 자료 구조와 알고리즘이 무엇인지 설명하고, 알고리즘의 속도를 결정하는 데 사용되는 시간 복잡도의 개념을 살펴봅니다. 그 과정에서 배열, 집합, 이진 검색에 대해서도 많이 이야기합니다.

3장의 '빅 오 표기법'에서는 빅 오 표기법을 소개하고 이해하기 쉬운 용어로 설명합니다. 이 표기법은 책 전체에서 사용되므로 이 장은 매우 중요합니다.

4장의 '빅 오로 코드 속도 향상하기', 5장의 '빅 오를 사용하거나 사용하지 않는 최적화', 6장의 '낙관적인 시나리오 최적화'에서는 빅 오 표기법에 대해 자세히 알아보고, 일상적인 코드를 더 빠르게 만드는 데 빅 오를 사용해 봅니다. 이 과정에서 버블 정렬, 선택 정렬, 삽입 정렬을 비롯한 다양한 정렬 알고리즘도 다룹니다.

7장의 '일상적인 코드에서의 빅 오'에서는 빅 오 표기법에 대해 배운 모든 것을 적용하고 실제 코드의 효율성을 분석해 봅니다.

8장의 '해시 테이블을 사용한 초고속 조회', 9장의 '스택과 큐로 간결한 코드 작성하기'에서는 해시 테이블, 스택, 큐를 비롯한 몇 가지 자료 구조에 대해 추가로 설명합니다. 그 다음에 재귀가 코드의 속도와 간결함에 어떤 영향을 미치는지, 그리고 실제 문제를 해결하는 데 어떻게 재귀를 사용할 수 있는지 보여 줍니다.

10장의 '재귀를 사용한 재귀적 반복'에서는 컴퓨터 과학의 핵심 개념인 재귀를 소개합니다. 이 장에서는 재귀를 세분화하여 어떤 상황에서 재귀가 어떻게 훌륭한 도구가 될 수 있는지 살펴봅니다. 11장의 '재귀적으로 작성하는 법'에서는 익숙하지 않으면 혼란스러울 수 있는 재귀 코드를 작성하는 방법을 알려 줍니다.

12장의 '동적 프로그래밍'에서는 재귀 코드를 최적화하고 제어 불능 상태가 되는 것을 방지하는 방법을 보여 줍니다. 그리고 13장의 '속도를 높이는 재귀 알고리즘'에서는 퀵 정렬 및 퀵 선택과 같은 초고속 알고리즘을 재귀 기반으로 구현하는 방법을 보여 주며, 알고리즘 개발 기술을 몇 단계 끌어올려 줍니다.

이어지는 14장의 '노드 기반 자료 구조', 15장의 '이진 탐색 트리로 속도 향상', 16장의 '힙으로 우선순위 관리하기', 17장의 '트라이를 알아 둬서 나쁠 건 없다', 18장의 '그래프 하나로 전부 연결하기'에서는 연결 리스트, 이진 트리, 힙, 트라이 및 그래프를 포함한 노드 기반 자료 구조를 살펴보고, 각 구조가 다양한 애플리케이션에 어떻게 이상적으로 활용되는지 보여 줍니다.

19장의 '공간 제약 처리하기'에서는 디스크 공간이 상대적으로 작은 디바이스에서 프로그래밍할 때와 빅 데이터를 다룰 때 중요한 공간 복잡도를 살펴봅니다.

마지막 장인 20장의 '코드 최적화 기법'에서는 코드의 효율성을 최적화하기 위한 다양한 실용적 기법을 안내하고, 일상적으로 작성하는 코드를 개선할 수 있는 참신한 아이디어를 제공합니다.

이 책을 읽는 방법

이 책은 순서대로 읽어야 합니다. 어떤 책은 각 장을 독립적으로 읽을 수 있고 조금 건너뛸 수도 있지만, **이 책은 그렇지 않습니다.** 각 장은 이전 장들을 읽었다고 가정하며, 진도를 나가면서 이해도를 높일 수 있도록 세심하게 구성되어 있습니다.

그러나 책의 후반부에는 서로 완전히 독립적인 장도 있습니다. 다음 그림을 보면 어떤 장을 먼저 읽어야 하는지 알 수 있습니다.

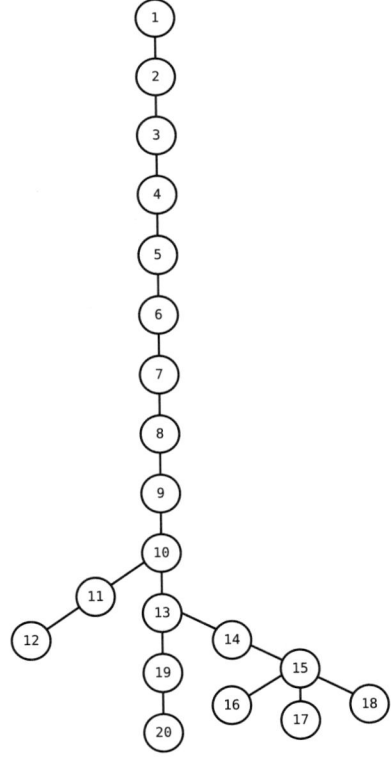

원한다면 기술적으로는 10장에서 13장으로 건너뛸 수 있습니다. (아! 그리고 이 그림은 **트리**라는 자료 구조를 기반으로 합니다. 15장에서 이에 대해 배울 것입니다.)

한 가지 중요한 점은, 이 책의 내용을 쉽게 이해할 수 있도록 특정 개념을 처음 소개할 때 모든 내용을 한꺼번에 설명하지는 않았습니다. 때때로 복잡한 개념을 세분화하는 가장 좋은 방법은 개념의 작은 부분을 먼저 설명하고 그 부분을 이해한 후에 다음 부분을 소개하는 것입니다. 제가 특정 용어를 이렇게 저렇게 정의했다고 해서 그 주제에 대한 내용을 전부 읽을 때까지는 교과서적인 정의로 단정하지 마세요.

이는 일종의 절충안입니다. 이 책을 쉽게 풀어내기 위해 모든 문장을 학문적으로 완벽하고 정확한지 확인하는 대신, 처음에는 특정 개념을 다소 단순화했다가 점차 명확히 설명하는 방식을 택했습니다. 하지만 마지막에는 정확한 전체 그림을 볼 수 있으니 너무 걱정하지 마세요.

온라인 리소스

이 책에 대한 웹 페이지[2]가 pragprog.com에 있습니다. 여기서 더 자세한 정보를 찾고, 예제의 소스 코드를 받고, 오류와 오타 등을 제보하여 책을 개선하는 데 도움을 줄 수 있습니다.

또한 제 웹사이트[3]에 제 글에 대한 업데이트를 게시했습니다. 이 사이트에서 제 책에 대한 추가 정보와 함께, 저와 동료들이 모든 종류의 기술과 개념을 '상식적인' 접근 방식으로 설명하는 동영상 튜토리얼을 찾을 수 있습니다. 직원 교육도 가능합니다! 코드 효율성과 소프트웨어 개발 기술의 수준 향상에 관한 모든 종류의 주제를 다루며, 여기에는 다음과 같은 내용이 포함됩니다.

• 유지보수 가능한 코드 작성
• 리팩터링
• 단위 테스트
• 그리고 물론, 효율적인 코드 작성!

---

2   *https://pragprog.com/titles/jwpython*
3   *https://commonsensedev.com*

저와 제 동료들은 다양한 기술을 가르치고 있으며, 항상 '상식적인' 방식으로 설명하는 커리큘럼을 개발합니다. 자세한 내용은 앞서 언급한 웹사이트[4]에서 확인할 수 있습니다.

연락

저는 독자 여러분과의 소통을 좋아합니다. LinkedIn[5]에서 저를 찾아 주세요. 이 책의 독자라고 메시지를 보내면 연결 요청을 기꺼이 수락하겠습니다. 여러분의 연락을 기다리겠습니다!

제이 웬그로우

---

4   *https://commonsensedev.com*
5   *https://www.linkedin.com/in/jaywengrow*

감사의 글

책을 쓰는 일이 혼자하는 일처럼 보일지 모르지만, 이 책을 쓰는 여정에서 저를 도와준 **많은** 분들이 없었다면 이 책은 탄생할 수 없었을 것입니다. **모든** 분께 개인적으로 감사의 말씀을 전하고 싶습니다.

저의 멋진 아내 레나에게. 내게 시간을 쏟고 정서적으로 지원해 주어 고맙습니다. 은둔자처럼 웅크린 채 글을 쓰는 동안 모든 일을 돌봤으니까요. 사랑스러운 아이들, 투비, 레아, 샤야, 라미, 예치엘에게. '알고리즘'에 관한 책을 쓰는 동안 인내심을 갖고 기다려 줘서 고마워. 그래, 드디어 완성됐단다.

부모님께(하워드 웬그로우, 데비 웬그로우). 컴퓨터 프로그래밍에 대한 관심을 처음 심어 주시고 그 길을 걷도록 도와주셔서 감사합니다. 아홉 번째 생일에 컴퓨터 과외를 받은 것이 제 경력의 출발점이 될 줄, 그리고 이 책까지 쓰게 될 줄은 아마 모르셨을 거예요.

아내의 부모님께(폴 핑커스, 크라인델 핑커스). 저와 제 가족을 항상 응원해 주셔서 감사합니다. 두 분의 지혜와 따뜻함은 저에게 큰 의미가 있습니다.

처음 프래그매틱 북셀프(Pragmatic Bookshelf)에 원고를 제출했을 때는 꽤 괜찮다고 생각했습니다. 하지만 그곳에서 일하는 모든 훌륭한 분들의 전문 지식과 제안, 요구 덕분에 이 책은 제가 혼자 썼을 때보다 훨씬 더 좋은 책이 되었습니다.

먼저 파이썬 에디션을 빠르게 완성하는 동시에 책의 품질을 향상시킨 편집자 캐서린 드보르작에게 감사의 말을 전하고 싶습니다.

또한 이 프로젝트를 감독해 주신 프래그매틱 북셀프의 편집장 태미 코론에게도 감사의 말씀을 전하고 싶습니다. (그리고 모든 파이썬 관련 이미지를 만들어 주셔서 감사합니다!)

글쓰기에 최고인 출판사를 이끄는 것은 물론이고, 이 책의 언어별 판본을 만들겠다는 저의 비전을 지지하고 공유해 준 프래그매틱 북셀프의 CEO인 데이브 랜킨에게 감사합니다.

초판의 편집자인 브라이언 맥도널드에게. 이 책이 어떻게 쓰여야 하는지 알려 줘서 감사합니다. 이 책에는 당신의 흔적이 고스란히 담겨 있습니다.

뛰어난 재능을 가진 소프트웨어 개발자이자 아티스트인 콜린 맥거킨에게. 제 악필을 아름다운 디지털 이미지로 바꿔 줘서 감사합니다. 당신의 뛰어난 기술과 디테일에 대한 세심한 배려로 만들어 낸 멋진 비주얼이 없었다면 이 책은 아무것도 아니었을 것입니다.

운 좋게도 많은 전문가들이 이 책을 검토해 주었습니다. 여러분의 피드백은 이 책이 최대한 정확한 책이 되는 데 큰 도움이 되었습니다. 모든 분께 감사의 말씀을 드립니다.

초판의 검토자는 다음과 같습니다. 알레산드로 바가트(Alessandro Bahgat), 이보 발바르트(Ivo Balbaert), 리날도 보나초(Rinaldo Bonazzo), 알베르토 보스케티(Alberto Boschetti), 마이크 브라운(Mike Browne), 크레이그 캐스텔라즈(Craig Castelaz), 제이콥 채(Jacob Chae), 하비에르 콜라도(Javier Collado), 줄피카르 다르마완(Zulfikar Dharmawan), 아시시 딕시트(Ashish Dixit), 댄 다이바스(Dan Dybas), 에밀리 엑달(Emily Ekhdal), 모하메드 푸아드(Mohamed Fouad), 데릭 그레이엄(Derek Graham), 닐 헤이너(Neil Hainer), 피터 햄프턴(Peter Hampton), 로드 힐턴(Rod Hilton), 제프 홀랜드(Jeff Holland), 제시카 자니우크(Jessica Janiuk), 애런 칼레어(Aaron Kalair), 슈테판 캄퍼(Stephan Kamper), 그랜트 카잔(Grant Kazan), 아룬 S. 쿠마르(Arun S. Kumar), 션 린지(Sean Lindsay), 나이젤 로리(Nigel Lowry), 조이 매카프리(Joy McCaffrey), 대리 머컨스(Dary Merckens), 누란 므흐무드(Nouran Mhmoud), 케빈 미첼(Kevin Mitchell), 데이비드 모건(Daivid Morgan), 브렌트 모리스(Brent Morris), 자스딥 나랑(Jasdeep Narang), 에마누엘레 오리지(Emanuele Origgi), 스티븐 오르(Stephen Orr), 케네스 패레크(Kenneth Parekh), 제이슨 파이크(Jason Pike), 샘 로즈(Sam Rose), 아욘 로이(Ayon Roy), 프랭크 루이즈(Frank Ruiz), 브라이언 샤우(Brian Schau), 티보르 시믹(Tibor Simic), 마테오 바카리(Matteo Vaccari), 미첼 볼크(Mitchell Volk), 스티븐 울프(Stephen Wolff), 피터 W. A. 우드(Peter W. A. Wood).

이번 파이썬 에디션의 리뷰어는 다음과 같습니다. 콘너 바스킨(Connor Baskin), 케이티 더글라스(Katy Douglas), 츠비 프리드먼(Tzvi Friedman), 조이 갈로타(Joey Gallotta), 로드 힐턴(Rod Hilton), 파 제이크(Paa JAKE), 패트릭 니콜라우스(Patrick Nikolaus), 네이선 페냐(Nathan Pena), 테리 페퍼스(Terry Peppers), 린던 퍼셀(Lyndon Purcell), 코디 러트(Cody Rutt), 브라이언 샤우(Brian Schau), 아흐마드 샤바(Ahmad Shahba), 조 야키치(Joe Yakich).

공식 리뷰어뿐만 아니라 제가 책을 계속 집필하고 편집하는 동안 피드백을 주신 모든 베타 리더에게도 감사의 말씀을 전하고 싶습니다. 여러분의 제안, 의견, 질문은 매우 귀중한 도움이 되었습니다.

또한 액추얼라이즈(Actualize)의 모든 직원, 학생, 동문 여러분께도 감사의 말씀을 드립니다. 이 책은 원래 액추얼라이즈 프로젝트였으며 여러분 모두가 다양한 방식으로 기여해 줬습니다. 특히 이 책을 쓸 수 있도록 아이디어를 준 루크 에반스에게 감사의 말을 전하고 싶습니다.

이 책을 현실로 만든 모든 분께 감사드립니다.

자료 구조가 중요한 이유

사람들이 코딩을 처음 배울 때는 코드가 제대로 실행되는 데 집중하며, 또한 **그래야 한다.** "코드가 실제로 작동하는가?"라는 간단한 기준으로 코드를 평가한다.

하지만 소프트웨어 엔지니어로서 경험을 쌓아 가면서 코드 **품질**에 대해 더 다양한 측면과 미묘한 차이를 이해하게 된다. 두 코드가 같은 작업을 수행하더라도 더 **나은** 품질의 코드가 있다는 것을 배우게 된다.

코드 품질은 매우 다양한 척도로 평가할 수 있다. 한 가지 중요한 척도는 유지보수성인데, 여기에는 가독성, 구조, 모듈화 같은 측면이 포함된다.

한편 고품질 코드의 또 다른 척도는 코드 **효율성**이다. 예를 들어 같은 목표를 달성하는 두 개의 코드가 있지만 하나가 **다른 하나보다 더 빠르게 실행될** 수 있다.

2부터 100까지 모든 짝수를 출력하는 다음 두 함수를 살펴보자.

```python
def print_numbers_version_one():
    number = 2

    while number <= 100:
        # number가 짝수면 출력한다.
        if number % 2 == 0:
            print(number)
        number += 1

def print_numbers_version_two():
    number = 2

    while number <= 100:
        print(number)
```

```
# 정의에 따라 다음 짝수인 2만큼 숫자를 증가시킨다.
number += 2
```

둘 중 어느 함수가 더 빠르게 실행된다고 생각하는가?

두 번째 버전이라고 답했다면 정답이다. 첫 번째 버전은 루프를 100번 반복하는 반면, 두 번째 버전은 50번만 반복하기 때문이다. 따라서 첫 번째 버전은 두 번째 버전보다 단계가 두 배 더 많이 걸린다.

이 책은 **효율적인** 코드 작성을 다룬다. 뛰어난 소프트웨어 개발자로 거듭나려면 빠르게 실행되는 코드를 작성하는 능력을 갖춰야 한다.

빠른 코드를 작성하는 첫 번째 단계는 자료 구조(data structure)가 무엇이고, 다양한 자료 구조가 코드 실행 속도에 어떤 영향을 미치는지 이해하는 것이다. 그럼 시작해 보자.

1.1 자료 구조

데이터란 무엇일까?

데이터는 모든 유형의 정보를 지칭하는 광범위한 용어이며, 가장 기초적인 데이터에는 숫자와 문자열이 있다. 간단하지만 전형적인 'Hello World!' 프로그램에서 "Hello World!"라는 문자열도 데이터이다. 사실 가장 복잡한 데이터도 대개 숫자와 문자열로 분해된다.

자료 구조는 데이터를 **구성하는** 방식을 말한다. 이제 같은 데이터를 다양한 방식으로 구성하는 방법을 배울 것이다.

다음 코드를 살펴보자.

```
x = "Hello! "
y = "How are you "
z = "today?"

print(x + y + z)
```

이 간단한 프로그램은 데이터 세 개를 문자열 세 개로 출력하여 완전한 메시지 하나를 만든다. 이 프로그램에서 데이터가 어떻게 구성되는지 설명하자면, 독립적인 문자열 세 개가 각각의 변수 안에 포함되어 있다고 할 수 있다.

하지만 같은 데이터를 배열에 저장할 수도 있다.

```
array = ["Hello! ", "How are you ", "today?"]
print(array[0] + array[1] + array[2])
```

이 책에서는 단순히 데이터를 구조화하는 방법이 아니라 데이터 구성이 **코드의 실행 속도**에 미치는 영향이 크다는 점을 가르치고자 한다. 데이터를 어떻게 구성하느냐에 따라 프로그램 실행 속도가 크게 빨라지거나 느려질 수 있다. 또한 많은 데이터를 처리해야 하는 프로그램이나 수천 명이 동시에 사용하는 웹 앱을 개발한다면, 선택한 자료 구조에 따라 소프트웨어가 잘 실행될 수도 있고 처리량을 감당하지 못해 멈춰 버릴 수도 있다.

자료 구조가 개발 중인 소프트웨어의 성능에 미치는 영향을 제대로 파악한다면 빠르고 간결한 코드를 작성하는 노하우를 얻게 되고, 소프트웨어 엔지니어가 가져야 하는 전문성도 크게 키울 수 있다.

이 장에서는 배열(array)과 집합(set)이라는 두 가지 자료 구조를 분석하겠다. 두 자료 구조는 거의 비슷해 보이지만, 무엇을 선택하느냐에 따라 성능에 영향을 미칠 수 있다.

1.2 배열: 기본 자료 구조

배열은 컴퓨터 과학에서 가장 기본적인 자료 구조 중 하나이다. (파이썬에서는 내장 배열과 유사한 자료 구조를 리스트라고 부르지만, 여기서는 일반적인 컴퓨터 과학 용어에 따라 배열이라고 부르겠다.) 배열을 사용해 봤다면 배열이 데이터 요소(element)의 리스트라는 점을 알고 있을 것이다. 배열은 용도가 다양하며 여러 상황에서 유용한 도구로 사용될 수 있다. 간단한 예를 하나 살펴보자.

사용자가 마트에서 살 쇼핑 목록을 만들고 관리할 수 있는 애플리케이션의 소스 코드를 보는 중이라면 이런 코드가 있을 것이다.

```
array = ["apples", "bananas", "cucumbers", "dates", "elderberries"]
```

이 배열에는 다섯 개의 문자열이 포함되어 있는데, 각 문자열은 내가 마트에서 살 법한 식료품을 나타낸다. (엘더베리는 꼭 **먹어 봐야** 한다.)

배열에만 쓰이는 전문 용어를 알아 보자.

배열의 **크기**(size)는 배열에 얼마나 많은 데이터 요소가 들어 있는지를 나타낸다. 이 식료품 목록 배열은 값이 5개이므로 크기가 5이다.

배열의 **인덱스**(index)는 배열 내에서 데이터가 어디에 있는지 알려 주는 숫자이다.

대부분의 프로그래밍 언어에서 인덱스는 0부터 세기 시작한다. 예제 배열도 마찬가지로 "apples"는 인덱스 0, "elderberries"는 인덱스 4에 있는 것처럼 말이다.

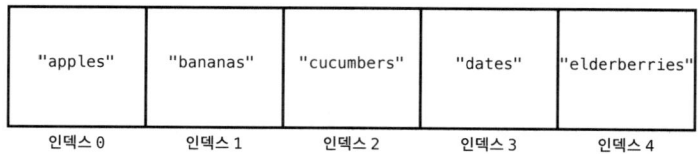

"apples"	"bananas"	"cucumbers"	"dates"	"elderberries"
인덱스 0	인덱스 1	인덱스 2	인덱스 3	인덱스 4

1.2.1 자료 구조 연산

배열과 같은 자료 구조의 성능을 이해하려면 코드가 해당 자료 구조와 일반적으로 어떻게 상호작용하는지 분석해야 한다.

많은 자료 구조는 네 가지 기본 방식으로 사용되는데, 이를 **연산**(operation)이라고 한다. 네 가지 연산은 다음과 같다.

- **읽기**(read): 읽기란 자료 구조의 특정 지점에서 무언가를 조회하는 것을 말한다. 배열에서는 특정 인덱스에서 값을 조회하는 것을 의미한다. 예를 들어 인덱스 2에 어떤 식료품이 있는지 조회하는 것은 배열에서 **읽기**에 해당한다.
- **검색**(search): 검색은 자료 구조에서 특정 값을 찾는 것을 말한다. 배열에서는 특정 값이 배열 내에 있는지, 있다면 어느 인덱스에 있는지 확인하는 것을 의미한다. 예를 들어 식료품 목록에서 "dates"(대추)가 있는지 인덱스를 찾는 것은 해당 배열에서 **검색**에 해당한다.
- **삽입**(insert): 삽입은 자료 구조에 새 값을 추가하는 것을 말한다. 배열에서는 배열에 추가되는 슬롯(slot)에 새 값을 넣는 것을 의미한다. 쇼핑 목록에 "figs"(무화과)를 추가하는 것은 해당 배열에서 새 값 **삽입**에 해당한다.

• **삭제(delete):** 삭제는 자료 구조에서 값을 제거하는 것을 말한다. 배열에서는 저장된 값 중 하나를 제거하는 것을 의미한다. 예를 들어 식료품 목록에서 "bananas"를 제거하는 것은 배열에서 **삭제**에 해당한다.

1장에서는 이러한 연산들을 각각 배열에 적용할 때 얼마나 빠른지 분석해 보겠다.

1.3 속도 측정

그러면 연산 속도는 어떻게 측정할까?

이 책에서 딱 하나만 배운다면, 연산이 얼마나 '빠른지' 측정할 때는 순수한 **시간** 관점에서 얼마나 빠른지가 아니라 **몇 단계**를 수행하는지를 논해야 한다.

앞서 2에서 100까지 짝수를 출력할 때 이런 식으로 한 적이 있다. 거기서 두 번째 버전의 함수는 첫 번째 버전의 함수보다 단계 수가 절반으로 줄어들어 더 빨랐다.

코드 실행 속도를 단계로 측정하는 이유는 무엇일까?

누구도 어떤 연산에 5초가 걸린다는 식으로 단정지어 말할 수 없기 때문이다. 어떤 컴퓨터에서는 코드 실행에 5초가 걸릴 수 있지만, 구형 하드웨어에서는 같은 코드가 더 오래 걸릴 수 있다. 또한 미래의 슈퍼컴퓨터에서는 훨씬 더 빠르게 실행될 수도 있다. 따라서 연산 속도를 시간으로 측정하면 실행하는 하드웨어에 따라 시간이 항상 달라지므로 신뢰할 수 없다.

대신 연산에 필요한 계산 **단계** 수로 연산 속도를 **측정할 수 있다.** 연산 A는 5단계가 필요하고 연산 B가 500단계가 필요하다면, **모든** 하드웨어에서 연산 A가 연산 B보다 항상 **빠르다**고 추정할 수 있다. 따라서 단계 수 측정이 연산 속도 분석의 핵심이다.

연산 속도를 측정하는 것은 **시간 복잡도**(time complexity)를 측정하는 것이라고도 한다. 이 책에서는 **속도, 시간 복잡도, 효율성, 성능, 실행 시간**이라는 용어를 혼용해서 사용하겠다. 이 용어는 모두 주어진 연산이 수행하는 단계 수를 나타낸다.

배열의 네 가지 연산에 대해 살펴보고 각 연산이 몇 단계가 걸리는지 알아보자.

1.4 읽기

가장 먼저 살펴볼 연산은 배열 내부의 특정 인덱스에 어떤 값이 있는지 조회하는 읽기이다.

컴퓨터는 딱 한 단계로 배열에서 읽을 수 있다. 이는 컴퓨터가 배열의 특정 인덱스로 이동하여 내부를 들여다볼 수 있기 때문이다. ["apples", "bananas", "cucumbers", "dates", "elderberries"]의 예에서 인덱스 2를 조회한다면 컴퓨터는 인덱스 2로 바로 이동하여 "cucumbers"라는 값이 있다고 알려 줄 것이다.

어떻게 컴퓨터는 딱 한 단계로 배열의 인덱스를 조회할 수 있을까? 그 방법을 알아보자.

컴퓨터의 메모리는 거대한 셀(cell)의 집합으로 볼 수 있다. 다음 그림의 셀 격자에서 일부는 비어 있고 일부는 데이터 비트를 포함하고 있다.

		9			16				"a"
			100						
					"hi"				
		22							
								"woah"	

이 그림은 컴퓨터 메모리가 내부에서 어떻게 작동하는지를 단순하게 나타냈지만 본질적인 개념을 잘 보여 준다.

프로그램에서 배열을 선언하면 해당 프로그램이 사용할 수 있도록 컴퓨터가 연속된 빈 셀들의 집합을 할당한다. 따라서 요소 5개를 저장하는 배열을 만들려면 컴퓨터는 빈 셀 5개가 연속적으로 있는 메모리를 찾아 프로그램이 사용할 배열로 지정한다.

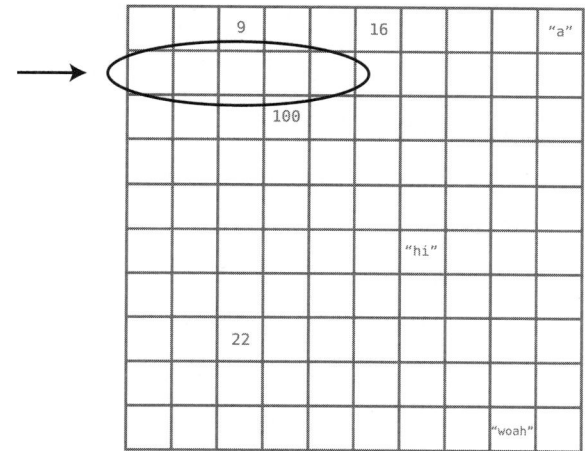

컴퓨터 메모리의 모든 셀에는 주소가 부여된다. 주소는 숫자로 표시된다는 점을 제외하면 도로명 주소(예: 123 Main St.)와 비슷하다. 각 셀의 메모리 주소는 이전 셀의 주소보다 1씩 더 크다. 다음은 각 셀의 메모리 주소를 보여 주는 그림이다.

1000	1001	1002	1003	1004	1005	1006	1007	1008	1009
1010	1011	1012	1013	1014	1015	1016	1017	1018	1019
1020	1021	1022	1023	1024	1025	1026	1027	1028	1029
1030	1031	1032	1033	1034	1035	1036	1037	1038	1039
1040	1041	1042	1043	1044	1045	1046	1047	1048	1049
1050	1051	1052	1053	1054	1055	1056	1057	1058	1059
1060	1061	1062	1063	1064	1065	1066	1067	1068	1069
1070	1071	1072	1073	1074	1075	1076	1077	1078	1079
1080	1081	1082	1083	1084	1085	1086	1087	1088	1089
1090	1091	1092	1093	1094	1095	1096	1097	1098	1099

다음 그림은 쇼핑 목록 배열의 인덱스와 메모리 주소다.

"apples"	"bananas"	"cucumbers"	"dates"	"elderberries"

메모리 주소:	1010	1011	1012	1013	1014
인덱스:	0	1	2	3	4

컴퓨터가 배열의 특정 인덱스에서 값을 읽을 때 해당 인덱스로 바로 이동할 수 있는 이유는 다음과 같은 사실이 복합적으로 작용하기 때문이다.

1. 컴퓨터는 모든 **메모리 주소**에 한 단계로 이동할 수 있다. 예를 들어 컴퓨터에 메모리 주소 1063에 있는 값을 찾으라고 요청하면 컴퓨터는 검색 과정을 거치지 않고도 해당 주소에 접근할 수 있다. 비유하자면 오른쪽 새끼손가락을 들어 보라고 했을 때 오른쪽 새끼손가락인지 찾으려고 모든 손가락을 들어 볼 필요 없이 바로 식별할 수 있는 것과 비슷하다.

2. 컴퓨터는 배열을 할당할 때마다 배열이 **시작되는** 메모리 주소도 기록한다. 따라서 컴퓨터에 배열의 첫 번째 요소를 찾으라고 요청하면 컴퓨터는 즉시 적합한 메모리 주소로 이동하여 해당 요소를 찾는다.

지금까지 위와 같은 사실들이 컴퓨터가 배열의 **첫 번째** 값을 어떻게 한 단계로 찾아내는지 설명했다. 하지만 컴퓨터는 어떤 인덱스 값도 간단한 덧셈으로 찾을 수 있다. 컴퓨터에 인덱스 3의 값을 찾으라고 요청하면 컴퓨터는 단순히 인덱스 0의 메모리 주소를 가져와 3을 더한다. (메모리 주소는 순차적이다.)

이를 쇼핑 목록 배열에 적용해 보겠다. 예제 배열은 메모리 주소 1010에서 시작한다. 따라서 컴퓨터에 인덱스 3의 값을 읽으라고 지시하면 컴퓨터는 다음과 같은 사고 과정을 거친다.

1. 해당 배열은 인덱스 0부터 시작하며 인덱스 0의 메모리 주소는 1010이다.
2. 인덱스 3은 인덱스 0에서 정확히 세 슬롯 뒤에 있다.
3. 이를 논리적으로 생각하면 1010 + 3은 1013이므로 인덱스 3은 메모리 주소가 1013이다.

컴퓨터가 인덱스 3이 메모리 주소 1013에 있다는 것을 알아내면 바로 그곳으로 이동하여 "dates" 값이 있음을 알 수 있다.

따라서 컴퓨터는 어떤 메모리 주소로든 한 단계로 이동하여 원하는 인덱스를 읽을 수 있으므로 배열에서 읽기는 효율적이다. 컴퓨터의 사고 과정을 세 부분으로 나누어 설명했지만, 지금은 컴퓨터가 메모리 주소로 이동하는 주요 단계에 초점을 맞춘다. (이후 장에서 어떤 단계에 집중해야 하는지 알아내는 방법에 대해 살펴보겠다.)

당연히 1단계만 소요되는 연산이 가장 빠른 연산 유형이다. 배열은 기본 자료 구조일 뿐만 아니라 빠른 속도로 읽을 수 있어서 매우 강력한 자료 구조이기도 하다.

이제 컴퓨터에 인덱스 3에 어떤 값이 들어 있는지 묻는 대신 어떤 인덱스에서 'dates'를 찾을 수 있는지 물어본다면 어떨까? 이것이 바로 검색 연산이며, 이어서 살펴보겠다.

1.5 검색

앞서 설명했듯이 배열을 **검색**한다는 것은 특정 값이 배열 내에 있는지, 있다면 어느 인덱스에 위치하는지 찾아보는 것을 의미한다.

어떤 의미에서 검색은 읽기와 반대다. 읽기는 컴퓨터에 **인덱스**를 제공하고 그 안에 있는 값을 반환하도록 요청하는 것을 의미한다. 반면에 검색은 컴퓨터에 **값**을 제공하고 해당 값의 위치 인덱스를 반환하도록 요청한다.

이 두 연산은 비슷해 보이지만 효율성 측면에서 보면 차이가 엄청나다. 인덱스에서 읽을 때는 컴퓨터가 어떤 인덱스로든 즉시 이동하여 그 안에 포함된 값을 찾을 수 있기 때문에 빠르다. 하지만 검색은 컴퓨터가 특정 값으로 바로 이동할 수 있는 방법이 없기 때문에 시간이 걸린다.

이 점이 컴퓨터의 중요한 특징이다. 컴퓨터는 모든 메모리 주소에 즉시 접근할 수 있지만, 각 메모리 주소에 어떤 **값**이 포함되어 있는지는 바로 알 수 없다.

앞서 설명한 쇼핑 목록 배열을 예로 들어 보자. 컴퓨터는 각 셀의 실제 내용을 즉시 볼 수 없다. 컴퓨터가 보는 배열은 다음과 같다.

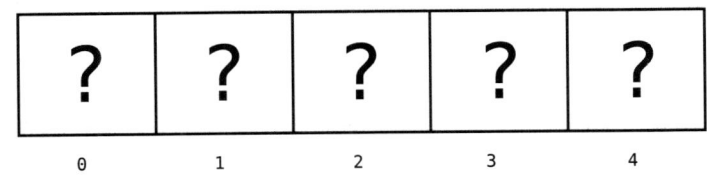

이 배열에서 어떤 과일을 검색하려면 컴퓨터가 각 셀을 한 번에 하나씩 검사할 수밖에 없다.

다음 그림은 컴퓨터가 배열에서 "dates"를 검색할 때 사용하는 처리 과정을 보여준다.

먼저, 컴퓨터는 인덱스 0을 확인한다.

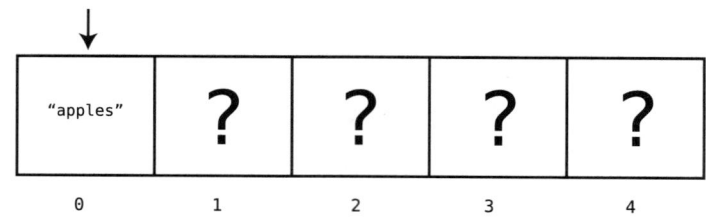

인덱스 0의 값은 우리가 찾고 있는 "dates"가 아니라 "apples"이므로 컴퓨터는 아래 그림에 표시된 대로 다음 인덱스로 이동한다.

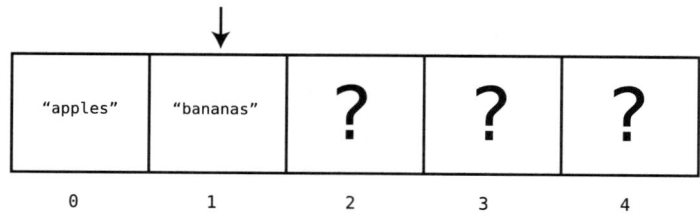

인덱스 1에도 우리가 찾고 있는 "dates"를 포함하지 않으므로 컴퓨터는 인덱스 2로 이동한다.

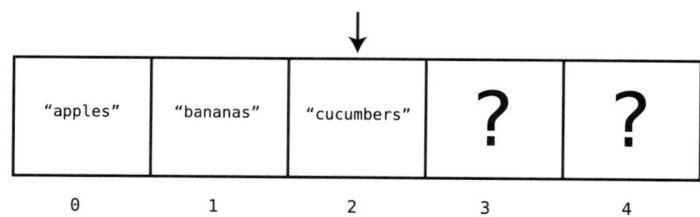

또다시 찾는 값이 아니므로 다음 셀로 이동한다.

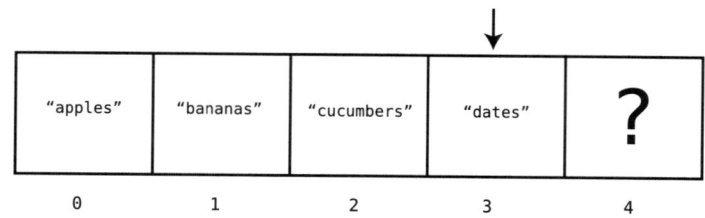

드디어 어렵게 "dates"를 찾았고, 이제 "dates"가 인덱스 3에 있음을 안다. 이 시점에서 컴퓨터는 이미 우리가 원하는 값을 찾았으므로 배열의 다음 셀로 계속 이동할 필요가 없다.

이 예에서는 우리가 원하는 값을 찾을 때까지 셀을 확인해야 했으므로 이 연산에 총 4단계가 소요됐다고 할 수 있다.

지금처럼 컴퓨터가 각 셀을 한 번에 하나씩 확인하는 기본적인 검색 작업을 **선형 검색**(linear search)이라고 한다. 2장 '알고리즘이 중요한 이유'(21쪽)에서는 배열을 검색하는 또 다른 방법을 배울 것이다.

그러면 컴퓨터가 배열에서 선형 검색을 수행하는 데 필요한 **최대** 단계 수는 얼마일까?

찾고자 하는 값이 배열의 마지막 셀에 있으면(예: "elderberries"), 컴퓨터는 원하는 값을 찾을 때까지 배열의 **모든** 셀을 검색한다. 찾고 있는 값이 배열에 없어도 마찬가지다.

따라서 셀이 5개인 배열에서 선형 검색에 필요한 최대 단계 수는 5이며, 셀이 500개인 배열이라면 최대 단계 수는 500이 된다.

이를 다른 말로 표현하면 배열의 셀이 N이면 선형 검색은 최대 N단계가 걸린다는 뜻이다. 여기서 N은 어떤 숫자로든 대체할 수 있는 변수이다.

어쨌든 배열의 크기에 관계없이 읽기는 항상 1단계만 필요한 반면, 검색은 여러 단계가 필요하므로 검색이 읽기보다 효율적이지 않은 것은 분명하다.

다음으로 삽입 연산을 알아보자.

1.6 삽입

배열에 새 데이터를 삽입할 때의 효율성은 배열 내 **어디에** 데이터를 삽입하느냐에 따라 달라진다.

쇼핑 목록의 끝에 "figs"를 추가하고 싶다고 가정해 보자. 이런 삽입은 한 단계만 필요하다.

이는 컴퓨터의 또 다른 특징, 즉 배열을 할당할 때 컴퓨터가 항상 배열의 크기를 기록하고 관리한다는 특징 때문이다.

앞서 컴퓨터는 배열이 시작되는 메모리 주소를 알고 있다고 했으니 두 특징을 활용하면 배열 마지막 항목의 메모리 주소도 간단하게 계산할 수 있다. 즉, 배열이 메모리 주소 1010에서 시작하고 크기가 5이면 마지막 항목의 메모리 주소는 1014가 된다. 따라서 그 뒤에 항목을 삽입하려면 **다음** 메모리 주소인 1015에 추가하면 된다.

컴퓨터가 새 값을 삽입할 메모리 주소를 계산하면 삽입은 1단계면 된다.
배열 끝에 "figs"를 삽입한다면 다음 그림과 같다.

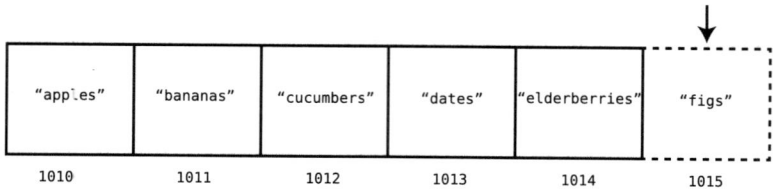

그러나 한 가지 문제가 있다. 컴퓨터가 처음에 배열을 위해 메모리에 5개의 셀만
할당했는데 이제 여섯 번째 요소를 추가하기 때문에 이 배열에 추가 셀을 할당해야
한다. 많은 프로그래밍 언어에서 이 작업은 내부에서 자동으로 수행된다. 하지만
언어마다 다르게 처리하므로 여기서는 이 내용을 자세히 다루지는 않겠다.

지금까지 배열의 끝에 삽입하는 방법을 다루었지만 배열의 **시작**이나 **중간**에 새
데이터를 삽입하는 것은 다른 이야기이다. 이러한 경우 삽입할 데이터를 위한 공간
을 확보하기 위해 데이터를 **이동**해야 하므로 추가 단계가 필요하다.

예를 들어 배열 내 인덱스 2에 "figs"를 추가해 보자.

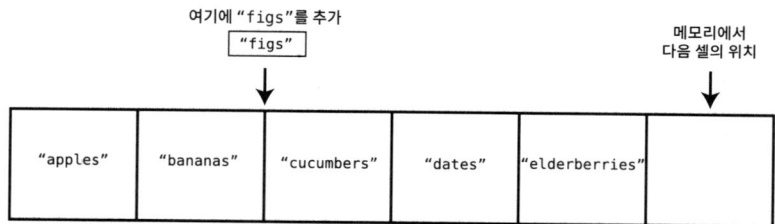

이렇게 하려면 "cucumbers", "dates", "elderberries"를 오른쪽으로 옮겨서
"figs"를 위한 공간을 만들어야 한다. "dates"를 옮길 공간을 확보하려면 먼저
"elderberries"를 오른쪽으로 한 셀 옮겨야 하므로 여러 단계가 필요하다. 그런 다
음 "cucumbers"를 위한 공간을 만들려면 "dates"를 옮겨야 한다. 이 과정을 살펴
보자.

1단계: "elderberries"를 오른쪽으로 옮긴다.

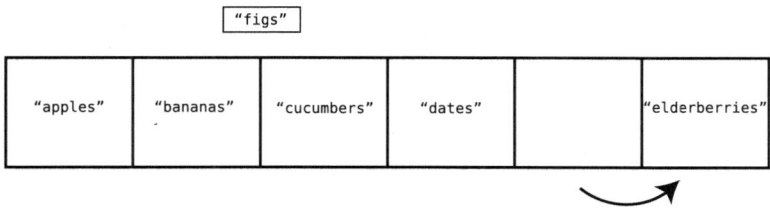

2단계: 이제 "dates"를 오른쪽으로 옮긴다.

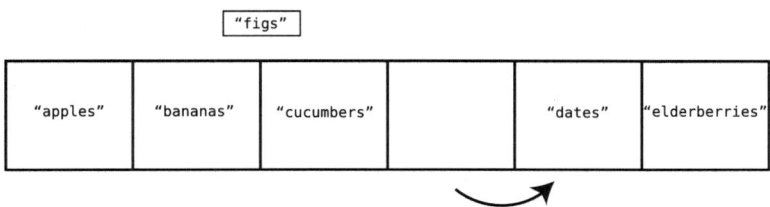

3단계: 그리고 "cucumbers"를 오른쪽으로 옮긴다.

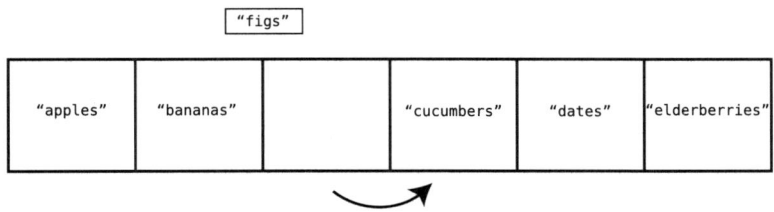

4단계: 마지막으로 인덱스 2에 "figs"를 삽입한다.

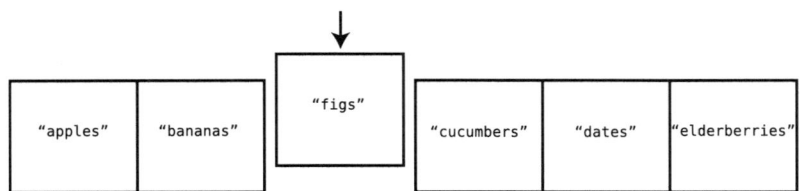

이 예제에서는 삽입에 4단계가 필요했다. 이 중 3단계는 데이터를 오른쪽으로 이동하는 단계이고, 1단계는 새 값을 실제로 삽입하는 단계이다.

배열에 삽입할 때 최악의 시나리오, 즉 삽입에 가장 많은 단계가 소요되는 시나리오는 배열의 **맨 앞에서** 데이터를 삽입할 때이다. 배열의 맨 앞에서 삽입할 때는 다른 **모든** 값을 오른쪽으로 한 셀씩 이동해야 하기 때문이다.

  N개의 요소가 포함된 배열에서 최악의 시나리오는 삽입에 $N+1$단계가 걸린다. N개의 요소를 모두 이동한 다음 마지막으로 실제 삽입 단계를 실행해야 하기 때문이다.

  삽입에 대해 살펴봤으니 이제 배열의 마지막 연산인 삭제에 대해 알아보자.

1.7 삭제

배열에서 삭제는 특정 인덱스의 값을 제거하는 연산이다.

  원래의 예제 배열로 돌아가서 인덱스 2의 값을 삭제해 보자. 이 예제에서 값은 "cucumbers"이다.

  1단계: 배열에서 "cucumbers"를 삭제한다.

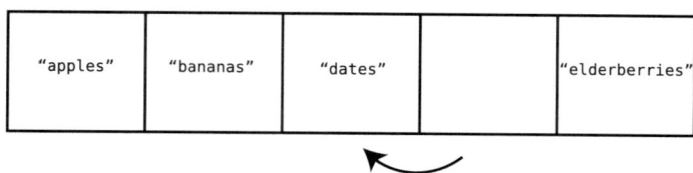

실제로 "cucumbers"를 삭제하는 데는 기술적으로 1단계면 되지만, 배열 중간에 빈 셀이 생기는 문제가 발생한다. 배열은 중간에 빈 셀이 있으면 효율적이지 않으므로, 이 문제를 해결하려면 "dates"와 "elderberries"를 왼쪽으로 옮겨야 한다. 즉, 삭제 과정에 추가 단계가 필요하다.

  2단계: "dates"를 왼쪽으로 옮긴다.

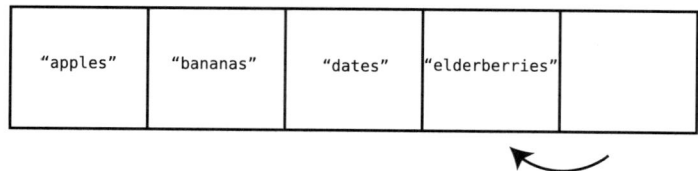

3단계: "elderberries"를 왼쪽으로 옮긴다.

삭제를 위해 전체 연산은 3단계로 진행되었다. 첫 번째 단계는 실제 삭제이고 나머지 두 단계는 빈 셀을 채우기 위한 데이터 이동이었다.

삽입과 마찬가지로 요소를 삭제하는 최악의 시나리오는 배열의 첫 번째 요소를 삭제하는 것이다. 이렇게 되면 인덱스 0이 비게 되고 남아 있는 **모든** 요소를 왼쪽으로 옮겨서 빈 셀을 메워야 한다.

요소 5개로 구성된 배열이면 첫 번째 요소를 삭제하는 데 1단계, 나머지 4개의 요소를 이동하는 데 4단계가 걸린다. 요소 500개로 구성된 배열은 첫 번째 요소를 삭제하는 데 1단계, 나머지 데이터를 이동하는 데 499단계가 걸린다. 따라서 요소 N개를 포함한 배열에서 삭제에 필요한 최대 단계 수는 N단계라고 말할 수 있다.

축하한다! 첫 번째 자료 구조의 시간 복잡도를 분석해 보았다. 지금까지 자료 구조의 효율성을 분석하는 방법을 배웠으니 이제는 자료 구조에 따라 효율성이 어떻게 다른지 알 수 있다. 이는 매우 중요하다. 올바른 자료 구조의 선택이 소프트웨어의 성능에 중대한 영향을 미칠 수 있기 때문이다.

다음 자료 구조인 **집합**(set)은 언뜻 보기에는 배열과 매우 유사해 보인다. 하지만 배열과 집합에서 수행되는 연산의 효율성이 다르다는 것을 알게 될 것이다.

1.8 집합: 단일 규칙이 효율성에 미치는 영향

또 다른 자료 구조인 **집합**에 대해 살펴보자. 집합은 그 안에 중복된 값을 포함할 수 없는 자료 구조다.

집합에는 다양한 유형이 있지만 여기서는 **배열 기반 집합**에 대해 이야기하겠다. 배열 기반 집합은 값들의 간단한 리스트로 배열과 비슷하다. 이 집합과 일반 배열의 유일한 차이는 집합에 중복된 값을 삽입할 수 없다는 점이다.

예를 들어 집합 ["a", "b", "c"]가 있는데 다른 "b"를 추가하려고 하면, 집합에 "b"가 이미 존재하므로 컴퓨터가 이를 허용하지 않는다.

집합은 중복 데이터를 방지할 때 유용하다.

예를 들어 온라인 전화번호부를 만드는 중이라면 같은 전화번호가 두 번 표시되기를 원하지 않을 것이다. 실제로 나는 현재 지역 전화번호부에서 이 문제로 골머리를 앓고 있다. 집 전화번호가 나의 전화번호로 기재되어 있을 뿐만 아니라 지르킨즈라는 가족의 전화번호로도 잘못 등재되어 있기 때문이다. (그렇다, 진짜 있었던 일이다.) 지르킨즈를 찾는 사람들로부터 오는 전화와 음성 메시지가 꽤 성가시다.

지르킨즈 가족도 왜 아무도 자신에게 전화가 오지 않는지 궁금할 것이다. 그리고 지르킨즈 가족에게 번호가 잘못되었다고 알리기 위해 전화를 걸면 내 번호로 전화를 걸었기 때문에 내 아내가 전화를 받는다. (물론, 마지막 이야기는 농담이다.) 전화번호부를 만든 프로그램이 집합을 사용하기만 했다면…

어쨌든 배열 기반 집합은 중복 금지라는 제약이 하나 더 추가된 배열이다. 중복을 허용하지 않는 기능은 유용하지만, 이 간단한 제약 조건 때문에 네 가지 주요 연산 중 하나의 **효율성이 크게 달라진다**.

배열 기반 집합의 맥락에서 읽기, 검색, 삽입, 삭제 연산을 분석해 보자.

집합에서 읽기는 배열에서 읽기와 완전히 똑같다. 컴퓨터가 특정 인덱스에 포함된 내용을 조회하는 데 1단계면 된다. 앞서 설명한 것처럼 컴퓨터는 메모리 주소를 쉽게 계산하고 찾아갈 수 있으므로 집합 내의 어떤 인덱스로든 갈 수 있기 때문이다.

집합의 검색도 배열의 검색과 다르지 않다. 집합 내 값을 검색할 때도 최대 N단계가 걸린다. 삭제 역시 집합과 배열에서 같다. 값을 삭제하고 왼쪽으로 데이터를 옮겨 빈 셀을 채우는 데 최대 N단계가 걸린다.

하지만 삽입만큼은 배열과 집합이 다르다. 먼저 배열에서는 최선의 시나리오였던 집합의 **끝**에 값을 삽입하는 방법을 살펴보겠다. 배열을 사용할 때는 컴퓨터가 1단계면 맨 끝에 값을 삽입할 수 있었다.

하지만 집합을 사용하면 컴퓨터가 먼저 새 값이 이미 해당 집합에 있는지 확인해야 한다. 중복 데이터가 삽입되는 것을 방지하는 집합의 기능 때문이다.

그렇다면 컴퓨터는 새 값이 집합에 없는지 어떻게 판단할까? 컴퓨터는 배열이나 집합의 셀에 어떤 값이 포함되어 있는지 미리 알 수 없다는 점을 기억하자. 따라서 컴퓨터는 먼저 삽입하려는 값이 이미 있는지부터 **검색**해야 한다. 집합에 새 값이 없을 때만 삽입을 허용하기 때문이다.

따라서 집합에서의 모든 **삽입은 먼저 검색을 거친다**.

실제로 어떻게 작동하는지 예를 통해 살펴보자. 앞의 쇼핑 목록이 집합으로 저장되어 있다고 가정해 보자. 같은 물건을 두 번 사고 싶지 않으니 집합이 좋은 선택일 것이다. 현재 집합이 ["apples", "bananas", "cucumbers", "dates", "elderberries"]이고 이 집합에 "figs"를 삽입하려면 컴퓨터는 먼저 "figs"를 검색한 후 다음 단계를 실행해야 한다.

1단계: 인덱스 0에서 **"figs"**를 검색한다.

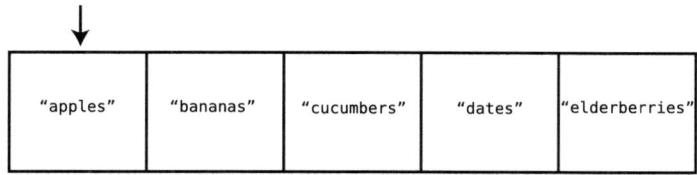

여기에는 없지만 집합의 다른 곳에 있을 수 있다. 삽입하기 전에 **"figs"**가 어디에도 없다는 것을 확인해야 한다.

2단계: 인덱스 1을 검색한다.

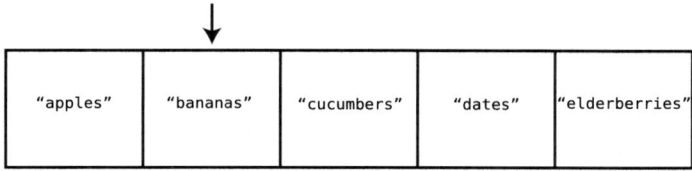

3단계: 인덱스 2를 검색한다.

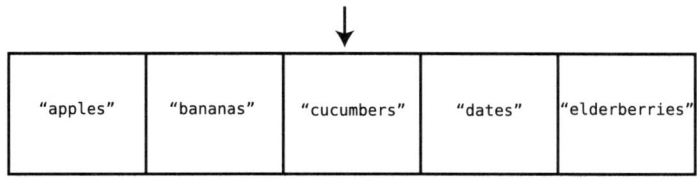

4단계: 인덱스 3을 검색한다.

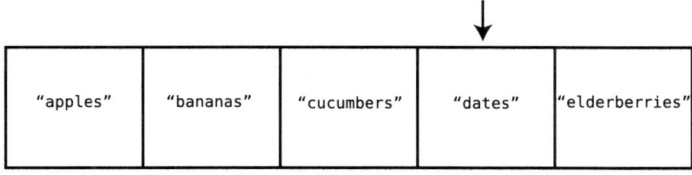

5단계: 인덱스 4를 검색한다.

"apples"	"bananas"	"cucumbers"	"dates"	"elderberries"

이제 집합 전체를 검색했으므로 **"figs"**가 없다는 것을 확실하게 알았다. 이제는 삽입을 해도 안전하다. 따라서 마지막 단계로 넘어간다.

6단계: 집합 끝에 **"figs"**를 삽입한다.

"apples"	"bananas"	"cucumbers"	"dates"	"elderberries"	"figs"

집합의 끝에 값을 삽입하는 것이 가장 좋은 시나리오이지만, 원래 요소 5개를 포함하는 집합은 여섯 단계를 수행해야 했다. 즉, 최종 삽입 단계를 수행하기 전에 요소 5개를 모두 검색해야 했다.

다시 말해 집합의 끝에 삽입하려면 요소 N개에 대해 최대 $N + 1$단계가 소요된다. 이는 집합 내에 해당 값이 없는지 확인하기 위해 N단계의 검색이 필요하고, 실제 삽입을 위해 1단계가 더 필요하기 때문이다. 삽입에 딱 1단계만 걸리는 일반 배열과는 대조적이다.

집합의 **맨 앞에서** 값을 삽입하는 최악의 시나리오에서는, 컴퓨터는 집합에 해당 값이 이미 포함되어 있는지 확인하는 데 N개의 셀을 검색하고, 모든 데이터를 오른쪽으로 옮기는 또 다른 N단계, 그리고 새 값을 삽입하는 마지막 단계를 거쳐야 한다. 따라서 총 $2N + 1$단계가 걸린다. 이는 일반 배열에서 맨 앞에 값을 삽입할 때 $N + 1$단계만 걸리는 것과 대조된다.

그렇다면 집합의 삽입이 일반 배열보다 느리다고 해서 집합의 사용을 피해야 할까? 절대 아니다. 중복 데이터가 없는지 확인할 때는 집합이 중요하다. (언젠가 내 전화번호부가 수정되기를 바란다.) 하지만 이럴 필요가 없다면 집합의 삽입보다 배열의 삽입이 더 효율적이므로 배열이 더 나을 수 있다. 애플리케이션의 요구사항을 분석하여 어떤 자료 구조가 더 적합한지 결정해야 한다.

1.9 마무리

자료 구조의 성능 이해는 연산을 수행하는 단계 수를 분석하는 것이 핵심이다. 프로그램이 무거운 부하를 견디느냐 무너지느냐는 적합한 자료 구조를 선택하느냐에 달려 있다. 1장에서는 이런 분석을 사용하여 배열과 집합 중 어느 것이 주어진 애플리케이션에 적합한지 평가하는 방법을 배웠다.

이제 자료 구조의 시간 복잡도에 관해 생각하는 방법을 배웠으므로 같은 분석으로 경쟁 알고리즘(심지어 **같은** 자료 구조에서도)을 비교해서 코드의 속도와 성능을 최대로 끌어낼 수 있다. 이게 바로 2장에서 다룰 내용이다.

1.10 연습 문제

다음 문제로 배열을 연습해 보자. 이 연습 문제의 해답은 부록 '연습 문제 해답'의 1장(469쪽)에 있다.

1. 요소 100개가 포함된 배열에서 다음 연산에 필요한 단계 수를 구하라.

   a. 읽기

   b. 배열에 포함되지 않은 값 검색

   c. 배열 맨 앞에서 삽입

   d. 배열 맨 뒤에서 삽입

   e. 배열 맨 앞에서 삭제

   f. 배열 맨 뒤에서 삭제

2. 요소 100개를 포함하는 배열 기반 집합에서 다음 연산에 필요한 단계 수를 구하라.

   a. 읽기

   b. 집합에 포함되지 않은 값 검색

   c. 집합 맨 앞에 새 값 삽입

   d. 집합 맨 뒤에 새 값 삽입

   e. 집합 맨 앞에서 삭제

   f. 집합 맨 뒤에서 삭제

3. 일반적으로 배열의 검색 연산은 주어진 값의 첫 번째 인스턴스(instance)를 찾는다. 하지만 때로는 주어진 값의 **모든** 인스턴스를 찾고 싶을 때가 있다. 예를 들어 배열에서 "apple"이라는 값이 몇 번이나 나오는지 세고 싶다고 하자. 모든 "apple"을 찾으려면 몇 단계를 거쳐야 할까? N의 관점으로 답하라.

A Common-Sense Guide to **Data Structures and Algorithms in Python**

알고리즘이 중요한 이유

1장에서는 처음으로 자료 구조를 살펴보며 올바른 자료 구조를 선택하는 것이 코드의 성능에 어떤 영향을 미칠 수 있는지 살펴보았다. 배열과 집합처럼 매우 비슷해 보이는 두 자료 구조도 효율성이 매우 다를 수 있음을 배웠다.

2장에서는 자료 구조를 꼼꼼하게 결정했더라도 코드의 효율성에 영향을 미칠 수 있는 다른 주요 요인, 즉 사용할 **알고리즘**을 적절하게 선택하는 법을 알아볼 것이다.

알고리즘이라는 단어가 복잡하게 들리지만 실제로는 그렇지 않다. 알고리즘은 단순히 **특정 작업을 완수하기 위한 일련의 지침**일 뿐이다.

시리얼 한 그릇을 준비하는 간단한 과정도 주어진 작업을 달성하기 위해 정해진 단계를 따르므로 엄밀히 말하면 알고리즘에 해당한다. 시리얼 준비 알고리즘은 다음 네 단계를 따른다(적어도 내 기준에는).

1. 그릇을 준비한다.
2. 그릇에 시리얼을 담는다.
3. 우유를 그릇에 붓는다.
4. 숟가락을 그릇에 넣는다.

이 단계를 정해진 순서대로 따라 하면 이제 아침 식사를 즐길 수 있다.

컴퓨팅 관점에서 알고리즘이란 어떤 작업을 수행하기 위해 컴퓨터에 제공되는 일련의 지침을 의미한다. 따라서 우리가 코드를 작성하는 일은 컴퓨터가 따르고 실행할 알고리즘을 만드는 과정이다.

또한 알고리즘을 일상 언어로 표현하여 컴퓨터에 제공할 지침의 세부 사항을 설정할 수도 있다. 이 책에서는 다양한 알고리즘의 작동 방식을 보여 주기 위해 일상 언어와 코드를 모두 사용했다.

때로는 같은 작업을 수행하는 두 개의 서로 다른 알고리즘이 있을 수 있다. 1장 '자료 구조가 중요한 이유'(1쪽)의 시작 부분에서 짝수를 출력하는 두 가지 버전을 예로 들었다. 그때는 한 알고리즘의 단계 수가 다른 알고리즘보다 두 배 많았다.

2장에서는 같은 문제를 해결하는 다른 두 가지 알고리즘을 살펴보겠다. 하지만 이 경우에는 한 알고리즘이 다른 알고리즘보다 **몇 배 더** 빠르다.

이러한 새로운 알고리즘을 탐구하려면 새로운 자료 구조를 살펴봐야 한다.

2.1 순서가 있는 배열

순서가 있는 배열(ordered array)은 1장에서 살펴본 일반 배열과 거의 비슷하다. 유일한 차이점은, 순서가 있는 배열이라는 이름에서 추측할 수 있듯이 값이 항상 **순서대로** 유지되어야 한다는 것이다. 즉, 값이 추가될 때마다 적절한 셀에 배치되면 배열의 값들은 정렬된 상태를 유지한다.

예를 들어 [3, 17, 80, 202] 배열을 보자.

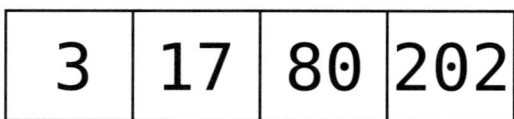

배열에 75를 삽입하려고 한다. 이 배열이 일반 배열이라면 끝에 75를 삽입할 수 있다.

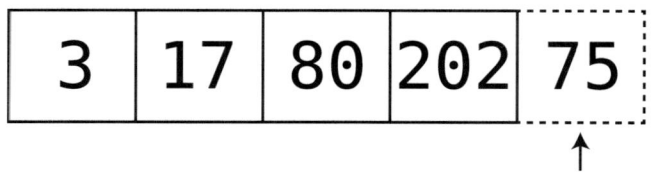

1장에서 살펴본 것처럼 컴퓨터는 1단계로 이 작업을 수행할 수 있다.

반면에 이 배열이 **순서가 있는 배열**이라면 오름차순을 유지하기 위해 75를 적절한 위치에 삽입할 수밖에 없다.

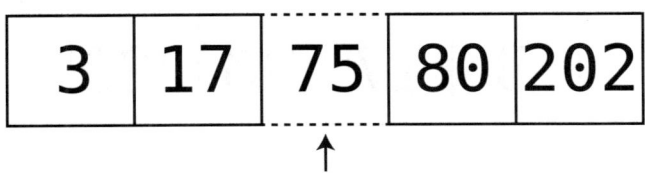

이는 말처럼 쉽지 않다. 컴퓨터는 먼저 75를 삽입할 올바른 위치를 **찾은** 다음, 다른 값을 옮겨서 공간을 확보해야 하므로 1단계 만에 75를 올바른 슬롯에 넣을 수는 없다. 이 과정을 단계별로 분석해 보겠다.

원래 배열부터 다시 시작하자.

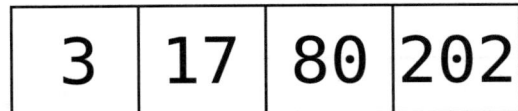

1단계: 인덱스 0의 값을 확인하여 삽입하려는 값 75를 왼쪽에 넣을지 오른쪽에 넣을지 결정한다.

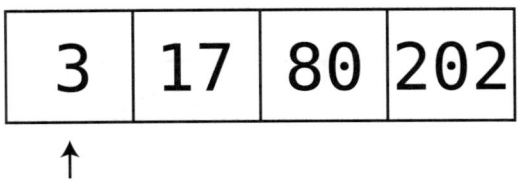

75가 3보다 크므로 75를 오른쪽 어딘가에 삽입해야 한다. 하지만 아직 어느 셀에 삽입해야 하는지 정확히 알 수 없으므로 다음 셀을 확인해야 한다.

이러한 단계의 유형을 **비교**라고 하며, 삽입하려는 값과 순서가 있는 배열에 이미 있는 값을 비교한다.

2단계: 다음 셀의 값을 검사한다.

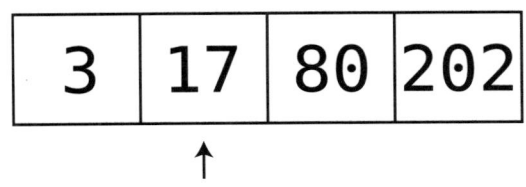

75가 17보다 크므로 계속 진행한다.

3단계: 다음 셀의 값을 확인한다.

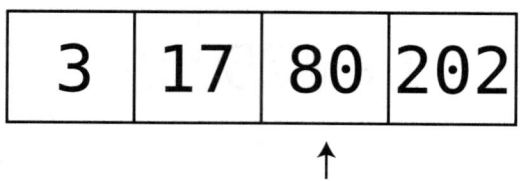

삽입하려는 75보다 **큰** 값인 80을 발견했다. 75보다 큰 첫 번째 값에 도달했으므로 순서가 있는 배열의 순서를 유지하려면 75를 80의 바로 왼쪽에 두어야 한다는 결론을 내릴 수 있다. 이렇게 하려면 75를 삽입할 공간을 확보하기 위해 데이터를 옮겨야 한다.

4단계: 맨 끝에 있는 값을 오른쪽으로 옮긴다.

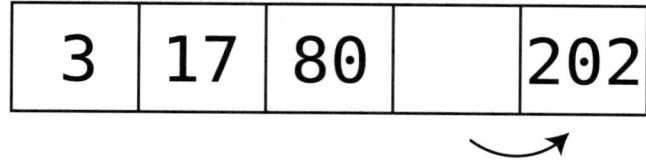

5단계: 끝에서 두 번째 값을 오른쪽으로 옮긴다.

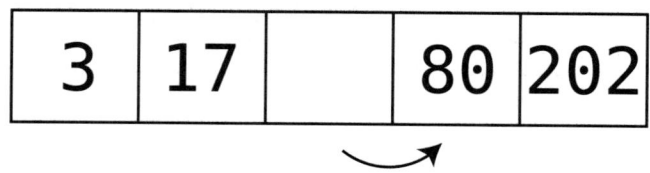

6단계: 드디어 75를 올바른 위치에 삽입할 수 있다.

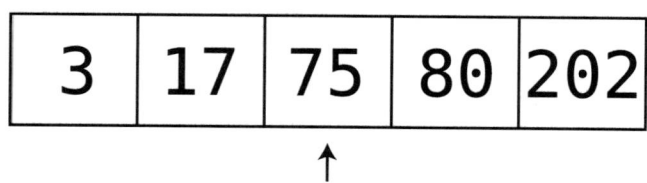

순서가 있는 배열에 삽입할 때는 삽입할 정확한 위치를 결정하기 위해 실제 삽입 전에 항상 검색을 수행해야 한다. 이게 바로 일반 배열과 순서가 있는 배열의 성능 차이 중 하나이다.

이 예제에서는 처음에 요소가 4개였고 삽입에 6단계가 걸렸다. N으로 표현하면 순서가 있는 배열의 요소 개수가 N이면 삽입에 총 $N + 2$단계가 필요하다고 표현할 수 있다.

흥미롭게도 순서가 있는 배열에서 새 값이 어디에 위치하더라도 삽입에 필요한 단계 수는 거의 변하지 않는다. 새 값이 순서가 있는 배열의 시작 부분에 들어가면 비교는 줄어들지만 이동은 늘어난다. 새 값이 끝부분에 들어가면 비교는 늘어나지만 이동은 줄어든다. 새 값이 맨 끝에 올 때는 이동이 필요하지 않으므로 가장 적은 단계가 걸린다. 이 경우 새 값을 기존 값 N개와 비교하는 N단계와 삽입 자체에 대한 1단계를 더해 총 $N + 1$단계가 걸린다.

순서가 있는 배열은 일반 배열보다 삽입에서 효율성이 떨어지지만, 검색에서는 탁월한 능력을 발휘한다.

2.2 순서가 있는 배열 검색하기

1장에서는 원하는 값을 찾을 때까지 각 셀을 왼쪽에서 오른쪽으로 한 번에 하나씩 확인하면서 전형적인 배열에서 특정 값을 검색하는 과정을 설명하였다. 이 과정을 선형 검색이라고 했다.

전형적인 배열과 순서가 있는 배열에서 선형 검색이 어떻게 다른지 살펴보겠다.

일반 배열 [17, 3, 75, 202, 80]이 있다고 가정하자. 이 배열에 없는 값 22를 검색하려면 모든 요소를 일일이 검색해야 한다. 22가 배열의 어디에나 있을 수 있기 때문이다. 배열의 끝에 도달하기 전에 검색을 멈출 수 있는 유일한 경우는 끝에 도달하기 전에 원하는 값을 발견할 때이다.

하지만 순서가 있는 배열에서는 배열에 해당 값이 없을 때 검색을 더 빨리 멈출 수 있다. 이번에는 순서가 있는 배열 [3, 17, 75, 80, 201]에서 22를 검색한다고 하자. 여기서는 75에 도달하자마자 검색을 멈출 수 있는데, 22는 75의 오른쪽에 있을 수 없기 때문이다.

다음은 순서가 있는 배열에서 선형 검색을 구현한 파이썬 코드이다.

```
def linear_search(array, search_value):

    for index, element in enumerate(array):

        if element == search_value:
            return index
        elif element > search_value:
            break

    return None
```

이 함수는 두 인수를 받는다. array는 검색하려는 순서가 있는 배열이고 search_value는 찾으려는 값이다.

이 함수를 사용하여 예제 배열에서 22를 찾는다.

```
print(linear_search([3, 17, 75, 80, 202], 22))
```

보다시피 linear_search 함수는 배열의 모든 요소를 하나씩 확인하며 search_value를 찾는다. 현재 확인 중인 element가 search_value보다 크면 검색은 즉시 중단된다. 이 경우 배열에서 search_value를 더 이상 찾을 수 없기 때문이다.

이러한 관점에서 볼 때 선형 검색은 특정 상황에서 순서가 있는 배열이 전형적인 배열보다 단계 수가 더 적을 수 있다. 하지만 검색하려는 값이 배열의 마지막 값이거나 아예 없는 값이면 여전히 셀을 모두 검색하게 된다.

언뜻 보면 일반 배열과 순서가 있는 배열은 효율성 면에서 차이가 크지 않은데, 적어도 최악의 시나리오에서는 그렇다. 두 배열 모두 요소가 N개이면 선형 검색은 최대 N단계가 걸릴 수 있다.

하지만 곧 선형 검색이 무용지물이 되도록 강력한 알고리즘을 선보일 예정이다.

지금까지 우리는 순서가 있는 배열에서 값을 검색하는 유일한 방법이 선형 검색이라고 생각해 왔다. 하지만 사실 선형 검색은 값을 검색하는 **알고리즘 중 하나일** 뿐이지 사용할 수 있는 **유일한** 알고리즘은 아니다.

전형적인 배열보다 순서가 있는 배열에서 크게 두드러지는 장점은 순서가 있는 배열을 사용하면 다른 검색 알고리즘을 사용할 수 있다는 것이다. 이 알고리즘은 **이진 검색**(binary search)으로 알려져 있으며 선형 검색보다 **훨씬 빠르다**.

2.3 이진 검색

어렸을 때 숫자 맞추기 게임을 해 본 적이 있을 것이다. 1에서 100 사이의 숫자 하나를 머릿속으로 생각한다. 상대방이 이 숫자를 계속 추측해서 말하면 더 큰 숫자를 말해야 하는지, 더 작은 숫자를 말해야 하는지 알려 준다.

이 게임을 하는 방법을 직관적으로 알고 있을 것이다. 처음 추측할 때는 숫자 1로 시작하지 않고 중간 정도인 50부터 시작할 것이다. 왜 그럴까? 50을 선택하면 내가 더 크거나 작은 숫자를 맞추라고 말하는 것과 관계없이 곧바로 가능한 숫자의 반을 제거할 수 있기 때문이다!

만약 50을 추측했는데 내가 더 크게 추측하라고 하면 75를 선택해 **나머지** 숫자의 반을 제거할 것이다. 75를 추측한 후 더 작게 추측하라고 하면 62나 63을 선택할 것이다. 여러분은 계속해서 중간 지점을 선택하면서 남은 숫자의 반을 제거해 나간다.

1부터 10 사이의 숫자를 맞추는 과정을 시각화해 보자.

간단히 말해 이 과정이 바로 이진 검색이다.

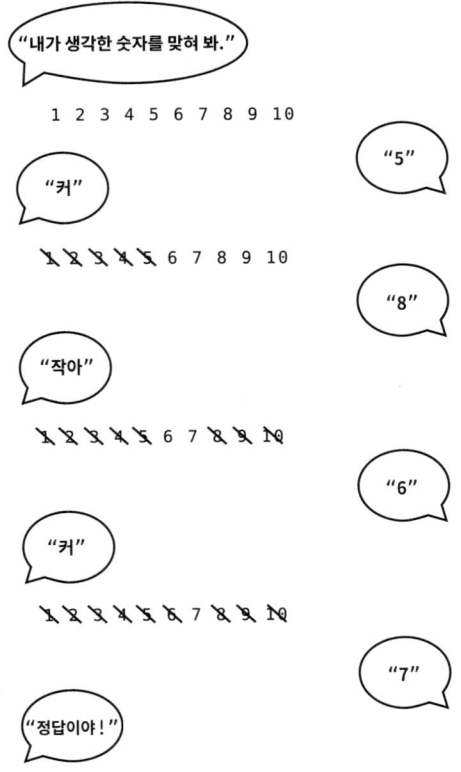

순서가 있는 배열에 이진 검색이 어떻게 적용되는지 살펴보자. 요소 9개가 포함된 순서가 있는 배열이 있다고 가정하자. 컴퓨터는 각 셀에 어떤 값이 있는지 미리 알 수 없으므로 배열을 다음과 같이 표현할 수 있다.

순서가 있는 배열에서 7을 찾는다고 하자. 이진 검색은 다음과 같이 작동한다.

1단계: 가운데 셀부터 검색을 시작한다. 배열의 길이를 2로 나누어 가운데 셀의 인덱스를 계산해서 해당 셀로 바로 이동한다. 이 셀의 값을 확인한다.

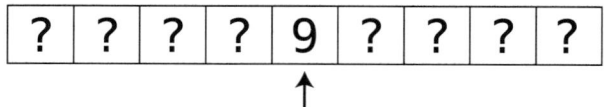

발견한 값이 9이므로 7은 그 왼쪽 어딘가에 있다는 결론을 내릴 수 있다. 배열 셀의 절반, 즉 9의 오른쪽에 있는 모든 셀(그리고 9 자체)을 성공적으로 제거했다.

2단계: 9의 왼쪽에 있는 셀 중에서 가운데 값을 검사한다. 가운데 값이 두 개이므로 임의로 왼쪽 값을 선택한다.

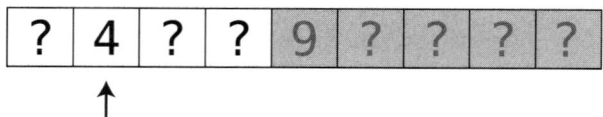

값이 4이므로 7은 오른쪽 어딘가에 있어야 한다. 4와 나머지 왼쪽 셀을 제거했다.

3단계: 7이 들어갈 수 있는 셀이 두 개 더 남았다. 임의로 왼쪽 셀을 선택한다.

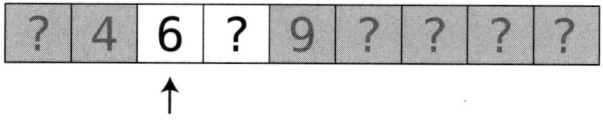

4단계: 마지막 남은 셀을 검사한다. (남은 셀이 없으면 순서가 있는 배열에 7이 없다는 뜻이다.)

4단계 만에 7을 찾았다. 이 예에서는 선형 검색과 단계 수가 같지만, 곧 다른 예에서 이진 검색의 강력함을 보여 주겠다.

이진 검색은 순서가 있는 배열에서만 가능하다는 점에 유의하자. 전형적인 배열에서는 값이 어떤 순서로 있는지 알 수 없으며 주어진 값의 왼쪽부터 찾을지 오른쪽부터 찾을지도 알 수 없다. 여기서 바로 순서가 있는 배열의 장점이 드러난다. 즉, 순서가 있는 배열은 이진 검색을 수행할 수 있다.

2.3.1 코드 구현: 이진 검색

다음은 파이썬으로 구현한 이진 검색이다.

```python
def binary_search(array, search_value):

    lower_bound = 0
    upper_bound = len(array) - 1

    while lower_bound <= upper_bound:

        midpoint = (upper_bound + lower_bound) // 2
        value_at_midpoint = array[midpoint]

        if search_value == value_at_midpoint:
            return midpoint
        elif search_value < value_at_midpoint:
            upper_bound = midpoint - 1
        elif search_value > value_at_midpoint:
            lower_bound = midpoint + 1

    return None
```

코드를 자세히 살펴보자. linear_search 함수와 마찬가지로 binary_search도 array와 search_value를 인수로 받는다.

binary_search 함수를 호출하는 예이다.

```
print(binary_search([3, 17, 75, 80, 202], 22))
```

이 함수는 먼저 search_value를 발견할 수 있는 인덱스의 범위를 설정한다. 다음 코드처럼 하면 된다.

```
lower_bound = 0
upper_bound = len(array) - 1
```

검색을 시작할 때 search_value는 배열 어디에서나 발견될 수 있으므로 lower_bound를 첫 번째 인덱스로, upper_bound를 마지막 인덱스로 설정한다.

검색의 핵심은 while 루프 안에서 이뤄진다.

```
while lower_bound <= upper_bound:
```

이 루프는 search_value가 있을 수 있는 범위가 남아 있는 동안 실행된다. 곧 보겠지만 이 알고리즘은 범위를 계속해서 좁혀 간다. lower_bound <= upper_bound 절은 범위가 더 이상 남아 있지 않은 상태에 도달하며 이때 배열에 search_value가 없다고 판단할 수 있다.

루프 내에서는 범위의 midpoint에 있는 값을 검사한다. 다음 코드가 이를 수행한다.

```
midpoint = (upper_bound + lower_bound) // 2
value_at_nidpoint = array[midpoint]
```

value_at_midpoint는 범위의 중앙에서 발견한 항목 값이다.

이제 value_at_midpoint가 우리가 찾고 있는 search_value라면 우리는 성공한 것이고 search_value를 발견한 위치의 인덱스를 반환할 수 있다.

```
if search_value == value_at_midpoint:
    return midpoint
```

search_value가 value_at_midpoint보다 작으면 search_value를 배열의 앞쪽 어딘가에서 찾을 수 있다는 뜻이다. search_value는 value_at_midpoint보다 큰 값에서는 찾을 수 없으므로 upper_bound를 midpoint의 바로 왼쪽 인덱스로 설정하여 검색 범위를 줄일 수 있다.

```
elif search_value < value_at_midpoint:
    upper_bound = midpoint - 1
```

반대로 search_value가 value_at_midpoint보다 크면 midpoint 오른쪽에서만 search_value를 찾을 수 있다는 의미이므로 lower_bound를 midpoint의 바로 오른쪽 인덱스로 설정한다.

```
elif search_value > value_at_midpoint:
    lower_bound = midpoint + 1
```

범위가 요소 0개로 좁혀지면 None을 반환하는데, 이는 search_value가 배열에 없다고 확실히 알 수 있기 때문이다.

2.4 이진 검색 vs 선형 검색

크기가 작은 순서가 있는 배열에서는 이진 검색 알고리즘이 선형 검색에 비해 이점이 크지 않다. 하지만 더 큰 배열에서는 어떤 일이 일어나는지 살펴보자.

배열에 값 100개가 있을 때 각 검색 유형에 필요한 최대 단계 수는 다음과 같다.

- 선형 검색: 100단계
- 이진 검색: 7단계

선형 검색에서는 찾고자 하는 값이 마지막 셀에 있거나 마지막 셀의 값보다 큰 경우 모든 요소를 검사해야 한다. 배열의 크기가 100이면 100단계가 걸린다.

하지만 이진 검색을 사용하면 추측할 때마다 검색해야 하는 셀 중 반을 제거할 수 있다. 첫 번째 추측에서는 무려 셀을 50개나 제거한다.

이를 다른 방법으로 살펴보면 한 가지 패턴이 보인다.

배열의 크기가 3이면 이진 검색에 필요한 최대 단계 수는 2이다.

배열의 셀 수를 2배로 늘리면 (그리고 편의상 홀수를 유지하기 위해 셀 1개를 더 추가하면) 셀은 7개가 된다. 이 배열에서 이진 검색을 사용하여 원하는 값을 찾기 위한 최대 단계 수는 3이다.

다시 2배로 늘려 (그리고 1개 더 추가해) 순서가 있는 배열에 요소 15개를 담으면 이진 검색 최대 단계 수는 4가 된다.

여기서 나타나는 패턴은 순서가 있는 배열의 크기를 두 배로 늘릴 때마다 이진 검색에 필요한 단계 수가 1씩 증가한다는 것이다. 이는 값을 확인할 때마다 검색할 요소의 절반을 제거하니 당연한 현상이다.

이 패턴은 데이터를 2배로 늘릴 때마다 이진 검색 알고리즘이 **1단계만** 추가되므로 매우 효율적이다.

이를 선형 검색과 대조해 보자. 선형 검색은 요소가 3개이면 최대 3단계가 필요하다. 요소가 7개이면 최대 7단계가 필요하다. 값이 100개이면 최대 100단계가 필요하다. 이처럼 선형 검색을 사용하면 **항목 수만큼 많은 단계가 필요하다**. 따라서 선형 검색은 배열의 크기가 2배가 될 때마다 검색 단계 수가 **2배**가 된다. 하지만 이진 검색은 배열의 크기를 2배로 늘릴 때마다 **1단계만** 추가하면 된다.

배열이 더 클 때는 어떻게 작동하는지 살펴보자. 요소 10,000개로 구성된 배열의 선형 검색은 최대 10,000단계까지 필요한 반면, 이진 검색은 최대 13단계만 필요하다. 배열의 크기가 1,000,000이면 선형 검색은 최대 1,000,000단계가 필요하다. 하지만 이진 검색은 최대 **20단계**만 필요하다.

다음 그래프에서 선형 검색과 이진 검색의 성능 차이를 볼 수 있다.

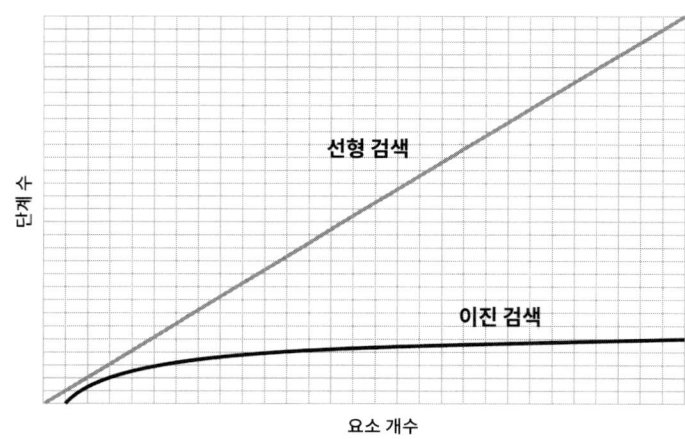

앞으로 이와 같은 그래프를 자주 분석하게 되니 잠시 시간을 내어 무슨 일이 일어나고 있는지 이해해 보자. X축은 배열 내 요소 개수를 나타낸다. 즉, 왼쪽에서 오른쪽으로 갈수록 데이터 양이 늘어난다.

Y축은 알고리즘이 수행하는 단계 수를 나타낸다. 그래프 위로 올라갈수록 단계 수가 더 많아진다.

선형 검색을 나타내는 선을 보면 배열에 요소가 많아질수록 그에 비례하여 선형 검색에 필요한 단계 수가 증가한다. 기본적으로 배열에 요소 하나가 추가될 때마다 선형 검색은 1단계가 더 필요하다. 이로 인해 대각선 형태의 직선이 만들어진다.

반면 이진 검색에서는 데이터가 증가하더라도 알고리즘의 단계 수가 약간만 증가한다. 우리가 알고 있는 사실, 즉 데이터의 양이 두 배로 늘어나야 비로소 1단계가 추가된다는 것과 완벽하게 일치한다.

순서가 있는 배열이 모든 면에서 더 빠르지 않다는 점에 유의하자. 지금까지 살펴본 것처럼 순서가 있는 배열의 삽입은 일반 배열보다 느리다. 하지만 장단점이 있다. 순서가 있는 배열을 사용하면 삽입 속도는 느려지지만 검색 속도는 훨씬 빨라진다. 다시 말하지만 항상 애플리케이션을 분석하여 어느 쪽이 더 적합한지 파악해야 한다. 소프트웨어에서 삽입 작업이 빈번하게 수행되는가? 개발 중인 앱에서 검색이 중요한 기능인가?

2.4.1 깜짝 퀴즈

다음 깜짝 퀴즈로 이진 검색의 효율성을 제대로 파악해 보자. 정답을 가리고 맞혀 보자.

문제: 요소가 100개인 순서가 있는 배열에서 이진 검색은 7단계가 필요했다. 요소가 **200개**인 순서가 있는 배열에서 이진 검색은 몇 단계가 필요할까?

정답: 8단계

사람들은 직관적으로 14단계라고 자주 대답하지만, 이는 틀렸다. 이진 검색의 장점은 검사할 때마다 남은 요소의 반을 제거하는 데 있다. 따라서 데이터의 양이 **2배**가 될 때마다 1단계만 늘어난다. 즉, 데이터가 두 배로 늘어나도 첫 번째 탐색에서 완전히 제거된다!

이진 검색을 도구 상자에 추가했으니 순서가 있는 배열에서의 삽입도 더 빨라질 수 있다. 삽입하기 전에는 검색이 필요하지만, 이제 그 검색을 선형 검색에서 이진 검색으로 개선할 수 있다. 물론 일반 배열에서의 삽입에는 검색이 전혀 필요 없으니 순서가 있는 배열에서의 삽입이 여전히 일반 배열보다 느리다.

2.5 마무리

컴퓨팅 목표를 달성하는 방법은 여러 가지이지만, 어떤 알고리즘을 선택하느냐에 따라 코드의 실행 속도에 크게 영향을 미칠 수 있다는 점에 유의하자.

또한 일반적으로 모든 상황에 완벽하게 들어맞는 단일 자료 구조나 알고리즘이 거의 없다는 점을 아는 것도 중요하다. 예를 들어 순서가 있는 배열을 사용하면 이진 검색이 가능하다고 해서 항상 순서가 있는 배열을 사용해야 한다는 의미는 아니다. 데이터 검색을 거의 하지 않고 데이터를 추가하는 작업이 주를 이루는 경우라면 삽입 속도가 더 빠른 일반 배열이 더 나은 선택일 수 있다.

지금까지 살펴본 것처럼 경쟁 알고리즘을 분석하려면 각 알고리즘이 수행하는 단계 수를 세면 된다. 3장에서는 경쟁하는 자료 구조와 알고리즘의 시간 복잡도를 표현하는 공식화된 방법을 살펴보겠다. 이러한 공통 언어가 있으면 더 명확한 정보를 얻을 수 있고, 어떤 알고리즘을 선택할지 현명하게 판단할 수 있다.

2.6 연습 문제

다음 문제로 이진 검색을 연습해 보자. 연습 문제의 해답은 부록 '연습 문제 해답'의 2장(470쪽)에 있다.

1. 순서가 있는 배열 [2, 4, 6, 8, 10, 12, 13]에서 숫자 8을 선형 검색하는 데 몇 단계가 필요한가?

2. 1번 문제에서 이진 검색을 수행하려면 몇 단계가 필요할까?

3. 크기가 100,000인 배열에서 이진 검색을 수행하는 데 필요한 최대 단계 수는 얼마인가?

3장

빅 오 표기법

1장과 2장에서는 알고리즘의 효율성을 결정하는 주요 요소가 알고리즘 수행에 필요한 단계 수임을 밝혔다.

하지만 단순히 어떤 알고리즘을 '22단계 알고리즘'이라고 하고, 다른 알고리즘을 '400단계 알고리즘'이라고 규정할 수는 없다. 알고리즘이 수행하는 단계 수를 하나의 숫자로만 못 박을 수 없기 때문이다. 선형 검색을 예로 들어 보겠다. 선형 검색이 수행하는 단계 수는 배열에 있는 요소 개수에 따라 달라진다. 배열에 요소 22개가 있으면 선형 검색은 22단계가 소요된다. 그러나 배열에 요소 400개가 있으면 400단계가 된다.

따라서 선형 검색의 효율성을 정량화하는 더 효과적인 방법은 **배열에 N개 요소가 있으면 N단계**가 걸린다고 말하는 것이다. 즉, 요수 개수 만큼 단계가 필요하다는 뜻인데, 이 개념을 표현하기에는 꽤 장황하다.

컴퓨터 과학자들은 시간 복잡도에 대한 의사소통을 쉽게 하기 위해 수학의 개념을 차용하여 자료 구조와 알고리즘의 효율성에 관한 간결하고 일관된 언어를 사용해 왔다. 빅 오(Big O) 표기법으로 알려진 공식화된 표현을 사용하면 특정 알고리즘의 효율성을 쉽게 분류하고 다른 사람에게 전달할 수 있다.

빅 오 표기법을 이해하면 '전문가들이 사용하는' 일관되고 간결한 방식으로 알고리즘을 분석할 수 있다.

빅 오 표기법은 수학에서 유래했지만, 나는 수학 용어는 모두 생략하고 컴퓨터 과학과 연관지어 설명하겠다. 또한 간단한 용어로 빅 오 표기법을 설명하기 시작해서 3장과 다음 세 장에 걸쳐 점차 구체화해 나갈 것이다. 어려운 개념은 아니지만 여러 장에 걸쳐 점진적으로 설명하면 훨씬 더 쉽게 이해할 수 있을 것이다.

3.1 빅 오: 데이터 요소가 N개일 때 알고리즘은 몇 단계가 필요할까?

빅 오는 알그리즘이 수행하는 단계 수를 일정한 기준에 따라 측정함으로써 일관성을 유지한다. 먼저 선형 검색 알고리즘을 빅 오로 표현해 보자.

최악의 시나리오에서 선형 검색은 배열의 요소 개수만큼의 단계가 필요하다. 앞서 얘기했듯이 배열의 요소가 N개이면 선형 검색은 최대 N단계가 필요하다. 이를 빅 오 표기법으로 표현하는 적절한 방법은 바로 다음과 같다.

$$O(N)$$

어떤 사람들은 $O(N)$을 '빅 오 오브 엔(Big Oh of N)'이라고 발음하고, 또 다른 사람들은 '오더 오브 엔(Order of N)'이라고 부른다. 하지만 나는 '오 오브 엔(Oh of N)'을 선호한다.

$O(N)$ 표기법의 의미를 알아보자. 이는 우리가 **핵심 질문**이라고 부르는 것에 대한 답을 표현한다. 핵심 질문은 다음과 같다. **데이터 요소가 N개일 때 알고리즘은 몇 단계가 필요할까?** 방금 읽은 문장을 다시 읽어 보자. 이것이 이 책의 다음 부분에서 사용할 빅 오 표기법의 정의이므로 머릿속에 새겨 두자.

핵심 질문에 대한 답은 빅 오 표기법의 **괄호** 안에 있다. 즉, $O(N)$은 **알고리즘이 N단계를 수행한다**는 핵심 질문에 대한 답이다.

다시 시간 복잡도를 빅 오 표기법으로 표현하는 사고 과정을 빠르게 살펴보자. 여기서는 선형 검색을 예로 들겠다. 먼저 '배열에 데이터 요소 N개가 있으면 선형 검색은 몇 단계가 필요할까?'라는 핵심 질문을 던진다. 선형 검색은 N단계가 필요하므로 이 질문에 대한 답은 $O(N)$이다. 참고로 어떤 알고리즘이 $O(N)$이면 **선형 시간**(linear time)이 걸린다는 뜻이다.

이번에는 빅 오 표기법이 일반 배열에서 읽기의 효율성을 어떻게 표현하는지 비교해 보자. 1장 '자료 구조가 중요한 이유'(1쪽)에서 배웠듯이 배열에서 읽기 작업은 배열의 크기에 상관없이 1단계면 됐다. 이를 빅 오 표기법으로 어떻게 표현할지 알아보려면 핵심 질문을 다시 해야 한다. 데이터 요소가 N개인 배열을 읽는 데는 몇 단계가 필요할까? 답은 읽기에 딱 1단계이다. 그래서 이를 '오 오브 1(Oh of 1)'이라고 발음하는 $O(1)$로 표현한다.

$O(1)$이 흥미로운 이유는 우리의 핵심 질문(데이터 요소가 N개인 배열을 읽는데는 몇 단계가 필요할까?)은 N을 중심으로 다루지만 정작 답은 N과 무관하기 때문이다. 사실 이게 핵심이다. 즉, 배열의 **요소 개수에 상관없이** 배열에서 읽기는 **항상** 1단계면 된다.

그래서 $O(1)$을 '가장 빠른' 알고리즘으로 분류한다. 데이터가 증가하더라도 $O(1)$ 알고리즘은 단계가 추가로 들지 않는다. 이 알고리즘은 N에 상관없이 단계 수가 항상 일정하다. 사실 $O(1)$ 알고리즘은 **상수 시간**(constant time)을 갖는다고도 할 수 있다.

> **📦 그럼 수학은 어디에?**
>
> 이 책의 앞부분에서 언급했듯이 나는 빅 오라는 주제를 이해하기 쉽게 설명하고 있다. 그러나 이는 유일한 방법이 아니다. 전통적인 대학 알고리즘 강의를 듣는다면 아마도 수학적 관점에서 빅 오를 배우게 될 것이다. 빅 오는 원래 수학에서 유래한 개념이므로 수학 용어로 설명하는 경우가 많다. 예를 들어 함수 증가율의 상한을 설명하거나, 함수 $g(x)$가 함수 $f(x)$보다 빠르게 증가하지 않는다면 g는 $O(f)$에 속한다는 것이 빅 오를 설명하는 한 가지 방식이다. 이 경우 수학 지식이 얼마나 있느냐에 따라 이해할 수도 있고 전혀 이해하지 못할 수도 있다. 이 책은 여러분이 수학 지식이 적더라도 개념을 이해할 수 있도록 작성되었다.
>
> 빅 오의 수학적 배경을 더 자세히 알고 싶다면 토마스 코멘(Thomas H. Cormen), 찰스 레이서슨(Charles E. Leiserson), 로날드 르베스트(Ronald L. Rivest), 클리포드 스타인(Clifford Stein)이 집필한 《Introduction To Algorithms 4판》(한빛아카데미, 2024)에 수학적 설명이 자세히 나와 있으니 참조하자. 저스틴 에이브람스(Justin Abrahms)가 작성한 글도 빅 오에 대해 꽤 좋은 정의를 제공한다(*https://justin.abrah.ms/computer-science/understanding-big-o-formal-definition.html*).

3.2 빅 오의 본질

지금까지 $O(N)$과 $O(1)$에 대해 알아봤으니, 빅 오 표기법이 단순히 22나 400과 같은 구체적인 숫자로 알고리즘이 수행하는 단계 수를 설명하는 것, 그 이상의 의미를 나타낸다는 사실을 알았다. 그보다는 머릿속에 떠오르는 핵심 질문, 즉 데이터 요소가 N개일 때 알고리즘은 몇 단계가 걸리느냐에 대한 답이 빅 오 표기법이다.

이 핵심 질문이 바로 빅 오의 분명한 정의이지만, 사실 빅 오는 눈에 보이는 것이 전부는 아니다.

데이터의 양에 상관없이 항상 3단계를 수행하는 알고리즘이 있다고 가정해 보자. 즉, 요소 N개에 대해 이 알고리즘은 항상 3단계를 수행한다. 이를 빅 오로 어떻게 표현할까?

지금까지 배운 것을 모두 고려하면 $O(3)$이라고 말할 수 있다.

하지만 실제로는 $O(1)$이다. 그 이유를 알려면 빅 오를 더 깊이 이해해야 한다. 지금부터 이를 설명하겠다.

빅 오는 데이터 요소 N개에 대한 알고리즘의 단계 수를 표현한 것이지만, 이것만으로는 내가 '빅 오의 본질'이라고 말하는 진정한 **이유**를 이해하기엔 역부족이다.

빅 오의 본질은 빅 오가 진정으로 중요하게 여기는 문제, '**데이터가 증가하면** 알고리즘의 성능은 어떻게 변하는가?'에 대한 것이다.

이게 바로 빅 오의 본질이다. 빅 오는 단순히 알고리즘이 몇 단계를 수행하는지 알려 주는 것에 그치지 않는다. 데이터가 **변화**함에 따라 단계 수가 어떻게 증가하는지를 설명한다.

이런 시각으로 보면 알고리즘이 $O(1)$인지 $O(3)$인지는 크게 중요하지 않다. 두 알고리즘 모두 단계 수가 일정하게 유지되어 데이터 증가에 영향을 받지 않는 유형이므로 본질적으로 같은 종류의 알고리즘이다. 둘 다 데이터와 상관없이 단계가 일정한 알고리즘이며, 이 둘을 잘 구별하지 않는다. 따라서 굳이 둘을 구분할 이유가 없다.

반면에 $O(N)$ 알고리즘은 다른 유형의 알고리즘이다. 이 알고리즘은 데이터가 증가함에 따라 성능에 영향을 받는다. 좀 더 구체적으로 말하면 단계 수가 데이터에 정비례하여 증가한다. 이것이 $O(N)$이 전달하는 메시지이다. $O(N)$은 데이터와 알고리즘의 효율성 간의 비례 관계를 설명한다. 데이터가 증가할 때 단계 수가 어떻게 증가하는지 정확히 보여 준다.

$O(1)$과 $O(N)$이 그래프에 어떻게 표시되는지 살펴보자.

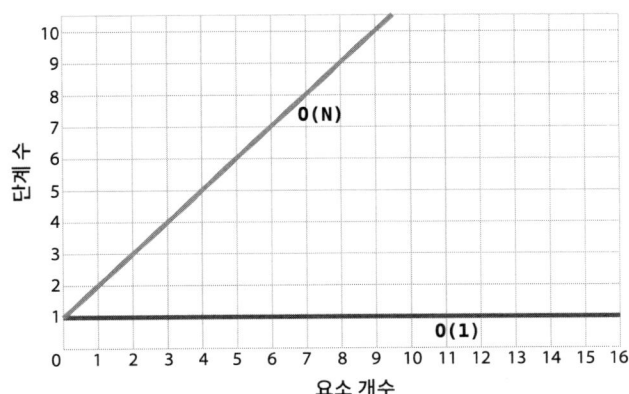

$O(N)$이 완벽한 대각선을 그린다는 점에 주목하자. 이는 데이터가 하나씩 추가될 때마다 알고리즘도 1단계씩 수행하기 때문이다. 따라서 데이터가 많을수록 알고리즘은 더 많은 단계를 수행하게 된다.

이와 반대로 $O(1)$은 완벽한 수평선을 그린다. $O(1)$ 알고리즘은 데이터가 아무리 많아도 단계 수가 일정하다.

3.2.1 빅 오의 본질에 대해 더 깊이 알아보기

빅 오의 본질이 왜 그렇게 중요한지 한 단계 더 깊이 들어가 보겠다. 데이터의 양에 상관없이 항상 100단계가 걸리는 상수 시간 알고리즘이 있다고 가정해 보자. 이 알고리즘은 $O(N)$인 알고리즘보다 성능이 더 우수할까, 아니면 더 떨어질까?

다음 그래프를 보자.

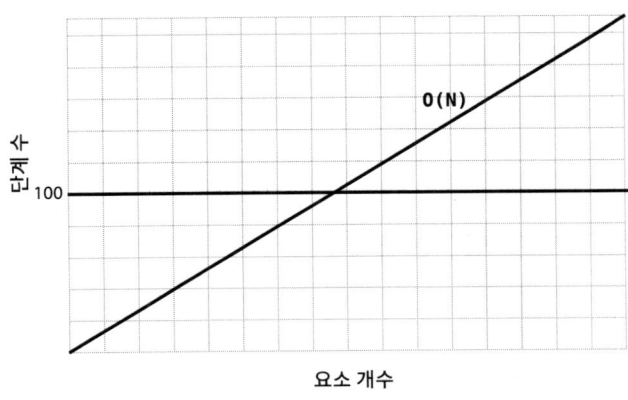

그래프에서 볼 수 있듯이 요소 개수가 100개 미만인 데이터 세트에서는 100단계를 수행하는 $O(1)$ 알고리즘보다 $O(N)$ 알고리즘이 더 적은 단계를 수행한다. 정확히 요소가 100개인 지점에서 선이 교차하는데, 이는 두 알고리즘이 동일한 단계, 즉 100단계를 수행한다는 뜻이다. 하지만 핵심은 **100보다 큰 모든 배열**에서는 $O(N)$ 알고리즘이 더 많은 단계를 수행한다는 것이다.

데이터의 양이 일정 수준을 넘어서면 상황이 반전되어 그 지점부터 무한대까지는 $O(N)$이 더 많은 단계가 걸린다. 따라서 $O(1)$ 알고리즘이 실제로 얼마나 많은 단계를 수행하든 $O(N)$은 전반적으로 $O(1)$보다 효율이 낮다고 할 수 있다.

이는 항상 백만 단계를 수행하는 $O(1)$ 알고리즘이라도 마찬가지이다. 데이터가 증가하면 필연적으로 $O(N)$이 $O(1)$보다 효율이 낮아지는 지점에 도달하게 되고, 데이터가 무한대까지 가더라도 바뀌지 않는다.

3.2.2 같은 알고리즘, 다른 시나리오

2장에서 배운 것처럼 선형 검색이 **항상** $O(N)$은 아니다. 찾고 있는 항목이 배열의 마지막 셀에 있으면 이를 찾는 데 N단계가 걸린다. 하지만 찾고 있는 항목이 배열의 **첫 번째** 셀에 있으면 선형 검색을 사용하여 1단계 만에 항목을 찾을 수 있다. 이런 선형 검색은 $O(1)$으로 설명된다. 선형 검색의 효율성을 종합해서 설명한다면 선형 검색은 **최선의 시나리오**에서는 $O(1)$, **최악의 시나리오**에서는 $O(N)$이라고 말할 수 있다.

빅 오는 주어진 알고리즘의 최선의 시나리오와 최악의 시나리오를 명확하게 설명하지만, 특별히 명시하지 않는 한 일반적으로 빅 오 표기는 **최악의 시나리오**를 나타낸다. 그렇기 때문에 대부분의 참고 문헌에서는 선형 검색이 최선의 시나리오에서 $O(1)$이 될 수 있는데도 $O(N)$이라고 설명한다.

이는 '비관적' 접근 방식이 유용할 수 있기 때문이다. 즉, 최악의 시나리오에서 알고리즘이 얼마나 비효율적인지 정확히 알면 최악의 상황에 대비할 수 있고 알고리즘 선택에 중요한 영향을 미칠 수 있어서 그렇다.

3.3 세 번째 유형의 알고리즘

2장에서는 순서가 있는 배열에서 이진 검색이 선형 검색보다 훨씬 빠르다고 배웠다. 이제 이진 검색을 빅 오 표기법으로 어떻게 설명하는지 알아보자.

이진 검색은 데이터가 증가할 때 단계 수가 증가하므로 $O(1)$이라고 표현할 수 없다. 또한 단계 수가 데이터 요소 개수 N개보다 훨씬 적어 $O(N)$의 범주에도 맞지 않는다. 앞서 살펴본 것처럼 요소 100개가 포함된 배열에서 이진 검색은 7단계면 된다.

따라서 이진 검색은 $O(1)$과 $O(N)$ 사이의 어딘가에 속한 것으로 보인다. 그렇다면 어떻게 표현할까?

빅 오 용어로 이진 검색의 시간 복잡도는 다음과 같이 표현한다.

$$O(\log N)$$

나는 이것을 '오 오브 로그 엔(Oh of log N)'이라고 말한다. 이러한 유형의 알고리즘은 **로그 시간**(log time)의 시간 복잡도라고 한다.

간단히 말해 $O(\log N)$은 **데이터가 두 배가 될 때마다 1단계씩 증가**하는 알고리즘을 설명하는 빅 오 방식이다. 이전 장에서 배운 대로 이진 검색은 바로 이렇게 한다. 이것이 **왜** $O(\log N)$으로 표현되는지 곧 알게 되겠지만, 먼저 지금까지 배운 내용을 요약해 보겠다.

지금까지 배운 알고리즘의 세 가지 유형은 다음과 같이 가장 효율적인 순서대로 나열할 수 있다.

$$O(1)$$
$$O(\log N)$$
$$O(N)$$

세 가지 유형을 비교한 그래프를 보자.

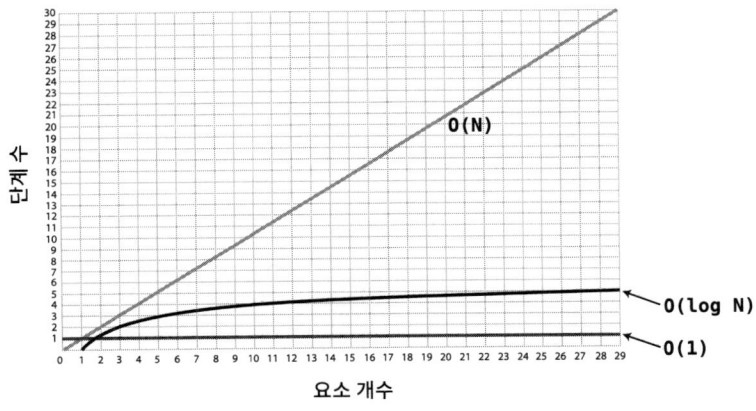

$O(\log N)$은 완만하게 상승하는 곡선인데, 이는 $O(1)$보다는 덜 효율적이지만 $O(N)$보다는 훨씬 더 효율적이라는 뜻이다.

이 알고리즘을 $O(\log N)$이라고 부르는 이유를 이해하려면 먼저 **로그**가 무엇인지 이해해야 한다. 이 수학 개념에 이미 익숙하다면 지금 설명할 내용을 건너뛰어도 좋다.

3.4 로그

이진 검색과 같은 알고리즘이 $O(\log N)$으로 설명되는 이유를 살펴보자. 그런데 로그는 무엇일까?

로그는 **로가리즘**(logarithm)의 줄임말이다. 가장 먼저 주목할 점은 알고리즘과 로가리즘의 모양과 소리는 비슷하지만 로가리즘, 즉 로그는 알고리즘과는 아무 관련이 없다는 것이다.

로그는 **지수**(exponents)의 역수이다. 지수가 무엇인지 간단히 알아보면 다음과 같다.

2^3은 다음과 같다.

$$2 * 2 * 2$$

이는 8이다.

그리고 $\log_2 8$은 그 반대이다. 즉, 8이라는 결과를 얻으려면 2를 몇 번 곱해야 하느냐는 뜻이다.

8을 얻으려면 2를 3번 곱해야 하므로 $\log_2 8 = 3$이 된다.

다른 예를 보자.

2^6은 다음과 같다.

$$2 * 2 * 2 * 2 * 2 * 2 = 64$$

따라서 64를 구하려면 2를 6번 곱해야 하므로 다음과 같이 된다.

$$\log_2 64 = 6$$

이와 같은 설명은 '교과서에 나오는' 로그에 대한 정의이지만, 나는 같은 개념을 다른 방식으로 설명하는 것을 좋아한다. 왜냐하면 많은 사람이 특히 빅 오 표기법에 관해서는 이 방식을 더 쉽게 이해하기 때문이다.

내 방식대로 $\log_2 8$을 설명해 보겠다. 8을 1이 될 때까지 2로 계속 **나누면** 등식에서 2는 몇 개가 될까?

$$8 / 2 / 2 / 2 = 1$$

달리 말하면 8을 1이 될 때까지 몇 번이나 반으로 나눠야 할까? 이 예에서는 3번 나눠야 한다. 따라서

$$\log_2 8 = 3\text{이 된다.}$$

마찬가지로 $\log_2 64$도 이렇게 질문할 수 있다. 64를 1이 될 때까지 몇 번이나 반으로 나눠야 할까?

$$64 / 2 / 2 / 2 / 2 / 2 / 2 = 1$$

2가 6개이므로 $\log_2 64 = 6$이다.

이제 로그가 무엇인지 이해했으니 $O(\log N)$의 의미가 명확해질 것이다.

3.5 $O(\log N)$ 알아보기

다시 빅 오 표기법으로 돌아가 보자. 컴퓨터 과학에서 $O(\log N)$은 사실 $O(\log_2 N)$을 줄여서 말하는 것이다. 편의상 첨자 2를 생략한 것이다.

빅 오 표기법은 데이터 요소가 N개일 때 알고리즘은 몇 단계를 수행하냐는 핵심 질문을 해결한다는 점을 상기하자.

$O(\log N)$은 데이터 요소가 N개일 때 알고리즘이 **$\log_2 N$단계**를 수행한다는 뜻이다. 요소가 8개이면 알고리즘은 $\log_2 8 = 3$이므로 3단계가 수행된다.

다시 말해 요소 8개를 계속 반으로 나누면 요소가 1개 남을 때까지 3단계가 걸린다.

이것이 **정확히** 이진 검색에서 일어나는 일이다. 특정 항목을 찾을 때 올바른 숫자에 도달할 때까지 배열의 셀을 계속 반으로 나누면서 범위를 좁혀 나간다.

정리하면 이렇다. $O(\log N)$은 알고리즘이 데이터 요소가 1개 남을 때까지 계속 **반으로 나눌 때 필요한 단계 수를 의미한다.**

다음 표는 $O(N)$과 $O(\log N)$의 효율성에 엄청난 차이가 있음을 보여 준다.

N개 요소	$O(N)$	$O(\log N)$
8	8	3
16	16	4
32	32	5
64	64	6
128	128	7
256	256	8
512	512	9
1024	1024	10

$O(N)$ 알고리즘은 데이터 요소 개수만큼 많은 단계가 필요한 반면, $O(\log N)$ 알고리즘은 데이터 요소 개수가 2배가 될 때마다 1단계만 더 필요하다.

다음 장에서는 지금까지 배운 3가지 알고리즘 외에 빅 오 표기법의 범주에 속하는 다른 알고리즘을 접하게 될 것이다. 하지만 그전에 일상적인 코드 예제 몇 가지에 이러한 개념을 적용해 보겠다.

3.6 실제 예제

다음은 리스트에 있는 모든 항목을 출력하는 일반적인 파이썬 코드이다.

```python
things = ['apples', 'baboons', 'cribs', 'dulcimers']

for thing in things:
    print("Here's a thing: " + thing)
```

이 알고리즘의 효율성을 빅 오 표기법으로 어떻게 설명할 수 있을까?

먼저 알아 둘 점은 이 코드도 알고리즘 예제라는 것이다. 복잡하지 않더라도 어떤 작업을 수행하는 모든 코드는 엄밀히 말해 알고리즘이며, 문제를 해결해 가는 일련의 과정이다. 여기서 해결할 문제는 리스트에 있는 모든 항목을 출력하는 것이다. 이 문제를 푸는 데 사용할 알고리즘은 print 문이 포함된 for 루프이다.

이를 파악하려면 이 알고리즘이 몇 단계를 수행하는지 분석해야 한다. 알고리즘의 주요 부분인 for 루프는 4단계를 수행한다. 이 예에서는 리스트에 항목 4개가 있으며 각 항목을 한 번씩 출력한다.

그러나 단계 수는 일정하지 않다. 리스트에 요소 10개가 있다면 for 루프는 10단계가 소요된다. for 루프는 요소 개수만큼의 단계를 수행하므로 이 알고리즘의 효율성은 $O(N)$이라고 할 수 있다.

다음 예는 숫자가 소수(prime number)인지 아닌지를 판단하는 간단한 파이썬 기반 알고리즘이다.

```python
def is_prime(number):
    for i in range(2, number):
        if number % i == 0:
            return False

    return True
```

이 코드는 number를 인수로 받아 number를 2부터 (number − 1)까지의 모든 정수로 나누며, 각 경우에 나머지가 있는지 확인하는 for 루프로 시작한다. 나머지가 없으면 소수가 아니므로 즉시 False를 반환한다. (number − 1)까지 모두 나눴는데도 나머지가 있으면 number는 소수이므로 True를 반환한다.

이 경우 핵심 질문은 앞의 예제들과는 약간 달라진다. 이전 예제에서 핵심 질문은 배열에 데이터 요소가 N개 있을 때 알고리즘이 몇 단계가 걸리는지 물었다. 여기서는 배열이 아니라 함수에 전달하는 숫자인 number를 다룬다. 전달되는 number에 따라 함수의 루프가 실행되는 횟수에 영향을 미친다.

이 경우 핵심 질문은 number에 N을 전달할 때 알고리즘이 몇 단계가 걸리느냐이다.

숫자 7을 is_prime 함수에 전달하면 for 루프는 약 7회 실행된다. (엄밀히 말하면 루프는 2에서 시작하여 number 바로 전에 끝나므로 5회 실행된다.) 숫자 101의 경우 루프는 약 101회 실행된다. 함수에 전달된 숫자에 따라 단계 수가 같은 비율로 증가하므로 전형적인 $O(N)$이다.

다시 말해 여기서의 핵심 질문은 다른 유형의 N을 다루었는데, 주요 데이터가 배열이 아닌 숫자이기 때문이다. 이어지는 다른 장에서는 N을 찾는 연습을 더 많이 해 보겠다.

3.7 마무리

빅 오 표기법을 사용하면 두 알고리즘을 비교할 수 있는 일관된 시스템을 갖추게 된다. 빅 오 표기법으로 실제 시나리오를 검토하면 경쟁하는 자료 구조와 알고리즘 중에서 더 빠르고 더 많은 부하를 처리할 수 있는 방법을 선택할 수 있다.

4장에서는 빅 오 표기법을 사용해 코드의 속도를 크게 개선한 실제 사례를 살펴보겠다.

3.8 연습 문제

다음 문제로 빅 오 표기법을 연습해 보자. 이 연습 문제의 해답은 부록 '연습 문제 해답'의 3장(471쪽)에 있다.

1. 주어진 연도가 윤년인지 아닌지 판단하는 함수의 시간 복잡도를 빅 오 표기법으로 설명하라.

```python
def is_leap_year(year):

    if year % 100 == 0:
        if year % 400 == 0:
            return True
        else:
            return False

    return year % 4 == 0
```

2. 주어진 배열의 모든 숫자를 더하는 함수의 시간 복잡도를 빅 오 표기법으로 설명하라.

```python
def array_sum(array):
    sum = 0

    for number in array:
        sum += number

    return sum
```

3. 다음 함수는 복리의 힘을 설명하는 데 사용되는 오래된 비유를 기반으로 한다. 체스판이 있고 한 칸에 쌀 1톨을 놓았다고 상상해 보자. 두 번째 사각형에는 이전 사각형에 있는 쌀의 2배인 쌀 2톨을 놓는다. 세 번째 사각형에는 쌀 4톨을 놓는다. 네 번째 사각형에는 쌀 8톨을, 다섯 번째 사각형에는 쌀 16톨을 놓는 식으로 계산한다.

다음 함수는 특정 개수의 쌀알을 놓아야 하는 사각형을 계산한다. 예를 들어 쌀알이 16개이면 다섯 번째 사각형에 16개의 쌀알을 놓을 것이므로 이 함수는 5를 반환한다.

이 함수의 시간 복잡도를 빅 오 표기법으로 설명하라.

```python
def chessboard_space(number_of_grains):
    chessboard_spaces = 1
    placed_grains = 1

    while placed_grains < number_of_grains:
        placed_grains *= 2
        chessboard_spaces += 1

    return chessboard_spaces
```

4. 다음 함수는 문자열 배열을 받아 문자 "a"로 시작하는 문자열만 포함하는 새 배열을 반환한다. 이 함수의 시간 복잡도를 빅 오 표기법으로 설명하라.

```python
def select_a_strings(array):
    new_array = []

    for string in array:
        if string[0] == "a":
            new_array.append(string)

    return new_array
```

5. 다음 함수는 **순서가 있는 배열**에서 중앙값을 계산한다. 이 함수의 시간 복잡도를 빅 오 표기법으로 설명하라.

```python
def median(array):
    if not array:
        return None
```

```
middle = len(array) // 2

# 배열에 짝수 개의 숫자가 있는 경우
if len(array) % 2 == 0:
    return (array[middle - 1] + array[middle]) / 2.0
else: # 배열에 홀수 개의 숫자가 있는 경우
    return array[middle]
```

빅 오로 코드 속도 향상하기

빅 오 표기법은 알고리즘의 효율성을 표현하는 훌륭한 도구이다. 빅 오 표기법을 사용해 이진 검색 대 선형 검색의 차이를 정량화해 봤다. 이진 검색은 $O(\log N)$이므로 $O(N)$인 선형 검색보다 훨씬 빠른 알고리즘이다.

빅 오를 사용하면 내가 만든 알고리즘과 **세상에 있는 범용 알고리즘**을 비교할 수 있는 기회가 생긴다. 그리고 '이 알고리즘이 범용 알고리즘에 비해 빠른가, 아니면 느린가?'라고 자문할 수도 있다.

빅 오에서 내가 만든 알고리즘을 '느린' 알고리즘으로 분류했다면 한걸음 물러나서 더 빠른 빅 오 범주에 들어갈 수 있게 최적화하는 방법이 있는지 찾아봐야 한다. 물론 항상 가능하지는 않지만 생각해 볼 만한 가치는 있다.

4장에서는 실제 문제를 해결하기 위한 코드 몇 가지를 작성하고 빅 오를 사용하여 알고리즘을 측정한 다음, 해당 알고리즘을 수정하여 효율성을 높일 수 있는지 살펴보겠다. (스포일러: 높일 수 있다.)

4.1 버블 정렬

실제 문제에 뛰어들기 전에 먼저 빅 오의 세계에서 알고리즘 효율성이라는 새로운 범주를 살펴볼 필요가 있다. 이를 보여 주기 위해 컴퓨터 과학계의 고전 알고리즘 중 하나를 사용하겠다.

정렬 알고리즘(sorting algorithm)은 컴퓨터 과학 분야에서 폭넓게 연구되어 왔으며, 지금까지 수십 개의 알고리즘이 개발되었다. 정렬 알고리즘은 모두 다음 문제를 해결한다.

정렬되지 않은 배열이 있을 때 어떻게 오름차순으로 정렬할까?

4장과 5장에서는 이러한 정렬 알고리즘들을 소개할 것이다. 먼저 배워 볼 몇 가지 알고리즘은 **단순 정렬**(simple sort)인데, 이해하기 쉬워서 이렇게 불리지만, 더 빠르다고 알려진 정렬 알고리즘보단 비효율적이다.

버블 정렬(bubble sort)은 기본적인 정렬 알고리즘으로 다음 단계를 따른다.

1. 배열에서 연속된 두 개의 값을 가리킨다. (처음에는 배열의 맨 앞에 있는 두 값을 가리키면서 시작한다.) 첫 번째 항목과 두 번째 항목을 비교한다.

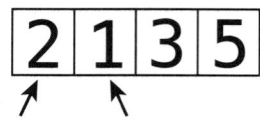

2. 두 항목의 순서가 맞지 않으면(즉, 왼쪽 값이 오른쪽 값보다 크면) 두 항목을 교환(swap)한다(이미 올바른 순서이면 이 단계에서 어떤 작업도 수행하지 않는다).

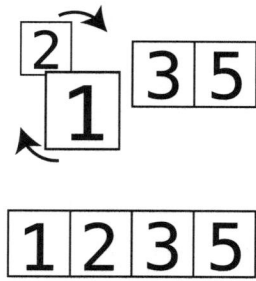

3. '포인터'를 오른쪽으로 한 셀씩 옮긴다.

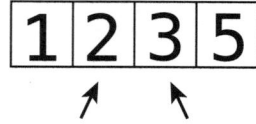

4. 배열의 끝에 도달하거나 이미 정렬된 값에 도달할 때까지 1~3단계를 반복한다. (이 내용은 이어지는 설명을 차례차례 따라가다 보면 더 쉽게 이해될 것이다.) 이 시점에서 배열의 첫 번째 **패스스루**(pass-through)를 완료했다. 즉, 도달할 때까지 값을 하나하나 가리키며 배열을 '통과'했다.

5. 그런 다음 두 포인터를 배열의 처음 두 값으로 다시 이동하고 1~4단계를 다시 실행하여 배열의 새로운 패스스루를 실행한다. 항목을 교환하지 않는 패스스루가 나올 때까지 이러한 과정을 계속 반복한다. 항목을 교환하지 않는 패스스루가 나오면 배열이 완전히 정렬되고 작업이 완료되었다는 뜻이다.

4.2 버블 정렬의 실제 사용

버블 정렬을 완전한 예제로 살펴보자.

배열 [4, 2, 7, 1, 3]을 정렬하고 싶다고 가정해 보자. 순서도 엉망인데다가 중복 값까지 있는 배열을 오름차순으로 정렬하려고 한다.

첫 번째 패스스루를 시작하자.

배열의 초기 상태이다.

$$4 2 7 1 3$$

1단계: 먼저 4와 2를 비교한다.

$$4 2 7 1 3$$

2단계: 순서가 맞지 않으므로 두 값을 교환한다.

$$4 2 7 1 3$$

$$2 4 7 1 3$$

3단계: 다음으로 4와 7을 비교한다.

올바른 순서이니 교환할 필요가 없다.

  4단계: 이제 7과 1을 비교한다.

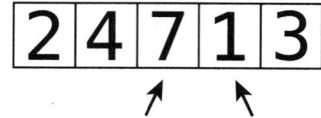

5단계: 순서가 맞지 않으므로 두 값을 교환한다.

6단계: 7과 3을 비교한다.

7단계: 순서가 맞지 않으므로 두 값을 교환한다.

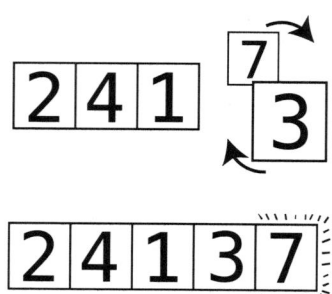

이제 7이 올바른 위치에 도달할 때까지 오른쪽으로 계속 이동했으므로 배열에서 7이 올바른 위치에 있다는 사실을 확실히 알 수 있다. 이 그림에서 7을 둘러싼 점선은 7이 올바른 위치에 있음을 나타낸다.

이것이 바로 이 알고리즘을 **버블** 정렬이라고 부르는 이유이다. 각 패스스루에서 정렬되지 않은 가장 큰 값이 올바른 위치로 "버블처럼 올라온다(bubble up)".

이 패스스루에서 적어도 한 번 이상 교환했으므로 다음 패스스루도 수행해야 한다.

두 번째 패스스루를 시작한다.

8단계: 2와 4를 비교한다.

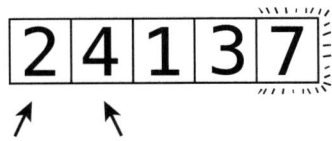

올바른 순서이므로 다음으로 넘어간다.

9단계: 4와 1을 비교한다.

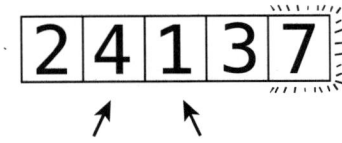

10단계: 순서가 맞지 않으므로 두 값을 교환한다.

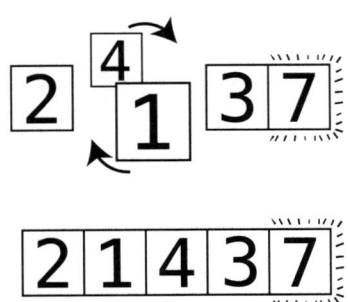

11단계: 4와 3을 비교한다.

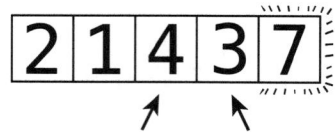

12단계: 순서가 맞지 않으므로 두 값을 교환한다.

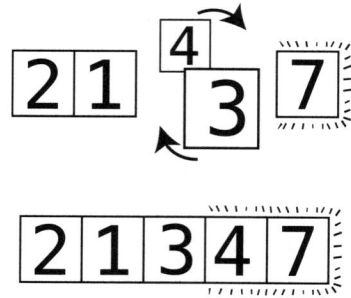

이전 패스스루에서 7이 이미 올바른 위치에 있다는 것을 알기 때문에 4와 7은 비교할 필요가 없다. 이제 4도 올바른 위치까지 올라왔다. 이로써 두 번째 패스스루도 끝났다.

이 패스스루에서 적어도 한 번 이상 교환했으므로 다음 패스스루를 수행해야 한다.

세 번째 패스스루를 시작한다.

13단계: 2와 1을 비교한다.

14단계: 순서가 맞지 않으므로 두 값을 교환한다.

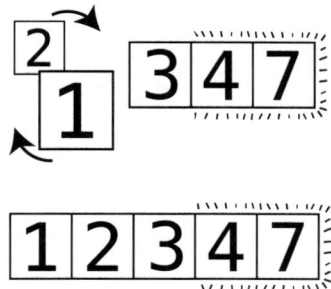

15단계: 2와 3을 비교한다.

순서가 올바르니 교환할 필요가 없다.

　이제 3이 올바른 위치에 올라온 것을 알 수 있다.

이 패스스루에서 적어도 한 번 이상 교환했으므로 또 다른 패스스루를 수행해야
한다.

　이렇게 네 번째 패스스루가 시작된다.

　16단계: 1과 2를 비교한다.

이것들은 순서가 올바르니 교환할 필요가 없다. 나머지 모든 값이 이미 올바르게
정렬되었으므로 패스스루를 종료할 수 있다.

이제 교환이 필요 없는 패스스루를 만들었으므로 배열이 완전히 정렬되었음을 알 수 있다.

4.2.1 코드 구현: 버블 정렬

다음은 파이썬으로 구현한 버블 정렬이다.

```python
def bubble_sort(array):
    unsorted_until_index = len(array) - 1
    sorted = False

    while not sorted:
        sorted = True
        for i in range(unsorted_until_index):
            if array[i] > array[i+1]:
                array[i], array[i+1] = array[i+1], array[i]
                sorted = False
        unsorted_until_index -= 1

    return array
```

이 함수는 정렬되지 않은 배열을 전달하여 사용한다.

```python
print(bubble_sort([65, 55, 45, 35, 25, 15, 10]))
```

그러면 이 함수는 정렬된 배열을 반환한다.

함수가 어떻게 실행되는지 한 줄씩 살펴보자. 설명을 먼저 한 뒤 코드를 보여 주는 식으로 하겠다.

가장 먼저 unsorted_until_index 변수부터 생성한다. 이 변수는 **아직 정렬되지 않은** 배열의 가장 오른쪽 인덱스를 기록하며 관리한다. 알고리즘을 처음 시작할 때 배열은 완전히 정렬되지 않은 상태이므로 배열의 마지막 인덱스로 이 변수를 초기화한다.

```python
unsorted_until_index = len(array) - 1
```

또한 배열이 완전히 정렬되었는지를 기록하는 sorted 변수도 생성한다. 물론 코드를 처음 실행할 때는 배열이 정렬되지 않은 상태이므로 False로 설정한다.

```
sorted = False
```

배열이 정렬될 때까지 계속 실행될 while 루프를 시작한다. 이 루프의 한 번 반복은 패스스루 한 번을 의미한다.

```
while not sorted:
```

이어서 sorted는 True로 미리 설정해 둔다.

```
sorted = True
```

각 패스스루에서 교환이 일어날 때까지 배열이 정렬되었다고 가정하다가, 교환이 일어나면 sorted 변수를 다시 False로 변경하는 방식을 취한다. 교환 없이 전체 패스스루를 통과하면 sorted 변수가 True로 유지되고 배열이 완전히 정렬된 상태라고 생각할 수 있다.

while 루프 내부에서는 배열 값의 각 쌍을 가리키는 for 루프를 시작한다. 이때 첫 번째 포인터로 변수 i를 사용하고, 배열의 맨 앞부터 시작하여 아직 정렬되지 않은 인덱스까지 수행한다.

```
for i in range(unsorted_until_index):
```

for 루프에서는 모든 인접한 값을 비교하고 순서가 맞지 않으면 두 값을 교환한다. 그리고 값을 교환하면 sorted를 False로 변경한다.

```
for i in range(unsorted_until_index):
    if array[i] > array[i+1]:
        array[i], array[i+1] = array[i+1], array[i]
        sorted = False
```

각 패스스루가 끝나면 오른쪽 끝까지 옮긴 값이 이제 올바른 위치에 있음을 알 수 있다. 따라서 기존에 가리키고 있던 인덱스가 정렬된 상태이므로 unsorted_until_ index 값을 1 감소시킨다.

```
unsorted_until_index -= 1
```

sorted가 True가 되면, 이는 배열이 완전히 정렬되었다는 의미이므로 while 루프를 종료하고 정렬된 배열을 반환한다.

```
return array
```

4.3 버블 정렬의 효율성

버블 정렬 알고리즘에는 두 가지 중요한 단계가 있다.

- **비교**(comparison): 두 숫자를 서로 비교하여 어느 것이 더 큰지 결정한다.
- **교환**(swap): 두 숫자를 서로 바꾸어 정렬한다.

먼저 버블 정렬에서 **비교**가 얼마나 많이 일어나는지 알아보자.

예제 배열에는 요소 5개가 있다. 다시 살펴보면 첫 번째 패스스루에서 두 수를 4번 비교해야 했음을 알 수 있다.

그리고 두 번째 패스스루에서는 3번만 비교하면 되었다. 첫 번째 패스스루를 통해 마지막 숫자가 정확한 위치에 있다는 것을 알았으므로 마지막 두 수를 비교할 필요가 없었기 때문이다.

세 번째 패스스루에서는 2번 비교했고, 네 번째 패스스루에서는 1번만 비교했다.

그래서 전체 비교 횟수는 다음과 같다.

$$4 + 3 + 2 + 1 = 10$$

이를 모든 크기의 배열에 적용되는 방식으로 표현하자면, 요소 N개에 대해 다음과 같이 비교를 수행한다고 할 수 있다.

$$(N-1) + (N-2) + (N-3) \ldots + 1$$

버블 정렬에서 발생하는 비교 횟수를 분석했으니 이제 **교환**을 분석해 보자.

배열이 내림차순으로 정렬된 최악의 시나리오(우리가 원하는 것과 정반대)에서는 실제로 비교할 때마다 교환이 필요하다. 따라서 이러한 시나리오에서는 비교 10번과 교환 10번으로 총 20단계를 수행한다.

이제 더 넓게 생각해 보자. 역순으로 값 5개를 포함하는 배열에서는 $4 + 3 + 2 + 1 = 10$번 비교를 수행한다. 비교 10번과 함께 교환 10번도 수행하므로 총 20단계가 된다.

값이 10개인 배열이라면 $9 + 8 + 7 + 6 + 5 + 4 + 3 + 2 + 1 = 45$번 비교와 45번 교환을 수행한다. 따라서 총 90단계가 된다.

값 20개를 포함하는 배열은 $19 + 18 + 17 + 16 + 15 + 14 + 13 + 12 + 11 + 10 + 9 + 8 + 7 + 6 + 5 + 4 + 3 + 2 + 1 = $ **190번** 비교와 약 190번 교환을 수행해 총 380단계가 된다.

여기서 비효율성을 알 수 있다. 즉, 요소 개수가 증가함에 따라 단계 수가 **기하급수적으로** 증가한다. (수학적 표현으로는 2차 함수, 즉 N^2에 비례해 증가한다고 할 수 있다.) 다음 표에서 이를 명확하게 확인할 수 있다.

데이터 요소 N개	최대 단계 수
5	20
10	90
20	380
40	1560
80	6320

N의 증가에 따른 단계 수 증가를 살펴보면 대략 N^2만큼 증가하는 것을 알 수 있다. 다음 표를 보자.

데이터 요소 N개	버블 정렬 단계 수	N^2
5	20	25
10	90	100
20	380	400
40	1560	1600
80	6320	6400

이제 버블 정렬의 시간 복잡도를 빅 오 표기법으로 표현해 보겠다. 반복하지만, 빅 오는 '데이터 요소가 N개일 때 알고리즘이 몇 단계를 수행하느냐'는 핵심 질문에 답한다.

값이 N개이므로 버블 정렬에는 N^2단계가 필요하고, 이를 빅 오로 표현하면 버블 정렬의 효율성은 $O(N^2)$이다.

$O(N^2)$은 데이터가 증가함에 따라 단계 수가 급격히 증가하므로 상대적으로 비효율적인 알고리즘으로 간주된다. 이 그래프는 $O(N^2)$과 이보다 빠른 $O(N)$을 비교해 보여 준다.

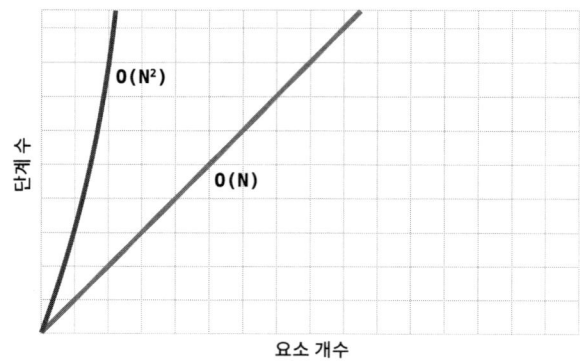

데이터가 증가함에 따라 $O(N^2)$ 곡선은 단계 수가 가파르게 상승한다. 단순한 대각선을 그리는 $O(N)$과 비교해 보자.

마지막으로 한 가지 더 알아 두자. $O(N^2)$은 **2차 시간**(quadratic time)이라고도 한다.

4.4 이차 문제

다음은 느린 $O(N^2)$ 알고리즘을 빠른 $O(N)$ 알고리즘으로 대체할 수 있는 실용적인 예제이다.

사용자가 제품에 대해 1부터 10까지 부여하는 평점을 분석하는 파이썬 애플리케이션을 개발하고 있다고 하자. 구체적으로 말하면, 평점 배열에 중복된 숫자가 있는지 확인하는 함수를 작성하는 중이다. 이 함수는 소프트웨어의 다른 부분에서 더 복잡한 계산에 사용된다.

예를 들어 배열 [1, 5, 3, 9, 1, 4]에는 숫자 1이 두 번 나오므로 True를 반환해 배열에 중복 숫자가 있음을 알린다.

가장 먼저 떠올릴 수 있는 방법 중 하나는 다음과 같이 중첩 루프를 사용하는 것이다.

```
def has_duplicate_value(array):
    for i in range(len(array)):
        for j in range(len(array)):
            if (i != j) and (array[i] == array[j]):
                return True

    return False
```

이 함수에서는 변수 i를 사용하여 배열의 각 값을 순회한다. i의 각 값에 초점을 맞춘 다음, j를 사용하여 배열의 모든 값을 살펴보는 **두 번째** 루프를 실행하여 i와 j 위치의 값이 같은지 확인한다. 값이 같으면 중복된 값을 발견했다는 뜻이므로 True를 반환한다. 루프를 모두 반복했지만 중복된 값을 찾지 못했다면 배열에 중복된 값이 없다는 의미이므로 False를 반환한다.

이 코드가 확실히 작동하긴 하지만 효율적일까? 이제는 빅 오 표기법을 조금 배웠으니, 한 걸음 물러나서 이 함수를 빅 오로 어떻게 표현하는지 살펴보자.

빅 오는 알고리즘이 데이터 값 N개에 비례해 얼마나 많은 단계를 수행하는지를 나타낸다. 이를 우리 상황에 적용하려면 최악의 시나리오에서 has_duplicate_value 함수에 제공된 값 N개를 포함하는 배열에 대해 알고리즘이 몇 단계를 수행하는지 물어봐야 한다.

이 질문에 답하려면 함수가 어떤 단계를 수행하는지, 최악의 시나리오가 무엇인지 분석해야 한다.

앞의 함수에는 한 가지 유형의 단계, 즉 **비교**가 있다. 이때 array[i]와 array[j]를 반복적으로 비교하여 둘이 같은지, 즉 중복 쌍인지 확인한다. 최악의 시나리오는 배열에 중복된 값이 없는 경우로, 코드에서 루프를 모두 완료하고 가능한 비교를 모두 수행한 후 False를 반환하는 것이다.

이를 바탕으로 배열에 값이 N개 있으면 앞의 함수는 N^2번의 비교를 수행한다는 결론을 내릴 수 있다. 이는 외부 루프가 배열 전체를 살펴보기 위해 N번 순회해야 하고, **각 순회마다** 내부 루프도 **다시 N번** 순회해야 하기 때문이다. 즉, N단계 * N단계인 N^2단계이므로 $O(N^2)$의 알고리즘이 된다.

알고리즘의 단계 수를 기록하는 코드를 함수에 추가하면 이 함수가 실제로 N^2단계를 수행하는지 증명할 수 있다.

```
def has_duplicate_value(array):
    steps = 0 # 단계 수를 센다.
    for i in range(len(array)):
        for j in range(len(array)):
            steps += 1 # 단계 수를 증가시킨다.
            if (i != j) and (array[i] == array[j]):
                return True

    print(steps) # 중복 값이 없으면 단계 수를 출력한다.
    return False
```

추가한 코드는 중복 값이 없을 때 수행한 단계 수를 출력한다. 예를 들어 has_
duplicate_value([1, 4, 5, 2, 9])를 실행하면 파이썬 콘솔에 25가 출력되는데, 이
는 배열의 5개 요소에 대해 25번의 비교가 이루어졌음을 나타낸다. 다른 값으로 테
스트해도 항상 배열 크기의 제곱 값이 출력된다. 이는 전형적인 $O(N^2)$이다.

알고리즘이 하나의 루프를 다른 루프 안에 중첩할 때 해당 알고리즘은 $O(N^2)$이
되는 경우가 매우 많다(항상 그런 것은 아니다). 따라서 중첩 루프를 보면 머릿속에
서 $O(N^2)$에 주의하라는 경고음이 울려야 한다.

우리 함수가 $O(N^2)$일 때는 잠시 멈춰서 고민할 필요가 있다. $O(N^2)$은 비교적
느린 알고리즘으로 간주되기 때문이다. 느린 알고리즘을 접할 때마다 더 빠른 대
안이 있는지 검토해 볼 필요가 있다. 더 나은 대안이 **없을** 수도 있지만 먼저 확인해
두자.

4.5 선형 솔루션

다음은 중첩 루프 없이 작성한 has_duplicate_value 함수의 다른 구현이다. 꽤 영
리한 방법이니 우선 어떻게 작동하는지 살펴본 다음, 앞의 코드보다 더 효율적인지
알아보자.

```
def has_duplicate_value(array):
    existing_numbers = [0] * 11

    for i in range(len(array)):
        if existing_numbers[array[i]] == 1:
            return True
        else:
```

```
        existing_numbers[array[i]] = 1

    return False
```

이 함수가 수행하는 작업은 다음과 같다. 요소 11개의 값이 모두 0인 existing_numbers라는 배열을 생성하면서 시작한다. 사용자가 남길 수 있는 11개의 가능한 평점(0~10)을 기록하고 관리하기 위해 배열에 최소 11개의 슬롯을 확보한다.

그런 다음 루프를 사용하여 입력 배열의 각 숫자를 확인한다. 각 숫자를 발견할 때마다 existing_numbers 배열에서 해당 숫자의 **인덱스**에 임의의 값(여기서는 1)을 넣는다.

입력 배열 [3, 5, 8]을 예로 들어보자. 3을 만나면 existing_numbers의 인덱스 3에 1을 넣는다. 이제 existing_numbers 배열은 다음과 같이 된다.

```
[0, 0, 0, 1, 0, 0, 0, 0, 0, 0, 0]
```

이제는 existing_numbers의 인덱스 3에 1이 있다. 이것은 입력 배열인 array에서 이미 3을 만났음을 표시하고 기억하기 위함이다.

루프가 주어진 배열에서 5를 만나면 existing_numbers의 인덱스 5에 1을 넣는다.

```
[0, 0, 0, 1, 0, 1, 0, 0, 0, 0, 0]
```

마지막으로 8을 처리하면 existing_numbers는 다음과 같이 된다.

```
[0, 0, 0, 1, 0, 1, 0, 0, 1, 0, 0]
```

결국 existing_numbers의 인덱스를 사용하여 지금까지 array에서 어떤 숫자가 나왔는지 기억하게 된다.

지금부터가 진짜 핵심이다. 코드가 해당 인덱스에 1을 저장하기 전에 **해당 인덱스에 이미 1이 값으로 저장되어 있는지 확인한다**. 1이면 이미 그 숫자를 발견했다는 뜻이므로 중복 값을 발견한 셈이다. 이 경우 True를 반환하고 함수를 종료하면된다. 만일 True를 반환하지 않고 루프의 끝에 도달하면 중복 값이 없다는 의미이므로 False를 반환한다.

이 새로운 알고리즘의 효율성을 빅 오 관점에서 판단하려면 최악의 시나리오에서 알고리즘이 수행하는 단계 수를 다시 한번 파악해야 한다.

여기서 중요한 단계는 existing_numbers에서 입력 배열의 숫자에 해당하는 각 인덱스의 값이 1인지 확인하는 것이다.

```
if existing_numbers[array[i]] == 1:
```

(비교뿐만 아니라 existing_numbers 배열에 **삽입**을 수행할 때도 있는데, 이 분석에서 삽입 유형은 사소한 단계로 간주한다. 이에 대한 자세한 내용은 5장에서 설명한다.)

여기서 최악의 시나리오는 배열에 중복이 없을 때이며, 이때 함수는 루프를 모두 반복 수행해야 한다.

새로운 알고리즘은 데이터 요소 N개에 대해 비교를 N번 수행하는 것처럼 보인다. 루프가 하나뿐이고 입력 배열에 있는 숫자 수만큼 단순히 반복하기 때문이다. 이 이론을 확인하려면, 파이썬 콘솔에서 단계를 추적하며 과연 그런지 테스트해 볼 수 있다.

```python
def has_duplicate_value(array):
    steps = 0
    existing_numbers = [0] * 11

    for i in range(len(array)):
        steps += 1
        if existing_numbers[array[i]] == 1:
            return True
        else:
            existing_numbers[array[i]] = 1

    print(steps)
    return False
```

이제 has_duplicate_value([1, 4, 5, 2, 9])를 실행하면 파이썬 콘솔의 출력값이 입력 배열의 크기와 같은 5라는 것을 알 수 있다. 이는 모든 크기의 배열에서 마찬가지이다. 따라서 이 알고리즘은 $O(N)$이다.

$O(N)$이 $O(N^2)$보다 훨씬 빠르다는 사실을 알고 있으므로 두 번째 방법을 사용

하여 has_duplicate_value 함수를 획기적으로 최적화하였다. 이것은 **엄청난** 속도 향상이다.

(이 새로운 구현은 첫 번째 방법보다 메모리를 더 많이 소비한다는 단점이 하나 있다. 지금은 이에 대해 걱정하지 않아도 된다. 이 내용은 19장 '공간 제약 처리하기'(415쪽)에서 자세히 설명하겠다.)

4.6 마무리

빅 오 표기법을 확실하게 이해하고 있으면 느린 코드를 식별하고 경쟁하는 두 알고리즘 중 더 빠른 알고리즘을 선택할 수 있다.

하지만 빅 오 표기법으로는 두 알고리즘의 속도가 같다고 여겨지더라도 실제로는 어느 하나가 더 빠를 수 있다. 5장에서는 빅 오 표기법으로 유의미한 차이를 설명할 수 없는 경우에도 다양한 알고리즘의 효율성을 평가하는 방법을 배우겠다.

4.7 연습 문제

다음 문제로 여러분의 코드 속도를 향상시켜 보자. 이 연습 문제의 해답은 부록 '연습 문제 해답'의 4장(472쪽)에 있다.

1. 주어진 데이터 요소 개수에 대해 빅 오 유형에 따라 발생하는 단계 수를 다음 표의 물음표 대신 나타내라.

요소 개수(N)	$O(N)$	$O(\log N)$	$O(N^2)$
100	100	?	?
2000	?	?	?

2. 어떤 배열을 처리하는 $O(N^2)$ 알고리즘이 있고, 256단계가 소요된다면 이 배열의 크기는 얼마인가?

3. 다음 함수의 시간 복잡도를 빅 오 표기법으로 설명하라. 이 함수는 주어진 배열에서 두 숫자 쌍의 최대 곱을 구한다.

```
def greatest_product(array):
```

```
    if len(array) < 2:
        return None

greatest_product_so_far = array[0] * array[1]

for index_i, value_i in enumerate(array):
    for index_j, value_j in enumerate(array):
        if (index_i != index_j and
            value_i * value_j > greatest_product_so_far):
            greatest_product_so_far = value_i * value_j

return greatest_product_so_far
```

4. 다음은 배열에서 가장 큰 숫자 하나를 찾지만, 효율성이 $O(N^2)$인 함수이다. 이 함수를 빠른 $O(N)$이 되도록 다시 작성하라.

```
def greatest_number(array):
    if not array:
        return None

    for i in array:
        # 지금은 i가 가장 큰 수라고 가정한다.
        is_i_the_greatest = True

        for j in array:
            # 만일 i보다 더 큰 다른 값을 찾는다면
            # i는 가장 큰 수가 아니다.
            if j > i:
                is_i_the_greatest = False

        # 다른 모든 숫자들을 확인했을 때 i가 여전히 가장 크다면
        # i가 가장 큰 수이다.
        if is_i_the_greatest:
            return i
```

5장

A Common-Sense Guide to **Data Structures and Algorithms in Python**

빅 오를 사용하거나 사용하지 않는 최적화

지금까지 살펴본 빅 오 표기법은 알고리즘을 비교하고 주어진 상황에 어떤 알고리즘을 사용해야 하는지 결정하는 유용한 도구였다. 하지만 **유일한** 도구는 아니다. 실제로 두 경쟁 알고리즘이 빅 오 표기법으로는 똑같이 설명되더라도 한 알고리즘이 다른 알고리즘보다 더 빠를 수 있다.

5장에서는 효율성이 같아 **보이는** 두 알고리즘을 구별하는 방법과 둘 중 더 빠른 알고리즘을 선택하는 방법을 배우겠다.

5.1 선택 정렬

4장에서는 정렬 알고리즘으로 버블 정렬을 살펴봤으며, 이 알고리즘의 효율성은 $O(N^2)$이었다. 이번에는 또 다른 정렬 알고리즘인 선택 정렬(selection sort)을 자세히 알아보고 버블 정렬과의 효율성을 비교해 보겠다.

선택 정렬은 다음 단계를 따른다.

1. 배열의 각 셀 왼쪽에서 오른쪽을 확인하면서 가장 작은 값을 찾는다. 셀에서 셀로 이동하면서 지금까지 발견한 최솟값을 기록한다. (이를 위해 최솟값이 있는 셀의 인덱스를 변수에 저장한다.) 변수에 저장된 인덱스의 값보다 더 작은 값이 들어 있는 셀을 발견하면 변수를 이 셀의 인덱스로 변경한다. 다음 그림을 참조하자.

2. 최솟값이 있는 인덱스를 찾았으면 그 인덱스의 값과 패스스루의 시작값을 교환한다. 시작값은 첫 번째 패스스루에서는 인덱스 0의 값이, 두 번째 패스스루에서는 인덱스 1의 값이 되며 이후에도 같은 방식으로 진행된다. 다음 그림은 첫 번째 패스스루의 교환을 보여 준다.

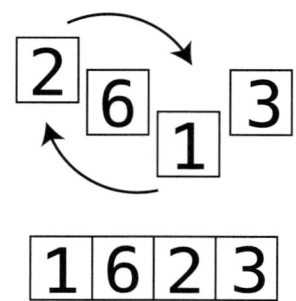

3. 각 패스스루는 앞의 1단계와 2단계로 실행된다. 배열의 오른쪽 끝에서 시작하는 패스스루에 도달할 때까지 패스스루를 반복한다. 이 시점이 되면 배열은 완전히 정렬된다.

5.2 선택 정렬의 실제 사용

배열 [4, 2, 7, 1, 3]을 예제로 사용하여 선택 정렬의 단계를 하나씩 살펴보자.

첫 번째 패스스루를 시작한다.

인덱스 0에 있는 값을 시작값으로 설정한다. 현재는 이 값이 배열에서 최솟값이기도 하다(지금까지 본 **유일한** 값이므로). 최솟값의 인덱스를 변수에 저장한다.

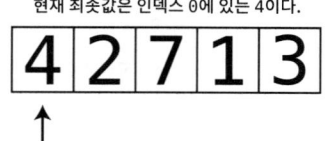

1단계: 현재 최솟값(즉, 4)과 2를 비교한다.

2는 4보다 작으므로 현재의 최솟값이 된다.

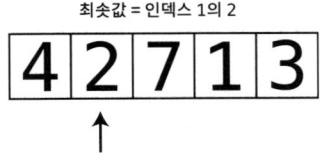

2단계: 다음 값인 7을 현재 최솟값과 비교한다. 7이 2보다 크므로 2가 최솟값으로 유지된다.

3단계: 1을 현재 최솟값과 비교한다.

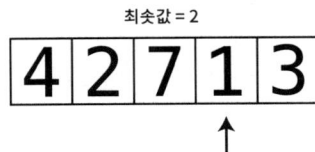

1은 2보다 작으므로 1이 새로운 최솟값이 된다.

4단계: 3을 현재 최솟값인 1과 비교한다. 배열의 끝에 도달했고 배열 전체에서 1이 최솟값임을 확인했다.

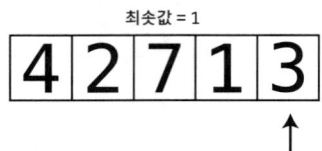

5단계: 1이 최솟값이므로 인덱스 0(이번 패스스루를 시작할 때 기준이 되는 인덱스)에 있는 값이 무엇이든 상관없이 1과 교환한다.

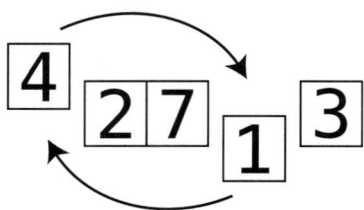

최솟값을 배열의 시작값과 교환했으므로 이제 최솟값이 올바른 위치에 있다는 의미가 된다.

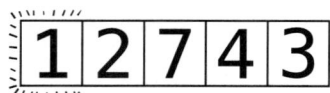

이제 두 번째 패스스루를 시작할 준비가 되었다.

설정: 첫 번째 셀(인덱스 0)은 이미 정렬되었으므로 이번 패스스루는 다음 셀인 인덱스 1부터 시작한다. 인덱스 1에 있는 값은 숫자 2이며 이 값이 두 번째 패스스루에서 현재 최솟값이다.

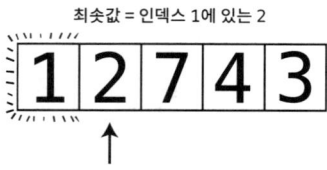

6단계: 7을 현재 최솟값과 비교한다. 2가 7보다 작으므로 2가 최솟값으로 유지된다.

7단계: 4를 현재 최솟값과 비교한다. 2가 4보다 작으므로 2가 최솟값으로 유지된다.

8단계: 3을 현재 최솟값과 비교한다. 2가 3보다 작으므로 여전히 2가 최솟값이다.

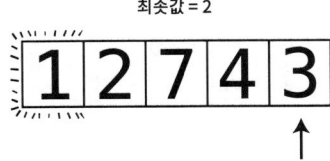

배열의 끝에 도달했다. 이 패스스루의 최솟값이 이미 올바른 위치에 있었으니 값을 교환할 필요가 없었다. 이로써 두 번째 패스스루가 끝났고 그 결과는 다음과 같다.

이제 세 번째 패스스루를 시작하자.

설정: 인덱스 2에 있는 값 7부터 시작한다. 7은 이번 패스스루에서 시작값이자 현재의 최솟값이다.

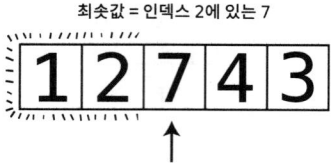

9단계: 4와 7을 비교한다.

4가 새로운 최솟값이다.

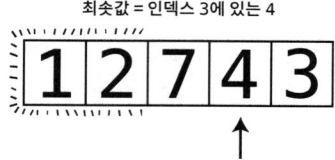

10단계: 4보다 더 작은 3을 만났다.

3이 새로운 최솟값이 된다.

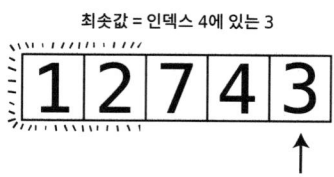

11단계: 배열의 끝에 도달했으므로 3과 7을 교환한다.

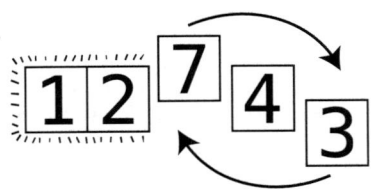

이제 3이 배열에서 올바른 위치에 있다는 것을 안다.

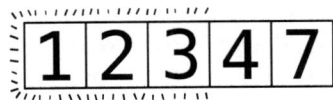

이 시점에서 전체 배열이 올바르게 정렬되었음을 여러분과 나는 알 수 있지만, **컴퓨터**는 이를 아직 알지 못하니 네 번째 패스스루를 시작해야 한다.

설정: 인덱스 3부터 패스스루를 시작한다. 현재 4가 최솟값이다.

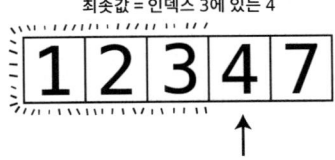

12단계: 7과 4를 비교한다.

4는 이번 패스스루에서 현재 최솟값으로 남아 있고 이미 올바른 위치에 있으니 교환하지 않아도 된다.

마지막 셀을 제외한 모든 셀이 올바르게 정렬되었다. 이는 마지막 셀도 올바른 순서에 있으며 결과적으로 전체 배열이 올바르게 정렬되었다는 의미이다.

5.2.1 코드 구현: 선택 정렬

다음은 파이썬으로 선택 정렬을 구현한 코드이다.

```python
def selection_sort(array):
    for i in range(len(array) - 1):
        lowest_number_index = i

        for j in range(i + 1, len(array)):
            if array[j] < array[lowest_number_index]:
                lowest_number_index = j

        if lowest_number_index != i:
            array[i], array[lowest_number_index] = \
                array[lowest_number_index], array[i]

    return array
```

이 코드를 한 줄씩 나눠서 살펴보자.

각 패스스루를 나타내는 루프를 시작한다. 변수 i를 사용하여 array의 각 인덱스를 가리키고 끝에서 두 번째 값까지 반복한다.

```python
for i in range(len(array) - 1):
```

끝에서 두 번째 값까지 정렬되었다면 배열 전체가 정렬된 상태이므로 마지막 값은 루프를 반복하지 않아도 된다.

다음으로 현재 최솟값이 들어 있는 **인덱스**를 lowest_number_index 변수에 저장한다.

```python
lowest_number_index = i
```

lowest_number_index 변숫값은 첫 번째 패스스루가 시작될 때는 0이 되고, 두 번째 패스스루가 시작될 때는 1이 되는 식으로 설정한다.

특별히 인덱스를 저장하는 이유는 나머지 코드에서 최솟값과 해당 인덱스를 모두 사용하고, 인덱스를 사용하여 둘 다 참조할 수 있기 때문이다. (array[lowest_number_index]를 호출하여 최솟값을 확인할 수 있다.)

각 패스스루에서 배열의 나머지 값을 확인하여 현재 최솟값보다 더 작은 값이 있는지 확인한다.

```
for j in range(i + 1, len(array)):
```

실제로 현재 최솟값보다 더 작은 값을 찾으면 이 값의 인덱스를 lowest_number_index에 저장한다.

```
if array[j] < array[lowest_number_index]:
    lowest_number_index = j
```

내부 루프가 끝날 때면 이 패스스루에서 가장 작은 숫자가 있는 인덱스를 찾을 수 있다.

이 패스스루의 최솟값이 이미 올바른 위치에 있다면(최솟값이 패스스루의 시작값과 같은 경우) 아무것도 하지 않아도 된다. 하지만 최솟값이 올바른 위치에 **있지 않으면** 시작값과 교환해야 한다. 좀 더 구체적으로 설명하면 패스스루를 시작할 때 인덱스 i에 있던 값과 최솟값을 교환해야 한다.

```
if lowest_number_index != i:
    array[i], array[lowest_number_index] = array[lowest_number_index], \
        array[i]
```

마지막으로 정렬된 배열을 반환한다.

```
return array
```

5.3 선택 정렬의 효율성

선택 정렬에는 비교와 교환이라는 두 가지 유형의 단계가 있다. 각 값을 각 패스스루에서 발견한 가장 작은 숫자와 비교하고, 가장 작은 숫자를 올바른 위치에 있는 숫자와 교환한다.

요소 5개가 포함된 예제 배열을 다시 살펴보면 비교를 총 10번 수행해야 한다. 다음 표를 자세히 보자.

패스스루 횟수	비교 횟수
1	4
2	3
3	2
4	1

이는 총 $4 + 3 + 2 + 1 = 10$번의 비교이다.

모든 크기의 배열에서 유효한 방식으로 표현하자면 요소 N개의 비교 횟수는 다음과 같이 말할 수 있다.

$$(N - 1) + (N - 2) + (N - 3) \ldots + 1$$

이와 달리 **교환**은 패스스루당 최대 한 번만 일어난다. 각 패스스루에서 최솟값이 이미 올바른 위치에 있느냐에 따라 교환을 하지 않거나 한 번만 수행하기 때문이다. 최악의 시나리오에서는 버블 정렬과 달리 **비교할 때마다** 교환을 한 번 해야 한다.

다음은 버블 정렬과 선택 정렬을 나란히 비교한 표이다.

요소 개수(N)	버블 정렬의 최대 단계 수	선택 정렬의 최대 단계 수
5	20	14 (10 비교 + 4 교환)
10	90	54 (45 비교 + 9 교환)
20	380	209 (190 비교 + 19 교환)
40	1560	819 (780 비교 + 39 교환)
80	6320	3239 (3160 비교 + 79 교환)

표에서 비교한 결과를 보면 선택 정렬이 분명 버블 정렬보다 단계 수가 반 정도 적으며, 이는 선택 정렬이 두 배 더 빠르다는 뜻이다.

5.4 상수 무시하기

하지만 여기서 흥미로운 점이 있다. 빅 오 표기법의 세계에서는 선택 정렬과 버블 정렬을 **정확히 같은 방식**으로 설명한다.

다시 강조하지만, 빅 오 표기법은 "데이터 요소가 N개일 때 알고리즘은 몇 단계가 필요한가"라는 핵심 질문에 답한다. 선택 정렬은 N^2단계의 약 반만 걸리므로 선택 정렬의 효율성을 $O(N^2/2)$로 설명하는 것이 합리적이다. 즉, 데이터 요소 N개에 대해 $(N^2/2)$단계가 필요하다. 다음 표가 이를 증명한다.

N 요소 개수	$N^2/2$	선택 정렬의 최대 단계 수
5	$5^2/2 = 12.5$	14
10	$10^2/2 = 50$	54
20	$20^2/2 = 200$	209
40	$40^2/2 = 800$	819
80	$80^2/2 = 3200$	3239

하지만 실제로 선택 정렬을 빅 오 표기법으로 표현하면 $O(N^2)$이고, 이는 버블 정렬과 똑같다. 지금 처음 소개하는 빅 오의 주요 규칙 때문이다.

빅 오 표기법은 상수를 무시한다.

이는 빅 오 표기법이 지수가 아닌 일반 숫자를 절대 포함하지 않는다는 것을 수학적으로 표현하는 말이다. 따라서 빅 오 표기법에서 일반 숫자는 제거된다.

그러므로 앞의 선택 정렬에서 알고리즘이 $N^2/2$단계가 걸리더라도 '/2'는 숫자이므로 제거하고 효율성은 $O(N^2)$으로 표현한다.

몇 가지 예를 더 보면 다음과 같다.

$N/2$단계가 걸리는 알고리즘은 $O(N)$이라고 한다.

$N^2 + 10$단계가 걸리는 알고리즘은 숫자 10을 제거하므로 $O(N^2)$이라고 한다.

$2N$단계($N * 2$를 의미)가 걸리는 알고리즘은 숫자를 제거하고 $O(N)$이라고 한다.

$O(N)$보다 100배 느린 $O(100N)$도 $O(N)$이라고 표현한다.

언뜻 보기에 이 규칙은 빅 오 표기법을 완전히 쓸모없어 보이게 한다. 빅 오 표기법으로는 두 알고리즘이 정확히 같지만, 실제로는 하나가 다른 하나보다 **100배나 더 빠를 수** 있기 때문이다. 선택 정렬과 버블 정렬이 바로 그 예이다. 둘 다 빅 오에서 $O(N^2)$으로 표현되지만, 선택 정렬이 버블 정렬보다 두 배나 빠르다.

그렇다면 왜 그러는 것일까?

5.5 빅 오의 범주

이는 빅 오의 다음 개념으로 이어진다. 빅 오 표기법은 알고리즘 속도를 **일반적인 범주**로만 분류한다.

비유로 건축물을 예로 들어 보자. 건축물에는 매우 다양한 유형이 있다. 단독 주택도 1층짜리가 있고 2층짜리가 있고 3층짜리가 있다. 그런가 하면 층수가 각기 다른 고층 아파트도 있다. 또한 높이와 모양이 각기 다른 고층 건물도 있다.

하나는 단독 주택이고 다른 하나는 초고층 건물인 두 건물을 비교한다면 각각이 몇 층인지 언급할 이유가 없어진다. 두 건물은 크기와 기능 면에서 엄청나게 달라서 '이 건물은 2층짜리 주택이고 저 건물은 100층짜리 초고층 건물이다.'라고 말할 필요가 없다. 그냥 하나는 집이고 다른 하나는 초고층 건물이라고 부르면 된다. 일반적인 범주로만 분류해도 그 차이를 충분히 알 수 있다.

알고리즘의 효율성도 마찬가지이다. 예를 들어 $O(N)$ 알고리즘과 $O(N^2)$ 알고리즘을 비교하면 두 알고리즘의 효율성에 차이가 너무 커서 $O(N)$ 알고리즘이 실제로 $O(2N)$인지, $O(N/2)$인지, 심지어 $O(100N)$인지는 별로 중요하지 않다.

그러면 $O(N)$과 $O(N^2)$을 서로 다른 범주로 분류하고 $O(N)$과 $O(100N)$을 같은 범주로 분류하는 이유를 알아보자.

3장 '빅 오의 본질'(37쪽)을 상기하자. 빅 오 표기법은 단순히 알고리즘이 수행하는 단계 수만 의미하지 않는다. 데이터가 증가함에 따라 알고리즘이 수행하는 단계가 장기적으로 어떤 궤적을 그리는가를 더 중요하게 생각한다. $O(N)$은 직선 형태의 성장을 보여 준다. 즉, 단계 수가 데이터의 일정 비율에 따라 직선을 그리며 증가한다. 이는 단계가 $100N$인 경우에도 마찬가지이다. 이와 달리 $O(N^2)$은 완전히 다른 양상(기하급수적인 성장)을 띤다.

기하급수적인 성장은 $O(N)$의 어떤 형태와 비교해도 완전히 다른 범주이다. 데이터가 증가함에 따라 $O(N^2)$이 $O(N)$에 **어떤** 수를 곱해도 느려진다는 사실을 깨달으면 이 점이 더욱 분명해진다.

다음 그래프에서 알 수 있듯이 N에 어떤 수를 곱해도 $O(N^2)$이 느리다.

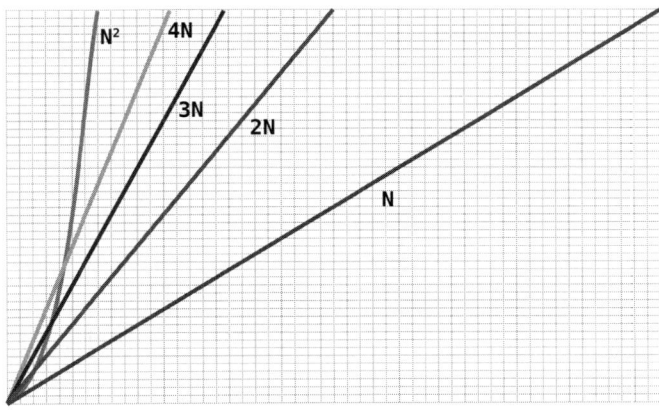

따라서 빅 오 범주에서 서로 다른 두 가지 효율성을 비교할 때는 일반적인 범주로 구분하면 충분하다. $O(2N)$을 $O(N^2)$과 비교하는 것은 2층 주택과 초고층 건물을 비교하는 것과 같다. 또한 $O(2N)$도 $O(N)$의 범주에 속한다고 하면 된다.

지금까지 살펴본 $O(1)$, $O(\log N)$, $O(N)$, $O(N^2)$ 또는 이 책에서 앞으로 만나게 될 유형은 모두 서로 크게 다른 빅 오의 범주에 속한다. 단계 수를 상수로 곱하거나 나눈다고 해서 범주가 달라지진 않는다.

하지만 두 알고리즘이 **같은** 빅 오 범주에 속한다고 해서 두 알고리즘의 속도가 반드시 같지는 않다. 버블 정렬과 선택 정렬은 둘 다 $O(N^2)$이지만 실제로는 버블 정렬이 선택 정렬보다 두 배 느리다. 따라서 빅 오는 서로 다른 빅 오 범주에 속하는 알고리즘을 대조하는 데는 완벽하지만, **같은** 범주에 속하는 알고리즘을 비교할 때는 어떤 알고리즘이 더 빠를지 알기 위해 추가 분석을 해야 한다.

5.5.1 실제 예제

1장의 첫 번째 코드 예제로 돌아가서 조금만 변경해 보겠다.

```python
def print_numbers_version_one(upper_limit):
    number = 2

    while number <= upper_limit:

        if number % 2 == 0:
            print(number)

        number += 1
```

```
def print_numbers_version_two(upper_limit):
    number = 2

    while number <= upper_limit:
        print(number)

        number += 2
```

이번에는 같은 작업, 즉 2부터 upper_limit까지의 모든 짝수를 출력하는 두 가지 알고리즘이 있다. (1장에서는 상한을 100으로 고정했지만, 여기서는 사용자가 숫자를 upper_limit으로 전달하게 했다.)

1장에서 첫 번째 버전이 두 번째 버전보다 두 배 더 많은 단계가 필요하다고 했는데, 이것이 빅 오 관점에서 어떻게 달라지는지 살펴보자.

다시 말하지만 빅 오는 '데이터 요소가 N개일 때 알고리즘이 몇 단계를 수행하느냐'는 핵심 질문에 답한다. 하지만 이 예제에서 N은 배열의 크기가 아니라 단순히 함수에 전달하여 upper_limit으로 사용하는 숫자이다.

첫 번째 버전은 약 N단계를 수행한다. 즉, upper_limit이 100이면 함수는 약 100단계를 수행한다. (2에서 카운트를 시작하므로 실제로는 99단계가 걸린다.) 따라서 첫 번째 알고리즘의 시간 복잡도는 $O(N)$이라고 분명하게 말할 수 있다.

두 번째 버전은 $N/2$단계가 걸린다. upper_limit이 100이면 이 함수는 50단계만 수행한다. 이를 $O(N/2)$이라고 부르고 싶겠지만, 이제는 상수를 제거하고 수식을 $O(N)$으로 줄이는 법을 배웠다.

두 번째 버전이 첫 번째 버전보다 두 배 더 빠르므로 당연히 더 나은 선택일 것이다. 이는 두 알고리즘이 빅 오 표기법으로는 똑같이 표현되더라도 더 빠른 알고리즘을 알아내려면 더 깊이 분석해야 한다는 점을 보여 주는 또 하나의 좋은 예이다.

5.5.2 중요 단계

이전 예제에 한 단계 더 높은 수준의 분석을 적용해 보겠다. 첫 번째 버전인 print_numbers_version_one은 N단계를 수행한다고 했었다. 이는 루프가 N번 실행되기 때문이고, N은 upper_limit이다.

하지만 함수가 정말로 딱 N단계만 수행할까?

코드를 나눠서 살펴보면 루프의 반복마다 **여러** 단계가 발생한다는 것을 알 수 있다.

첫째, number를 2로 나눌 수 있는지 확인하는 비교 단계(if number % 2 == 0)가 있다. 이 비교는 루프의 각 반복에서 발생한다.

둘째, 짝수일 때만 발생하는 출력 단계(print(number))가 있다. 이 단계는 루프의 **반복마다** 발생한다.

셋째, 루프의 각 반복에서 실행되는 number += 1이 있다.

이전 장에서 알고리즘의 빅 오를 표현할 때 어떤 단계가 계산에 포함될 만큼 중요한지 결정하는 방법을 배울 것이라고 언급했었다. 그렇다면 여기서 어떤 단계가 중요할까? 비교, 출력, number의 증가 중 어떤 단계를 신경 써야 할까?

정답은 **모든** 단계가 중요하다는 것이다. 다만 단계를 빅 오로 표현할 때 상수를 제거하여 표현식을 단순화할 뿐이다.

이를 여기에 적용해 보자. 모든 단계를 계산하면 비교 N번, 증가 N번, 출력 $N/2$번이 있다. 이렇게 하면 총 $2.5N$단계가 된다. 하지만 상수 2.5를 제거하니 $O(N)$이 된다. 그렇다면 어떤 단계가 중요할까? 모두 중요하지만 상수를 제거함으로써 루프 내에서 일어나는 정확한 세부 사항보다는 루프가 실행되는 횟수에 더 집중하게 된다.

5.6 마무리

이제 우리는 몇 가지 강력한 분석 도구를 원하는 대로 사용할 수 있다. 빅 오를 사용하여 알고리즘의 효율성을 대략적으로 결정할 수 있으며, 같은 빅 오 범주에 속하는 두 알고리즘을 비교할 수도 있다.

하지만 두 알고리즘의 효율성을 비교할 때는 또 다른 중요 요소를 고려해야 한다. 지금까지는 최악의 시나리오일 때 알고리즘이 얼마나 빠른지에 초점을 맞추었다. 정의에 따르면 최악의 시나리오는 말 그대로 항상 발생하지 않는다. 주로 발생하는 시나리오는 평균 시나리오이다. 6장에서는 모든 시나리오를 고려하는 방법에 대해 알아보겠다.

5.7 연습 문제

다음 문제로 알고리즘 분석을 연습해 보자. 해답은 부록 '연습 문제 해답'의 5장 (473쪽)에 있다.

1. $4N + 16$단계를 수행하는 알고리즘의 시간 복잡도를 빅 오 표기법으로 표현하라.

2. $2N^2$을 수행하는 알고리즘의 시간 복잡도를 빅 오 표기법으로 표현하라.

3. 배열의 모든 숫자를 2배로 만드는 새 배열을 생성한 후 이 배열에 있는 모든 숫자의 합을 반환하는 다음 함수의 시간 복잡도를 빅 오 표기법으로 표현하라.

```python
def double_then_sum(array):
    doubled_array = []

    for number in array:
        doubled_array.append(number * 2)

    sum = 0

    for number in doubled_array:
        sum += number

    return sum
```

4. 문자열 배열을 인자로 받아서 각 문자열을 여러 형태로 출력하는 다음 함수의 시간 복잡도를 빅 오 표기법으로 표현하라.

```python
def multiple_cases(array):
    for string in array:
        print(string.upper())
        print(string.lower())
        print(string.capitalize())
```

5. 다음 함수는 숫자 배열을 순회한다. 배열을 순회하면서 짝수 인덱스(0 포함)를 기준으로 정하고 홀수 인덱스는 무시한다. 각 '기준 숫자'에 대해 배열의 모든 숫자를 각각 더하고 (하나씩 순서대로) 출력한다. 이때 짝수 인덱스(0 포함)에 있는 값에 대해서만 배열의 모든 수를 더한 후 출력한다. 홀수 인덱스에 있는 값에

대해서는 아무것도 하지 않는다.

이 함수의 효율성은 빅 오 표기법으로 어떻게 표현할까?

```python
def every_other(array):
    for index, number in enumerate(array):
        if index % 2 == 0:
            for other_number in array:
                print(number + other_number)
```

낙관적인 시나리오를 위한 최적화

지금까지는 주로 최악의 시나리오에서 알고리즘이 얼마나 많은 단계를 수행하는지에 초점을 맞춰 왔다. 그 이유는 간단하다. 최악의 상황에 대비하면 일이 잘 풀리기 마련이다.

하지만 6장에서는 최악의 시나리오만이 고려해야 할 **유일한** 상황은 아니라는 사실을 다룬다. **모든** 시나리오를 고려하는 능력은 어떤 상황에서든 적절한 알고리즘을 선택하는 데 중요한 기술이 된다.

6.1 삽입 정렬

지금까지 두 가지 정렬 알고리즘, 버블 정렬과 선택 정렬을 소개했다. 효율성은 $O(N^2)$이지만, 선택 정렬이 실제로는 두 배 더 빠르다. 여기서는 세 번째 정렬 알고리즘으로 삽입 정렬을 배우면서 최악의 경우가 아닌 다양한 시나리오를 분석하는 능력의 중요성을 보여 주겠다.

삽입 정렬은 다음 단계로 구성된다.

1. 첫 번째 패스스루에서는 인덱스 1(두 번째 셀)의 값을 임시로 제거하고 이 값을 임시 변수에 저장한다. 이렇게 하면 인덱스 1에 값이 없으므로 공백이 생긴다.

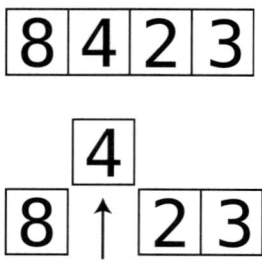

이후 각 패스스루마다 그다음 인덱스 값을 제거한다.

2. 그런 다음 공백 셀의 왼쪽에 있는 값을 임시 변수의 값과 비교하는 이동(shift) 단계를 시작한다.

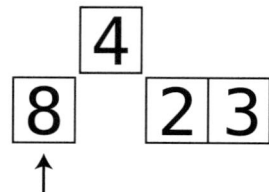

공백 셀의 왼쪽 값이 임시 변숫값보다 크면 해당 값을 오른쪽으로 이동한다.

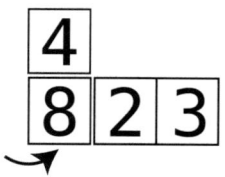

값을 오른쪽으로 이동하면 왼쪽 셀은 자연스럽게 공백이 된다. 임시로 제거한 값보다 작은 값을 만나거나 배열의 왼쪽 끝에 도달하면 이동 단계가 끝난다.

3. 그다음 임시로 제거한 값을 현재 공백 셀에 삽입한다.

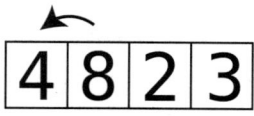

4. 1~3단계가 1번의 패스스루를 나타낸다. 배열의 마지막 인덱스에서 패스스루가 시작될 때까지 패스스루를 반복한다. 이때가 되면 배열이 완전히 정렬된다.

6.2 삽입 정렬의 실제 사용

배열 [4, 2, 7, 1, 3]에 삽입 정렬을 적용해 보자.

인덱스 1에 있는 값을 검사하면서 첫 번째 패스스루를 시작한다. 인덱스 1에는 값 2가 있다.

$$4\ 2\ 7\ 1\ 3$$
↑

1단계: 2를 임시로 제거하여 `temp_value`라는 변수에 보관한다. 이 값을 배열의 나머지 부분 위에 표시했다.

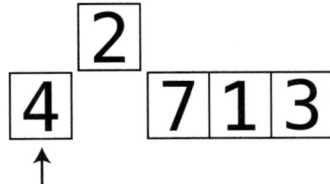

2단계: 4를 `temp_value`에 들어 있는 2와 비교한다.

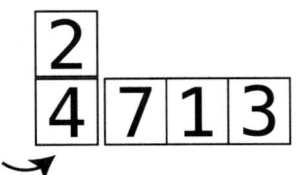

3단계: 4가 2보다 크므로 4를 오른쪽으로 이동한다.

$$\begin{array}{c}2\\4\ 7\ 1\ 3\end{array}$$

이제 공백 셀이 배열의 왼쪽 끝에 있으므로 이동할 값이 더는 남아 있지 않다.

4단계: temp_value 값을 공백 셀에 삽입하고 첫 번째 패스스루를 완료한다.

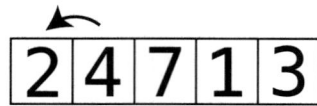

이어서 두 번째 패스스루를 시작한다.

5단계: 두 번째 패스스루에서는 인덱스 2의 값을 임시로 제거한다. 이 값을 temp_value에 저장한다. 이때 temp_value는 7이다.

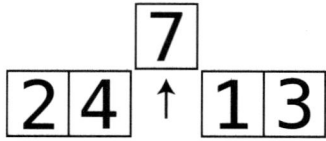

6단계: 4를 temp_value와 비교한다.

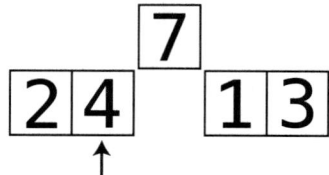

4가 더 작으므로 이동하지 않는다. temp_value보다 작은 값에 도달했으므로 이동 단계는 끝났다.

7단계: 임시 값을 다시 공백에 삽입하고 두 번째 패스스루를 끝낸다.

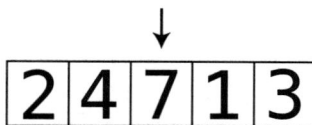

이제 세 번째 패스스루를 시작한다.

8단계: 1을 임시로 제거하고 temp_value에 저장한다.

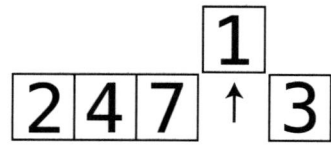

9단계: 7을 temp_value와 비교한다.

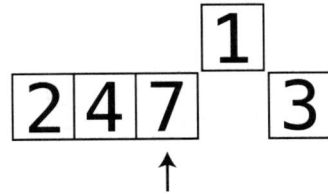

10단계: 7이 1보다 크므로 7을 오른쪽으로 이동한다.

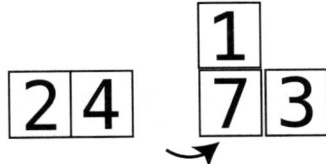

11단계: 4를 temp_value와 비교한다.

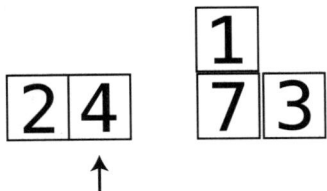

12단계: 4가 1보다 크므로 4를 오른쪽으로 이동한다.

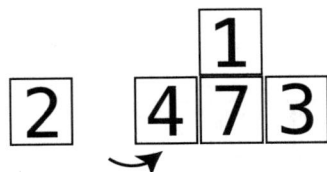

13단계: 2를 temp_value와 비교한다.

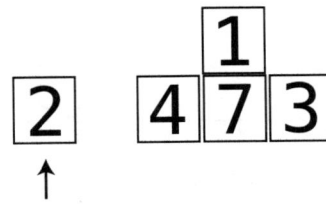

14단계: 2가 더 크므로 오른쪽으로 이동한다.

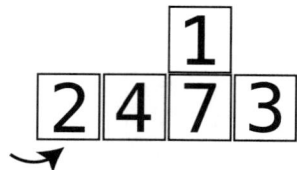

15단계: 공백 셀이 배열의 왼쪽 끝에 도달했으므로 temp_value 값을 공백 셀에 삽입하고 패스스루를 완료한다.

이제 네 번째 패스스루를 시작한다.

16단계: 임시로 인덱스 4에 있는 값을 제거하고 temp_value에 저장한다. 이 값은 3이다.

17단계: 7을 temp_value와 비교한다.

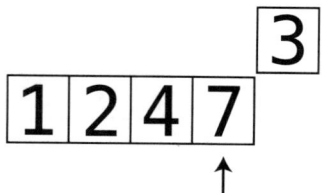

18단계: 7이 더 크므로 7을 오른쪽으로 이동한다.

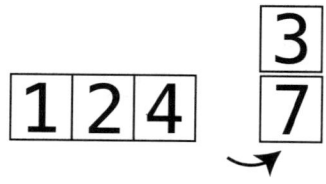

19단계: 4를 temp_value와 비교한다.

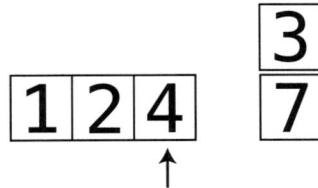

20단계: 4가 3보다 크므로 4를 오른쪽으로 이동한다.

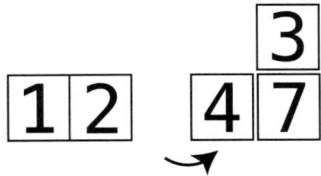

21단계: 2를 temp_value와 비교한다. 2가 3보다 작으므로 이동 단계가 완료되었다.

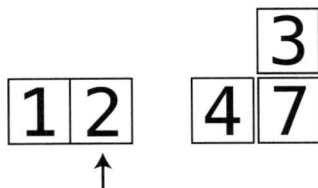

22단계: temp_value 값 3을 다시 공백 셀에 삽입한다.

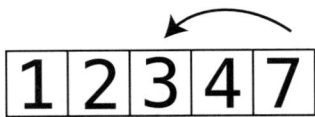

이제 배열이 완전히 정렬되었다.

6.2.1 코드 구현: 삽입 정렬

다음은 삽입 정렬을 파이썬으로 구현한 예제이다.

```python
def insertion_sort(array):
    for index in range(1, len(array)):
        temp_value = array[index]
        position = index - 1

        while position >= 0:
            if array[position] > temp_value:
                array[position + 1] = array[position]
                position = position - 1
            else:
                break

        array[position + 1] = temp_value

    return array
```

이 코드를 단계별로 살펴보자.

먼저 인덱스 1에서 시작하여 배열 전체를 순회하는 루프를 시작한다. 이 루프에서 각 반복은 하나의 패스스루이다.

```python
for index in range(1, len(array)):
```

각 패스스루에서 '제거 중'인 값을 temp_value 변수에 저장한다.

```python
temp_value = array[index]
```

다음으로 position 변수를 생성하며 temp_value 인덱스의 바로 왼쪽에서 시작한다. position은 temp_value와 비교할 각 값을 가리킨다.

```python
position = index - 1
```

패스스루를 진행하면서 position은 각 값을 temp_value와 비교하면서 왼쪽으로 계속 이동한다.

그런 다음 position이 0 이상일 때 계속 실행되는 내부 while 루프를 시작한다.

```
while position >= 0:
```

이어서 비교를 수행한다. 즉, position에 있는 값이 temp_value 값보다 큰지 확인한다.

```
if array[position] > temp_value:
```

크다면 왼쪽 값을 오른쪽으로 이동한다.

```
array[position + 1] = array[position]
```

그런 다음 position을 1 감소시켜 while 루프의 다음 반복에서 temp_value와 비교할 다음 왼쪽 값을 선택한다.

```
position = position - 1
```

어느 지점에서든 position에 있는 값이 temp_value 값보다 작거나 같으면 temp_value 값을 공백 셀에 삽입할 시점이므로 해당 패스스루를 끝낼 준비를 한다.

```
else:
    break
```

각 패스스루의 마지막 단계는 temp_value 값을 공백 셀에 삽입하는 것이다.

```
array[position + 1] = temp_value
```

모든 패스스루가 완료되면 정렬된 배열을 반환한다.

```
return array
```

6.3 삽입 정렬의 효율성

삽입 정렬에는 네 가지 유형의 단계가 있다. 제거, 비교, 이동, 삽입이다. 삽입 정렬의 효율성을 분석하려면 이 4단계의 수를 합산해야 한다.

먼저 비교를 살펴보자. 비교는 공백 셀의 왼쪽에 있는 값을 temp_value와 비교할 때마다 일어난다. 배열이 역순으로 정렬된 최악의 시나리오에서는 패스스루마다 temp_value의 왼쪽에 있는 모든 숫자를 temp_value와 비교해야 한다. temp_value 왼쪽의 값은 항상 temp_value보다 커서 공백 셀이 배열의 왼쪽 끝에 도달해야만 패스스루가 끝나기 때문이다.

temp_value 값이 인덱스 1에 있는 첫 번째 패스스루에서는 temp_value의 왼쪽에 있는 값이 하나이므로 최대 한 번만 비교하면 된다. 두 번째 패스스루에서는 최대 비교 횟수가 두 번으로 늘어난다. 이런 식으로 마지막 패스스루에서는 temp_value 자체를 제외한 배열 각각의 값과 temp_value를 비교해야 한다. 즉, 배열에 요소 N개가 있으면 마지막 패스스루의 최대 비교 횟수는 $N-1$이 된다.

따라서 총 비교 횟수는 다음과 같이 공식화할 수 있다.

$$1+2+3+...+(N-1)$$번의 비교

요소 5개가 포함된 예제 배열에서의 최대 비교 횟수는 다음과 같다.

$$1+2+3+4=10$$번의 비교

요소 10개가 포함된 배열은 다음과 같다.

$$1+2+3+4+5+6+7+8+9=45$$번의 비교

요소 20개가 포함된 배열은 총 190번의 비교가 이뤄질 것이다.

이 패턴을 검토해 보면 요소 N개가 포함된 배열은 대략 $N^2/2$의 비교가 이루어진다는 것을 알 수 있다. ($10^2/2$는 50, $20^2/2$는 200이다. 7장에서 이 패턴을 더 자세히 알아보겠다.)

계속해서 다른 유형의 단계도 분석해 보자.

값을 오른쪽으로 한 셀 옮길 때마다 이동이 발생한다. 역순으로 정렬된 배열은 모든 비교에서 값을 오른쪽으로 이동해야 하므로 비교 횟수만큼 이동이 발생한다.

최악의 시나리오일 때 비교와 이동 횟수를 합산해 보자.

$$
\begin{array}{r}
N^2/2 \text{ 비교} \\
+ \quad N^2/2 \text{ 이동} \\
\hline
N^2 \text{ 단계}
\end{array}
$$

배열에서 `temp_value`의 값을 제거하고 삽입하는 작업은 패스스루마다 한 번씩 발생한다. 패스스루 횟수는 항상 $N-1$이므로 $N-1$번의 제거와 $N-1$번의 삽입이 일어난다고 볼 수 있다.

따라서 총 단계 수를 합산하면 다음과 같다.

$$
\begin{array}{r}
N^2 \text{ 합산한 비교와 이동} \\
+ \quad N-1 \text{ 제거} \\
+ \quad N-1 \text{ 삽입} \\
\hline
N^2 + 2N - 2 \text{ 단계}
\end{array}
$$

여러분은 이미 '빅 오는 상수를 무시한다'는 빅 오 표기법의 중요한 규칙 하나를 배웠다. 이 규칙을 고려하면 일단 $O(N^2 + N)$으로 단순화할 수 있다.

하지만 빅 오에는 주요 규칙이 또 있다.

빅 오 표기법은 여러 차수가 있을 때 N의 가장 높은 차수만 고려한다.

다시 말해 $N^4 + N^3 + N^2 + N$단계를 수행하는 알고리즘이 있다면 우리는 N^4만 중요하다고 간주한다. 그리고 이를 $O(N^4)$이라고 표현한다. 왜 그럴까?

다음 표를 보자.

N	N^2	N^3	N^4
2	4	8	16
5	25	125	625
10	100	1,000	10,000
100	10,000	1,000,000	100,000,000

N이 증가함에 따라 N^4은 다른 어떤 N 차수보다 훨씬 더 커져서 낮은 차수는 무의미해진다. 예를 들어 표의 마지막 행에서 $N^4 + N^3 + N^2 + N$을 더하면 총 101,010,100이 된다. 하지만 N의 낮은 차수를 무시하면 이 값을 100,000,000으로 단순화할 수 있다.

삽입 정렬에도 같은 개념을 적용할 수 있다. 이미 $N^2 + N$단계로 삽입 정렬을 단순화했지만, 낮은 차수를 버리면 $O(N^2)$으로 더 단순화할 수 있다.

최악의 시나리오에서 삽입 정렬의 시간 복잡도는 버블 정렬 및 선택 정렬과 같다는 사실이 드러났다. 모두 $O(N^2)$이다.

5장에서 버블 정렬과 선택 정렬이 모두 $O(N^2)$임에도 불구하고, N^2단계인 버블 정렬에 비해 선택 정렬은 $N^2/2$단계이므로 선택 정렬이 더 빠르다고 얘기했었다. 그렇다면 언뜻 보기에 삽입 정렬도 N^2단계이므로 버블 정렬만큼 느리다고 생각할 수 있다.

여기까지만 읽는다면 선택 정렬이 버블 정렬이나 삽입 정렬보다 두 배나 빠르기 때문에 셋 중 선택 정렬이 가장 좋은 선택이라고 생각할 수 있다. 하지만 실제로는 그렇게 간단하지 않다.

6.4 평균적인 경우

실제로 최악의 시나리오에서는 선택 정렬이 삽입 정렬보다 **빠르다**. 하지만 **평균의 시나리오**도 중요하게 고려해야 한다.

왜 그럴까?

정의에 따르면 가장 자주 발생하는 시나리오는 평균의 시나리오이다. 간단한 종 곡선을 보자.

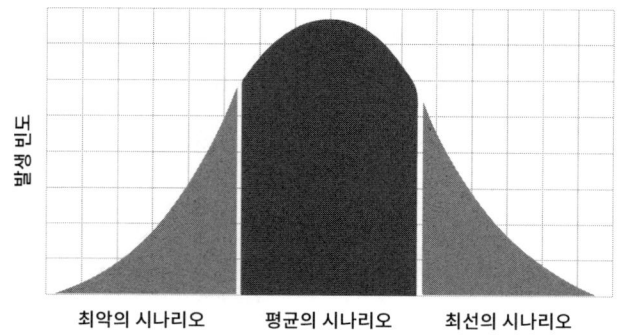

| 최악의 시나리오 | 평균의 시나리오 | 최선의 시나리오 |

최선과 최악의 시나리오는 비교적 드물게 발생한다. 실제로는 평균의 시나리오가 가장 자주 발생한다.

무작위로 정렬된 배열을 예로 들어 보겠다. 값이 완벽한 오름차순이나 내림차순으로 나타날 가능성은 얼마나 될까? 값이 이리저리 흩어져 있는 편이 훨씬 그럴 듯하다.

이제 모든 시나리오 관점에서 삽입 정렬을 검토해 보자.

지금까지는 배열이 내림차순으로 정렬된 최악의 시나리오에서 삽입 정렬이 어떻게 수행되는지를 살펴보았다. 최악의 경우, 배열을 패스스루할 때마다 모든 값을 비교하고 이동해야 했다. (비교와 이동의 총 단계 수는 N^2번으로 계산했다.)

데이터가 이미 오름차순으로 정렬되어 있는 최선의 시나리오에서는 패스스루마다 비교를 한 번씩만 하고 이동은 전혀 하지 않는다. 각 값이 이미 올바른 위치에 있기 때문이다.

그러나 데이터가 무작위로 정렬된 경우에는 패스스루에서 모든 데이터를 비교하고 이동하거나, 일부 데이터를 비교하고 이동하거나, 전혀 비교하지 않고 이동하지 않을 수도 있다. '삽입 정렬의 실제 사용'(87쪽)을 보면 첫 번째와 세 번째 패스스루에서는 모든 데이터를 비교하고 이동한다. 그리고 네 번째 패스스루에서는 일부 데이터만 비교하고 이동하며, 두 번째 패스스루에서는 단 한 번의 비교만 이루어지고 데이터 이동은 전혀 하지 않는다.

(일부 패스스루에서는 모든 데이터를 temp_value 왼쪽에 있는 값과 비교하지만, 다른 패스스루에서는 temp_value보다 작은 값을 만나서 일찍 종료하기 때문에 이러한 차이가 발생한다.)

따라서 최악의 시나리오에서는 **모든** 데이터를 비교하고 이동하며, 최선의 시나리오에서는 (패스스루할 때마다 한 번만 비교하고) 이동은 **하지 않는다.** 평균의 시나리오에서는 대체적으로 약 **절반**의 데이터를 비교하고 이동한다고 말할 수 있다. 따라서 최악의 시나리오에서 삽입 정렬에 N^2단계가 걸린다면 평균의 시나리오에서는 약 $N^2/2$단계가 걸린다고 볼 수 있다. (그러나 빅 오 관점에서는 두 시나리오 모두 $O(N^2)$이다.)

몇 가지 구체적인 예를 살펴보자.

배열 [1, 2, 3, 4]는 이미 정렬되어 있으므로 최선의 시나리오이다. 같은 데이터에 대해 최악의 경우는 [4, 3, 2, 1]이며, 평균의 경우는 [1, 3, 4, 2]가 될 수 있다.

최악의 경우([4, 3, 2, 1])는 6번의 비교와 6번의 이동이 발생하여 총 12단계가 걸린다. 평균의 경우([1, 3, 4, 2])는 4번의 비교와 2번의 이동이 발생하여 총 6단계가 걸린다. 최선의 경우([1, 2, 3, 4])는 3번의 비교와 0번의 이동이 발생한다.

이제 삽입 정렬이 시나리오에 따라 성능이 **크게 달라진다는** 점을 알았다. 최악의 시나리오에서 삽입 정렬은 N^2단계가 걸린다. 평균의 시나리오에서는 $N^2/2$단계가 걸리며, 최선의 시나리오에서는 약 N단계가 걸린다.

다음 그래프에서는 세 가지 유형의 성능을 확인할 수 있다.

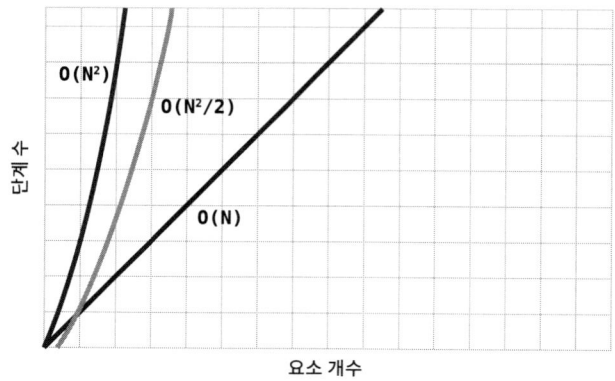

위 그래프를 선택 정렬과 비교해 보자. 선택 정렬은 최악의 시나리오부터 평균의 시나리오, 최선의 시나리오까지 **모두** N^2 / 2단계가 걸린다. 선택 정렬에는 패스스루를 중간에 종료하는 메커니즘이 없기 때문이다. 각 패스스루에서는 무조건 선택한 인덱스의 오른쪽에 있는 모든 값과 반드시 비교해야 한다.

다음은 선택 정렬과 삽입 정렬을 비교한 표이다.

	최선	평균	최악
선택 정렬	$N^2/2$	$N^2/2$	$N^2/2$
삽입 정렬	N	$N^2/2$	N^2

그렇다면 선택 정렬과 삽입 정렬 중 어떤 것이 더 나을까? 답은 상황에 따라 다르다. 배열이 무작위로 정렬된 평균의 경우에는 둘의 성능이 비슷하다. 데이터가 **대부분** 정렬되어 있을 것이라 예상된다면 삽입 정렬이 더 나은 선택이다. 데이터가 대부분 역순으로 되어 있을 것이라 예상할 수 있는 이유가 있다면 선택 정렬이 더 빠르다. 만약 데이터가 어떨지 전혀 알 수 없다면 기본적으로 평균의 경우이므로 둘 다 같다.

6.5 실제 예제

파이썬 애플리케이션을 작성하다가 코드 어딘가에서 두 배열의 교집합(intersection)을 구해야 한다고 해 보자. 교집합은 두 배열 **모두**에 포함된 모든 값을 담은 리스트이다. 예를 들어 배열 [3, 1, 4, 2]와 배열 [4, 5, 3, 6]이 있다면 두 배열에 모두 공통인 값이 3과 4이므로 교집합 배열은 [3, 4]가 된다.

다음은 교집합을 구현한 한 가지 예이다.

```python
def intersection(first_array, second_array):
    result = []

    for i in first_array:
        for j in second_array:
            if i == j:
                result.append(i)

    return result
```

여기서는 중첩 루프를 실행한다. 외부 루프에서는 첫 번째 배열의 각 값을 순회한다. 첫 번째 배열의 각 값을 가리킬 때마다 내부 루프를 실행하여 두 번째 배열의 각 값을 검사하며 첫 번째 배열에서 가리키는 값과 일치하는 값이 있는지 확인한다.

이 알고리즘은 두 가지 유형의 단계, 비교와 삽입을 수행한다. 두 배열의 모든 값을 서로 비교하고, 일치하는 값을 result 배열에 삽입한다. 비교가 몇 번 수행되는지부터 알아보자.

두 배열의 크기가 같고, 그 크기가 N이면 수행하는 비교 횟수는 N^2이다. 이는 첫 번째 배열의 각 요소를 두 번째 배열의 각 요소와 비교하기 때문이다. 따라서 각각 요소 5개를 포함하는 배열이 2개 있다면 결국 25번의 비교를 수행한다. 따라서 이 교집합 알고리즘의 효율성은 $O(N^2)$이다.

(두 배열이 같다면) 삽입은 최대 N단계가 걸린다. 이는 N^2에 비해 낮은 차수이므로 여전히 알고리즘 효율성을 $O(N^2)$으로 간주할 수 있다. 배열의 크기가 다르면 (예를 들어 N과 M) 이 알고리즘의 효율성은 $O(N * M)$이라고 할 수 있다. (이에 대한 자세한 내용은 7장 '일상적인 코드의 빅 오'(103쪽)에서 알 수 있다.)

이 알고리즘을 개선할 방법이 있을까?

최악의 경우 외에도 다양한 시나리오를 고려해야 하는 시점이다. 앞의 intersection 함수 구현에서는 두 배열이 완전히 같은 경우부터 공통 값이 하나도 없는 경우까지 **모든** 시나리오에서 N^2번의 비교를 수행한다.

하지만 두 배열에 공통 값이 있으면 첫 번째 배열의 값을 두 번째 배열의 **모든** 값과 비교하지 않아도 된다.

다음 예에서 그 이유를 알아보자.

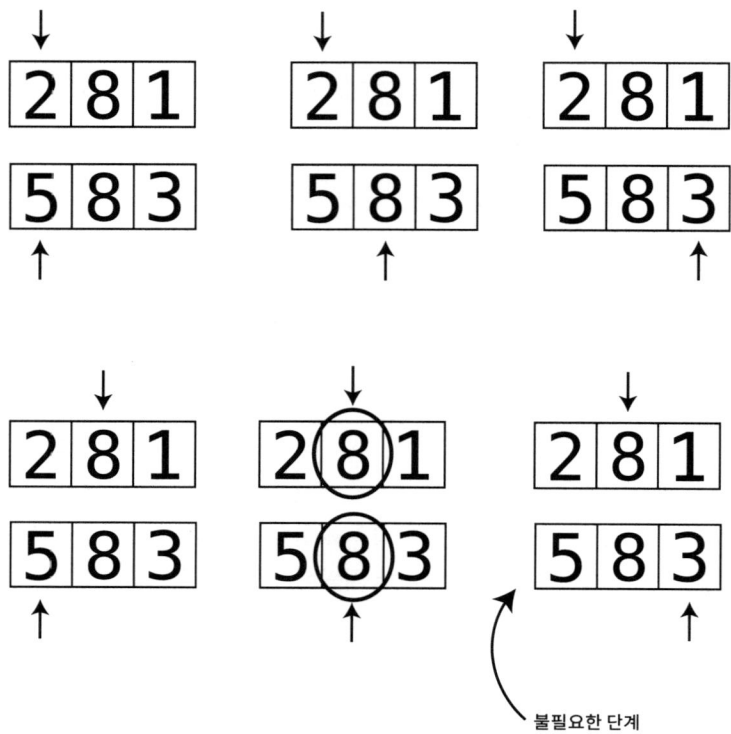

불필요한 단계

이 예에서는 공통 값인 8을 찾게 되면 두 번째 루프를 끝까지 실행할 필요가 없다. 이때부터는 무엇을 확인하는 것일까? 첫 번째 배열에 있는 8이 두 번째 배열에도 있다는 것을 이미 확인했으며 이를 result 배열에 추가할 수 있다. 불필요한 단계를 수행하는 셈이다.

이 문제를 해결하려면 단어 하나만 추가하면 된다.

```
def intersection(first_array, second_array):
    result = []

    for i in first_array:
        for j in second_array:
            if i == j:
```

```
                    result.append(i)
                    break

        return result
```

break를 추가함으로써 내부 루프를 중간에 종료하여 수행 단계(따라서 시간)를 줄일 수 있다.

물론 두 배열에 공통 값이 하나도 없는 최악의 시나리오에서는 어쨌든 N^2번의 비교를 수행할 수밖에 없다. 하지만 두 배열에 공통 값이 있을 때는 비교 단계를 줄일 수 있다.

첫 번째로 구현했던 intersection 함수의 모든 시나리오에서 N^2의 비교를 수행한 것과 비교하면, 성능이 크게 개선되었다.

6.6 마무리

최선, 평균, 최악의 시나리오를 구분할 줄 아는 능력은 필요한 알고리즘을 선택하는 데 중요한 기술이며, 기존 알고리즘을 더욱 최적화해 훨씬 더 빠르게 만드는 데도 필요하다. 최악의 경우에 대비하는 것도 좋지만, 대부분은 평균 상황이라는 점을 기억하자.

빅 오 표기법과 관련된 중요한 개념을 살펴보았으니 이제 그 지식을 실제 알고리즘에 적용해 보겠다. 7장에서는 실제 코드에 나타날 수 있는 다양한 일상적인 알고리즘을 살펴보고 각 알고리즘의 시간 복잡도를 빅 오의 관점에서 파악해 보겠다.

6.7 연습 문제

다음 문제로 최선의 시나리오와 최악의 시나리오에 대한 최적화를 연습해 보자. 이 연습 문제의 해답은 부록 '연습 문제 해답'의 6장(473쪽)에 있다.

1. 빅 오 표기법을 사용하여 $3N^2 + 2N + 1$단계를 수행하는 알고리즘의 효율성을 설명하라.

2. 빅 오 표기법을 사용하여 $N + \log N$단계를 수행하는 알고리즘의 효율성을 설명하라.

— A Common-Sense Guide to

3. 다음 함수는 숫자 배열에 합이 10이 되는 두 숫자 쌍이 포함되어 있는지 확인
한다.

```python
def two_sum(array):
    for index_i, i in enumerate(array):
        for index_j, j in enumerate(array):
            if (index_i != index_j) and (i + j == 10):
                return True

    return False
```

최선, 평균, 최악의 시나리오는 무엇인가? 그리고 최악의 시나리오를 빅 오 표기
법으로 표현하라.

4. 다음 함수는 문자열에 대문자 "X"가 있으면 True를, 없으면 False를 반환한다.

```python
def contains_X(string):
    found_X = False

    for char in string:
        if char == "X":
            found_X = True

    return found_X
```

이 함수의 시간 복잡도를 빅 오 표기법으로 표현하라.

그런 다음 최선과 평균 시나리오의 알고리즘 효율성이 개선되도록 코드를 수
정하라.

102   6장 낙관적인 시나리오를 위한 최적화

7장

일상적인 코드에서의 빅 오

지금까지 코드의 시간 복잡도를 빅 오 표기법으로 표현하는 방법을 배웠다. 앞서 본 것처럼 빅 오 분석에는 세부 사항이 꽤 많다. 7장에서는 지금까지 배운 모든 방법을 사용하여 현실의 코드에 있을 법한 실용적인 코드 예제의 효율성을 분석해 보겠다.

코드의 효율성을 파악하는 것이 최적화의 첫 번째 단계이다. 코드가 얼마나 빠른지도 모르면서 어떻게 수정한 코드가 더 빠른지 알겠는가?

또한 코드가 빅 오 표기법의 어떤 범주에 속하는지 알면 처음부터 최적화가 필요한지 판단할 수 있다. 예를 들어 $O(N^2)$인 알고리즘은 일반적으로 느린 알고리즘으로 간주된다. 따라서 알고리즘이 이 범주에 속한다고 판단되면 잠시 멈추고 알고리즘을 최적화할 방법이 있는지 고민해야 한다.

물론 주어진 문제에 최선을 다한 결과가 $O(N^2)$일 수도 있지만, 이는 더 빠른 대안이 있는지 더 깊이 파고들어 분석해야 한다는 신호일 수 있다.

이후의 다른 장에서는 코드 속도를 최적화하는 기법을 많이 배운다. 그러나 최적화의 첫 번째 단계는 현재 코드가 얼마나 빠른지 파악할 수 있느냐다.

그럼 시작해 보자.

7.1 짝수의 평균

다음 함수는 숫자 배열을 받아 모든 **짝수**의 평균을 반환한다. 빅 오 관점에서 이 함수의 효율성을 어떻게 표현할 수 있을까?

```python
def average_of_even_numbers(array):
    sum = 0
    count_of_even_numbers = 0

    for number in array:
        if number % 2 == 0:
            sum += number
            count_of_even_numbers += 1

    if count_of_even_numbers == 0:
        return None

return sum // count_of_even_numbers
```

코드를 분석하여 효율성을 파악하는 방법은 다음과 같다.

빅 오는 '데이터 요소가 N개이면 알고리즘이 몇 단계 필요하냐'는 핵심 질문에 답하는 데 중점을 둔다. 따라서 가장 먼저 할 일은 데이터 요소 N이 무엇인지 알아내는 일이다.

이 예제에서 알고리즘은 함수에 전달된 숫자 배열을 처리한다. 그러면 숫자들이 데이터 요소 N이 되며, 여기서 N은 배열의 크기이다.

다음으로 알고리즘이 값 N개를 처리하는 데 몇 단계가 필요한지 알아내야 한다.

이 알고리즘의 핵심은 배열 내 각 숫자를 순회하는 루프이므로 먼저 이 루프부터 분석하자. 루프가 요소 N개를 각각 순회하므로 알고리즘마다 최소 N단계가 걸린다.

하지만 루프 **내부**를 살펴보면 루프의 각 반복마다 단계 수가 달라진다는 점을 알 수 있다. 먼저 모든 숫자에 대해 짝수인지 검사한다. 그리고 숫자가 짝수이면 2단계를 더 수행한다. sum 변수를 수정하고 count_of_even_numbers 변수를 수정한다. 따라서 홀수보다 짝수일 때 2단계를 더 실행한다.

앞서 배운 것처럼 빅 오는 주로 최악의 시나리오에 초점을 맞춘다. 예제에서 최악의 경우는 모든 숫자가 짝수여서 루프의 각 반복마다 3단계를 수행하는 것이다. 따라서 데이터 요소 N개에 대해 이 알고리즘은 $3N$단계를 수행한다고 말할 수 있다. 즉, N개의 숫자 각각에 대해 3단계를 수행한다는 의미이다.

현재 이 함수는 루프 밖에서도 몇 가지 단계를 수행한다. 루프 실행 전에 두 변수를 초기화하고 0으로 설정한다. 기술적으로 이는 2단계에 해당된다. 루프 실행 후에는 또 다른 단계인 sum // count_of_even_numbers 나눗셈을 수행한다. 따라서 기술적으로 이 알고리즘은 $3N$단계에 3단계를 추가로 수행하므로 총 단계 수는 $3N + 3$이 된다.

하지만 빅 오 표기법은 상수를 무시하므로 이 알고리즘을 $O(3N + 3)$ 대신 간단히 $O(N)$이라고 부를 수 있다.

7.2 단어 생성기

다음 예제는 단일 문자로 구성된 배열을 받아서 두 문자 문자열의 모든 조합을 모으는 알고리즘이다. 예를 들어 배열 ["a", "b", "c", "d"]가 주어지면 다음과 같은 문자열 조합을 담은 새 배열을 반환한다.

```
[
  'ab', 'ac', 'ad', 'ba', 'bc', 'bd',
  'ca', 'cb', 'cd', 'da', 'db', 'dc'
]
```

다음은 이 알고리즘을 구현한 코드이다. 이 알고리즘의 빅 오 효율성을 알아낼 수 있는지 보자.

```
def word_builder(array):
    collection = []

    for index_i, i in enumerate(array):
        for index_j, j in enumerate(array):
            if index_i != index_j:
                collection.append(i + j)

    return collection
```

여기서는 루프 안에 또 다른 루프를 중첩해서 실행한다. 외부 루프는 인덱스 i로 배열의 각 문자를 순회한다. 각 index_i에 대해 내부 루프를 실행하며 index_j를 사용해 같은 배열의 각 문자를 다시 순회한다. 내부 루프에서는 index_i와 index_j

에 있는 문자를 결합하되, index_i와 index_j가 같은 인덱스를 가리킬 때는 제외한다.

이 알고리즘의 효율성을 알아내려면 다시 한번 데이터 요소 N개가 무엇인지 알아내야 한다. 짝수의 평균 예제와 마찬가지로 이 예제에서 데이터 요소 N은 함수에 전달된 배열 내부의 요소 개수이다.

다음 단계는 알고리즘이 데이터 요소 N일 때 얼마나 많은 단계가 걸리는지 알아내는 것이다. 여기서 외부 루프는 모든 N개 요소를 순회하고, 요소마다 내부 루프가 모든 N개 요소를 다시 순회하니 N단계에 N단계를 곱한 수에 해당한다. 이는 $O(N^2)$에 해당하는 전형적인 예로 중첩 루프 알고리즘에서 흔히 나타나는 형태이다.

이제 이 알고리즘을 수정하여 **세 문자** 문자열의 모든 조합을 만들어 보자. 즉, 예제 배열 ["a", "b", "c", "d"]에 대해 함수는 다음 배열을 반환할 것이다.

```
[
  'abc', 'abd', 'acb',
  'acd', 'adb', 'adc',
  'bac', 'bad', 'bca',
  'bcd', 'bda', 'bdc',
  'cab', 'cad', 'cba',
  'cbd', 'cda', 'cdb',
  'dab', 'dac', 'dba',
  'dbc', 'dca', 'dcb'
]
```

다음은 세 개의 중첩된 루프를 사용하는 구현이다. 이 알고리즘의 시간 복잡도는 어떨까?

```python
def word_builder(array):
    collection = []

    for index_i, i in enumerate(array):
        for index_j, j in enumerate(array):
            for index_k, k in enumerate(array):
                if (index_i != index_j and
                        index_j != index_k and index_i != index_k):
                    collection.append(i + j + k)

    return collection
```

이 알고리즘은 데이터 요소 N개에 대해 i 루프의 N단계에 j 루프의 N단계를 곱하고 k 루프의 N단계를 또 곱한만큼의 단계 수가 필요하다. $N * N * N$이므로 N^3단계이며 $O(N^3)$이라고 표기한다.

만약 4개 또는 5개의 중첩 루프가 있다면 각각 $O(N^4)$과 $O(N^5)$ 알고리즘을 갖게 된다. 그래프에서 어떻게 나타나는지 보자.

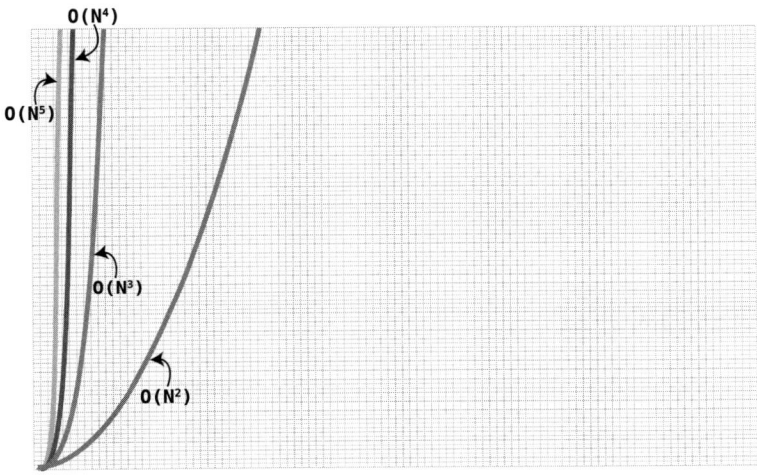

그래프를 보면 알 수 있듯이 코드를 $O(N^3)$에서 $O(N^2)$으로 최적화할 수 있다면 속도가 기하급수적으로 빨라지기 때문에 큰 이득을 볼 수 있다. 그러나 앞의 알고리즘은 여전히 $O(N^3)$에 머물러 있다.

7.3 배열 샘플

다음 예제에서는 배열에서 소규모 샘플을 취하는 함수를 만든다. 배열이 매우 크다고 예상하고 배열의 첫 번째, 중간, 마지막 값만 샘플로 취한다.

다음은 이 함수를 구현한 코드이다. 이 함수의 빅 오 효율성을 알아낼 수 있는지 보자.

```python
def sample(array):
    if not array:
        return None

    first = array[0]
```

```
    middle = array[len(array) // 2]
    last = array[-1]

    return [first, middle, last]
```

이 예제에서도 함수에 전달된 배열이 기본 데이터이므로 N은 이 배열의 요소 개수라고 말할 수 있다.

하지만 이 함수는 N의 값이 무엇이든 결국 수행하는 단계 수가 같다. 배열의 시작, 중간, 마지막 인덱스에서 값을 읽는 작업은 배열의 크기에 상관없이 모두 1단계이다. 마찬가지로 배열의 길이를 구해 2로 나누는 작업도 1단계이다.

단계 수가 상수이므로(N에 관계없이 일정하므로) 이 알고리즘은 $O(1)$로 간주된다.

7.4 평균 섭씨 온도

평균값과 관련된 다른 예제를 보겠다. 일기 예보 소프트웨어를 개발 중이라고 하자. 도시의 온도를 읽으려면 도시에 흩어져 있는 온도계에서 온도 측정값을 가져와서 평균값을 계산해야 한다.

화씨와 섭씨 온도를 모두 표시하고 싶지만 처음에는 측정값이 화씨로만 제공된다.

평균 섭씨 온도를 구하기 위해 알고리즘은 두 가지 작업을 수행한다. 먼저 모든 측정값을 화씨에서 섭씨로 변환한다. 그런 다음 모든 섭씨 온도의 평균값을 계산한다.

다음은 이를 수행하는 코드이다. 이 코드의 빅 오는 어떨까?

```python
def average_celsius(fahrenheit_readings):
    if not fahrenheit_readings:
        return None

    celsius_numbers = []

    # 각 측정값을 섭씨로 변환하여 배열에 추가한다.
    for fahrenheit_reading in fahrenheit_readings:
        celsius_conversion = (fahrenheit_reading - 32) / 1.8
        celsius_numbers.append(celsius_conversion)
```

```
  # 평균을 계산한다.
  sum = 0

  for celsius_number in celsius_numbers:
      sum += celsius_number

  return sum // len(celsius_numbers)
```

먼저 N은 함수에 전달된 `fahrenheit_readings`의 개수라고 할 수 있다.

함수 내부에서는 루프 두 개를 실행한다. 첫 번째는 측정값을 섭씨로 변환하고, 두 번째는 모든 섭씨 온도를 합산한다. 루프 두 개에서 각각 요소 N개를 모두 순회하므로 $N + N$, 즉 $2N$(여기에 상수 단계 몇 개 추가)이 된다. 빅 오 표기법에서는 상수를 생략하므로 $O(N)$으로 축약된다.

루프가 두 개인 '단어 생성기' 예제의 효율성이 $O(N^2)$이었다는 사실에 현혹되지 말자. 그때는 루프가 **중첩되어** 있어 N단계에 N단계를 **곱했다.** 하지만 여기서는 단순히 루프 두 개가 차례로 이어진다. 이는 N단계에 N단계를 **더한** $2N$이므로 단순히 $O(N)$이 된다.

7.5 의류 상표

의류 제조업체를 위한 소프트웨어를 개발하는 중이라고 하자. 이 코드는 새로 생산된 의류 품목의 배열(문자열로 저장됨)을 받아 상표에 넣을 텍스트를 생성한다.

상표에는 품명과 1부터 5까지의 크기가 구체적으로 들어가야 한다. 예를 들어 배열 ["Purple Shirt", "Green Shirt"]가 있다면 해당 셔츠의 상표 텍스트를 다음과 같이 생성하고자 한다.

```
[
  "Purple Shirt Size: 1",
  "Purple Shirt Size: 2",
  "Purple Shirt Size: 3",
  "Purple Shirt Size: 4",
  "Purple Shirt Size: 5",
  "Green Shirt Size: 1",
  "Green Shirt Size: 2",
  "Green Shirt Size: 3",
  "Green Shirt Size: 4",
  "Green Shirt Size: 5"
]
```

다음 코드는 전체 의류 품목 배열을 받아 상표 텍스트를 생성한다.

```python
def mark_inventory(clothing_items):
    clothing_options = []

    for item in clothing_items:
        for size in range(1, 6):
            clothing_options.append(item + " Size: " + str(size))

    return clothing_options
```

이 알고리즘의 효율성을 알아보자. clothing_items는 처리할 주요 데이터이므로 N은 clothing_items 배열의 크기이다.

중첩 루프가 포함된 코드이므로 이 알고리즘을 $O(N^2)$이라고 선언하기 쉽다. 하지만 여기서는 좀 더 주의 깊게 분석해야 한다. 중첩 루프가 들어간 코드는 보통 $O(N^2)$이지만, 이 경우는 아니기 때문이다.

각 루프에서 N번 반복할 때 중첩 루프는 $O(N^2)$이 된다. 그러나 이 코드는 외부 루프가 N번 실행되는 동안 내부 루프는 일정하게 5번 실행된다. 즉, 내부 루프는 N의 크기와 상관없이 5번만 실행된다.

다시 말해 외부 루프는 N번 실행되고 내부 루프는 문자열 N개에 대해 5번 실행된다. 알고리즘이 $5N$번 실행되지만, 빅 오 표기법은 상수를 무시하니 결국 $O(N)$이 된다.

7.6 1의 개수 세기

언뜻 보기에 빅 오가 다른 알고리즘을 하나 더 보자. 이 함수는 **배열들의 배열**을 받으며, 내부 배열에는 여러 개의 1과 0이 들어 있다. 이 함수는 배열에 있는 1의 개수를 반환한다.

따라서 이 예제의 입력이 다음과 같으면

```
[
  [0, 1, 1, 1, 0],
  [0, 1, 0, 1, 0, 1],
  [1, 0]
]
```

1이 7개니 7을 반환한다.

함수를 보자.

```python
def count_ones(outer_array):
    count = 0

    for inner_array in outer_array:
        for number in inner_array:
            if number == 1:
                count += 1

    return count
```

이 알고리즘의 빅 오는 무엇일까?

마찬가지로 중첩 루프를 보고 $O(N^2)$이라는 결론을 내리기 쉽다. 하지만 두 루프는 완전히 다른 대상을 순회한다.

외부 루프는 내부 배열을 순회하고, 내부 루프는 실제 숫자를 순회한다. 즉 내부 루프는 **전체** 숫자 개수만큼만 실행된다.

따라서 N은 숫자의 개수를 나타낸다고 말할 수 있다. 그리고 이 알고리즘은 각 숫자를 간단히 처리하니 함수의 시간 복잡도는 $O(N)$이다.

7.7 회문 검사기

회문(palindrome)은 앞에서부터 읽으나 뒤에서부터 읽으나 똑같이 읽히는 단어나 구를 말한다. 예를 들면 'racecar', 'kayak', 'deified' 등이 있다.

다음은 문자열이 회문인지 판단하는 함수이다.

```python
def is_palindrome(string):

    left_index = 0
    right_index = len(string) - 1

    # left_index가 배열의 중간에 도달할 때까지 반복한다.
    while left_index < len(string) // 2:

        # 왼쪽의 문자가 오른쪽의 문자와 같지 않으면
        # string은 회문이 아니다.
        if (string[left_index] != string[right_index]):
            return False
```

```
        left_index += 1
        right_index -= 1

    # 불일치 없이 루프를 완료했다면
    # string은 회문이어야 한다.
    return True
```

알고리즘의 빅 오를 알아보자.

여기서 N은 함수에 전달된 string의 크기이다.

알고리즘의 핵심은 while 루프 안에서 이루어진다. 문자열의 중간 지점에 도달할 때까지만 실행되는 루프라니 다소 흥미롭다. 즉, 이 루프는 $N/2$단계만 실행한다는 뜻이다.

하지만 빅 오는 상수를 무시한다. 따라서 2로 나누는 부분을 버리면 알고리즘은 $O(N)$이다.

7.8 모든 곱 구하기

다음 예제는 숫자 배열을 받아 두 숫자의 모든 조합에 대한 곱을 반환하는 알고리즘이다.

예를 들어 배열 [1, 2, 3, 4, 5]를 전달하면 함수는 다음을 반환한다.

```
[2, 3, 4, 5, 6, 8, 10, 12, 15, 20]
```

먼저 1을 2, 3, 4, 5와 곱한다. 다음으로 2를 3, 4, 5와 곱한다. 다음으로 3을 4, 5와 곱한다. 마지막으로 4와 5를 곱한다.

한 가지 흥미로운 점은 2에 다른 숫자를 곱할 때 2의 오른쪽에 있는 숫자만 곱하면 된다는 것이다. 2에 1을 곱할 필요는 없다. 이미 1과 2를 곱했기 때문이다. 따라서 각 숫자는 자신의 오른쪽에 있는 나머지 숫자만 곱하면 된다.

다음은 이 알고리즘을 구현한 코드이다.

```
def two_number_products(array):
    products = []

    for i in range(len(array)):
```

```
        for j in range(i + 1, len(array)):
            products.append(array[i] * array[j])

    return products
```

이 코드를 나누어 살펴보자. N은 이 함수에 전달된 배열의 요소 개수이다.

외부 루프는 N번 실행된다. (실제로는 $N-1$번 실행하지만 상수는 버린다.) 하지만 내부 루프는 다르다. j는 항상 i의 바로 오른쪽 인덱스부터 시작하기 때문에 외부 루프가 실행될 때마다 내부 루프의 단계 수는 줄어든다.

요소 5개가 포함된 예제 배열에서 내부 루프가 몇 번 실행되는지 보자.

i가 0이면 내부 루프는 j가 1, 2, 3, 4인 동안 실행된다. i가 1이면 내부 루프는 j가 2, 3, 4인 동안 실행된다. i가 2인 경우 내부 루프는 j가 3, 4인 동안 실행된다. i가 3이면 내부 루프는 j가 4인 동안 실행된다. 모든 것이 완료된 내부 루프의 실행 횟수는 다음과 같다.

$$4 + 3 + 2 + 1번$$

이를 N의 관점에서 표현하면 내부 루프는 대략 다음과 같이 실행된다고 말할 수 있다.

$$N + (N-1) + (N-2) + (N-3) \ldots + 1번$$

이 공식은 항상 약 $N^2/2$로 계산된다. 이를 시각화하면 다음 그림과 같다. 이 그림에서는 N이 8이므로 8^2, 즉 칸이 64개 있다.

8^2

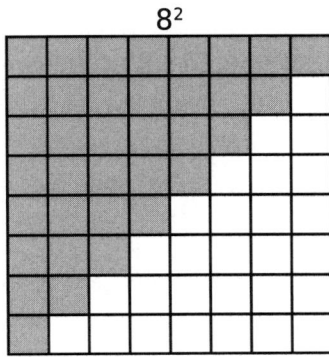

맨 위부터 맨 아래 행까지 보면 맨 위의 행은 N칸이 회색으로 칠해져 있다. 다음 행은 $N-1$개의 칸이 칠해져 있고, 그다음 행은 $N-2$개의 회색 칸이 있다. 이 패턴 은 맨 아래 행까지 계속되며 맨 아래 행에는 회색 사각형이 하나뿐이다.

또한 대략 절반의 칸이 회색으로 칠해져 있다. 이는 $N + (N-1) + (N-2) + (N-3)... + 1$ 패턴이 $N^2/2$와 같다는 것을 보여 준다.

따라서 내부 루프가 $N^2/2$단계로 실행된다. 하지만 빅 오는 상수를 무시하니 $O(N^2)$이 된다.

7.9 여러 데이터세트 처리하기

하나의 배열에서 모든 두 숫자를 곱하는 대신 한 배열의 모든 숫자와 **두 번째** 배열 의 모든 숫자를 곱하면 어떻게 될까?

예를 들어 배열 [1, 2, 3]과 배열 [10, 100, 1000]이 있다면 곱셈을 다음처럼 계 산한다.

```
[10, 100, 1000, 20, 200, 2000, 30, 300, 3000]
```

다음 코드는 이전 코드와 비슷하지만 약간 다르다.

```python
def two_number_products(array1, array2):
    products = []

    for i in array1:
        for j in array2:
            products.append(i * j)

    return products
```

이 함수의 시간 복잡도를 알아보자.

먼저 N은 무엇일까? 첫 번째 난관에 부딪혔다. 여기에는 데이터세트 **두 개**, 즉 배열이 두 개이기 때문이다.

이 둘을 합쳐서 두 배열의 항목을 모두 더한 수가 N이라고 말하고 싶을 것이다. 그러나 이는 문제가 된다. 그 이유를 알아보자.

두 가지 시나리오를 설명하는 이야기가 있다. 시나리오 1에는 크기가 5인 배열 두 개가 있다. 시나리오 2에는 크기가 9인 배열과 크기가 1인 배열이 있다.

$5 + 5 = 10, 9 + 1 = 10$이므로 두 시나리오 모두 N은 10이다. 그러나 각 시나리오의 효율성은 **매우** 다르다.

시나리오 1에서는 코드가 25(즉, $5 * 5$)번 수행된다. N이 10이므로 $(N/2)^2$단계와 같다.

하지만 시나리오 2에서는 코드가 9(즉, $9 * 1$)번 수행되므로 거의 N단계에 근접한다. 이는 시나리오 1보다 훨씬 빠르다!

따라서 두 배열의 정수 개수를 N으로 간주하는 것은 바람직하지 않다. 시나리오에 따라 달라지니 빅 오 표기법으로 효율성을 정확히 규정할 수 없기 때문이다.

약간 곤란해졌지만 한 배열의 크기를 N, 다른 배열의 크기를 M으로 해서 시간 복잡도를 $O(N * M)$으로 표현하는 수밖에 없다.

여기서 새로운 개념이 등장한다. '두 개의 서로 다른 데이터세트가 곱셈을 통해 상호작용할 때 두 데이터세트를 별개로 고려해야 빅 오 관점에서 효율성을 설명할 수 있다.'

이는 이 알고리즘을 빅 오 표기법으로 올바르게 표현하는 방법이지만 다른 빅 오 표현보다 덜 유용하다. $O(N * M)$ 알고리즘을 (M없이) N만 있는 알고리즘과 비교하는 것은 사과와 오렌지를 비교하는 셈이다.

하지만 우리는 $O(N * M)$이 특정 범위 안에 있다는 것은 알고 있다. 즉, N과 M이 같으면 $O(N * M)$은 $O(N^2)$과 같다. 반대로 N과 M이 다르고 임의로 더 작은 값을 M에 할당했을 때, M이 1처럼 작으면 결국 $O(N)$이 된다. 어떤 의미에서 $O(N * M)$은 $O(N)$과 $O(N^2)$ 사이에 있다고 해석할 수 있다.

이러면 잘 된 걸까? 아니다. 하지만 우리가 할 수 있는 최선이다.

7.10 비밀번호 크래커

여러분은 누군가의 비밀번호를 알아내려는 해커(물론 윤리적인 해커)이다. 무차별 암호 대입 방식(brute-force approach)을 선택하고 지정된 길이에서 가능한 모든 문자열을 생성하는 코드를 작성했다. 다음은 여러분이 재빠르게 작성한 코드이다.

```
from string import ascii_lowercase
import itertools

def every_password(length):
    for s in itertools.product(ascii_lowercase, repeat=length):
        print("".join(s))
```

이 코드에서는 파이썬의 string 모듈에서 ascii_lowercase를 사용하여 전체 알파벳을 가져오므로 알파벳 전체를 직접 입력하지 않아도 된다. 또한 파이썬의 itertools 모듈을 사용하여 최소한의 코드로 임의 개수의 중첩 루프를 실행할 수 있게 했다.

여기서는 이 코드가 어떻게 작동하는지보다는 **무엇을 하는지**에 집중할 것이다.

every_password 함수를 호출할 때 정수를 전달하면 이 정수는 length 변수에 할당된다.

length가 3이면 이 코드는 "aaa"에서 "zzz" 사이의 모든 문자열 조합을 반환한다. 코드를 실행하면 다음과 같이 출력된다.

```
aaa
aab
aac
aad
aae

...

zzx
zzy
zzz
```

length가 4이면 문자 4개로 조합할 수 있는 모든 문자열을 출력한다.

```
aaaa
aaab
aaac
aaad
aaae

...

zzzx
zzzy
zzzz
```

길이가 5일 때조차 이 코드를 실행하면 완료까지 시간이 꽤 오래 걸릴 수 있다. 느린 알고리즘이니까! 그렇다면 빅 오로 어떻게 표현할 수 있을까?

다 같이 분석해 보자.

알파벳의 각 문자를 한 번만 출력하면 26단계가 걸린다.

모든 두 문자 조합을 모두 출력하면 26에 26을 곱한 결과가 된다.

세 문자 조합을 모두 출력하면 $26 * 26 * 26$단계가 걸린다.

패턴이 보이는가?

길이	조합 개수
1	26
2	26^2
3	26^3
4	26^4

N의 관점에서 보면 N이 각 문자열의 길이일 때 **조합 개수는 26^N**이다.

따라서 빅 오 표기법으로 $O(26^N)$이라고 표현한다. 엄청나게 느린 알고리즘이다! 사실 '고작' $O(2^N)$인 알고리즘만으로도 엄청나게 느리다. 다음 그래프에서 지금까지 살펴본 다른 알고리즘과 비교해 보자.

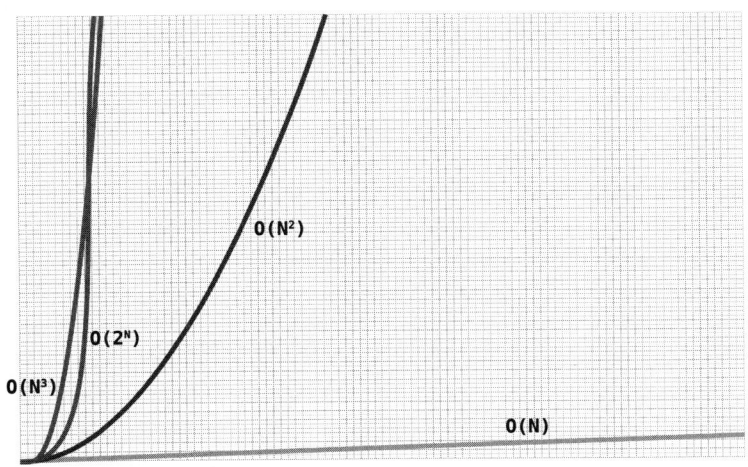

보다시피 $O(2^N)$은 일정 지점을 지나면 $O(N^3)$보다 느려진다.

어떤 의미에서 $O(2^N)$은 $O(\log N)$과 정반대이다. $O(\log N)$ 알고리즘(이진 검색과 같은)에서는 데이터가 두 배로 늘어날 때마다 알고리즘이 1단계를 추가로 수행한다. $O(2^N)$ 알고리즘에서는 데이터 요소를 **하나** 추가할 때마다 알고리즘 단계가 **두 배**로 증가한다!

비밀번호 크래커에서는 N을 1씩 늘릴 때마다 단계 수는 26배씩 증가한다. 엄청 나게 오래 걸리기 때문에 무차별 암호 대입은 비밀번호 해독에 매우 비효율적이다.

7.11 마무리

축하한다! 이제 당신도 빅 오 전문가다. 다양한 종류의 알고리즘을 분석하고, 시간 복잡도를 분류할 수 있다. 이러한 지식을 바탕으로 코드를 체계적으로 최적화하면 실행 속도를 높일 수 있다.

말이 나온 김에 8장에서는 알고리즘 속도를 높이는 데 매우 유용하고 일반적인 도구 중 하나인 새로운 자료 구조를 알아볼 것이다. 그리고 이 자료 구조의 엄청난 속도에 대해 이야기할 것이다.

7.12 연습 문제

다음 문제로 실제 상황에서의 알고리즘을 연습해 보자. 이 연습 문제의 해답은 부 록 '연습 문제 해답'의 7장(474쪽)에 있다.

1. 빅 오 표기법을 사용하여 다음 함수의 시간 복잡도를 설명하라. 이 함수는 주 어진 배열(여기서는 array)의 양 끝에서부터 시작하여 두 숫자의 합이 100이면 True를 반환하고, 그렇지 않으면 False를 반환한다.

   이 배열은 다음 기준을 충족해야 한다.

   • 첫 번째 숫자와 마지막 숫자의 합계는 100이다.
   • 두 번째 숫자와 마지막에서 두 번째 숫자의 합계도 100이다.
   • 세 번째 숫자와 마지막에서 세 번째 숫자의 합계 역시 100이며 계속 이런 식 으로 합계가 100이 되어야 한다.

   코드는 다음과 같다.

```
def one_hundred_sum(array):
    if (len(array) % 2 != 0) or not array:
        return False
```

```
    left_index = 0
    right_index = len(array) - 1

    while left_index < (len(array) // 2):
        if array[left_index] + array[right_index] != 100:
            return False

        left_index += 1
        right_index -= 1

    return True
```

2. 다음 함수의 시간 복잡도를 빅 오 표기법으로 설명하라. 이 함수는 정렬된 배열
   두 개를 병합하여 두 배열에 있는 모든 값을 포함하는 새로운 정렬된 배열을 생
   성한다.

```
def merge(array_1, array_2):
    new_array = []
    array_1_pointer = 0
    array_2_pointer = 0

    # 두 배열의 끝에 도달할 때까지 루프를 실행한다.
    while array_1_pointer < len(array_1) or array_2_pointer < len(array_2):

        # 첫 번째 배열의 끝에 도달했다면
        # 두 번째 배열에서 항목을 추가한다.
        if array_1_pointer >= len(array_1):
            new_array.append(array_2[array_2_pointer])
            array_2_pointer += 1
        # 두 번째 배열의 끝에 도달했다면
        # 첫 번째 배열에서 항목을 추가한다.
        elif array_2_pointer >= len(array_2):
            new_array.append(array_1[array_1_pointer])
            array_1_pointer += 1
        # 첫 번째 배열의 현재 숫자가 두 번째 배열의 현재 숫자보다 작으면
        # 첫 번째 배열에서 항목을 추가한다.
        elif array_1[array_1_pointer] < array_2[array_2_pointer]:
            new_array.append(array_1[array_1_pointer])
            array_1_pointer += 1
        # 두 번째 배열의 현재 숫자가 첫 번째 배열의 현재 숫자보다 작거나 같으면
        # 두 번째 배열에서 항목을 추가한다.
        else:
            new_array.append(array_2[array_2_pointer])
```

```
            array_2_pointer += 1

    return new_array
```

3. 다음 함수의 시간 복잡도를 빅 오 표기법으로 설명하라. 이 함수는 '건초 더미에
서 바늘 찾기'라는 유명한 문제를 해결한다.

바늘과 건초 더미는 둘 다 문자열이다. 예를 들어 바늘이 "def"이고 건초 더
미가 "abcdefghi"이면 "def"는 "abcdefghi"의 부분 문자열이므로 바늘은 건초
더미 어딘가에 있다. 그러나 바늘이 "dd"이면 "abcdefghi"라는 건초 더미에서
찾을 수 없다.

이 함수는 건초 더미에서 바늘을 찾을 수 있으면 True를, 찾을 수 없으면
False를 반환한다.

```python
def find_needle(needle, haystack):
    needle_start_index = 0

    while needle_start_index <= len(haystack) - len(needle):
        if needle[0] == haystack[needle_start_index]:
            needle_offset = 0

            while needle_offset < len(needle):
                if (needle[needle_offset]
                        != haystack[needle_start_index + needle_offset]):
                    break
                else:
                    if needle_offset == len(needle) - 1:
                        return True

                needle_offset += 1

        needle_start_index += 1

    return False
```

4. 빅 오 표기법을 사용하여 다음 함수의 시간 복잡도를 설명하라. 이 함수는 주어
진 배열에서 세 숫자의 곱 중 최대 곱을 구한다.

```python
def largest_product(array):
    if len(array) < 3:
```

```
        return None

    largest_product_so_far = array[0] * array[1] * array[2]
    i = 0

    while i < len(array):
        j = i + 1

        while j < len(array):
            k = j + 1

            while k < len(array):
                if array[i] * array[j] * array[k] > largest_product_so_far:
                    largest_product_so_far = array[i] * array[j] * array[k]
                k += 1

            j += 1

        i += 1

    return largest_product_so_far
```

5. 한 번은 인사 담당자를 겨냥한 농담을 들은 적이 있다. "채용 과정에서 가장 운이 없는 사람을 즉시 탈락시키고 싶은가? 그렇다면 책상 위에 놓인 이력서 중 반을 집어 쓰레기통에 버리면 된다네."

이력서 더미에서 하나만 남을 때까지 계속 줄여 나가는 소프트웨어를 만든다면 위에서 반, 밑에서 반을 번갈아 버리는 방식도 가능하다. 즉, 먼저 이력서 더미의 위에서 반을 제거하고 남은 이력서 더미 밑에서 반을 제거한다. 이렇게 위아래에서 계속 번갈아 제거하다 보면 행운의 이력서 하나가 남게 되고, 그러면 그 사람이 우리가 채용할 사람이다!

이 함수의 효율성을 빅 오 관점에서 설명하라.

```
def pick_resume(resumes):
    if not resumes:
        return None

    eliminate = "top"

    while len(resumes) > 1:
        midpoint = len(resumes) // 2
```

```
        if eliminate == "top":
            resumes = resumes[:midpoint]
            eliminate = "bottom"
        elif eliminate == "bottom":
            resumes = resumes[-midpoint:]
            eliminate = "top"

    return resumes[0]
```

A C o m m o n - S e n s e G u i d e t o **Data Structures and Algorithms in Python**

해시 테이블을 사용한 초고속 조회

패스트푸드점에서 손님이 음식을 주문하는 프로그램을 작성 중이고, 각 음식의 가격이 포함된 메뉴를 구현하는 중이다. 이때 기술적으로는 배열을 사용할 수 있다.

```
menu = [
    ["french fries", 0.75],
    ["hamburger", 2.5],
    ["hot dog", 1.5],
    ["soda", 0.6]
]
```

이 배열은 여러 개의 부분 배열을 포함하며 각 부분 배열에는 요소 2개가 있다. 첫 번째 요소는 메뉴에 있는 음식을 나타내는 문자열이고, 두 번째 요소는 해당 음식의 가격이다.

2장 '알고리즘이 중요한 이유'(21쪽)에서 배운 것처럼 배열이 정렬되지 않았다면 컴퓨터가 선형 검색을 수행해야 하므로 주어진 음식의 가격을 검색하는 데 $O(N)$ 단계가 필요하다. **순서가 있는** 배열이라면 컴퓨터가 이진 검색을 수행할 수 있으므로 $O(\log N)$단계가 필요하다.

$O(\log N)$도 나쁘지 않지만 더 좋은 방법이 있다. 사실 **훨씬** 더 잘할 수 있다. 8장이 끝날 때까지 단 $O(1)$의 시간만으로 데이터를 조회할 수 있는 특별한 자료 구조인 **해시 테이블**(hash table)을 배울 것이다. 해시 테이블의 내부 작동 원리와 적절한 사용처를 알면 다양한 상황에서 엄청난 조회 속도를 활용할 수 있다.

8.1 해시 테이블

대부분 프로그래밍 언어에는 **해시 테이블**이라는 자료 구조가 포함되어 있으며, 이 구조의 놀라운 강점은 '빠른 읽기'이다. 해시 테이블은 프로그래밍 언어마다 다르게 불린다. 파이썬에서는 해시 테이블을 **딕셔너리**(dictionary)라고 부르고, 다른 언어에서는 해시, 맵, 해시 맵, 딕셔너리, 연관 배열(associative array)이라고 부른다. 해시 테이블이 자료 구조를 지칭하는 보편적인 이름이므로 우리도 이렇게 부르겠다.

다음은 해시 테이블로 구현한 음식 메뉴의 예시이다.

```
menu = { "french fries": 0.75, "hamburger": 2.5,
    "hot dog": 1.5, "soda": 0.6 }
```

해시 테이블은 쌍으로 구성한 값의 리스트이다. 각 쌍의 첫 번째 항목을 **키**, 두 번째 항목을 **값**이라고 한다. 해시 테이블에서 키와 값은 서로 의미 있는 연관 관계이다. 이 예에서는 "french fries"라는 문자열이 키이고 0.75가 값이다. 이 둘은 함께 짝을 이루어 감자 튀김 가격이 75센트임을 나타낸다.

파이썬에서는 다음 구문으로 키의 값을 조회할 수 있다.

```
menu.get("french fries")
```

그러면 값 0.75가 반환된다.

또는 다음과 같은 방법으로 키의 값을 조회할 수 있다.

```
menu["french fries"]
```

하지만 두 번째 방법은 해시 테이블에 키가 없으면 오류가 발생한다. 따라서 키를 찾을 수 없으면 단순히 None을 반환하는 첫 번째 방법을 사용한다.

해시 테이블에서 값을 조회하는 작업은 일반적으로 **딱 1단계만** 걸리므로 평균적으로 효율성이 $O(1)$이다. 그 이유를 알아보자.

8.2 해시 함수로 해싱하기

어렸을 때 메시지를 만들고 해독하기 위해 사용했던 시크릿 코드를 기억하는가? 문자를 숫자로 매핑하는 예를 간단히 들어 보겠다.

$$A = 1$$
$$B = 2$$
$$C = 3$$
$$D = 4$$
$$E = 5$$

이 코드에 따르면

ACE는 135로 변환되고,

CAB는 312로 변환되고,

DAB는 412로 변환되고,

BAD는 214로 변환된다.

문자를 가져와 숫자로 변환하는 과정을 **해싱**(hashing)이라고 한다. 그리고 이처럼 문자를 특정 숫자로 변환하는 데 사용되는 코드를 **해시 함수**(hash function)라고 한다.

이 해시 함수 외에도 다른 해시 함수가 많다. 각 문자의 대응 숫자를 가져와 모든 숫자의 **합**을 반환하는 해시 함수도 있다. 이렇게 하면 BAD는 2단계 과정을 거쳐 숫자 7이 된다.

1단계: 먼저 BAD를 214로 변환한다.

2단계: 그런 다음 이 숫자들을 모두 더한다.

$$2 + 1 + 4 = 7$$

모든 문자에 대응하는 숫자의 **곱**을 반환하는 해시 함수도 있다. 이렇게 하면 단어 BAD를 숫자 8로 변환할 수 있다.

1단계: 먼저 BAD를 214로 변환한다.

2단계: 그런 다음 이 숫자들을 모두 곱한다.

$$2 * 1 * 4 = 8$$

8장의 나머지 예제에서는 마지막 버전의 해시 함수를 사용하겠다. 실제 해시 함수는 이보다 더 복잡하지만, 곱셈 해시 함수는 예제를 명확하고 단순하게 해 준다.

사실 해시 함수가 유효하려면 한 가지 조건만 충족하면 된다. 해시 함수는 동일한 문자열을 해시 함수에 적용할 때마다 **동일한 숫자**로 변환해야 한다. 주어진 문자열에 대해 반환하는 결과가 일관되지 않으면 그 해시 함수는 유효하지 않다.

유효하지 않은 해시 함수의 예로는 난수 또는 현재 시간을 계산에 넣어 사용하는 함수가 있다. 이러한 함수를 사용하면 BAD가 한 번은 12로, 다른 한 번은 106으로 변환될 수 있다.

그러나 곱셈 해시 함수를 사용하면 BAD는 **항상** 8로 변환된다. B는 항상 2, A는 항상 1, D는 항상 4이기 때문이다. 2 * 1 * 4는 **항상** 8이다. 여기에는 예외가 없다.

곱셈 해시 함수를 사용하면 DAB **또한** BAD와 똑같이 8로 변환된다. 이로 인해 발생하는 몇 가지 문제는 나중에 설명하겠다.

해시 함수의 개념을 이해했으니 이제 해시 테이블이 어떻게 작동하는지 살펴보자.

8.3 재미와 이익, 특히 이익을 위한 시소러스 만들기

당신은 밤과 주말마다 혼자서 전 세계를 정복할 비밀 스타트업에서 홀로 일하고 있다. 그것은… 시소러스(thesaurus, 유의어 사전) 앱이다. 하지만 이 앱은 **기존**의 시소러스 앱이 아니라 퀵카소러스(Quickasaurus)이다. 그리고 알다시피 이 앱은 수십억 달러 규모의 시소러스 시장을 완전히 뒤흔들 것이다. 단, 사용자가 퀵카소러스에서 단어를 검색하면 기존 시소러스 앱처럼 가능한 **모든** 유의어를 반환하는 게 아니라 유의어 **하나**만 반환한다.

모든 단어에는 연관된 유의어가 있으므로 해시 테이블의 사례로 좋다. 결국 해시 테이블은 쌍을 이루는 항목의 리스트이다. 그럼 시작해 보자.

다음과 같이 해시 테이블로 유의어를 표현할 수 있다.

```
thesaurus = {}
```

해시 테이블은 내부적으로 배열과 비슷하게 데이터를 일렬로 배치된 여러 셀에 저장한다. 각 셀에는 고유한 번호가 매겨진다. 예를 들어

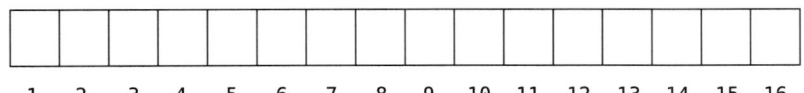

(곱셈 해시 함수에서는 인덱스 0에 아무 값도 저장하지 않으므로 생략했다.)

해시 테이블에 첫 번째 항목을 추가해 보자.

```
thesaurus["bad"] = "evil"
```

코드에서 해시 테이블은 다음과 같다.

```
{"bad": "evil"}
```

해시 테이블이 데이터를 어떻게 저장하는지 살펴보자.

먼저 컴퓨터는 키에 해시 함수를 적용한다. 다시 말하지만 여기에서도 지금까지 설명한 곱셈 해시 함수를 사용한다. 따라서 다음과 같이 계산된다(영문 대소문자는 구분하지 않는다.).

$$BAD = 2 * 1 * 4 = 8$$

키 "bad"가 8로 해싱되므로 컴퓨터는 값 "evil"을 셀 8에 넣는다.

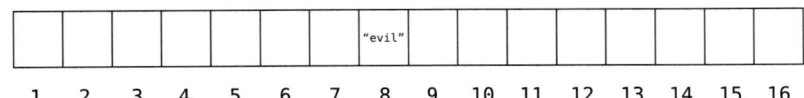

이제 다른 키-값 쌍을 추가해 보자.

```
thesaurus["cab"] = "taxi"
```

다시 한번 컴퓨터가 키를 해싱한다.

$$CAB = 3 * 1 * 2 = 6$$

결괏값이 6이므로 컴퓨터는 값 "taxi"를 셀 6에 저장한다.

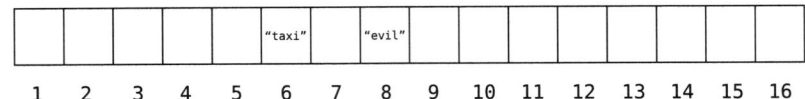

키-값 쌍을 하나 더 추가해 보자.

```
thesaurus["ace"] = "star"
```

여기서 일어나는 일을 요약하자면 모든 키-값 쌍에서 각 **값**은 키가 해싱된 후 **키**의 **인덱스**에 저장된다.

$ACE = 1 * 3 * 5 = 15$이므로 ACE는 15로 해싱되고 "star"는 셀 15에 들어간다.

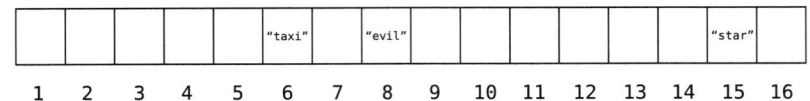

코드를 보면 현재 해시 테이블은 다음과 같다.

```
{"bad": "evil", "cab": "taxi", "ace": "star"}
```

8.4 해시 테이블 조회

해시 테이블에서 항목을 조회할 때는 키를 사용하여 연관된 값을 찾는다. 퀵카소러스 예제의 해시 테이블에서 값을 어떻게 찾는지 알아보자.

"bad" 키와 연관된 값을 조회하고 싶다. 코드는 다음과 같다.

```
thesaurus.get("bad")
```

컴퓨터는 "bad"와 연관된 값을 조회하기 위해 간단히 2단계를 실행한다(영문 대소문자는 구분하지 않는다).

1. 컴퓨터는 우리가 조회할 키를 해싱한다. $BAD = 2 * 1 * 4 = 8$.
2. 결과가 8이므로 컴퓨터는 셀 8을 살펴보고 거기에 저장된 값을 반환한다. 여기에는 문자열 "evil"이 들어 있다.

한걸음 물러서서 큰 그림을 보자. 해시 테이블에서 각 값의 위치는 키로 결정된다. 즉, 키 자체를 해싱해 키와 연관된 값이 들어갈 인덱스 번호를 계산한다.

키가 값의 위치를 결정하므로 이 원리를 사용하면 조회가 매우 쉬워진다. 어떤 키가 있고 그 키의 값을 찾으려 할 때, 키 자체가 값의 위치를 알려 준다. 값을 적절한 셀에 삽입하기 위해 키를 해싱했던 것처럼 값을 넣을 위치를 찾을 때도 키를 다시 해싱하면 된다.

이제 해시 테이블에서 값을 조회하는 시간이 일반적으로 $O(1)$인 이유가 분명해졌다. '상수 시간이 걸리는 과정이기 때문이다.' 컴퓨터는 키를 해싱하고 숫자로 변환한 다음, 해당 숫자의 인덱스로 바로 가서 저장된 값을 가져온다.

이제 해시 테이블이 배열보다 패스트푸드점 메뉴를 더 빠르게 조회하는 이유를 이해할 수 있을 것이다. 배열에서 메뉴 항목의 가격을 조회하려면 해당 항목을 찾을 때까지 각각의 셀을 검색해야 한다. 순서가 없는 배열이라면 최대 $O(N)$이 걸리고, 순서가 있는 배열이라면 최대 $O(\log N)$이 걸린다. 하지만 해시 테이블을 사용하면 실제 메뉴 항목을 키로 사용할 수 있으므로 $O(1)$시간에 해시 테이블을 조회할 수 있다. **이것이** 바로 해시 테이블의 진정한 매력이다.

8.4.1 단방향 조회

한 가지 중요한 점은 해당 값의 키를 알 때만 해시 테이블 내의 값을 1단계 만에 찾을 수 있다는 것이다. 키를 모른 채 값을 찾으려면 해시 테이블의 모든 키-값 쌍을 일일이 검색해야 하고, 이는 $O(N)$이 된다.

마찬가지로 **키**로 **값**을 찾을 때만 $O(1)$ 조회가 가능하다. 반대로 **값**을 사용해 연관된 **키**를 찾을 때는 해시 테이블의 빠른 조회 기능을 활용할 수 없다.

이는 키가 값의 위치를 결정한다는 해시 테이블의 대전제 때문이다. 하지만 이 전제는 한 방향으로만, 다시 말해 키를 사용하여 값을 찾는 방향으로만 작동한다. 값으로는 키의 위치를 알아내지 못하므로 모든 키를 하나씩 검색하지 않고는 원하는 키를 쉽게 찾을 수 없다.

그렇다면 키는 어디에 저장되어 있을까? 앞의 그림에서는 값이 해시 테이블에 저장되는 방법만 표현했다.

이런 세부 사항은 언어마다 다를 수 있지만 일부 언어에서는 키를 값 바로 옆에 저장한다. 이렇게 저장하면 충돌(collision)이 생겼을 때 유용하며, 이에 대해서는 다음 절에서 설명하겠다.

해시 테이블의 단방향적 특성과 관련하여 또 하나 주목할 만한 점이 있다. 각 키는 해시 테이블에 하나만 있을 수 있지만 값은 인스턴스가 여러 개 있을 수 있다.

8장의 처음에 나온 메뉴 예제를 생각해 보면 햄버거를 2번 나열할 수는 없다. (그렇게 하고 싶지도 않을 것이다. 왜냐하면 햄버거는 가격이 하나뿐이기 때문이다.) 하지만 가격이 2.50달러인 음식은 여러 개일 수 있다.

많은 언어에서 이미 존재하는 키에 키-값 쌍을 저장하려고 하면 키는 유지하면서 단순히 값만 덮어쓴다.

8.5 충돌 처리하기

해시 테이블은 훌륭하지만, 문제가 없지는 않다.

앞의 시소러스 예제를 이어서 보자. 시소러스에 다음 항목을 추가하면 무슨 일이 일어날까?

```
thesaurus["dab"] = "pat"
```

먼저 컴퓨터가 키를 해싱한다.

$$DAB = 4 * 1 * 2 = 8$$

그런 다음 해시 테이블의 셀 8에 "pat"를 추가하려고 한다.

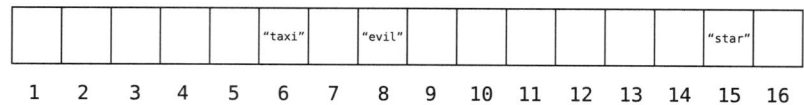

이런! 셀 8은 이미 "evil"로 채워져 있다! 말 그대로 'evil'이다!

이미 채워진 셀에 데이터를 추가하려는 시도를 **충돌**이라고 한다. 다행히도 이를 해결하는 방법이 있다.

충돌을 처리하는 한 가지 고전적인 방법으로는 **분리 연결법**(separate chaining)이 있다. 충돌이 발생하면 셀에 **단일** 값을 넣는 대신 배열에 대한 참조를 넣는다.

해시 테이블에서 내부 데이터를 어떻게 저장하는지 좀 더 자세히 알아보자.

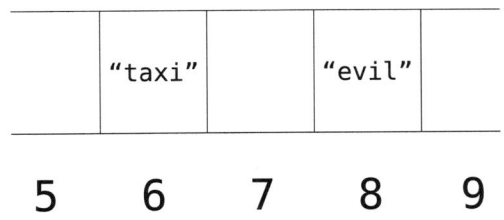

이 예제에서 컴퓨터는 셀 8에 "pat"을 추가하려고 하지만, 이미 "evil"이 들어 있다. 따라서 셀 8의 내용을 배열로 바꾼다.

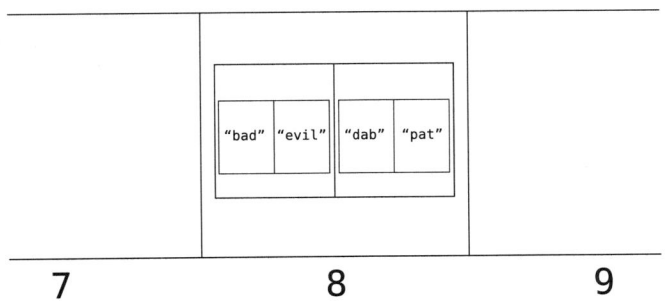

이 배열에는 부분 배열이 여러 개 있으며, 각 부분 배열의 첫 번째 값은 키로 사용하는 단어, 두 번째 값은 그 단어의 유의어로 구성된다.

이때 해시 테이블 조회가 어떻게 작동하는지 살펴보자. 다음 단어를 조회한다고 해 보자.

```
thesaurus.get("dab")
```

컴퓨터는 다음 단계를 수행한다.

1. 키를 해싱한다. $DAB = 4 * 1 * 2 = 8$
2. 셀 8을 조회한다. 컴퓨터는 셀 8에 단일 값이 아닌 배열들의 배열이 포함되어 있다는 점에 주목한다.
3. 각 부분 배열의 인덱스 0에서 키("dab")를 찾을 때까지 배열을 선형적으로 검색한다. 그런 다음 키를 찾은 부분 배열의 인덱스 1에 있는 값을 반환한다.

이 단계를 그림으로 보자.

DAB를 8로 해싱하고 컴퓨터는 해당 셀을 검사한다.

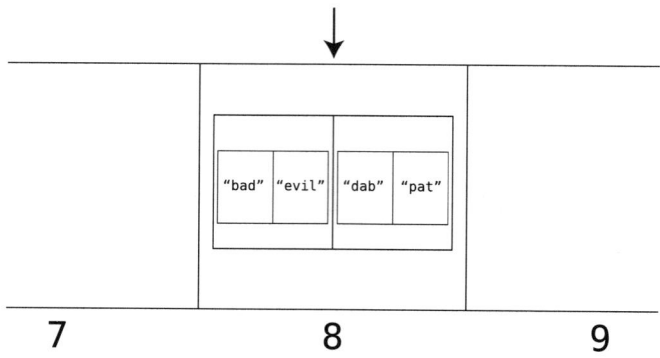

셀 8이 부분 배열들의 배열을 포함하므로 첫 번째 부분 배열부터 시작해서 각 부분 배열을 선형 검색한다. 첫 번째 부분 배열의 인덱스 0을 검사한다.

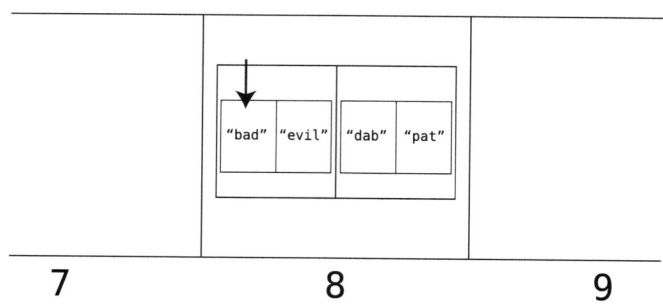

찾고 있는 키("dab")가 포함되어 있지 않으므로 다음 부분 배열의 인덱스 0으로 넘어간다.

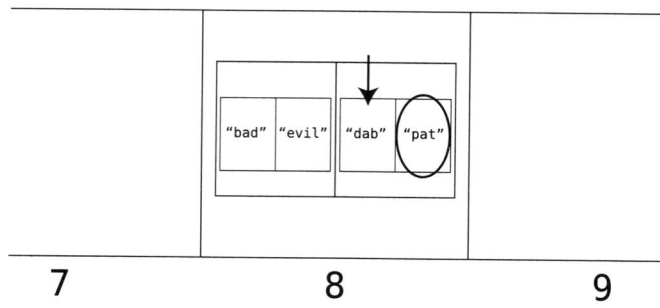

"dab"를 찾았다. 해당 부분 배열의 인덱스 1에 있는 값("pat")이 우리가 찾던 값이다.

컴퓨터가 배열을 참조하는 셀을 만나는 시나리오에서는 여러 값이 있는 배열에서 선형 검색을 수행해야 하므로 검색에 몇 가지 단계가 추가될 수 있다. 만약 모든 데이터가 해시 테이블의 한 셀에 들어 있다면 해시 테이블은 배열보다 나을 게 없다. 따라서 해시 테이블 조회에서 최악의 경우 성능은 사실상 $O(N)$이 된다.

이런 이유 때문에 해시 테이블은 충돌이 거의 발생하지 않게 설계해야 하므로 $O(N)$ 시간이 아닌 $O(1)$ 시간에 조회를 수행하는 것이 중요하다.

다행히도 대부분의 프로그래밍 언어는 해시 테이블을 구현하고 이러한 세부 사항을 대신 처리한다. 하지만 내부에서 어떻게 작동하는지 이해하면 해시 테이블이 어떻게 $O(1)$의 성능을 내는지 올바르게 이해할 수 있다.

해시 테이블을 어떻게 구성하면 충돌을 줄일 수 있는지 알아보자.

8.6 효율적인 해시 테이블 만들기

궁극적으로 해시 테이블의 효율성은 세 요인에 따라 달라진다.

- 해시 테이블에 저장하는 데이터의 양
- 해시 테이블에서 사용할 수 있는 셀의 수
- 사용하는 해시 함수

첫 번째와 두 번째 요인이 중요한 이유는 금방 알 수 있다. 데이터는 많은데 셀이 적으면 충돌이 많이 발생하고 해시 테이블의 효율성이 낮아지기 때문이다. 지금부터 해시 함수 자체가 효율성에 중요한 이유는 무엇일지 알아보자.

항상 1에서 9 사이의 범위 값을 생성하는 해시 함수를 사용한다고 해 보자. 문자를 해당 숫자로 변환한 후 그 숫자들이 한 자릿수가 될 때까지 계속 더하는 해시 함수를 예로 들 수 있다.

예를 들어

$$PUT = 16 + 21 + 20 = 57$$

57은 한 자릿수가 아니므로 해시 함수는 57을 5 + 7로 분할한다.

$$5 + 7 = 12$$

12 역시 한 자릿수가 아니므로 12를 1 + 2로 분할한다.

$$1 + 2 = 3$$

결국 PUT을 해싱하면 3이 된다.

이 해시 함수는 한 자릿수가 될 때까지 더하는 방식이라서 **항상** 1에서 9사이의 숫자를 반환한다.

예제 해시 테이블로 돌아가 보자.

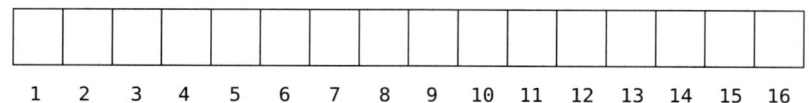

이 해시 함수를 사용하면 컴퓨터는 10번부터 16번까지 셀이 있더라도 절대 사용하지 않는다. 모든 데이터는 1번부터 9번까지의 셀에 채워진다.

따라서 좋은 해시 함수는 사용 가능한 **모든** 셀에 데이터를 분산하는 함수이다. 데이터를 더 고르게 분산할수록 충돌은 줄어든다.

8.6.1 훌륭한 균형 잡기

해시 테이블의 충돌 횟수가 줄어들수록 효율성이 높아진다고 배웠다. 그렇다면 이론상 충돌을 피하는 가장 좋은 방법은 해시 테이블에 셀을 많이 두는 것이다. 해시 테이블에 항목을 딱 5개만 저장한다고 하자. 해시 테이블에 셀이 1,000개라면 충돌이 거의 발생하지 않으니 매우 이상적으로 보인다.

하지만 충돌을 피하는 것 외에도 메모리를 많이 차지하지 않도록 균형 역시 맞춰야 한다.

셀이 1,000개인 해시 테이블은 충돌을 피하는 데 좋지만, 데이터 5개만 저장하는 데 셀을 1,000개나 사용하니 메모리를 비효율적으로 소모하게 된다.

이게 바로 해시 테이블이 반드시 균형 잡기를 수행해야 하는 이유이다. 좋은 해시 테이블은 **충돌을 방지하면서도 메모리를 많이 소모하지 않는 균형을 유지한다.**

균형을 유지하기 위해 컴퓨터 과학자들은 '해시 테이블에 저장된 데이터 요소 7개마다 셀 10개가 있어야 한다'는 경험 법칙을 개발했다.

따라서 요소 14개를 저장할 생각이라면 셀 20개가 있어야 한다는 식이다.

데이터와 셀의 비율을 **부하율**(load factor)이라고 한다. 이 용어를 사용하면 이상적인 부하율은 0.7(요소 7개/셀 10개)이다.

처음에 해시 테이블에 데이터 7개를 저장했다면 컴퓨터는 셀 10개가 있는 해시 테이블을 할당할 수 있다. 하지만 데이터를 더 추가하기 시작하면 컴퓨터는 셀을 추가하고 해시 함수를 변경하여 새 데이터가 새로운 셀에 고르게 분산되도록 해시 테이블을 확장한다.

다시 말하지만, 해시 테이블 내부의 대부분은 사용 중인 컴퓨터 언어가 관리한다. 컴퓨터 언어는 해시 테이블의 크기, 사용할 해시 함수, 해시 테이블을 확장할 시점을 결정한다. 사용 중인 프로그래밍 언어가 해시 테이블을 최고의 성능을 발휘하도록 구현했다고 생각해도 좋다.

지금까지 해시가 어떻게 작동하는지 살펴보았으니 해시가 $O(1)$이라는 우수한 조회 효율성을 제공한다는 사실이 분명해졌다. 곧 이 지식을 활용해 코드의 속도를 최적화할 계획이다.

하지만 그전에 간단한 데이터 구성에 해시 테이블이 어떻게 다양하게 활용되는지 사례로 살펴보자.

8.7 데이터 구성을 위한 해시 테이블

해시 테이블은 데이터를 쌍으로 유지하므로 데이터를 구성(organization)할 때 많은 시나리오에서 유용하다.

어떤 데이터는 자연스럽게 쌍을 이루는 형태로 존재한다. 8장에서 다룬 패스트 푸드 메뉴와 시소러스 시나리오가 대표적인 예이다. 메뉴는 각 음식 항목과 가격이 쌍을 이룬다. 시소러스는 각 단어와 유의어가 쌍을 이룬다. 사실 이것이 바로 파이썬에서 해시 테이블을 딕셔너리라고 부르는 이유이다. 일반적인 사전(딕셔너리)은 쌍 데이터의 대표적인 형태로, 단어와 단어의 정의를 나열한 것이다.

자연스럽게 쌍을 이루는 데이터의 다른 예로는 정치 후보자와 각 후보자가 받은 득표수 같은 집계 기록이 있다.

```
{"Candidate A": 1402021, "Candidate B": 2321443, "Candidate C": 432}
```

각 품목의 공급량을 추적하는 재고 관리 시스템도 또 다른 집계 기록의 예이다.

```
{"Yellow Shirt": 1203, "Blue Jeans": 598, "Green Felt Hat": 65}
```

해시 테이블은 쌍으로 연결된 데이터에 매우 적합하기 때문에 특정 상황에서 조건
부 논리를 단순화하는 데에도 사용할 수 있다.

혼한 HTTP 상태 코드 번호의 의미를 반환하는 함수가 있다고 해 보자.

```python
def status_code_meaning(number):
    if number == 200:
        return "OK"
    elif number == 301:
        return "Moved Permanently"
    elif number == 401:
        return "Unauthorized"
    elif number == 404:
        return "Not Found"
    elif number == 500:
        return "Internal Server Error"
```

이 코드는 조건부 논리가 쌍을 이루는 데이터, 즉 상태 코드 번호와 각각의 의미를
중심으로 이루어져 있다.

이때 해시 테이블을 사용하면 조건부 논리를 완전히 제거할 수 있다.

```python
status_codes = {200: "OK", 301: "Moved Permanently",
                401: "Unauthorized", 404: "Not Found",
                500: "Internal Server Error"}

def status_code_meaning(number):
    return status_codes.get(number)
```

해시 테이블은 속성이 다양한 객체를 표현하는 데도 사용할 수 있다. 다음은 개를
표현한 예이다.

```
{"name": "Fido", "breed": "Pug", "age": 3, "gender": "Male"}
```

보다시피 속성은 일종의 쌍으로 구성된 데이터이다. 속성 이름이 키로, 실제 속성
이 값으로 구성되어 있다.

배열 안에 여러 해시 테이블을 저장하면 개들의 전체 리스트를 만들 수 있다.

```
[
  {"name": "Fido", "breed": "Pug", "age": 3, "gender": "Male"},
  {"name": "Lady", "breed": "Poodle", "age": 6, "gender": "Female"},
  {"name": "Spot", "breed": "Dalmatian", "age": 2, "gender": "Male"}
]
```

8.8 속도 향상을 위한 해시 테이블

해시 테이블은 쌍으로 구성된 데이터에 완벽하게 적합하지만 (데이터가 쌍을 이루지 않는 경우에도) 코드를 더 빠르게 만들기 위해 사용할 수 있다. 여기서부터 본격적으로 흥미로워지기 시작한다.

간단한 배열을 보자.

```
array = [61, 30, 91, 11, 54, 38, 72]
```

이 배열에서 숫자를 검색하려면 몇 단계가 걸릴까?

순서가 없는 배열이므로 선형 검색을 수행해야 한다. 이는 이 책의 앞부분에서 배웠듯이 N단계가 걸린다.

하지만 이 숫자를 다음과 같이 해시 테이블로 변환하는 코드로 실행하면 어떻게 될까?

```
hash_table = {61: True, 30: True, 91: True,
              11: True, 54: True, 38: True, 72: True}
```

여기서는 각 숫자를 키로 저장하고 각 숫자에 연관된 값으로 불(boolean) 값인 True를 할당했다.

이제 이 해시 테이블에서 특정 숫자를 키로 검색한다면 몇 단계가 걸릴까?

다음과 같이 간단한 코드를 사용했다.

```
hash_table.get(72)
```

단 1단계로 숫자 72를 조회할 수 있다.

즉, 72를 키로 사용해 해시 테이블을 조회하면 1단계 만에 72가 해시 테이블에 있는지 확인할 수 있다. 72가 해시 테이블의 키라면 72의 값이 True이므로 True를 반환한다. 반면에 72가 해시 테이블의 키가 **아니라면** None을 반환한다.

해시 테이블 조회는 단 1단계만 필요하므로 해시 테이블의 어떤 숫자든 (키로) 1단계 만에 끝낼 수 있다.

마법이 보이는가?

이런 방식으로 배열을 해시 테이블로 변환하면 $O(N)$ 검색을 $O(1)$ 검색으로 전환할 수 있다.

해시 테이블을 이렇게 사용할 때 흥미로운 점은 다음과 같다. 해시 테이블은 자연히 쌍을 이루는 데이터에 자주 사용되지만, 우리가 사용한 데이터는 쌍을 이루지 **않는다**. 우리는 단순히 숫자들의 리스트에만 관심이 있기 때문이다.

각 키에 값을 할당하기는 했지만 값이 무엇인지는 중요하지 않다. 각 키의 값으로 True를 사용했지만 임의의 값(예를 들어 'truthy')을 사용해도 같은 결과를 얻을 수 있다.

여기서 비결은 해시 테이블에 각 숫자를 키로 넣으면 나중에 각 키를 1단계로 조회할 수 있다는 것이다. 조회 결과 어떤 값이 반환되면 해당 키 자체가 해시 테이블에 있다는 의미이다. None이 반환되면 그 키는 해시 테이블에 없다는 것을 의미한다.

나는 이런 식으로 해시 테이블을 사용하는 것을 '해시 테이블을 인덱스로 사용하기'라고 부른다. (나만의 용어이다.) 책 뒤쪽에 있는 인덱스는 어떤 주제를 이 책에서 찾을 수 있는지 없는지를 책의 모든 페이지를 넘겨 보지 않고도 알게 해 준다. 여기에서도 일종의 인덱스 역할을 하는 해시 테이블을 만들었다. 이는 특정 항목이 원래 배열에 포함되어 있는지 없는지를 알려 주는 인덱스이다.

이 기법을 사용하여 매우 실용적인 알고리즘의 속도를 높여 보자.

8.8.1 배열 부분 집합

한 배열이 다른 배열의 부분 집합인지 확인해야 한다고 해 보자. 예를 들어 다음 두 배열이 있다.

```
["a", "b", "c", "d", "e", "f"]
["b", "d", "f"]
```

두 번째 배열 ["b", "d", "f"]는 첫 번째 배열 ["a", "b", "c", "d", "e", "f"]의 부분 집합이다. 두 번째 배열의 모든 값이 첫 번째 배열에 포함되어 있기 때문이다.

배열이 다음과 같다고 해 보자.

```
["a", "b", "c", "d", "e", "f"]
["b", "d", "f", "h"]
```

두 번째 배열은 첫 번째 배열에 없는 값인 "h"를 포함하므로 첫 번째 배열의 부분 집합이 **아니다.**

그렇다면 두 배열을 비교하여 한 배열이 다른 배열의 부분 집합인지 판단하는 함수를 작성하려면 어떻게 해야 할까?

이 작업을 수행하는 한 가지 방법은 중첩 루프를 사용하는 것이다. 기본적으로 더 작은 배열의 모든 요소를 순회하면서, 작은 배열의 각 요소에 대해 큰 배열의 각 요소를 순회하는 두 번째 루프를 시작한다. 작은 배열에서 큰 배열에 없는 요소를 발견하면 함수는 False를 반환한다. 반면에 코드가 루프를 통과하면 작은 배열의 모든 값이 큰 배열에 있다는 의미이므로 True를 반환한다.

다음은 이를 파이썬으로 구현한 것이다.

```python
def is_subset(array1, array2):

    # 어떤 배열이 더 작은지 결정한다.
    if len(array1) > len(array2):
        larger_array = array1
        smaller_array = array2
    else:
        larger_array = array2
        smaller_array = array1

    # 작은 배열을 순회한다.
    for i in smaller_array:

        # 작은 배열의 현재 값을 큰 배열에서
        # 찾을 수 없다고 임시로 가정한다.
        found_match = False

        # 작은 배열의 각 값에 대해
        # 큰 배열을 반복한다.
        for j in larger_array:
```

```
        # 두 값이 같으면 작은 배열의
        # 현재 값이 큰 배열에 있다는 뜻이다.
        if i == j:
            found_match = True
            break

    # 작은 배열의 현재 값이
    # 큰 배열에 없으면 false를 반환한다.
    if not found_match:
        return False

# 루프의 끝에 도달하면 작은 배열의
# 모든 값이 큰 배열에 있다는 뜻이다.
return True
```

이 알고리즘의 효율성을 분석해 보면 $O(N * M)$이라는 것을 알 수 있다. 첫 번째 배열의 항목 수에 두 번째 배열의 항목 수를 곱한 값만큼 실행되기 때문이다.

이제 해시 테이블의 강력함을 활용해 알고리즘의 효율성을 획기적으로 개선해 보자. 기존의 방식을 버리고 처음부터 다시 시작하겠다.

새로운 방식에서는 어떤 배열이 더 크고 어떤 배열이 더 작은지 결정한 후, 더 큰 배열에 대해 단일 루프를 순회하면서 각 값을 해시 테이블에 저장한다.

```
hash_table = {}

for value in larger_array:
    hash_table[value] = True
```

이 코드 조각은 hash_table 변수 안에 빈 해시 테이블을 만든다. 그런 다음 larger _array의 각 값을 순회하면서 배열의 항목을 해시 테이블에 추가한다. 항목 자체를 키로 추가하고 True를 값으로 추가한다.

앞의 예제 배열 ["a", "b", "c", "d", "e", "f"]에 이 루프를 실행하면 다음과 같은 해시 테이블이 완성된다.

```
{"a": True, "b": True, "c": True, "d": True, "e": True, "f": True}
```

이 해시 테이블은 나중에 이러한 항목을 $O(1)$ 시간에 조회하게 해 주는 '인덱스'가 된다.

이제 정말 멋진 부분이 나온다. 이처럼 첫 번째 루프가 완료되고 작업할 해시 테이블이 생기면 **작은** 배열을 반복하는 (중첩되지 않은) 두 번째 루프를 시작할 수 있다.

```python
for value in smaller_array:
    if not hash_table.get(value):
        return False
```

이 루프는 smaller_array의 각 항목을 확인하고 해당 항목이 hash_table의 키인지 확인한다. hash_table은 larger_array의 모든 항목을 키로 저장한다는 점을 기억하자. 따라서 hash_table에서 항목을 찾으면 해당 항목이 larger_array에도 있다는 뜻이다. 반면에 hash_table에서 항목을 찾지 못하면 larger_array에도 없다는 뜻이다.

따라서 smaller_array의 각 항목이 hash_table의 키인지 확인한다. 키가 아니라면 해당 항목이 larger_array에 없다는 의미이므로 smaller_array는 큰 배열의 부분 집합이 아니니 False를 반환한다. (하지만 이 루프를 통과하면 smaller_array가 larger_array의 부분 집합이라는 뜻이다.)

이 모든 것을 하나의 완전한 함수로 작성해 보자.

```python
def is_subset(array1, array2):
    hash_table = {}

    # 어떤 배열이 더 작은지 결정한다.
    if len(array1) > len(array2):
        larger_array = array1
        smaller_array = array2
    else:
        larger_array = array2
        smaller_array = array1

    for value in larger_array:
        hash_table[value] = True

    for value in smaller_array:
        if not hash_table.get(value):
            return False

    return True
```

이제 이 알고리즘은 몇 단계가 걸릴까? 우리는 **큰** 배열의 각 항목을 순회하며 해시 테이블을 생성했다.

그리고 **작은** 배열의 각 항목을 순회하며 해시 테이블에서 항목을 조회할 때마다 1단계가 걸렸다. 해시 테이블 조회는 딱 1단계만 걸린다는 점을 기억하자.

두 배열을 합친 총 항목 수가 N이라고 하면 이 알고리즘은 $O(N)$이다. 각 항목을 1번씩만 처리했기 때문이다. 큰 배열의 각 항목에 1단계를 썼고, 작은 배열의 각 항목에도 1단계를 썼다.

이는 $O(N * M)$이었던 첫 번째 알고리즘에 비해 **크게** 개선되었다.

해시 테이블을 '인덱스'로 사용하는 방식은 배열 내에서 여러 번 검색해야 하는 알고리즘에 자주 등장한다. 즉, 배열에서 값을 계속 검색해야 하는 알고리즘은 각 검색에 최대 N단계가 필요할 수 있다. 하지만 배열의 해시 테이블 '인덱스'를 생성하면 각 검색을 단 1단계로 줄일 수 있다.

앞서 지적했듯이 이 기법이 특히 흥미로운 이유는 해시 테이블을 '인덱스'로 사용할 때는 자연스럽게 쌍을 이루는 데이터가 아니더라도 사용할 수 있다는 점이다. 대신 키 자체가 해시 테이블에 있는지 없는지만 알면 된다. 해시 테이블에서 해당 키를 조회했을 때 임의의 값(어떤 것이든 상관없는)을 받으면 해당 키가 해시 테이블에 있다는 뜻이다.

8.9 마무리

해시 테이블은 효율적인 소프트웨어 구축에 없어서는 안 되는 필수 요소이다. 읽기와 삽입 속도가 $O(1)$인 해시 테이블은 뛰어넘기 어려운 자료 구조다.

지금까지 효율성과 속도 면에서 다양한 자료 구조를 분석했다. 하지만 속도 외에도 다른 장점을 제공하는 자료 구조가 있다는 사실을 알고 있는가? 9장에서는 코드의 간결함과 유지보수성을 향상하는 데 도움이 되는 자료 구조 2가지를 살펴볼 것이다.

8.10 연습 문제

다음 문제로 해시 테이블을 연습해 보자. 이 연습 문제의 해답은 부록 '연습 문제 해답'의 8장(475쪽)에 있다.

1. 두 배열의 교집합을 반환하는 함수를 작성하라. 교집합은 처음 두 배열에 모두 포함된 값을 갖는 세 번째 배열이다. 예를 들어 [1, 2, 3, 4, 5]와 [0, 2, 4, 6, 8]의 교집합은 [2, 4]이다. 이 함수의 복잡도는 $O(N)$이어야 한다. (사용 중인 프로그래밍 언어에 교집합을 구하는 방법이 내장되어 있어도 사용하지 말자. 이 문제의 목적은 여러분이 직접 알고리즘을 작성하는 것이다.)

2. 문자열 배열을 받아 가장 먼저 발견되는 중복 값을 반환하는 함수를 작성하라. 예를 들어 배열 ["a", "b", "c", "d", "c", "e", "f"]에는 "c"가 중복되어 있으므로 이 함수는 "c"를 반환해야 한다. (배열에 중복 값이 한 쌍 있다고 가정한다.) 이 함수의 효율성은 $O(N)$이어야 한다.

3. 알파벳 중 한 글자를 제외한 모든 글자가 포함된 문자열을 받아서 누락된 글자를 반환하는 함수를 작성하라. 예를 들어 "the quick brown box jumps over a lazy dog" 문자열은 알파벳 중 "f"를 제외한 모든 문자를 포함한다. 이 함수의 시간 복잡도는 $O(N)$이어야 한다.

4. 문자열에서 중복되지 않은 첫 번째 문자를 반환하는 함수를 작성하라. 예를 들어 문자열 "minimum"에는 두 개의 문자("n"과 "u")가 한 번만 존재한다. 이 중에서 "n"이 먼저 나타나므로 "n"을 반환해야 한다. 이 함수의 효율성은 $O(N)$이어야 한다.

9장

스택과 큐로 간결한 코드 작성하기

지금까지 자료 구조의 다양한 연산이 **성능**에 어떻게 영향을 미치는지를 주로 다뤘다. 하지만 나만의 프로그래밍 도구 모음에 다양한 자료 구조가 있다면 더 간결하고 읽기 쉬운 코드를 작성할 수 있다.

9장에서는 두 가지 새로운 자료 구조, 스택(stack)과 큐(queue)를 배운다. 사실 두 자료 구조는 전혀 새롭지 않다. 그저 배열에 제한을 뒀을 뿐이다. 하지만 이러한 제한이 바로 스택과 큐를 우아하고 간결하게 만든다.

좀 더 구체적으로 설명하자면 스택과 큐는 임시 데이터를 처리하는 데 뛰어난 도구이다. 운영 체제 아키텍처부터 출력 작업, 데이터 순회에 이르기까지, 스택과 큐를 임시 컨테이너로 사용하면 뛰어난 알고리즘을 구성할 수 있다.

임시 데이터의 예로 식당에서 음식을 주문하는 상황이라고 해 보자. 고객의 주문은 음식이 조리되어 전달될 때까지만 중요하고, 그 이후에는 버려진다. 주문 정보를 보관할 필요는 없다. 임시 데이터는 처리가 끝나면 아무런 의미가 없게 되므로 버려도 된다.

스택과 큐는 이러한 종류의 임시 데이터를 처리하되, 데이터가 처리되는 **순서**에 특별히 중점을 둔다. 이를 지금부터 배워 보자.

9.1 스택

스택이 데이터를 저장하는 방식은 배열과 같다. 즉, 단순히 데이터 요소들의 리스트이다. 다만 스택에는 세 가지 제약이 있다.

- 데이터는 스택의 끝(맨 위)에서만 삽입할 수 있다.
- 데이터는 스택의 끝(맨 위)에서만 삭제할 수 있다.
- 스택의 마지막 요소만 읽을 수(꺼낼 수) 있다.

스택을 접시 더미로 생각해 보자. 맨 위에 있는 접시 말고 다른 접시의 윗면은 볼 수 없다. 마찬가지로 접시 더미의 맨 위가 아니면 접시를 추가하거나 제거할 수 없다. (절대 중간에서 접시를 빼거나 넣으면 안 된다.) 실제로 대부분의 컴퓨터 과학에서는 스택의 끝을 **맨 위**(top), 스택의 시작을 **맨 아래**(bottom)라고 표현한다.

다음 그림처럼 스택을 수직 배열로 간주하고 이러한 용어를 반영할 것이다.

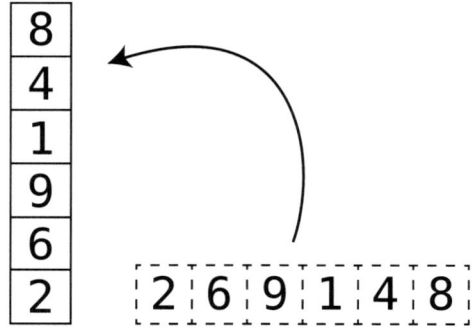

보다시피 배열의 첫 번째 항목은 스택의 맨 아래가 되고 마지막 항목은 맨 위가 된다.

스택의 제한이 (정말로) 제한적으로 보이겠지만 곧 우리에게 얼마나 유익한지 알아보겠다.

스택이 어떻게 작동하는지 이해하기 위해 빈 스택부터 시작해 보자.

스택에 새 값을 삽입하는 것을 **스택에 푸시**(push)한다고도 한다. 접시 더미 맨 위에 접시를 올린다고 생각하면 된다.

스택에 5를 푸시해 보자.

다시 얘기하지만 여기에는 특별한 게 없다. 단지 배열 끝에 데이터 요소를 넣을 뿐이다.

다음으로 3을 푸시한다.

계속해서 0을 푸시한다.

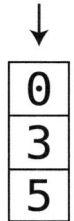

데이터를 항상 스택의 맨 위(즉, 끝)에 추가하고 있다는 점에 유의하자. 0을 스택의 맨 아래나 가운데에 삽입하고 싶어도 그렇게 할 수 없다. 스택의 특성상 데이터를 맨 위에만 추가할 수 있기 때문이다.

스택의 맨 위에서 요소를 제거하는 것을 **스택으로부터 팝**(pop)한다고 한다. 스택의 제약 때문에 데이터는 맨 위에서만 팝할 수 있다.

예제 스택에서 요소 몇 개를 팝해 보자.

먼저 0을 팝한다.

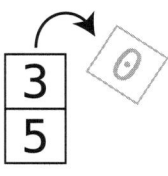

이제 스택에는 두 요소, 5와 3만 남았다.

다음으로 3을 팝한다.

이제 스택에는 5만 남았다.

$$\boxed{5}$$

스택 연산을 설명하는 편리한 약어는 LIFO로 **후입선출**(Last In First Out)을 의미한
다. 이는 스택에 마지막으로 **푸시한** 항목을 항상 먼저 **팝한다**는 뜻이다. 마치 게으
른 학생과도 같다. 교실에 맨 마지막으로 들어오지만 가장 먼저 나가 버리기 때문
이다.

9.2 추상 데이터 타입

대부분의 프로그래밍 언어는 스택을 내장 데이터 타입이나 클래스로 제공하지 않
는다. 대신 사용자가 직접 구현해야 한다. 이는 대부분의 언어에서 사용할 수 있는
배열과는 크게 차이가 난다.

  일반적으로 스택을 만들려면 내장된 자료 구조 중 하나를 사용하여 데이터를 저
장해야 한다. 다음은 파이썬에서 스택을 구현하는 한 가지 방법으로, 내부적으로
배열을 사용한다.

```python
class Stack:

    def __init__(self):
        self.data = []

    def push(self, element):
        self.data.append(element)

    def pop(self):
        if len(self.data) > 0:
            return self.data.pop()
        else:
            return None

    def read(self):
        if len(self.data) > 0:
            return self.data[-1]
        else:
            return None
```

보다시피 이 스택 구현에서는 배열 self.data에 데이터를 저장한다.

스택을 초기화할 때마다 self.data = []로 빈 배열을 자동으로 생성한다. 스택에는 요소를 self.data의 끝에 추가하는 push 메서드, self.data의 끝에서 요소를 제거하는 pop 메서드, 배열 self.data의 마지막 요소를 읽는 read 메서드가 포함되어 있다. (read와 pop 함수는 스택이 비어 있으면 None을 반환한다.)

하지만 배열을 기반으로 Stack 클래스를 만들다 보니 사용자가 배열과 상호작용하는 인터페이스가 제한적일 수밖에 없다. 배열은 어떤 인덱스든 데이터를 읽을 수 있지만, Stack 인터페이스로 배열을 사용할 때는 마지막 항목만 읽을 수 있다. 데이터를 삽입하거나 삭제할 때도 마찬가지이다.

스택은 배열과 자료 구조 유형이 다르다. 배열은 대부분의 프로그래밍 언어에 내장되어 있으며 컴퓨터의 메모리와 직접 상호작용한다. 반면 스택은 배열과 상호작용하는 방법에 관한 규칙과 절차의 집합으로, 특정 결과를 얻기 위해 사용한다.

사실 스택은 내부에서 **어떤** 자료 구조를 사용하든 전혀 신경 쓰지 않는다. 스택에서는 데이터 요소가 LIFO 방식으로 작동하는 리스트라는 점만 신경 쓰면 된다. 배열로 구현하든 다른 내장 자료 구조로 구현하든 상관없다. 이러한 이유로 스택은 흔히 **추상 데이터 타입**(abstract data type)이라고 한다. 추상 데이터 타입은 내장된 자료 구조를 기반으로 동작하지만, 특정 규칙(theoretical rules)에 따라 작동하는 자료 구조 유형을 말한다.

1장 '자료 구조가 중요한 이유'(1쪽)에서 살펴본 집합도 추상 데이터 타입의 예이다. 집합의 구현에서는 내부적으로 배열을 사용하는 반면, 어떤 구현에서는 해시 테이블을 사용한다. 어쨌든 집합 자체는 단순히 이론상의 개념일 뿐이며 중복이 없는 데이터 요소들의 리스트이다.

이 책에서 접할 많은 자료 구조는 추상 데이터 타입(내장 자료 구조를 기반으로 작성된 코드)일 뿐이다.

내장 자료 구조도 추상 데이터 타입일 수 있다는 점에 유의해야 한다. 프로그래밍 언어가 자체 Stack 클래스를 구현하더라도 스택 자료 구조가 여전히 내부적으로 다양한 자료 구조를 사용할 수 있다는 개념은 변하지 않는다.

9.3 스택의 실제 사용

일반적으로 스택은 오래 사용할 데이터를 저장할 때는 사용하지 않지만, 임시 데이터를 다루는 다양한 알고리즘에서는 매우 좋은 도구가 된다. 한 가지 예를 살펴보자.

자바스크립트 린터(linter), 즉 프로그래머의 자바스크립트 코드를 검사하고 각 줄이 구문적으로 올바른지 확인하는 프로그램의 시작 부분을 만들어 보겠다. 자바스크립트는 코드에 괄호가 많기로 악명 높으니 이 부분을 집중해서 살펴보겠다. 여기에는 소괄호, 중괄호, 대괄호가 포함되는데, 이는 모두 귀찮은 문법 오류를 유발하는 일반적인 원인이다.

이 문제를 해결하려면 먼저 괄호와 관련하여 어떤 유형의 문법이 잘못되었는지부터 분석해야 한다. 유형을 나눠 보면 문법 오류는 세 가지 상황에서 발생한다.

첫 번째는 여는 괄호는 있는데 닫는 괄호가 없을 때이다.

```
(var x = 2;
```

이를 문법 오류 유형 #1이라고 부르겠다.

두 번째는 여는 괄호 없이 닫는 괄호만 있을 때이다.

```
var x = 2;)
```

이를 문법 오류 유형 #2라고 부르겠다.

세 번째는 문법 오류 유형 #3으로, 닫는 괄호가 바로 앞의 여는 괄호와 같은 **유형**이 아닐 때이다.

```
(var x = [1, 2, 3)];
```

이 코드에는 소괄호와 대괄호 쌍이 있지만, 닫는 소괄호의 위치가 잘못되었다. 바로 앞의 여는 괄호인 대괄호와 일치하지 않기 때문이다.

자바스크립트 코드 한 줄을 검사하여 괄호 문법에 오류가 없는지 확인하는 알고리즘을 어떻게 구현해야 할까? 바로 이럴 때 스택을 사용하면 멋진 린트 알고리즘을 구현할 수 있다. 이 알고리즘은 다음과 같이 작동한다.

빈 스택을 준비한 후 다음 규칙에 따라 코드의 각 문자를 왼쪽에서 오른쪽으로 읽는다.

1. 괄호(소괄호, 중괄호, 대괄호)가 아닌 문자를 발견하면 무시하고 계속 진행한다.
2. **여는** 괄호를 찾으면 스택에 푸시한다. 스택에 괄호가 있다면 이 괄호가 닫히기를 기다린다는 뜻이다.
3. **닫는** 괄호를 찾으면 스택의 맨 위 요소를 팝해서 확인한다. 그리고 다음 순서대로 분석한다.
   ◦ 팝한 항목(항상 여는 괄호)이 현재 닫는 괄호와 같은 유형이 아니면 문법 오류 유형 #3이 발생한 것이다.
   ◦ 스택이 비어 있어서 요소를 팝할 수 없다면 현재 닫는 괄호에 대응하는 여는 괄호가 없다는 뜻이다. 이것이 문법 오류 유형 #2이다.
   ◦ 팝한 항목(여는 괄호)이 현재 닫는 괄호의 유형과 **일치하면** 해당 여는 괄호를 성공적으로 닫았다는 의미이며, 현재 코드를 계속 분석할 수 있다.
4. 줄 끝에 도달했는데도 스택에 여전히 무언가가 남아 있다면 같은 유형의 닫는 괄호 없이 여는 괄호가 있다는 뜻이며, 이는 문법 오류 유형 #1이다.

다음 예를 통해 확인해 보자.

$$(var\ x = \{y:\ [1,\ 2,\ 3]\})$$

빈 스택을 준비한 후 각 문자를 왼쪽에서 오른쪽으로 읽기 시작한다.

1단계: 첫 번째 문자, 즉 여는 소괄호부터 시작한다.

$$\downarrow$$
$$(var\ x = \{y:\ [1,\ 2,\ 3]\})$$

2단계: 여는 소괄호이므로 스택에 푸시한다.

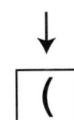

그런 다음 var x = 같은 문자는 괄호 문자가 아니므로 모두 무시한다.

3단계: 다음 여는 중괄호를 만났다.

$$(var\ x\ =\ \{y:\ [1,\ 2,\ 3]\})$$

4단계: 스택에 푸시한다.

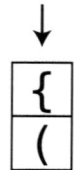

그런 다음 y:을 무시한다.

5단계: 여는 대괄호를 만났다.

$$(var\ x\ =\ \{y:\ [1,\ 2,\ 3]\})$$

6단계: 마찬가지로 스택에 푸시한다.

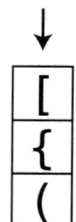

그런 다음 1, 2, 3을 무시한다.

7단계: 첫 번째 닫는 괄호, 즉 닫는 대괄호를 만났다.

$$(var\ x\ =\ \{y:\ [1,\ 2,\ 3]\})$$

8단계: 스택의 맨 위에 있는 요소를 팝하니 **여는** 대괄호가 나왔다.

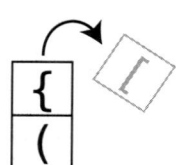

닫는 대괄호는 스택에서 팝한 최상위 요소와 같은 괄호 유형이므로 오류 없이 알고리즘을 계속 진행할 수 있다.

9단계: 계속해서 닫는 중괄호를 만났다.

$$(\text{var x = \{y: [1, 2, 3]\}})$$

10단계: 스택 맨 위에 있는 항목을 팝한다.

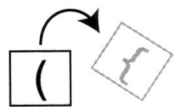

여는 중괄호이므로 현재의 닫는 중괄호와 일치하는 항목을 찾았다.

11단계: 닫는 소괄호를 만났다.

$$(\text{var x = \{y: [1, 2, 3]\}})$$

12단계: 스택의 마지막 요소를 팝한다. 여는 괄호와 일치하므로 현재까지는 오류가 없다.

코드 한 줄 전체를 살펴봤고 스택이 비어 있으므로 린터는 이 줄에 (여는 괄호나 닫는 괄호와 관련된) 문법 오류가 없다고 결론을 내릴 수 있다.

9.4 코드 구현: 스택 기반 코드 린터

다음은 앞의 알고리즘을 구현한 코드이다. 앞서 구현한 Stack 클래스를 사용한다는 점에 주목하자.

```python
import stack

class Linter:

    def __init__(self):
        self.stack = stack.Stack()

    def lint(self, text):
        while self.stack.read():
            self.stack.pop()
```

```
matching_braces = {"(": ")", "[": "]", "{": "}"}

for char in text:

    if char in matching_braces.keys():
        self.stack.push(char)

    elif char in matching_braces.values():
        if not self.stack.read():
            return char + " 여는 괄호가 없음"
        else:
            popped_opening_brace = self.stack.pop()

            if char != matching_braces.get(popped_opening_brace):
                return char + " 일치하지 않는 유형의 여는 괄호가 있음"

# 코드 줄 끝에 도달했는데 스택이 비어 있지 않으면
if self.stack.read():
    return self.stack.read() + " 닫는 괄호가 없음"

# 코드 줄에 오류가 없으면 True를 반환한다.
return True
```

9.2절 '추상 데이터 타입'에서 구현한 스택 구현 코드를 stack.py 파일에 저장했다고 가정한다. import stack을 사용하면 우리가 구현한 Stack 클래스를 이 코드에서 사용할 수 있다.

이 코드에서는 Linter 클래스의 인스턴스를 생성하자마자 알고리즘에서 사용할 스택을 생성한다. 이는 다음 코드에서 수행된다.

```
def __init__(self):
    self.stack = stack.Stack()
```

이 알고리즘에서 중요한 처리는 lint 함수에서 이루어지며, 이 함수는 자바스크립트 코드를 문자열로 받아 text 변수에 할당한다.

가장 먼저 스택이 비어 있는지 확인한다. 스택에 이전 데이터가 남을 수 있기 때문이다. 데이터가 남지 않을 때까지 스택에서 데이터를 팝하여 완전히 비운다.

```
while self.stack.read():
    self.stack.pop()
```

그런 다음 일치하는 유형의 괄호 집합을 정의한다.

```
matching_braces = {"(": ")", "[": "]", "{": "}"}
```

이제 알고리즘의 주요 부분에 도달했다. text의 각 문자를 한 번에 하나씩 분석하는 루프를 실행한다.

```
for char in text:
```

현재 처리 중인 문자가 여는 괄호이면 스택에 푸시한다.

```
if char in matching_braces.keys():
    self.stack.push(char)
```

현재 문자가 여는 괄호가 **아니면** 닫는 괄호인지 확인한다.

```
elif char in matching_braces.values():
```

만일 닫는 괄호이면 몇 가지 가능성을 고려한다. 먼저 스택에 뭔가 있는지 확인한다. 아무것도 없으면 문법 오류 유형 #2에 해당하므로 다음 코드처럼 "**여는 괄호가 없음**"이라는 문자열 메시지를 반환한다.

```
if not self.stack.read():
    return char + " 여는 괄호가 없음"
```

스택에 무언가 **있으면** 스택에서 팝하여 현재의 닫는 괄호와 일치하는 유형의 여는 괄호인지 확인한다. 일치하지 않는다면 문법 오류 유형 #3에 해당하므로 다음 코드처럼 "**일치하지 않는 유형의 여는 괄호가 있음**"이라는 문자열 메시지를 반환한다.

```
else:
    popped_opening_brace = self.stack.pop()
    if char != matching_braces.get(popped_opening_brace):
        return char + " 일치하지 않는 유형의 여는 괄호가 있음"
```

루프는 전체 text를 처리할 때까지 이러한 방식으로 계속된다.

하지만 아직 끝나지 않았다. 스택에 무언가가 남아 있는지 확인해야 한다. 만약 무언가 남아 있다면 닫히지 않은 채 남아 있는 여는 괄호가 있다는 뜻이기 때문이다. 이는 문법 오류 유형 #1에 해당하므로 다음 코드처럼 "**닫는 괄호가 없음**"이라는 문자열 메시지를 반환한다.

```
if self.stack.read():
    return self.stack.read() + " 닫는 괄호가 없음"
```

text 전체를 처리하고 어떤 오류도 발생하지 않으면 함수의 마지막에서 True를 반환한다.

다음은 Linter 클래스를 실행하는 몇 가지 예제 코드이다.

```
linter = Linter()
linter.lint("(var x = 2;")
```

이 예제에서는 여는 괄호와 일치하는 닫는 괄호가 없으므로 문법 오류 유형 #1이 발생한다.

예제는 스택을 사용해 깔끔한 알고리즘으로 Linter 클래스를 구현했다. 하지만 스택이 내부적으로 배열을 사용한다면 굳이 스택을 사용해야 할까? 배열로 같은 작업을 처리하면 안 될까?

9.5 제약이 있는 자료 구조의 중요성

정의에 따르면 스택이 배열의 제약된 버전일 뿐이라면 배열은 스택이 할 수 있는 모든 것을 할 수 있다는 뜻이다. 그렇다면 스택에 어떤 이점이 있을까?

스택(그리고 곧 살펴볼 큐) 같은 제약이 있는 자료 구조가 중요한 몇 가지 이유가 있다.

첫째, 제약된 자료 구조로 작업하면 잠재적인 결함을 방지할 수 있다. 예를 들어 앞에 나왔던 린터 알고리즘(Linter 클래스)은 스택의 맨 위에 있는 항목을 제거할 때만 작동한다. 프로그래머가 실수로 배열의 중간에서 항목을 제거하는 코드를 작성하면 알고리즘이 제대로 작동하지 않는다. 스택을 사용하면 맨 위에 있는 항목만 제거할 수 있다. 스택에서 다른 항목을 제거하기란 불가능하다.

둘째, 스택과 같은 자료 구조는 문제 해결을 위한 새로운 사고 모델을 제공한다. 예를 들어 스택은 후입선출(LIFO)이라는 개념을 제공한다. 이 LIFO 사고방식을 적용하면 방금 설명한 린터 같은 다양한 종류의 문제를 해결할 수 있다.

스택과 LIFO 속성을 제대로 이해하고 스택을 사용해 작성한 코드는 다른 개발자에게도 익숙하고 간결하게 읽힌다. 누군가 알고리즘에 사용된 스택을 보는 순간, 이 알고리즘이 LIFO 기반 프로세스로 작동한다는 점을 바로 이해하게 된다.

9.5.1 스택 마무리

스택은 데이터를 후입선출 방식으로 처리할 때 이상적이다. 예를 들어 워드 프로세서의 실행 취소(undo) 기능은 스택의 좋은 사용 사례이다. 사용자가 타이핑할 때 각 키 입력을 스택에 푸시하여 기록한다. 그런 다음 사용자가 실행 취소 키를 누르면 가장 최근의 키 입력을 스택에서 팝하여 문서에서 제거한다. 이 시점에서는 바로 이전의 키 입력이 스택의 맨 위에 위치하게 되어 필요에 따라 실행 취소를 할 수 있다.

9.6 큐

큐(queue)도 임시 데이터를 처리하기 위해 고안된 자료 구조다. 데이터를 처리하는 순서만 제외하면 스택과 비슷하다. 스택과 마찬가지로 큐도 추상 데이터 타입이다.

큐는 영화관에 줄 서 있는 사람들로 생각할 수 있다. 맨 처음 줄 선 사람이 가장 먼저 줄에서 나가서 영화관에 들어간다. 큐에서는 가장 먼저 추가된 항목이 가장 먼저 제거된다. 그래서 컴퓨터 과학자는 큐의 원칙을 **선입선출**(First In First Out, FIFO)의 약어인 FIFO로 표현했다.

사람들이 줄 선 모양처럼 큐는 보통 가로로 묘사된다. 또한 흔히 큐의 시작을 **앞**(front), 큐의 끝을 **뒤**(back)라고 부른다.

스택과 마찬가지로 큐도 세 가지 제한이 있는 배열이다. (단지 제한 사항이 다를 뿐이다.)

- 데이터는 큐의 **뒤**에만 삽입할 수 있다. (스택과 같은 동작이다.)
- 데이터는 큐의 **앞**에서만 삭제할 수 있다. (스택과 정반대 동작이다.)
- 큐의 **앞**에 있는 요소만 읽을 수 있다. (이 역시 스택과 정반대 동작이다.)

빈 큐부터 시작해서 큐가 실제로 어떻게 작동하는지 살펴보자.

먼저 5를 삽입한다. (큐 삽입에는 **인큐**(enqueue)라는 용어를 쓰지만, 여기서는 삽입과 인큐를 같은 의미로 사용하겠다.)

다음으로 9를 삽입한다.

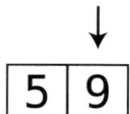

다음으로 100을 삽입한다.

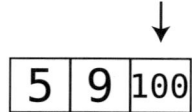

지금까지 큐는 스택과 똑같이 작동했다. 그러나 데이터를 제거하는 방식은 반대이다. 큐는 **앞**에서부터 데이터를 제거한다. (큐에서 요소를 제거하는 것을 **디큐**(de-queue)라고도 한다.)

데이터를 제거하려면 큐의 앞에 있는 5부터 시작해야 한다.

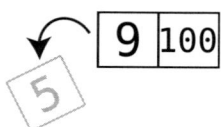

다음으로 9를 제거한다.

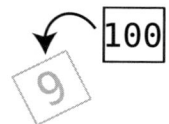

이제 큐에는 100이라는 요소 하나만 남았다.

9.6.1 큐 구현하기

큐는 추상 데이터 타입이라고 설명했었다. 다른 여러 추상 데이터 타입과 마찬가지로 큐는 많은 프로그래밍 언어에서 기본으로 구현되어 있지 않다. 다음은 큐를 구현한 코드이다.

```python
class Queue:

    def __init__(self):
        self.data = []

    def enqueue(self, element):
        self.data.append(element)

    def dequeue(self):
        if len(self.data) > 0:
            return self.data.pop(0)
        else:
            return None

    def read(self):
        if len(self.data) > 0:
            return self.data[0]
        else:
            return None
```

다시 말하지만 Queue 클래스는 배열을 인터페이스로 감싸서 데이터를 정해진 방식으로만 처리하도록 상호작용을 제한한다. enqueue 함수는 배열의 끝에 데이터를 삽입하고, dequeue 함수는 배열의 첫 번째 항목을 제거한다. 그리고 read 함수는 배열의 첫 번째 요소만 본다.

9.7 큐의 실제 사용

큐는 인쇄 작업부터 웹 애플리케이션의 백그라운드 워커(background worker)에 이르기까지 많은 애플리케이션에서 흔히 사용한다.

네트워크에 연결된 여러 컴퓨터에서 인쇄를 할 수 있는 프린터용 간단한 파이썬 인터페이스를 프로그래밍해 보자. 문서를 받은 순서대로 인쇄하려고 한다.

이 코드는 앞서 구현한 Queue 클래스를 사용한다.

```
import queue

class PrintManager:

    def __init__(self):
        self.queue = queue.Queue()

    def queue_print_job(self, document):
        self.queue.enqueue(document)

    def run(self):
        while self.queue.read():
            self.print_document(self.queue.dequeue())

    def print_document(self, document):
        # 실제 프린터를 작동시키는 코드는 여기에 넣는다.
        # 여기서는 데모 목적이니 터미널에 출력한다.
        print(document)
```

이 클래스는 다음과 같이 사용한다.

```
print_manager = PrintManager()
print_manager.queue_print_job("First Document")
print_manager.queue_print_job("Second Document")
print_manager.queue_print_job("Third Document")
print_manager.run()
```

queue_print_job을 호출할 때마다 '문서'(예제에서는 문자열로 표현)를 큐에 추가한다.

```
def queue_print_job(self, document):
    self.queue.enqueue(document)
```

run 함수를 호출하면 각 문서를 수신한 순서대로 처리하여 인쇄한다. 즉, 큐에서 각 문서를 디큐하고 인쇄한다.

```
def run(self):
    while self.queue.read():
        self.print_document(self.queue.dequeue())
```

앞의 구현 코드를 실행하면 문서 3개를 받은 순서대로 출력한다.

```
First Document
Second Document
Third Document
```

이 예제는 단순화하면서 실제 인쇄 시스템에서 처리해야 할 핵심 세부사항을 생략했지만, 이러한 애플리케이션에서 큐를 사용하는 근본적인 원리는 매우 현실적이며 이러한 시스템을 구축하는 토대가 된다.

　큐는 비동기 요청을 처리하는 완벽한 도구다. 요청을 접수한 순서대로 처리하는 것을 보장한다. 또한 이륙을 대기하는 비행기나 의사를 기다리는 환자처럼 이벤트가 특정 순서대로 발생해야 하는 현실 세계의 시나리오를 모델링하는 데도 흔하게 사용된다.

9.8 마무리

지금까지 살펴봤듯이 스택과 큐는 온갖 종류의 실용적인 알고리즘을 간결하게 처리할 수 있는 프로그래머의 도구이다.

　이제 스택과 큐를 배웠으니 새 도전 과제가 생겼다. 스택에 의존하는 재귀에 대해 배울 수 있게 됐다. 재귀는 이 책의 나머지 부분에서 다룰 더 뛰어나고 매우 효율적인 알고리즘의 토대가 되기도 한다.

9.9 연습 문제

다음 문제로 스택과 큐를 연습해 보자. 이 연습 문제의 해답은 부록 '연습 문제 해답'의 9장(477쪽)에 있다.

1. 콜센터용 소프트웨어를 작성하는 중이라고 해 보자. 걸려 온 전화를 대기 상태로 두고 '연결할 수 있는 다음 상담원'에게 배정하는 코드를 작성한다면 스택과 큐 중에 어떤 것을 사용해야 할까?

2. 1, 2, 3, 4, 5, 6의 순서대로 스택에 숫자를 푸시한 후 항목 2개를 팝하면 스택에서 읽을 수 있는 숫자는 무엇일까?

3. 1, 2, 3, 4, 5, 6의 순서대로 큐에 숫자를 삽입한 후 항목 2개를 디큐하면 큐에서 읽을 수 있는 숫자는 무엇일까?

4. 스택을 사용하여 문자열을 뒤집는 함수를 작성하라. (예를 들어 "abcde"는 "edcba"가 된다.) 앞서 구현한 Stack 클래스로 처리할 수 있다.

10장

재귀를 사용한 재귀적 반복

재귀(recursion)는 컴퓨터 과학의 핵심 개념으로, 이 책에서 소개할 더 고급 알고리즘의 비밀을 풀어 줄 것이다. 재귀를 올바르게 사용하면 까다로운 문제를 놀라울 정도로 간단하게 해결할 수 있다. 때로는 마법처럼 보일 정도다.

본격적으로 들어가기 전에 깜짝 퀴즈를 풀어 보자!

여기에 정의된 blah() 함수를 호출하면 어떤 일이 일어날까?

```python
def blah():
    blah()
```

짐작했겠지만 이 함수는 자신을 무한히 호출할 것이다. blah()가 자신을 호출하고 이 호출이 다시 자신을 호출하는 식으로 계속되기 때문이다.

재귀는 함수가 자신을 호출하는 것을 가리키는 용어이다. 사실 이 예와 같은 무한 재귀는 전혀 쓸모없다. 하지만 올바르게 활용하면 재귀는 강력한 도구가 될 수 있다.

10.1 루프 대신 재귀

미국 항공우주국(NASA)에서 일하면서 우주선 발사를 위한 카운트다운 함수를 프로그래밍해야 한다고 해 보겠다. 작성해야 하는 특정 함수는 숫자(예를 들어 10)를 입력받아 10부터 0까지 숫자를 표시해야 한다.

잠시 시간을 내어 이 함수를 직접 구현해 보자. 다 구현했으면 계속해서 읽자. 다음 구현 코드처럼 간단한 루프로 작성했을 가능성이 높다.

```python
def countdown(number):
    while number >= 0:
        print(number)
        number -= 1
```

이 구현 방식에 문제는 없지만 루프를 꼭 사용할 **필요**가 없다는 생각을 해 보지 않았을 수도 있다.

그럼 어떻게 해야 할까?

루프 대신 재귀를 사용해 보겠다. 다음은 재귀로 countdown 함수를 구현한 첫 번째 시도이다.

```python
def countdown(number):
    print(number)

    countdown(number - 1)
```

코드를 단계별로 살펴보자.

1단계: countdown(10)을 호출하면 인수 변수인 number는 10부터 시작한다.

2단계: number(값 10이 있음)를 콘솔에 출력한다.

3단계: countdown 함수가 완료되기 전에 countdown(9)를 호출한다. number − 1이 9이기 때문이다.

4단계: countdown(9)가 실행되기 시작한다. 여기에서는 number(현재 9)를 콘솔에 출력한다.

5단계: countdown(9)가 완료되기 전에 countdown(8)을 호출한다.

6단계: countdown(8)이 실행되기 시작한다. 8을 콘솔에 출력한다.

코드를 계속 살펴보기 전에 재귀를 사용해 목표를 달성하는 방식을 눈여겨보자. 루프 구조를 전혀 사용하지 않고 countdown 함수가 자신을 호출하게 함으로써 10부터 카운트다운하며 각 숫자를 콘솔에 출력할 수 있었다.

루프를 사용할 수 있다면 거의 모든 경우에 재귀도 사용할 수 있다. 하지만 재귀를 **사용할 수 있다고** 해서 반드시 재귀를 **사용해야** 한다는 의미는 아니다. 재귀는 간결한 코드를 작성하게 해 주는 도구이다. 앞의 예제에서는 재귀적인 접근 방식이 전형적인 루프보다 더 뛰어나거나 효율적이지는 않다. 하지만 곧 재귀가 빛을 발하는 예제를 만나게 된다. 그때까지 재귀가 어떻게 작동하는지 계속해서 살펴보겠다.

10.2 기저 조건

countdown 함수를 단계별로 살펴보자. 간결함을 위해 몇 단계를 건너뛰겠다.

21단계: countdown(0)을 호출한다.
22단계: number(즉, 0)를 콘솔에 출력한다.
23단계: countdown(-1)을 호출한다.
24단계: 콘솔에 number(즉, -1)를 출력한다.

이런! 보다시피 음수를 무한히 출력하고 있으니 이 해결책은 완벽하지 않다.

완벽한 해결책을 만들려면 카운트다운을 0에서 종료하고 재귀가 영원히 계속되지 않게 해야 한다.

현재 number가 0이면 countdown()을 다시 호출하지 않는 조건문을 추가해서 이 문제를 해결할 수 있다.

```python
def countdown(number):
    print(number)

    if number == 0:
        return
    else:
        countdown(number - 1)
```

이제는 number가 0이면 countdown() 함수를 다시 호출하지 않고 그냥 반환하여 countdown() 재호출을 방지한다.

재귀 용어에서 함수가 재귀하지 **않는** 조건을 **기저 조건**(base case)이라고 한다. 여기서는 0이 countdown() 함수의 기저 조건이다. 다시 말하지만 모든 재귀 함수는 자신이 무한히 호출되지 않게 하는 기저 조건이 적어도 하나는 있어야 한다.

10.3 재귀 코드 읽기

재귀에 익숙해지려면 시간을 들여 연습해야 한다. 이 과정에서 궁극적으로 두 가지 기술, 재귀 코드 **읽기**와 **쓰기**를 배우게 된다. 재귀 코드는 읽기가 좀 더 쉬우므로 읽기 연습을 먼저 해 보자.

다른 예제인 팩토리얼(factorial) 계산을 살펴보자.

팩토리얼은 몇 가지 예제로 가장 잘 설명할 수 있다.

3팩토리얼은 다음과 같다.

$$3 * 2 * 1 = 6$$

5팩토리얼은 다음과 같다.

$$5 * 4 * 3 * 2 * 1 = 120$$

등등이다.

다음은 숫자의 팩토리얼 계산 결과를 반환하는 함수를 재귀적으로 구현했다.

```python
def factorial(number):
    if number <= 1:
        return 1
    else:
        return number * factorial(number - 1)
```

이 코드는 언뜻 보면 다소 복잡해 보인다. 코드가 어떤 기능을 하는지 확인하려면 다음과 같은 과정을 따르기를 추천한다.

1. 기저 조건을 확인한다.
2. 기저 조건에서 함수가 어떻게 동작하는지 살펴본다.
3. 끝에서 두 번째 조건을 확인한다. 이는 기저 조건 바로 앞의 조건으로, 잠시 후에 설명하겠다.
4. 끝에서 두 번째 조건의 함수가 어떻게 동작하는지 살펴본다.
5. 이렇게 바로 앞의 조건을 살피는 과정을 반복하면서 해당 조건의 함수가 어떻게 동작하는지 확인한다.

이 과정을 앞의 코드에 적용해 보자. 코드를 분석해 보면 경로가 2개임을 금방 알 수 있다. 한 경로는 number가 1보다 작거나 같고, 다른 경로는 number가 1보다 크다.

```python
if number <= 1: # 경로 1
    ...
else: # 경로 2: number가 1보다 큰 경우
    ...
```

재귀는 else 경로에서 발생한다는 것을 알 수 있다. factorial 함수가 스스로를 호출하기 때문이다.

```python
else:
    return number * factorial(number - 1)
```

따라서 재귀가 발생하지 않는 경로인 첫 번째 경로가 반드시 기저 조건이 되어야한다.

```python
if number <= 1:
    return 1
```

그렇다면 기저 조건은 number가 1보다 작거나 같을 때라는 결론을 내릴 수 있다.

다음으로 factorial 함수가 factorial(1)과 같은 기저 조건을 처리할 때를 살펴보자. 함수에서 해당 코드는 다음 부분이다.

```python
if number <= 1:
    return 1
```

꽤 간단하다. 기저 조건이므로 어떤 재귀도 실제로 발생하지 않는다. factorial(1)을 호출하면 함수는 단순히 1을 반환한다. 자, 이제 냅킨을 집어 들고 이 내용을 적어 보자.

factorial (1) returns 1

다음 조건인 factorial(2)로 넘어가자. 해당 코드는 다음 부분이다.

```
else:
    return number * factorial(number - 1)
```

따라서 factorial(2)를 호출하면 2 * factorial(1)을 반환한다. 2 * factorial(1)을 계산하려면 factorial(1)이 무엇을 반환하는지 알아야 한다. 냅킨을 확인해보면 factorial(1)이 1을 반환한다는 사실을 알 수 있다. 따라서 2 * factorial(1)은 2 * 1을 반환하며, 이는 바로 2이다.

이 사실을 냅킨에 적어 두자.

$$factorial\ (2)\ returns\ 2$$

$$factorial\ (1)\ returns\ 1$$

이제 factorial(3)을 호출하면 어떻게 될까? 다시 말하지만, 해당 코드는 다음 부분이다.

```
else:
    return number * factorial(number - 1)
```

따라서 이 코드는 return 3 * factorial(2)로 바뀐다. factorial(2)는 무엇을 반환할까? 냅킨에 적혀 있으니 다시 계산할 필요가 없다! factorial(2)는 2를 반환한다. 따라서 factorial(3)은 6을 반환한다(3 * 2 = 6이므로). 이 놀라운 사실을 냅킨에 또 쓰자.

$$factorial\ (3)\ returns\ 6$$

$$factorial\ (2)\ returns\ 2$$

$$factorial\ (1)\ returns\ 1$$

잠시 시간을 내어 factorial(4)가 어떤 결과를 반환할지 스스로 계산해 보자.

보다시피 기저 조건에서 시작해서 점진적으로 분석하는 방식은 재귀 코드를 이해하는 데 효과적이다.

10.4 컴퓨터의 눈으로 본 재귀

재귀를 완전히 이해하려면 컴퓨터가 재귀 함수를 어떻게 처리하는지 알아야 한다. 사람은 앞서 설명한 '냅킨' 방법으로 재귀를 추론할 수 있다. 하지만 컴퓨터는 함수 안에서 다시 함수 자신을 호출하는 까다로운 작업을 수행해야 한다.

이제부터 컴퓨터가 재귀 함수를 실행하는 과정을 파헤쳐 보겠다.

factorial(3)을 호출한다고 해 보자. 3은 기저 조건이 아니므로 컴퓨터는 다음 코드에 도달한다.

```
return number * factorial(number - 1)
```

그러면 함수 factorial(2)가 실행된다.

하지만 문제가 있다. 컴퓨터가 factorial(2)를 실행하기 시작할 때 factorial(3) 실행을 완료했을까?

이것이 재귀가 컴퓨터에 까다로운 이유이다. 컴퓨터가 factorial(3)의 end 키워드에 도달하지 않으면 factorial(3)은 끝나지 않는다. 그러면 난감한 상황에 처하게 된다. 컴퓨터는 아직 factorial(3)을 끝내지 못했는데 factorial(3)**의 중간에서** factorial(2)를 실행하기 시작한다.

그리고 factorial(2)는 factorial(1)의 실행을 유발하므로 factorial(2)로 끝나지 않는다. 정말 이상하다. 컴퓨터는 factorial(3)을 실행하는 중에 factorial(2)를 호출한다. 그리고 factorial(2)를 실행하는 중에 factorial(1)을 실행한다. 그러면 factorial(1)은 factorial(2)와 factorial(3)을 둘 다 실행하는 도중에 실행되는 셈이다.

컴퓨터는 이 모든 내용을 어떻게 기록할까? 컴퓨터는 factorial(1)을 완료한 후 factorial(2)의 실행을 완료해야 한다는 사실을 기억할 방법이 필요하다. 마찬가지로 factorial(2)를 완료한 후에는 factorial(3)을 완료해야 한다는 사실도 기억해야 한다.

10.4.1 호출 스택

다행히도 여러분은 바로 앞 9장 '스택과 큐로 간결한 코드 작성하기'(145쪽)에서 스택을 배웠다. 컴퓨터는 호출 중인 함수를 기록하기 위해 스택을 사용한다. 이러한 스택을 **호출 스택**(call stack)이라고 한다.

호출 스택이 factorial 예제에서 작동하는 방식을 알아보자.

컴퓨터는 factorial(3)을 호출하면서 시작한다. 하지만 함수가 실행을 완료하기 전에 factorial(2)를 호출한다. 아직 factorial(3)을 실행하는 중이라는 사실을 기록하기 위해 컴퓨터는 해당 정보를 호출 스택에 푸시한다.

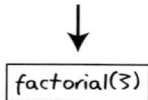

이 그림은 컴퓨터가 factorial(3)을 실행하는 중이라는 뜻이다. (실제로는 컴퓨터가 실행 중인 코드 줄의 위치와 변숫값 등을 저장해야 하지만 여기서는 그림을 간소화했다.)

그런 다음 컴퓨터는 factorial(2)를 실행한다. 이제 factorial(2)는 다시 factorial(1)을 호출한다. 하지만 컴퓨터는 factorial(1)을 실행하기 전에 아직 factorial(2)를 실행 중임을 기억해야 하므로 factorial(2)를 호출 스택에 푸시한다.

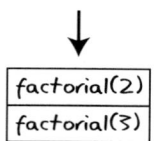

그러면 컴퓨터가 factorial(1)을 실행한다. 1은 기저 조건이므로 factorial(1)은 factorial 함수를 다시 호출하지 않고 완료된다.

factorial(1)을 완료한 후 컴퓨터는 호출 스택을 확인하여 다른 함수가 실행 중인지 알아본다. 호출 스택에 무언가가 있다면 컴퓨터가 아직 해야 할 일(즉, 중간에 진행 중이던 함수를 마무리해야 할 일)이 남아 있다는 뜻이다.

기억하겠지만 스택은 최상위 요소만 팝할 수 있다는 제한이 있다. 이는 재귀에 적합한데, 최상위 요소가 **가장 최근에 호출된 함수**이자, 컴퓨터가 다음으로 처리해야 하는 함수이기 때문이다. 즉, 가장 마지막에 호출된 함수(가장 최근에 호출된 함수)를 가장 먼저 완료해야 하므로 후입선출(LIFO) 상황과 맞아떨어진다.

컴퓨터가 다음으로 할 일은 호출 스택의 최상위 요소(현재 factorial(2))를 팝하는 것이다.

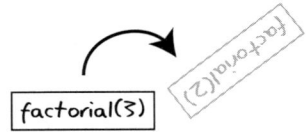

그런 다음 컴퓨터는 factorial(2)의 실행을 완료한다.

이제 컴퓨터는 스택에서 다음 항목을 팝한다. 이때 스택에는 factorial(3)만 남았으니 이를 팝하고 factorial(3)의 실행을 완료한다.

이 시점에서 스택은 비어 있으므로 컴퓨터는 함수를 모두 실행했음을 알게 되고, 이로써 재귀가 완료된다.

이 예제를 전체적으로 다시 살펴보면 컴퓨터가 3팩토리얼을 계산하는 순서는 다음과 같다.

1. factorial(3)이 먼저 호출된다. 완료되기 전에⋯
2. factorial(2)가 두 번째로 호출된다. 완료되기 전에⋯
3. factorial(1)이 세 번째로 호출된다.
4. factorial(1)이 먼저 **완료된다.**
5. factorial(1)의 결과를 바탕으로 factorial(2)가 완료된다.
6. 마지막으로 factorial(2)의 결과를 바탕으로 factorial(3)이 완료된다.

factorial 함수는 재귀를 기반으로 계산한다. 이 계산은 결국 factorial(1)이 그 결괏값(즉, 1)을 factorial(2)에 전달함으로써 이루어진다. 그런 다음 factorial(2)는 1에 2를 곱해 2를 얻고 이 결과를 factorial(3)에 전달한다. 마지막으로 factorial(3)은 받은 값에 3을 곱해 6을 얻는다.

어떤 사람들은 이 개념을 **호출 스택을 통해 값을 위로 전달한다고** 표현한다. 즉, 각 재귀 함수가 계산한 값을 '부모' 함수에 반환한다고 말한다. 결국 처음 호출된 함수가 최종 값을 계산한다.

10.4.2 스택 오버플로

10장을 시작하며 다룬 무한 재귀 예제를 다시 살펴보자. 기억하겠지만 blah()는 스스로를 무한히 호출했다. 이때 호출 스택에는 어떤 일이 일어날까?

무한 재귀에서 컴퓨터는 같은 함수를 반복해서 호출 스택에 푸시한다. 호출 스택은 점점 커지고, 결국 데이터를 모두 저장할 컴퓨터의 단기 메모리 공간이 부족해져 **스택 오버플로**(stack overflow)라는 오류가 발생한다. 그러면 컴퓨터는 재귀를 중단하고 "메모리가 부족해서 함수를 다시 호출하지 않겠다!"라고 말한다.

10.5 파일시스템 순회

이제 재귀가 어떻게 작동하는지 알았으니 다른 방법으로는 풀기 어려웠을 문제를 재귀로 해결할 수 있다.

재귀와 잘 맞는 문제 유형 중 하나는 몇 단계인지 모르면서 문제를 여러 단계로 깊이 파고들어야 할 때이다.

파일시스템을 탐색하는 예를 들겠다. 모든 하위 디렉터리(subdirectory) 이름을 출력하는 등 디렉터리에 있는 모든 콘텐츠로 무언가를 수행하는 스크립트가 있다고 해 보자. 단, 이 스크립트는 바로 아래 하위 디렉터리만 처리하는 게 아니라 디렉터리의 모든 하위 디렉터리, 그리고 다시 각 하위 디렉터리의 모든 하위 디렉터리까지 수행한다.

주어진 디렉터리에 있는 모든 하위 디렉터리의 이름을 출력하는 간단한 스크립트를 만들어 보자.

```
import os

def print_subdirectories(directory_name):

    for filename in os.listdir(directory_name):
        if os.path.isdir(filename):
            path = os.path.join(directory_name, filename)
            print(path)
```

디렉터리 이름을 전달하여 이 함수를 호출할 수 있다. 현재 디렉터리에서 호출하려면 다음과 같이 하면 된다.

```
print_subdirectories(".")
```

이 스크립트는 주어진 디렉터리 내의 각 파일을 순회한다. 해당 파일이 하위 디렉터리이면 하위 디렉터리 이름을 출력한다.

이 스크립트도 잘 동작하지만, 현재 디렉터리의 **바로 아래에 있는** 하위 디렉터리의 이름만 출력한다. 하위 디렉터리 **안에 있는** 다른 하위 디렉터리의 이름은 출력하지 않는다.

디렉터리를 한 단계 더 깊이 검색할 수 있도록 스크립트를 업데이트해 보자.

```python
import os

def print_subdirectories(directory_name):

    for filename in os.listdir(directory_name):
        if os.path.isdir(filename):
            path = os.path.join(directory_name, filename)
            print(path)

            for filename2 in os.listdir(path):
                path2 = os.path.join(path, filename2)
                if os.path.isdir(path2):
                    print(path2)
```

이제 스크립트는 디렉터리를 찾을 때마다 **해당** 디렉터리의 하위 디렉터리에 대해 같은 루프를 수행해 **하위** 디렉터리들의 이름을 출력한다. 하지만 이 스크립트도 2단계 깊이까지만 검색하기 때문에 한계가 있다. 3단계, 4단계, 5단계까지 깊이 검색하려면 어떻게 해야 할까? 5단계 중첩 루프가 필요하다.

모든 하위 디렉터리가 있는 곳까지 깊이 검색하려면 어떻게 해야 할까? 몇 단계가 있는지조차 모르니 불가능해 보인다.

바로 이때 재귀가 진가를 발휘한다. 재귀를 사용하면 (훨씬 적은 코드로) 원하는 깊이만큼 탐색하는 스크립트를 작성할 수 있다!

```python
import os

def print_subdirectories(directory_name):
    for filename in os.listdir(directory_name):
        path = os.path.join(directory_name, filename)
        if os.path.isdir(path):
            print(path)
            print_subdirectories(path)
```

이 스크립트는 파일이 하위 디렉터리일 때마다 바로 그 하위 디렉터리에 대해 print_subdirectories 함수를 호출한다. 따라서 이 스크립트는 필요한 만큼 깊이 탐색할 수 있으며 어떤 하위 디렉터리도 놓치지 않는다.

이 알고리즘이 파일시스템 예제에서 어떻게 작동하는지 눈으로 이해하려면 스크립트가 하위 디렉터리를 순회하는 순서를 보여 주는 그림을 살펴보자.

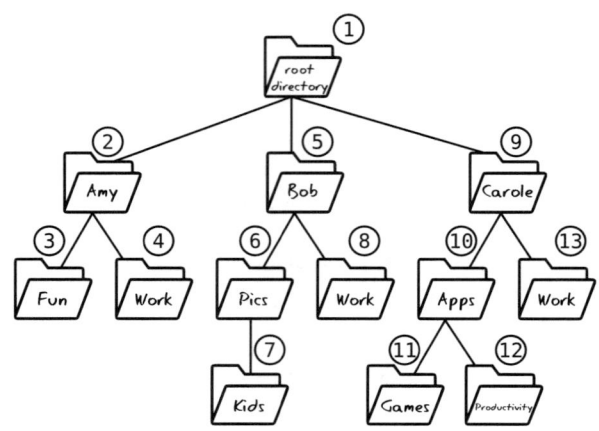

이 내용은 18장 '깊이 우선 탐색'(363쪽)에서 시각적으로 자세히 살펴보겠다.

10.6 마무리

파일시스템 예제에서 보았듯이 재귀는 무언가를 필요한 만큼 깊이 탐색하는 알고리즘에 매우 유용하다.

이제 재귀가 어떻게 작동하고 얼마나 유용한지 알게 되었다. 또한 재귀 코드를 읽고 단계별로 따라가는 방법도 배웠다. 하지만 대부분의 사람은 처음 재귀 함수를 작성할 때 어려워한다. 11장에서는 재귀적으로 작성하는 방법을 배우는 데 유용한 기법을 살펴보겠다. 그 과정에서 재귀가 놀라운 도구로 쓰이는 중요한 사용 사례도 발견하게 될 것이다.

10.7 연습 문제

다음 문제로 재귀를 연습해 보자. 이 연습 문제의 해답은 부록 '연습 문제 해답'의 10장(478쪽)에 있다.

1. 다음 함수는 low부터 high까지의 숫자를 하나씩 걸러 출력한다. 예를 들어 low 숫자가 0이고 high 숫자가 10이면 다음과 같이 출력한다.

```
0
2
4
6
8
10
```

다음 함수에서 기저 조건을 알아내라.

```python
def print_every_other(low, high):
    if low > high:
        return

    print(low)
    print_every_other(low + 2, high)
```

2. 아이가 컴퓨터를 가지고 놀다가 factorial 함수를 바꿔 버렸는데, (number − 1) 을 (number − 2)로 바꾸고 number <= 1을 number == 1로 바꿨다. 다음 함수를 사용해 factorial(10)을 실행하면 어떤 일이 일어날지 예상해 보라.

```python
def factorial(number):
    if number == 1:
        return 1
    else:
        return number * factorial(number - 2)
```

3. 다음은 low와 high라는 두 숫자를 받는 함수이다. 이 함수는 low부터 high까지 모든 숫자의 합을 반환한다. 예를 들어 low가 1이고 high가 10이면 함수는 1부터 10까지 모든 숫자의 합계인 55를 반환한다. 하지만 이 코드는 기저 조건이 없어서 무한히 실행된다! 올바른 기저 조건을 추가하여 코드를 수정하라.

```python
def sum(low, high):
    return high + sum(low, high - 1)
```

4. 다음 배열은 숫자와 배열을 포함하며, 배열 안에는 다시 숫자와 배열이 포함되어 있다.

```
array = [ 1,
          2,
          3,
          [4, 5, 6],
          7,
          [8,
            [9, 10, 11,
              [12, 13, 14]
            ]
          ],
          [15, 16, 17, 18, 19,
            [20, 21, 22,
              [23, 24, 25,
                [26, 27, 29]
              ], 30, 31
            ], 32
          ], 33
        ]
```

모든 숫자를 출력하는 재귀 함수를 작성하라. (배열에 저장된 요소가 숫자일 때는 루프에서 바로 출력하면 되지만, 요소가 배열일 때는 재귀적으로 함수를 호출해야 해당 배열의 **숫자**를 출력할 수 있다.)

11장

재귀적으로 작성하는 법

10장에서 재귀가 무엇이고 어떻게 작동하는지 배웠다. 나는 공부를 하면서 재귀의 작동 원리를 이해한 후에도 재귀 함수를 스스로 작성하는 데에 어려움을 겪었다.

꾸준히 연습하고 다양한 재귀 패턴을 주의 깊게 관찰한 끝에 나는 '재귀적으로 작성하는 법'을 더 쉽게 익힐 수 있는 기법을 몇 가지 발견했고, 이를 여러분과 공유하려 한다. 이 과정에서 재귀가 빛을 발하는 영역도 소개하겠다.

11장에서 재귀의 효율성은 다루지 않겠다. 재귀는 실제로 알고리즘의 시간 복잡도에 매우 부정적인 영향을 미치지만 이는 12장에서 다룰 주제이다. 지금은 재귀적 사고방식을 기르는 데 집중하겠다.

11.1 재귀 범주: 반복 실행

여러 가지 재귀 문제를 해결하면서 문제에 다양한 범주가 있다는 것을 알게 되었다. 어떤 범주에 효과적인 기법을 터득하면 같은 범주에 속하는 문제를 발견했을 때 같은 기법을 적용하여 해결할 수 있었다.

가장 쉽다고 생각한 범주는 알고리즘이 어떤 작업을 반복적으로 실행할 때였다.

10장에서 살펴본 미국 항공우주국 우주선 카운트다운 알고리즘이 대표적인 예이다. 이 코드는 10, 9, 8을 거쳐 0까지 내려가면서 숫자를 출력한다. 함수가 출력하는 숫자는 매번 다르지만, 본질적으로는 특정 작업(즉, 숫자를 출력하는 작업)을 반복적으로 실행하는 코드라고 볼 수 있다.

다음이 바로 그 알고리즘을 구현했던 코드이다.

```python
def countdown(number):
    print(number)

    if number == 0:
        return
    else:
        countdown(number - 1)
```

이러한 범주의 문제에서는 함수의 마지막 코드 줄에서 단순히 함수를 다시 한번 호출한다는 사실을 발견했다. 코드에서는 countdown(number - 1)이라는 형태로 나타난다. 이 줄은 한 가지 작업만 하는데, 바로 재귀 호출이다.

10장의 디렉터리 출력 알고리즘도 반복 실행 범주의 예이다. 이 함수는 디렉터리 이름을 출력하는 작업을 반복적으로 실행한다.

코드는 다음과 같았다.

```python
import os

def print_subdirectories(directory_name):
    for filename in os.listdir(directory_name):
        path = os.path.join(directory_name, filename)
        if os.path.isdir(path):
            print(path)
            print_subdirectories(path)
```

여기에서도 코드의 마지막 줄은 print_subdirectories(path)이며, 이는 재귀 함수를 단순히 호출하여 다시 실행한다.

11.1.1 재귀 트릭: 추가 인자 전달하기

'반복 실행' 범주의 문제를 하나 더 풀어 보자. 숫자 배열을 받아 배열 내 각 숫자를 2배로 만드는 알고리즘을 작성해 보겠다. 새 배열을 생성하는 것이 아니라 배열 자체를 수정하겠다.

이 알고리즘도 하나의 작업을 반복 실행하는 범주에 속한다. 정확히는 숫자를 반복적으로 2배로 만든다. 첫 번째 숫자부터 시작하여 2배로 만든다. 그다음 두 번째 숫자로 이동하여 두 배로 만드는 식으로 이 과정을 반복한다.

이 알고리즘을 파이썬으로 작성해 보자. 함수 이름은 double_array()라고 부르겠다. 마지막 줄이 재귀 호출이라는 것을 알고 있으니 마지막 줄에 재귀 호출을 넣겠다.

```
def double_array(array):
    double_array(array)
```

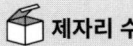 **제자리 수정**

제자리(in-place) 수정이라는 개념을 명확하게 짚고 넘어가자.

일반적으로 데이터를 조작하는 방식은 두 가지이다. 배열의 값을 두 배로 만드는 과정을 예로 설명해 보겠다. 배열 [1, 2, 3, 4, 5]가 있고, 이를 '2배'로 만든 배열 [2, 4, 6, 8, 10]이 나오려면 두 방법 중 하나를 선택할 수 있다.

첫 번째 방법은 원래 배열은 그대로 두고 2배가 된 데이터를 포함하는 새 배열을 생성하는 것이다. 다음 코드를 보자.

```
a = [1, 2, 3, 4, 5]
b = double_array(a)
```

double_array 함수는 새 배열을 생성하고 반환하므로 a와 b의 값을 확인하면 다음과 같다.

```
a # [1, 2, 3, 4, 5]
b # [2, 4, 6, 8, 10]
```

a는 수정되지 않은 원래 배열이고, b는 완전히 새 배열이다.

두 번째 방법은 **제자리** 수정이라고 하며, 함수에 전달된 **원본 배열**을 실제로 바꾼다는 뜻이다.

제자리 수정을 한 후 a와 b를 확인하면 다음과 같다.

```
a # [2, 4, 6, 8, 10]
b # [2, 4, 6, 8, 10]
```

제자리 함수는 a를 수정했고, b는 단지 a와 같은 배열을 가리킬 뿐이다.

새 배열을 생성할지, 원래 배열을 제자리에서 수정할지는 우리가 선택할 문제이며, 프로젝트 상황에 따라 달라진다. 제자리 알고리즘은 19장 '공간 제약 처리하기'에서 자세히 설명하겠다.

다음은 실제로 숫자를 2배로 만드는 코드를 추가해야 한다. 하지만 어떤 숫자를 2배로 만들까? 일단 첫 번째 숫자를 2배로 만들어 보겠다.

```
def double_array(array):
    array[0] *= 2
    double_array(array)
```

좋다. 인덱스 0에 있는 숫자를 2배로 만들었다. 그렇다면 인덱스 1에 있는 숫자를 2배로 만들려면 어떻게 해야 할까?

재귀 대신 루프를 사용했다면 인덱스를 기록하기 위해 변수를 사용하고 이를 계속 1씩 증가시켜야 한다.

```
def double_array(array):
    index = 0

    while index < len(array):
        array[index] *= 2
        index += 1
```

하지만 재귀 버전에서는 함수의 유일한 인수가 배열뿐이다. 따라서 인덱스를 기록하고 증가시킬 방법이 필요하다. 어떻게 해결할 수 있을까?

이제 다음 비법을 소개한다.

인자를 추가로 전달해 보자!

함수의 시작 부분을 수정하여 인수 2개(즉, 배열 자체와 추적할 인덱스)를 받도록 한다. 코드를 보자.

```
def double_array(array, index):
```

이렇게 하면 함수를 호출할 때 배열과 시작 인덱스(여기서는 0)를 전달해야 한다.

```
double_array([1, 2, 3, 4, 5], 0)
```

인덱스를 함수 인수로 넣었으니 연속적인 재귀 호출마다 인덱스를 증가하고 기록할 방법이 생겼다. 다음은 이를 위한 코드이다.

```
def double_array(array, index):
    array[index] *= 2
    double_array(array, index + 1)
```

연속된 호출마다 배열을 첫 번째 인수로 다시 전달하면서 증가한 인덱스도 함께 전달한다. 이렇게 하면 전형적인 루프에서처럼 인덱스를 기록할 수 있다.

하지만 코드는 아직 완벽하지 않다. 인덱스가 배열의 끝을 넘어 존재하지 않는 숫자를 곱하려 하면 오류가 발생한다. 이 문제를 해결하려면 기저 조건을 넣어야 한다.

```
def double_array(array, index):
    # 기저 조건: 인덱스가 배열의 끝을 넘어갈 때
    if index >= len(array):
        return

    array[index] *= 2
    double_array(array, index + 1)
```

이 함수를 다음 코드로 테스트해 볼 수 있다.

```
array = [1, 2, 3, 4]
double_array(array, 0)
print(array)
```

재귀 함수가 완성되었다. 하지만 파이썬처럼 기본 인수를 지원하는 프로그래밍 언어를 사용한다면 코드를 더 깔끔하게 만들 수 있다.

지금은 함수를 다음과 같이 호출해야 한다.

```
double_array([1, 2, 3, 4, 5], 0)
```

물론 두 번째 인자로 0을 전달하는 방법이 보기 좋지는 않다. 하지만 인덱스를 유지하려면 이 비법을 써야 한다. **항상** 인덱스를 0부터 시작하고 싶기 때문이다.

하지만 기본 인자를 사용하면 원래 방식대로 간단하게 함수를 호출할 수 있다.

```
double_array([1, 2, 3, 4, 5])
```

이를 위해 코드를 업데이트했다.

```python
def double_array(array, index=0):
    # 기저 조건: 인덱스가 배열의 끝을 넘어갈 때
    if index >= len(array):
        return

    array[index] *= 2
    double_array(array, index + 1)
```

변경 사항은 기본 인수를 index=0으로 설정한 것뿐이다. 이렇게 하면 함수를 처음 호출할 때 index 인자를 전달할 필요가 없다. 하지만 이후의 모든 호출에서는 index 인자를 그대로 사용할 수 있다.

함수 인자를 추가하는 '비법'은 재귀 함수를 작성할 때 흔히 사용하는 편리한 기법이다.

11.2 재귀 범주: 계산

앞에서는 재귀 함수의 첫 번째 범주인 작업을 반복적으로 실행하는 함수를 설명했다. 11장의 나머지 부분에서는 두 번째 범주인 하위 문제(subproblem)에 기반해 계산 수행하기를 자세히 설명하겠다.

계산 수행이 목적인 함수는 많다. 두 숫자의 합을 반환하는 함수나 배열에서 최댓값을 찾는 함수가 그 예이다. 이러한 함수는 입력을 받아 이와 관련된 계산 결과를 반환한다.

10장 '재귀를 사용한 재귀적 반복'(163쪽)에서 재귀가 빛을 발하는 순간이 깊이 있는 여러 단계를 가진 문제를 처리해야 할 때라고 했다. 재귀가 빛을 발하는 두 번째 영역은 **현재 문제의 하위 문제를 기반으로 계산을 수행할 수 있을 때**이다.

하위 문제가 무엇인지 정의하기 전에 10장의 팩토리얼 문제를 다시 한번 살펴보자. 이미 배웠듯이 6팩토리얼은 다음과 같다.

$$6 * 5 * 4 * 3 * 2 * 1$$

숫자의 팩토리얼을 계산하는 함수를 작성하려면 1로 시작하여 숫자를 1씩 증가하면서 곱하는 전형적인 루프를 사용할 수 있다. 즉, 6팩토리얼은 2에 1을 곱하고 그 결과에 3을 곱한 다음 4를 곱하는 식으로 6에 도달할 때까지 반복한다.

이러한 함수는 다음과 같이 구현할 수 있다.

```python
def factorial(n):
    product = 1

    for num in range(1, n + 1):
        product *= num

    return product
```

하지만 문제를 다르게 접근해 볼 수도 있다. 하위 문제에 기반해 팩토리얼을 계산하면 된다.

하위 문제는 똑같은 문제에 입력을 더 작게 적용한 버전이다. 우리의 예에 하위 문제를 적용해 보자.

factorial(6)은 6에 factorial(5)의 결과를 곱한 값이다.

factorial(6)은 다음과 같으며

$$6 * 5 * 4 * 3 * 2 * 1$$

factorial(5)는 이렇다.

$$5 * 4 * 3 * 2 * 1$$

따라서 factorial(6)은 다음과 같다는 결론을 내릴 수 있다.

$$6 * factorial(5)$$

즉, factorial(5)의 결과가 나오면 그 결과에 6을 곱해 factorial(6)의 답을 구할 수 있다.

factorial(5)는 더 큰 문제의 결과를 계산하는 데 사용할 수 있는 작은 문제이므로 factorial(5)를 factorial(6)의 **하위 문제**라고 부른다.

다음은 10장에서 구현한 코드다.

```python
def factorial(number):
    if number <= 1:
        return 1
    else:
        return number * factorial(number - 1)
```

다시 말하지만 여기서 핵심은 return number * factorial(number - 1) 줄로, 하위 문제인 factorial(number - 1)에 number를 곱해 결과를 계산한다.

11.2.1 계산을 수행하는 두 가지 접근법

앞서 봤듯이 계산 함수 작성에는 두 가지 접근법이 있다. '상향식'(bottom-up)으로 해법을 찾아갈 수도 있고, 문제의 하위 문제에 기반해 계산하는 '하향식'(top-down)으로 문제를 공략할 수도 있다. 실제로 컴퓨터 과학 문헌에서는 재귀 전략을 이야기할 때 **상향식**과 **하향식**이라는 용어를 사용한다.

사실 두 접근 방식 모두 재귀로 구현할 수 있다. 앞서 전형적인 루프로 상향식 접근 방식을 살펴봤는데, 재귀로도 상향식 전략을 구현할 수 있다.

이를 위해서는 다음과 같이 추가 인자를 전달하는 비법을 사용해야 한다.

```python
def factorial(n, i=1, product=1):
    if i > n:
        return product

    return factorial(n, i + 1, product * i)
```

이 구현 코드에는 인자 3개가 있다. n은 이전과 마찬가지로 팩토리얼을 계산할 숫자이다. i는 1부터 시작하여 n이 될 때까지 연속적인 호출마다 1씩 증가하는 간단한 변수이다. 마지막으로 product는 각 호출마다 연속적인 숫자를 계속 곱한 결과를 저장하는 변수이다. product를 연이은 호출에 계속 전달하면서 계산 결과를 기록한다.

이렇게 재귀로 상향식 접근 방식을 구현할 수 있으나, 그다지 간결하지 못하며 전형적인 루프에 비해 특별히 더 나은 점도 없다.

상향식 접근 방식은 루프를 사용하든 재귀를 사용하든 같은 전략을 사용해 계산한다. 계산 방식도 같다.

하지만 하향식으로 진행하려면 재귀가 **필요하다**. 그리고 하향식 전략을 구현할 방법은 재귀가 유일하며, 이는 재귀가 강력한 도구로 여겨지는 주된 이유 중 하나이다.

11.3 하향식 재귀: 새로운 사고방식

여기서 이 장의 중심 논점으로 이어진다. 즉, 재귀는 하향식 접근 방식을 구현할 때 빛을 발하는 데, 이는 하향식 접근 방식이 **문제를 해결하는 새로운 사고 전략을 제공**하기 때문이다. 즉, 재귀적인 하향식 접근 방식은 문제를 완전히 다른 방향에서 생각하게 해 준다.

구체적으로 말해 하향식으로 접근할 때는 머릿속에서 문제를 '뒤로 미루게 된다'. 즉, 상향식으로 접근할 때와 다르게 온갖 까다로운 세부 사항까지 생각하지 않아도 된다.

무슨 뜻인지 이해하려면 하향식 factorial 구현에서 핵심 코드를 다시 한번 보자.

```
return number * factorial(number - 1)
```

이 코드는 factorial(number - 1)의 결과를 이용해 계산을 수행한다. 이 코드를 작성하면서 호출할 factorial 함수가 어떻게 작동하는지 알아야 할까? 엄밀히 말하면 그렇지 않다. 코드를 작성하면서 함수를 호출할 때마다 그 함수가 내부에서 어떻게 동작하는지 알지 못하더라도 올바른 값을 반환하리라고 가정한다.

여기서도 factorial 함수를 호출해서 답을 계산할 때 factorial 함수가 어떻게 작동하는지 몰라도 되며 그저 올바른 결과를 반환한다고 기대하면 된다. 물론 이 상한 점은 **factorial 함수를 작성하는 사람이 바로 우리**라는 것이다! 이 코드는 **factorial 함수 안**에 있다. 그런데 바로 이 점이 하향식 사고의 매력이다. 어떤 면에서는 문제를 푸는 방법조차 몰라도 문제를 해결하는 셈이다.

'재귀적으로' 작성하면서 하향식 전략을 구현하면 머리를 조금 덜 써도 된다. 실제로 계산이 어떻게 이뤄지는지는 무시해도 좋다. '세부 내용은 하위 문제에 맡기자'고 말할 수 있다.

11.3.1 하향식 사고 과정

하향식 재귀를 많이 해 보지 않았다면, 시간을 들이고 연습을 하면서 하향식으로 생각하는 법을 익혀야 한다. 나는 하향식 문제를 해결할 때 다음 세 가지 생각이 유용했다.

1. 작성 중인 함수를 이미 누군가 구현했다고 상상해 본다.

2. 문제의 하위 문제를 찾아낸다.

3. 하위 문제에서 함수를 호출하면 어떤 일이 일어나는지 살펴보고 거기서부터 진행한다.

이 단계들이 지금은 막연하게 들릴 수 있지만 이후 예제를 보면 더 구체적으로 이해할 수 있다.

11.3.2 배열 합

주어진 배열의 모든 숫자를 더하는 sum 함수를 작성한다고 해 보자. 예를 들어 배열 [1, 2, 3, 4, 5]를 함수에 전달하면 모든 숫자의 합인 15를 반환한다.

우선 sum 함수가 이미 구현되어 있다고 상상하자! 물론 직접 함수를 작성하는 중이지만 불신은 뒤로 미뤄 두자. 마음을 비우고 sum 함수가 이미 작동한다고 생각하자.

다음으로 하위 문제를 찾아보자. 이 과정은 과학이라기보다는 예술에 가깝다. 하지만 연습하다 보면 더 잘하게 된다. 예제 배열에서 하위 문제는 배열 [2, 3, 4, 5]가 된다. 즉, 첫 번째 숫자를 제외한 나머지 숫자들이다.

마지막으로 하위 문제에 sum 함수를 적용하면 어떤 일이 일어나는지 보자. sum 함수는 '잘 작동하고' 하위 문제가 [2, 3, 4, 5]이면 sum([2, 3, 4, 5])를 호출할 때 어떻게 될까? 결과는 $2 + 3 + 4 + 5$의 합인 14가 된다.

따라서 [1, 2, 3, 4, 5]의 합을 구하는 문제를 해결하려면 sum([2, 3, 4, 5])의 결과에 첫 번째 숫자 1을 단순히 더하면 된다.

의사 코드(pseudocode)로 작성해 봤다.

```
return array[0] + sum(배열의 나머지 요소)
```

파이썬으로는 다음과 같이 작성할 수 있다.

```
return array[0] + sum(array[1:])
```

(파이썬에서 array[1:] 구문은 인덱스 1부터 끝까지 원래 배열의 요소를 포함하는 새 배열을 반환한다.)

지금 당장은 믿기 어렵겠지만, 이제 다 끝났다! 잠시 후에 다룰 기저 조건을 제외하면 sum 함수는 다음과 같이 작성할 수 있다.

```python
def sum(array):
    return array[0] + sum(array[1:])
```

모든 숫자를 어떻게 더할지 생각하지 않았다는 점에 주목하자. 그저 누군가 sum 함수를 작성했다고 생각하고 이를 하위 문제에 적용했을 뿐이다. 우리는 문제를 뒤로 미뤄 둔 셈이지만, 그 과정에서 전체 문제를 해결했다.

마지막으로 기저 조건을 처리해야 한다. 즉, 각 하위 문제가 자신의 하위 문제를 재귀적으로 호출하다 보면 결국 sum([5])의 하위 문제에 도달한다. sum 함수는 마지막에 5를 배열의 나머지 요소에 더하려 하지만 배열에는 더 이상 남아 있는 요소가 **없다**.

이 문제를 해결하려면 기저 조건을 추가해야 한다.

```python
def sum(array):
    # 기저 조건: 배열에 요소가 하나만 남았을 때
    if len(array) == 1:
        return array[0]

    return array[0] + sum(array[1:])
```

이제 다 끝났다.

기술적으로 아직 처리하지 않은 케이스가 있는데, 바로 입력 배열이 완전히 비어 있는 경우이다. 현재 우리 코드는 이러한 입력이 있으면 오류가 발생한다.

이 책에서는 코드에서 모든 예외적인 경우를 반드시 처리하려고 하지 않았다. (예를 들어 입력 배열에 숫자 대신 문자열이 들어온다면 어떻게 될까?) 다만 빈 배열에 대비하기 위해 다음처럼 조건절을 추가할 수도 있다.

```python
def sum(array):
    # 배열이 비어 있을 때
    if not array:
        return 0

    # 기본 기저 조건
    if len(array) == 1:
```

```
        return array[0]

    return array[0] + sum(array[1:])
```

이제 엄밀히 말하면 기저 조건은 **두 개**다. 배열이 비어 있을 가능성은 그 자체로 **일종의** 기저 조건이라고 할 수 있지만, 빈 배열이 입력될 때만 발생한다. 반면에 길이가 1인 배열은 재귀 자체에서 항상 발생하는 **기본** 기저 조건이다.

그러나 깔끔하고 간단한 트릭을 사용하면 (빈 배열을 처리하면서도) 코드의 기저 조건을 다시 하나로 줄일 수 있다.

이 방법은 파이썬에서 값이 하나만 있는 배열에 array[1:]을 호출하면 빈 배열을 반환한다는 점을 활용한다. 이를 고려하면 빈 배열을 처리하는 기저 조건만 있으면 된다. 재귀 과정에서 결국 빈 배열이 발생하기 때문이다. 길이가 1인 배열을 처리하는 기저 조건도 제거할 수 있다. 왜냐하면 길이가 1인 배열에서 sum 함수를 재귀적으로 호출하면 빈 배열을 처리하는 조건이 발생하기 때문이다. 따라서 다음 코드는 완벽하게 작동한다.

```
def sum(array):
    # 기저 조건: 빈 배열
    if not array:
        return 0

    return array[0] + sum(array[1:])
```

이제 **진짜** 끝났다.

11.3.3 문자열 뒤집기

예를 하나 더 들어 보겠다. 문자열을 뒤집는 reverse 함수를 작성해 보자. "abcde"라는 인수를 받으면 "edcba"를 반환한다.

먼저 하위 문제를 찾아보자. 다시 말하지만 연습이 필요한데, 보통은 현재 문제보다 한 단계 작은 버전을 가장 먼저 시도해야 한다. 문자열 "abcde"의 하위 문제는 "bcde"라고 가정하자. 하위 문제는 원래 문자열에서 첫 번째 문자를 뺀 것과 같다.

다음으로 누군가가 우리에게 큰 호의를 베풀어 reverse 함수를 구현해 놓았다고 상상해 보자. 정말 얼마나 친절한 사람인가!

reverse 함수를 사용할 수 있고 하위 문제가 "bcde"라면 우리는 reverse("bcde")를 호출해서 "edcb"를 얻을 수 있다는 뜻이다.

여기까지 가능하다면 "a"도 간단하게 처리할 수 있다. 문자열 끝에 "a"만 추가하면 된다.

따라서 이렇게 작성하면 된다.

```
def reverse(string)
    return reverse(string[1:]) + string[0]
```

하위 문제에 reverse를 호출하고, 그 결과 끝에 첫 번째 문자를 추가하면 계산이 간단하게 끝난다.

여기서도 기저 조건만 빼고 모두 끝났다. 그렇다. 정말 마법 같다.

기저 조건은 문자열에 문자가 하나일 때 발생하므로 다음 코드를 추가해서 이를 처리한다.

```
if len(string) == 1:
    return string[0]
```

하지만 이전 예에서처럼 기저 조건을 빈 문자열로 설정하면 이와 같은 입력도 처리할 수 있다. 반복해서 말하지만 문자 하나만 있는 문자열에서 string[1:]을 호출하면 빈 문자열을 반환하기 때문에 가능한 방식이다.

```
def reverse(string):
    if not string:
        return ""

    return reverse(string[1:]) + string[0]
```

이제 끝났다.

11.3.4 X의 개수 세기

잘하고 있으니 이제 다른 예제를 하나 더 살펴보자. 주어진 문자열에서 "x"의 개수를 반환하는 count_x 함수를 작성해 보자. 이 함수에 문자열 "axbxcxd"를 전달하면 "x"가 3개이니 3을 반환한다.

먼저 하위 문제를 찾아보자. 이전 예에서와 마찬가지로 하위 문제는 원래 문자열에서 첫 번째 문자를 뺀 것이다. 즉, "axbxcxd"의 하위 문제는 "xbxcxd"이다.

다음으로 count_x가 이미 구현되어 있다고 생각하자. 하위 문제에 count_x를 호출한다면, 예를 들어 count_x("xbxcxd")를 호출하면 3을 얻는다. 여기에 첫 번째 문자가 "x"이면 1을 더하기만 하면 된다. (첫 번째 문자가 "x"가 **아니라면** 하위 문제의 결과에 아무것도 더하지 않아도 된다.)

따라서 다음과 같이 작성할 수 있다.

```
def count_x(string):
    if string[0] == "x":
        return 1 + count_x(string[1:])
    else:
        return count_x(string[1:])
```

조건문은 직관적이다. 첫 번째 문자가 "x"이면 하위 문제의 결과에 1을 더한다. 그렇지 않으면 하위 문제의 결과를 그대로 반환한다.

여기서도 기본은 끝났다. 이제 기저 조건만 처리하면 된다.

여기서 기저 조건은 문자열에 문자가 하나만 있을 때라고 할 수 있다. 하지만 이렇게 하면 남은 문자가 "x"일 수도 있지만 **아닐** 수도 있기 때문에 실제로는 기저 조건이 두 개가 되어 코드가 약간 이상해진다.

```
def count_x(string):

    # 두 가지 기저 조건
    if len(string) == 1:
        if string[0] == "x":
            return 1
        else:
            return 0

    if string[0] == "x":
        return 1 + count_x(string[1:])
    else:
        return count_x(string[1:])
```

그러나 여기서도 비법이 있다. 기저 조건을 빈 문자열로 정하면 기저 조건을 하나만 둘 수 있고 코드도 간단해진다.

```python
def count_x(string):

    # 기저 조건: 빈 문자열
    if not string:
        return 0

    if string[0] == "x":
        return 1 + count_x(string[1:])
    else:
        return count_x(string[1:])
```

정의에 따르면 빈 문자열은 항상 "x"를 0개 포함하므로 기저 조건은 하나뿐이다.

11.4 계단 문제

지금까지 하향식 재귀를 사용해 문제를 풀 새로운 사고 전략을 배웠다. 하지만 여전히 회의적일 수 있으며, 이렇게 질문할 수 있다. "새로운 사고 전략이 왜 필요할까? 지금까지는 루프만으로도 문제를 잘 풀었는데."

물론 계산이 간단하다면 새로운 사고 전략이 필요 없을 수도 있다. 하지만 좀 더 복잡한 함수라면 재귀적 사고방식으로 코드를 훨씬 쉽게 작성할 수 있다. 나는 확실히 그랬다!

내가 가장 좋아하는 예제를 들어 보겠다. 이 유명한 질문은 흔히 **계단 문제**(staircase problem)라고 하는데 다음과 같다.

N단짜리 계단이 있고, 한 사람이 한 번에 1계단, 2계단, 또는 3계단을 오르는 능력이 있다고 해 보자. 한 사람이 맨 위까지 올라갈 수 있는 '경로'는 몇 개일까? N단짜리 계단일 때 이를 계산하는 함수를 작성하라. 그림에 5개짜리 계단을 올라가는 세 가지 경로를 표시했다.

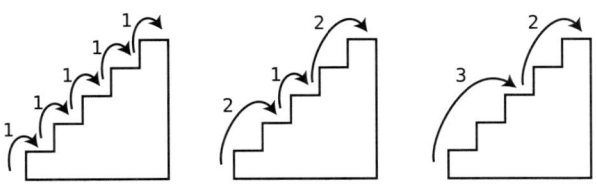

이는 가능한 많은 경로 중 세 가지일 뿐이다.

먼저 상향식 접근 방식으로 이 문제를 탐색해 보자. 즉, 가장 간단한 경우에서 더 복잡한 경우로 올라가는 방식이다.

1단짜리 계단이면 경로는 하나뿐이다.

2단짜리 계단이면 경로는 2개이다. 1계단씩 2번 오르거나 2계단씩 1번 뛰어오를 수도 있다. 이를 다음과 같이 써 보겠다.

```
1, 1
2
```

3단짜리 계단이면 다음 경로 4개 중 하나를 선택할 수 있다.

```
1, 1, 1
1, 2
2, 1
3
```

4단짜리 계단이면 경로는 7개이다.

```
1, 1, 1, 1
1, 1, 2
1, 2, 1
1, 3
2, 1, 1
2, 2
3, 1
```

이제 5단짜리 계단의 모든 조합을 그려 보자. 그렇게 쉽지는 않다! 그리고 이건 겨우 5단짜리일 뿐이다. 11단짜리 계단에는 조합이 얼마나 많을지 상상해 보자.

이제 문제에 집중하자. 모든 경로를 계산하는 **코드를 어떻게 작성할까?**

재귀적 사고방식이 없다면 이를 계산하는 알고리즘을 이해하기가 쉽지 않다. 하지만 하향식 사고방식으로 접근하면 의외로 문제를 쉽게 해결할 수 있다.

11단짜리 계단에서 가장 먼저 떠오르는 하위 문제는 10단짜리 계단이다. 일단은 이 문제부터 살펴보자. 10단짜리 계단을 오르는 경로의 개수를 알면 이를 기준으로 11단짜리 계단의 경로도 계산할 수 있을까?

우선 11단짜리 계단에 오르려면 **적어도** 10단짜리 계단에 오르는 경로 개수만큼은 필요하다. 즉, 10번째 계단까지 오르는 모든 경로를 알면 거기서부터 1계단만 더 올라가면 맨 위에 오르게 된다.

하지만 이는 완전한 해결책이 될 수 없다. 9번째 계단과 8번째 계단에서도 한 번에 맨 위로 뛰어오를 수 있기 때문이다.

조금 더 생각해 보면 10번째 계단에서 11번째 계단으로 가는 경로를 선택했다면 9번째 계단에서 11번째 계단으로 뛰어오르는 경로는 포함되지 않는다. 반대로 9번째 계단에서 11번째 계단으로 뛴다면 10번째 계단을 밟는 경로가 포함되지 않는다.

따라서 맨 위까지 오르는 경로 개수는 최소한 10번째 계단까지 가는 경로 개수와 9번째 계단까지 가는 경로 개수를 포함한 값이다.

그리고 한 번에 3계단을 뛰어오를 수 있으므로 8번째 계단에서 11번째 계단으로 뛰어오르는 경로도 선택할 수 있으니 이 경로 개수도 포함해야 한다.

따라서 정상까지 가는 경로 개수는 최소한 10, 9, 8번째 계단으로 가는 모든 경로를 합한 값이라는 결론을 내릴 수 있다.

한 번 더 깊이 생각해 봐도 이외에 맨 위로 가는 다른 경로는 분명히 없다. 7번째 계단에서 11번째 계단으로 한 번에 갈 수는 없기 때문이다. 따라서 N단짜리 계단에서 경로 개수는 다음과 같다는 결론을 내릴 수 있다.

```
number_of_paths(n - 1) + number_of_paths(n - 2) + number_of_paths(n - 3)
```

기저 조건만 빼면 이 코드가 우리가 작성할 함수가 된다!

```python
def number_of_paths(n):
    return (number_of_paths(n - 1)
            + number_of_paths(n - 2)
            + number_of_paths(n - 3))
```

이것만으로 거의 모든 코드가 완성이라는 사실이 믿기 어려울 수 있다. 하지만 **사실이다.** 이제 기저 조건만 처리하면 된다.

11.4.1 계단 문제: 기저 조건

이 문제의 기저 조건은 알아내기가 약간 까다롭다. number_of_paths 함수에서 n이 3, 2, 1이면 함수는 자기 자신을 0 또는 음수 n에 대해 호출하기 때문이다. number_

of_paths(2)는 number_of_paths(1), number_of_paths(0), number_of_paths(-1)
에 대해 자기 자신을 호출한다.

이 문제를 해결할 한 가지 방법은 기저 조건을 전부 하드코딩하는 것이다.

```python
def number_of_paths(n):
    if n <= 0:
        return 0
    if n == 1:
        return 1
    if n == 2:
        return 2
    if n == 3:
        return 4
    return (number_of_paths(n - 1)
            + number_of_paths(n - 2)
            + number_of_paths(n - 3))
```

여기서 기저 조건을 고안하는 다른 방법은 다소 이상하지만 효과적인 기저 조건을
사용하여 올바른 숫자를 계산하도록 시스템을 교묘하게 조작하는 것이다. 이게 무
슨 뜻인지 보여 주겠다.

number_of_paths(1)의 결과는 반드시 1이어야 하므로 다음과 같은 기저 조건부
터 시작하겠다.

```python
if n == 1:
    return 1
```

이제 number_of_paths(2)는 2를 반환해야 하지만 이를 기저 조건으로 명시하
지 않아도 된다. 대신 number_of_paths(2)가 number_of_paths(1) + number_of_
paths(0) + number_of_paths(-1)로 계산된다는 사실을 활용하자. number_of_
paths(1)은 1을 반환하므로 number_of_paths(0)이 1을, number_of_paths(-1)이
0을 반환하게 하면 합계가 2, 즉 우리가 원하는 결과를 얻을 수 있다.

따라서 다음과 같은 기저 조건을 추가한다.

```python
if n < 0:
    return 0
if n == 0 or n == 1:
    return 1
```

number_of_paths(3)으로 넘어가 보자. 이 호출은 number_of_paths(2) + number_of_paths(1) + number_of_paths(0)의 합을 반환한다. 결과는 4가 되어야 한다. 계산대로 동작하는지 확인해 보자. number_of_paths(2)는 2를 반환하도록 이미 설정해 두었다. number_of_paths(1)은 1을 반환하며, number_of_paths(0)도 1을 반환하니 이를 모두 더하면 4이고, 이는 우리가 원하던 값이다.

완성된 함수는 다음과 같이 작성할 수도 있다.

```python
def number_of_paths(n):
    if n < 0:
        return 0
    if n == 0 or n == 1:
        return 1

    return (number_of_paths(n - 1)
            + number_of_paths(n - 2)
            + number_of_paths(n - 3))
```

이 함수는 이전 버전보다는 덜 직관적이지만, 코드 두 줄로 기저 조건을 모두 처리한다.

보다시피 하향식 재귀 접근 방식을 사용하면 다른 방법보다 문제를 훨씬 쉽게 해결할 수 있다.

11.5 애너그램 생성

이야기를 마무리하기 전에 이제까지 보지 못한 가장 복잡한 재귀 문제를 해결해 보자. 이 문제를 해결하려면 재귀 도구 상자에 모아 놓은 도구를 모두 사용해야 한다.

주어진 문자열의 모든 애너그램(anagram) 배열을 반환하는 함수를 작성해 보자. 애너그램은 문자열에 있는 모든 문자를 재배열한 문자열이다. 예를 들어 "abc"의 애너그램은 다음과 같다.

```
["abc",
 "acb",
 "bac",
 "bca",
 "cab",
 "cba"]
```

이제 문자열 "abcd"의 애너그램을 모두 구해 보자. 하향식 사고방식으로 접근해 보겠다.

아마도 "abcd"의 하위 문제는 "abc"라고 할 수 있다. 그렇다면 이런 질문을 던질수 있다. "abc"의 모든 애너그램을 반환하는 anagrams 함수가 있다면 이를 사용해 어떻게 "abcd"의 모든 애너그램을 만들 수 있을까? 잠시 고민해 보고 적절한 접근 방식을 떠올려 보자.

내가 생각한 방식은 다음과 같다. (물론 다른 방법도 있다.)

"abc"의 6가지 애너그램이 모두 있다면 각 애너그램의 모든 자리에 "d"를 붙여 "abcd"의 모든 순열을 만들어 낼 수 있다.

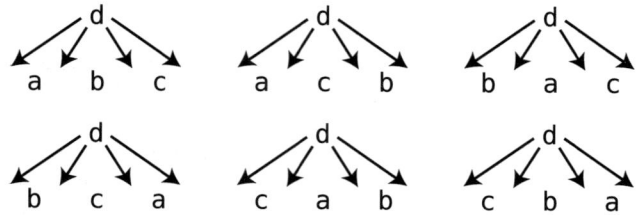

다음은 이 알고리즘을 파이썬으로 구현한 것이다. 11장의 이전 예제들보다 확실히 더 복잡하다.

```python
def anagrams_of(string):
    if len(string) == 1:
        return [string[0]]

    collection = []

    substring_anagrams = anagrams_of(string[1:])

    for substring_anagram in substring_anagrams:

        for index in range(len(substring_anagram) + 1):
            new_string = (substring_anagram[:index]
                          + string[0]
                          + substring_anagram[index:])
            collection.append(new_string)

    return collection
```

코드가 간단하지 않으므로 나눠서 보자. 지금은 기저 조건을 다루지 않겠다.

전체 애너그램을 모을 빈 배열을 생성하며 시작한다.

```
collection = []
```

이 배열은 함수 끝에서 반환할 바로 그 배열이다.

다음으로 문자열의 부분 문자열에서 모든 애너그램 배열을 가져온다. 부분 문자열은 하위 문제 문자열, 즉 두 번째 문자부터 마지막 문자까지이다. 예를 들어 문자열이 "hello"이면 부분 문자열은 "ello"이다.

```
substring_anagrams = anagrams_of(string[1:])
```

하위 문자열에서 anagrams_of 함수가 부분 문자열에 대해 이미 작동한다고 가정하는 하향식 사고방식을 적용했다는 점에 주목하자.

이제 substring_anagrams의 각 애너그램을 순회한다.

```
for substring_anagram in substring_anagrams:
```

다음 코드로 넘어가기 전에 루프와 재귀를 함께 사용한다는 점에 주목하자. 재귀를 사용한다고 해서 코드에서 루프를 완전히 **제거해야 한다는** 뜻은 아니다! 우리는 문제 해결에 가장 적합한 방식으로 각 도구를 적절히 사용하고 있다.

각 부분 문자열 애너그램에 대해 해당 애너그램의 모든 인덱스를 순회한다. 그리고 끝에 인덱스 하나를 추가한다. 각 인덱스에 대해 문자열(new_string)을 생성하고, 부분 문자열 애너그램에 현재 문자열의 첫 번째 문자를 해당 인덱스에 삽입하여 구성한다.

```
for index in range(len(substring_anagram) + 1):
    new_string = (substring_anagram[:index]
                  + string[0]
                  + substring_anagram[index:])
```

예를 들어 문자열이 "abcd"이고 부분 문자열 애너그램이 "bcd"이면 0에서 3까지의 각 인덱스(끝에 추가된 인덱스를 포함하여)를 순회하며 다음과 같은 새 문자열을 생성한다.

```
"abcd" # 인덱스 0에 'a' 삽입
"bacd" # 인덱스 1에 'a' 삽입
"bcad" # 인덱스 2에 'a' 삽입
"bcda" # 인덱스 3에 'a' 삽입
```

실제로 부분 문자열 애너그램 "bcd"에는 인덱스 3이 **없지만** 인덱스 3을 순회하며 부분 문자열 애너그램의 맨 끝에 "a"를 삽입할 수 있다.

각 new_string은 애너그램을 의미하므로 이를 collection에 추가한다.

```
collection.append(new_string)
```

작업이 완료되면 애너그램을 모은 collection을 반환한다.

기저 조건은 부분 문자열에 문자가 하나만 있을 때, 즉 해당 문자 자체가 하나의 애너그램일 때이다!

11.5.1 애너그램 생성의 효율성

잠시 시간을 내서 애너그램 생성 알고리즘의 효율성을 분석해 보겠다. 이 과정에서 흥미로운 사실이 드러날 것이다. 사실, 애너그램 생성의 시간 복잡도는 지금까지 본 적 없는 새로운 빅 오 범주이다.

생성되는 애너그램의 개수를 분석해 보면 흥미로운 패턴이 드러난다.

문자 3개로 된 문자열이라면 각 문자로 시작하는 순열을 생성한다. 각 순열은 나머지 두 문자 중 하나를 중간 문자로, 마지막 남은 문자를 마지막 문자로 고른다. 이는 3 * 2 * 1, 즉 6개의 순열이다.

문자열 길이를 달리 해 보면 다음과 같다.

```
4문자: 4 * 3 * 2 * 1 개 애너그램
5문자: 5 * 4 * 3 * 2 * 1 개 애너그램
6문자: 6 * 5 * 4 * 3 * 2 * 1 개 애너그램
```

이 패턴을 알아보겠는가? 바로 팩토리얼이다!

즉, 문자열에 문자가 6개 있으면 애너그램의 수는 6팩토리얼이 되어 6 * 5 * 4 * 3 * 2 * 1, 즉 계산하면 720이다.

팩토리얼을 표현하는 수학 기호는 느낌표이다. 따라서 6팩토리얼은 6!로 표현하

고, 10팩토리얼은 10!로 표현한다.

빅 오는 핵심 질문에 대한 답을 표현한다는 걸 기억하자. '데이터 요소가 N개일 때 알고리즘은 몇 단계를 수행하는가?' 애너그램에서 N은 문자열의 길이이다.

길이가 N인 문자열은 애너그램 N!개를 생성한다. 빅 오 표기법에서는 이를 $O(N!)$로 표현한다. 이를 **팩토리얼 시간**(factorial time)이라고도 한다.

$O(N!)$은 이 책에서 다룬 빅 오의 범주 중 가장 느리다. 다른 '느린' 빅 오 범주와 비교한 그림을 보자.

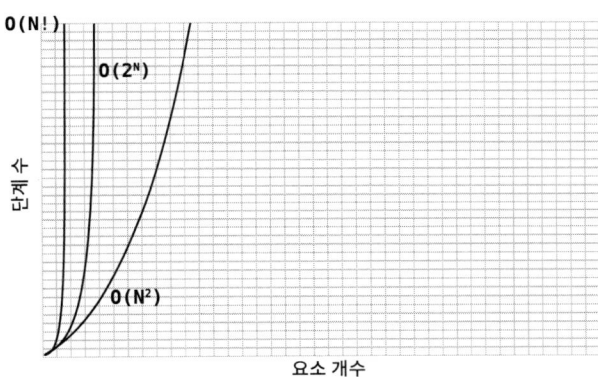

$O(N!)$은 매우 느리지만 **모든** 애너그램을 생성해야 하는데 N문자 단어에는 애너그램이 N!개라서 여기서는 더 나은 선택지가 없다.

어쨌든 재귀는 이 알고리즘에서 중요한 역할을 했으며, 이는 재귀가 복잡한 문제를 해결하는 데 어떻게 활용되는지 잘 보여 준다.

11.6 마무리

재귀를 사용하는 함수를 작성하는 법을 익히려면 확실히 연습해야 한다. 하지만 이제 비법과 기술을 갖췄으니 더 쉽게 학습할 수 있다.

하지만 아직 재귀에 대한 여정은 끝나지 않았다. 재귀는 다양한 문제를 해결하는 훌륭한 도구이지만, 주의하지 않으면 코드 속도를 **크게** 떨어뜨릴 수 있다. 12장에서는 재귀를 효과적으로 사용하면서도 코드를 깔끔하고 빠르게 유지하는 방법을 배우겠다.

11.7 연습 문제

다음 문제로 재귀를 연습해 보자. 이 연습 문제의 해답은 부록 '연습 문제 해답'의 11장(479쪽)에 있다.

1. 문자열 배열을 받아 모든 문자열의 총 문자 개수를 반환하는 함수를 재귀로 작성하라. 받은 배열이 ["ab", "c", "def", "ghij"]이면 총 10개의 문자가 있으므로 10을 출력해야 한다.

2. 숫자 배열을 받아 짝수만 포함하는 새 배열을 반환하는 함수를 재귀로 작성하라.

3. **삼각수**(triangular number)라는 수열이 있다. 이 수열의 패턴은 1, 3, 6, 10, 15, 21로 시작하여 계속 이어진다. 수열의 다음 숫자는 바로 앞 숫자에 N을 더해서 계산하며, 여기서 N은 수열에서 해당 숫자의 위치이다. 예를 들어 수열에서 7번째 숫자는 28인데, 이는 수열에서 7번째 위치이므로 숫자 7에 21(수열에서 바로 앞에 수)을 더한 값이다. 숫자 N을 받아 수열에서 올바른 숫자를 반환하는 함수를 작성하라. 예를 들어 함수에 숫자 7이 전달되면 28을 반환해야 한다.

4. 문자열을 받아 문자 "x"가 포함된 첫 번째 인덱스를 반환하는 함수를 재귀로 작성하라. 예를 들어 문자열 "abcdefghijklmnopqrstuvwxyz"에서 "x"는 인덱스 23에 있다. 간단하게 하기 위해 문자열에 "x"가 **반드시** 하나 이상 있다고 가정한다.

5. 이 문제는 **고유 경로 문제**(unique paths problem)로 알려져 있다. 행과 열로 이루어진 격자가 있다. 행과 열의 개수를 받아 왼쪽 맨 위 칸에서 오른쪽 맨 아래 칸까지 이동하는 '최단' 경로의 개수를 계산하는 함수를 작성하라.

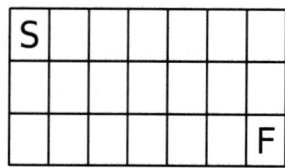

예를 들어 행이 3개, 열이 7개인 격자 모양은 다음과 같으며, S(시작)에서 F(끝)까지 이동하려고 한다.

'최단 경로'란 단계마다 오른쪽으로 한 칸 이동하거나

아니면 아래로 한 칸 내려가는 것을 의미한다.

다시 말하지만, 이 함수는 최단 경로의 **개수**를 계산해야 한다.

12장

동적 프로그래밍

11장에서는 재귀적으로 작성하는 방법과 재귀로 보다 복잡한 문제를 해결하는 방법을 배웠다.

재귀로 확실히 해결할 수 있는 문제도 있지만, 재귀를 제대로 사용하지 않으면 **새로운** 문제가 발생할 수도 있다. 사실 재귀는 $O(2^N)$과 같이 가장 느린 범주에 속하는 빅 오의 주된 원인이다.

다행히도 좋은 소식은 이러한 문제를 대부분 피할 수 있다는 점이다. 12장에서는 재귀 코드에서 발견되는 가장 흔한 속도 문제를 찾아내는 방법과 이러한 알고리즘을 빅 오로 표현하는 방법을 배워 본다. 그리고 무엇보다 이러한 문제를 개선하는 기법도 배운다.

좋은 소식이 더 있다. 12장에서 소개하는 기법이 매우 간단하다는 것이다. 쉽고 효과적인 방법을 사용해 어떻게 재귀적 악몽을 재귀적 행복으로 바꾸는지 알아보자.

12.1 불필요한 재귀 호출

다음 재귀 함수는 배열에서 가장 큰 숫자를 찾는다.

```
def max(array):
    if not array:
        return None
```

```
    if len(array) == 1:
        return array[0]

    if array[0] > max(array[1:]):
        return array[0]
    else:
        return max(array[1:])
```

각 재귀 호출에서 핵심은 숫자(array[0]) 하나를 배열의 나머지 부분에서 찾은 최 댓값과 비교하는 것이다. (배열의 나머지 부분에서 최댓값을 찾기 위해 현재 실행 중인 max 함수 안에서 max 함수를 다시 호출하는데, 이 과정이 함수를 재귀로 만 든다).

조건문으로 비교를 수행한다. 조건문의 앞부분이다.

```
if array[0] > max(array[1:]):
    return array[0]
```

이 코드는 숫자(array[0])가 배열의 나머지 부분에서 미리 찾아 놓은 최댓값 (max(array[1:]))보다 크면 정의에 따라 array[0]이 가장 큰 숫자이므로 array[0]을 반환한다는 뜻이다.

조건문의 뒷부분이다.

```
else:
    return max(array[1:])
```

이 코드는 array[0]이 배열의 나머지 부분에서 찾은 최댓값보다 크지 않으면, 배열 의 나머지 부분에서 찾은 최댓값이 배열 전체의 최댓값이므로 이 값을 반환한다.

이 코드는 작동하기는 하지만, 비효율적인 부분이 숨겨져 있다. 코드를 자세히 살펴보면 max(array[1:])가 조건문 앞과 뒤에 한 번씩, 두 번 나온다.

문제는 max(array[1:])을 실행할 때마다 재귀 호출이 폭발적으로 증가한다는 점이다.

이를 예제 배열 [1, 2, 3, 4]를 사용해 단계별로 보자.

알다시피 1과 배열의 나머지 배열 [2, 3, 4]의 최댓값을 비교하며 시작한다. 그다 음에는 2와 나머지 [3, 4]를 최댓값과 비교하고, 다시 3과 [4]를 비교한다. 이 과정에서도 [4] 자체에 대해 재귀 호출이 한 번 더 발생하는데, 이는 기저 조건이다.

코드가 실제로 어떻게 작동하는지 이해하려면 밑바닥 호출부터 분석하기 시작해 호출 사슬을 따라 위로 올라가며 살펴봐야 한다.

시작해 보자.

12.1.1 max 재귀 분석

max([4])를 호출하면 함수는 단순히 숫자 4를 반환한다. 앞서 말했듯이 배열에 요소가 하나일 때가 기저 조건이며, 다음 코드에서 이를 확인할 수 있다.

```
if len(array) == 1:
    return array[0]
```

다음 코드는 매우 이해하기 쉽다. 여기엔 함수 호출 하나만 있다.

$$max([4])$$

호출 사슬을 따라 올라가며 max([3, 4])를 호출할 때 무슨 일이 발생하는지 살펴보자. 조건문의 앞부분(if array[0] > max(array[1:]):)에서는 3과 max([4])를 비교한다. 하지만 max([4]) 호출 자체가 재귀 호출이다. 다음 그림은 max([3, 4])가 max([4])를 호출하는 과정이다.

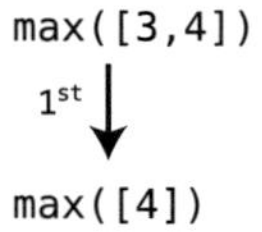

$$max([3,4])$$
$$1^{st} \downarrow$$
$$max([4])$$

화살표 옆에 '1st'라고 적어 이 재귀 호출이 max([3, 4]) 조건문 **앞부분**에서 발생했음을 표시했다.

이 단계까지 완료하면 코드에서 3과 max([4])의 결과를 비교한다. 3은 결과 (4)보다 크지 않으므로 조건문의 뒷부분을 실행한다. (이때 실행되는 코드는 return max(array[1:])이다.) 여기서는 max([4])를 반환한다.

하지만 코드에서 max([4])를 반환하면 실제로 max([4]) 함수를 호출하게 된다. 이때 두 번째 max([4]) 호출이 실행된다.

```
      max([3,4])
   1st │    2nd ╲
       ↓         ╲
   max([4])   max([4])
```

보다시피 max([3, 4]) 함수는 결국 max([4])를 두 번 호출한다. 물론 불필요한 호출은 피하고 싶을 것이다. 이미 한 번 max([4])의 결과를 계산했는데 같은 결과를 얻으려고 똑같은 함수를 다시 호출할 필요가 있을까?

호출 사슬에서 한 단계만 올라가도 문제는 훨씬 더 심각해진다.

max([2, 3, 4])를 호출할 때 어떻게 되는지 보자.

조건문의 앞부분에서는 2와 max([3, 4])를 비교하는데, max([3, 4])는 이미 앞에서 살펴봤다.

```
      max([3,4])
   1st │    2nd ╲
       ↓         ╲
   max([4])   max([4])
```

따라서 max([2, 3, 4])가 max([3, 4])를 호출하는 모습은 다음과 같을 것이다.

```
      max([2,3,4])
        1st │
            ↓
        max([3,4])
     1st │    2nd ╲
         ↓         ╲
     max([4])   max([4])
```

하지만 결과는 뜻밖이다. 여기까지는 max([2, 3, 4])의 조건문 **앞부분**일 뿐이다. 조건문의 뒷부분에서 max([3, 4])를 **다시** 호출하게 된다.

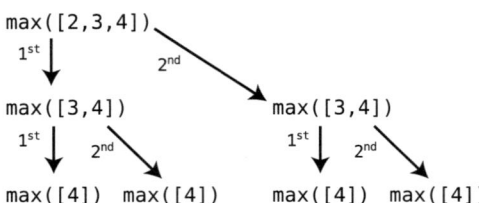

이런!

과감하게 호출 사슬의 맨 위로 올라가 max([1, 2, 3, 4])를 호출해 보자. 모든 과
정이 완료된 후 조건문의 앞부분과 뒷부분에서 모두 max를 호출한 그림을 보자.

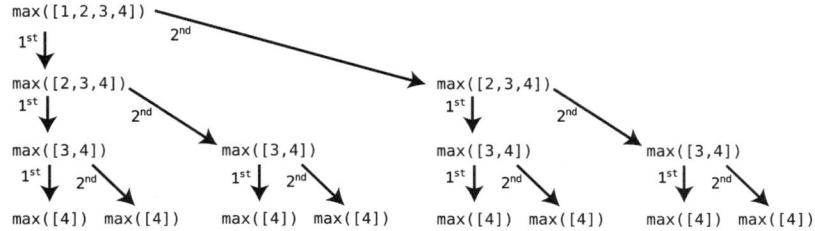

즉, max([1, 2, 3, 4])를 호출하면 실제로는 max 함수가 15번이나 호출된다.

함수 시작 부분에 print("RECURSION") 문장을 추가해 눈으로 확인할 수 있다.

```
def max(array)
    print("RECURSION")
    # 간결함을 위해 나머지 코드는 생략
```

그런 다음 코드를 실행하면 "RECURSION"이라는 단어가 터미널에 15번 출력된다.

이 중 **어떤** 호출은 꼭 필요하지만 전부 다 필요하지는 않다. 예를 들어 max([4])
는 반드시 계산해야 하지만 한 번만 호출하면 계산된 결과를 충분히 얻을 수 있다.
그런데 여기서는 **8번이나** 호출한다.

12.2 빅 오를 위한 작은 개선

다행히도 이러한 불필요한 재귀 호출을 전부 제거할 쉬운 방법이 있다. 코드에서
max 함수를 한 번만 호출하고 그 결과를 변수에 저장하면 된다.

```
def max(array):
    if not array:
        return None

    if len(array) == 1:
        return array[0]

    # 배열의 나머지 요소의 최댓값을 계산하여
    # 변수에 저장한다.
```

```
max_of_remainder = max(array[1:])

# 이 변수를 배열의 첫 번째 숫자와 비교한다.
if array[0] > max_of_remainder:
    return array[0]
else:
    return max_of_remainder
```

이렇게 간단하게 수정하면 max 함수 호출 횟수가 4번으로 줄어든다. print("RECURSION") 문을 추가하고 실행해서 직접 확인해 보자.

여기서 비결은 필요한 함수 호출을 한 번만 수행하고 결과를 변수에 저장해 함수를 다시 호출하지 않도록 하는 것이다.

처음에 작성한 함수와 아주 조금 수정한 함수의 효율성 차이는 매우 크다.

12.3 재귀의 효율성

개선된 두 번째 버전의 max 함수에서는 배열에 있는 값의 개수만큼 자신을 재귀적으로 호출한다. 이를 $O(N)$이라고 부른다.

지금까지 살펴본 $O(N)$에는 루프가 있었고 루프를 N번 실행했다. 하지만 같은 빅 오 원리를 재귀에도 적용할 수 있다.

기억하다시피 빅 오는 핵심 질문에 답한다. '데이터 요소가 N개일 때 알고리즘은 몇 단계를 수행하는가?'

개선된 max 함수는 배열의 값 N개에 대해 N번 실행되므로 시간 복잡도는 $O(N)$이다. 함수 자체에 여러 단계, 예를 들어 5단계를 포함하더라도 시간 복잡도는 $O(5N)$이 되고, 이는 $O(N)$으로 축약된다.

첫 번째 버전에서는 함수가 실행마다 자신을 두 번 호출했다(기저 조건은 제외). 다양한 배열 크기에 따라 호출 횟수가 어떻게 달라지는지 살펴보자.

다음 표는 배열의 다양한 크기에 따른 max 함수의 호출 횟수를 보여 준다.

N 요소 개수	호출 횟수
1	1
2	3
3	7
4	15
5	31

패턴이 보이는가? 데이터가 1씩 증가할 때 알고리즘의 단계 수는 대략 **2배**로 증가한다. 7장 '비밀번호 크래커'(115쪽)에서 배웠듯이 이는 $O(2^N)$의 패턴이다. 우리는 이미 이 알고리즘이 매우 느리다는 사실을 안다.

하지만 개선된 버전의 max 함수는 배열에 있는 요소 개수만큼만 max 함수를 호출한다. 즉, 개선된 max 함수의 효율성은 $O(N)$이다.

이는 중요한 교훈을 준다. 즉, 불필요한 재귀 호출을 피하는 것이 재귀를 빠르게 유지하는 핵심이다. 처음에는 아주 사소한 수정 사항(계산한 값을 변수에 저장하는 것)으로 보였지만 결국 함수의 속도를 $O(2^N)$에서 $O(N)$으로 바꾸어 놓았다.

12.4 중복 하위 문제

피보나치 수열(Fibonacci sequence)은 다음과 같이 무한대까지 이어지는 수열이다.

$$0, 1, 1, 2, 3, 5, 8, 13, 21, 34, 55, \cdots$$

이 수열은 숫자 0과 1로 시작하며, 수열에서 이전 두 숫자의 합이 그다음 숫자가 된다. 예를 들어 숫자 55는 이전 두 숫자인 21과 34의 합이다.

다음 파이썬 함수는 피보나치 수열에서 n번째 숫자를 반환한다. 예를 들어 숫자 10을 함수에 전달하면 수열의 10번째 수인 55가 반환된다. (0은 수열의 0번째 숫자로 간주된다.)

```
def fib(n):
    if n == 0 or n == 1:
        return n

    return fib(n - 2) + fib(n - 1)
```

이 함수의 핵심 코드를 보자.

```
return fib(n - 2) + fib(n - 1)
```

이 코드는 피보나치 수열에서 이전 두 숫자를 더한다. 멋진 재귀 함수이다.

하지만 이 함수는 자신을 **2번** 호출하기 때문에 지금쯤 여러분 머릿속에는 경고음이 울려야 한다.

예를 들어 6번째 피보나치 수를 계산해 보자. 다음 그림과 같이 fib(6) 함수는 fib(4)와 fib(5)를 모두 호출한다.

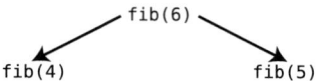

보다시피 함수가 자신을 2번 호출하면 $O(2^N)$이 되기 쉽다. fib(6)이 수행하는 모든 재귀 호출을 보면 실제로 그렇다.

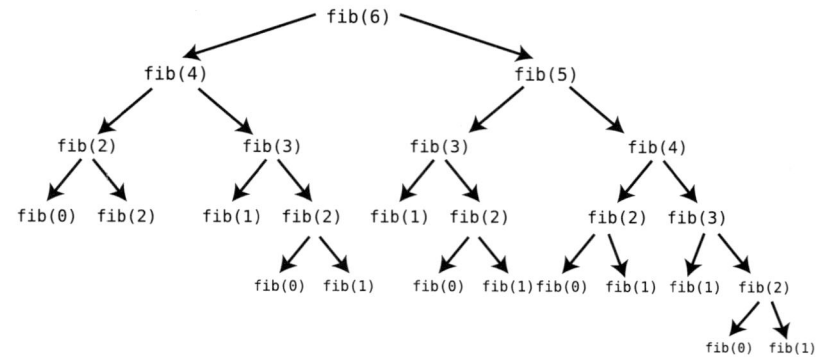

솔직히 $O(2^N)$은 무시무시해 보인다.

12장의 첫 번째 예제는 하나를 변경해 간단하게 최적화했지만, 피보나치 수열의 최적화는 그렇게 간단하지 않다.

변수에 저장할 데이터가 하나만 있지 않기 때문이다. (각 피보나치 수는 두 숫자의 합이므로) fib(n – 2)와 fib(n – 1)을 모두 **계산해야** 한다. 한쪽의 결과를 저장한다고 해서 다른 쪽의 결과까지 얻지는 못한다.

컴퓨터 과학자들은 이러한 예제를 **중복 하위 문제**(overlapping subproblem)라고 부른다. 이 용어를 풀어서 설명해 보겠다.

같은 문제를 더 작은 문제로 나누어 해결할 때 더 작은 문제를 하위 문제라고 한다. 이는 새로운 개념이 아니다. 재귀를 설명하면서 자주 다뤄 왔다. 피보나치 수열에서는 수열의 더 작은 수를 먼저 계산한 뒤 각 숫자를 계산한다. 더 작은 수의 계산이 하위 문제이다.

하위 문제가 **중복**되는 이유는 fib(n – 2)와 fib(n – 1)이 같은 함수를 여러 번 호출하기 때문이다. 구체적으로 fib(n – 1)은 fib(n – 2)가 이미 수행한 계산을 다시 수행한다. 예를 들어 위 그림에서 fib(5)가 fib(3)을 호출하는데, 이미 fib(4)는

fib(3)을 호출했었다. 이뿐 아니라 호출이 상당수 중복된다.

막다른 골목에 다다른 것 같다. 피보나치 예제는 중복 함수 호출이 많고, 알고리즘은 $O(2^N)$의 속도로 느리게 흘러간다. 우리가 할 수 있는 일이 없어 보인다.

정말 그럴까?

12.5 메모이제이션을 통한 동적 프로그래밍

다행히도 동적 프로그래밍이라는 선택지가 있다. **동적 프로그래밍**(dynamic programming)은 중복 하위 문제가 있는 재귀 문제를 최적화하는 절차다.

(**동적**이라는 단어에 큰 의미를 두지 말자. 이 용어가 어떻게 생겨났는지에 대한 논란이 좀 있고 내가 지금부터 보여 주려는 기법에도 딱히 동적인 요소는 없다.)

동적 프로그래밍으로 알고리즘을 최적화하는 작업은 일반적으로 두 기법 중 하나로 이루어진다.

첫 번째는 **메모이제이션**(memoization) 기법이다. 아, 이것은 오타가 아니다. 메-모-이-제이-션(meh-moe-ih-ZAY-shun)으로 발음하며, 이는 중복 하위 문제에서 재귀 호출을 줄이는 간단하지만 뛰어난 기법이다.

기본적으로 메모이제이션은 이전에 계산한 함수를 **기억해** 재귀 호출을 줄인다. (이런 점에서 메모이제이션은 발음이 유사한 memorization과 비슷하다.)

앞에 나왔던 피보나치 예제에서 fib(3)을 처음 호출하면 함수는 계산을 수행한 후 숫자 2를 반환한다. 그리고 계속 진행하기 전에 함수는 결과를 해시 테이블에 저장한다. 해시 테이블은 다음과 같은 형태가 된다.

```
{3: 2}
```

이 해시 테이블은 fib(3)의 결과가 숫자 2라는 뜻이다.

마찬가지로 코드는 만나는 모든 새로운 계산 결과를 메모이제이션한다. 예를 들어 fib(4), fib(5), fib(6)을 만난 후의 해시 테이블은 다음과 같을 것이다.

```
{
  3: 2,
  4: 3,
  5: 5,
  6: 8
}
```

이제 해시 테이블이 생겼으니 이를 활용해 앞으로 발생할 재귀 호출을 줄일 수 있다. 작동 방식을 살펴보자.

메모이제이션이 없으면 일반적으로 fib(4)는 fib(3)과 fib(2)를 호출하고, 이들은 각각의 재귀 호출을 차례로 수행한다. 이제 해시 테이블이 생겼으니 다른 방식으로 접근할 수 있다. 예를 들어 fib(4)는 무심코 fib(3)을 호출하는 대신, 먼저 해시 테이블을 확인해 fib(3)의 결과가 이미 계산되었는지 확인한다. 그리고 해시 테이블에 키가 3인 데이터가 없을 때만 fib(4)는 fib(3)을 호출한다.

메모이제이션은 중복 하위 문제의 고질적인 문제를 해소한다. 중복 하위 문제의 문제점은 같은 재귀 호출을 반복해서 계산한다는 점이다. 하지만 메모이제이션을 사용하면 새로운 계산을 할 때마다 그 정보를 해시 테이블에 저장하고 나중에 사용할 수 있다. 이렇게 하면 이전에 한 번도 계산하지 않은 경우에만 계산을 수행한다.

좋다. 다 좋아 보이지만, 한 가지 문제가 눈에 띈다. 각 재귀 함수는 이 해시 테이블을 어떻게 사용할 수 있을까?

정답은 간단하다. 해시 테이블을 재귀 함수의 두 번째 인자로 전달하면 된다.

해시 테이블은 메모리에 있는 객체이므로 함수 호출 중에 해시 테이블을 수정하더라도 재귀 호출에서 다음 재귀 호출로 전달할 수 있다. 심지어 호출 스택을 풀어갈 때도 마찬가지다. 처음 호출할 때 해시 테이블이 비어 있더라도 최초 호출이 끝나는 시점에는 같은 해시 테이블이 데이터로 채워질 것이다.

12.5.1 메모이제이션 구현

해시 테이블을 함께 전달하려면 함수가 인수 2개를 받을 수 있게 수정하고, 두 번째 인수는 해시 테이블로 한다. 여기서는 해시 테이블을 메모이제이션에서 따온 memo라고 하겠다.

```
def fib(n, memo):
```

이 함수를 처음 호출할 때는 숫자와 빈 해시 테이블을 함께 전달한다.

```
fib(6, {})
```

이렇게 하면 fib가 스스로를 호출할 때마다 해시 테이블도 함께 전달되고 해시 테이블은 실행 과정에서 점점 채워진다.

수정된 함수는 다음과 같다.

```python
def fib(n, memo):

    if n == 0 or n == 1:
        return n

    if n not in memo:
        memo[n] = fib(n - 2, memo) + fib(n - 1, memo)

    return memo[n]
```

코드를 한 줄씩 분석해 보자.

이제 fib 함수는 인수 2개, 즉 n과 해시 테이블 memo를 받는다.

```python
def fib(n, memo):
```

우선 기저 조건 0과 1은 모두 n을 자동으로 반환하며 메모이제이션에는 영향이 없다.

재귀 호출을 하기 전에 코드에서 주어진 n에 대해 fib(n)이 이미 계산되었는지 먼저 확인한다.

```python
if n not in memo:
```

(n에 대한 계산 결과가 이미 해시 테이블에 있다면 return memo[n]으로 결과를 반환한다.)

n이 아직 계산되지 않았을 때만 계산을 진행한다.

```python
memo[n] = fib(n - 2, memo) + fib(n - 1, memo)
```

이렇게 계산한 결과를 memo 해시 테이블에 저장하면 값을 다시 계산하지 않아도 된다.

fib 함수를 호출할 때마다 memo를 인수로 전달하는 방식도 눈여겨봐야 한다. 이것이 모든 fib 함수 호출에서 memo 해시 테이블을 공유하는 핵심이다.

보다시피 알고리즘의 핵심은 그대로 유지된다. 여전히 재귀로 문제를 해결하며

fib 계산은 기본적으로 fib(n − 2) + fib(n − 1)이다. 하지만 새로운 숫자를 계산 중이라면 결과를 해시 테이블에 저장하고 이미 한 번 계산한 숫자라면 다시 계산하는 대신 해시 테이블에서 계산 결과를 가져온다.

메모이제이션을 추가한 버전의 재귀 호출은 다음과 같다.

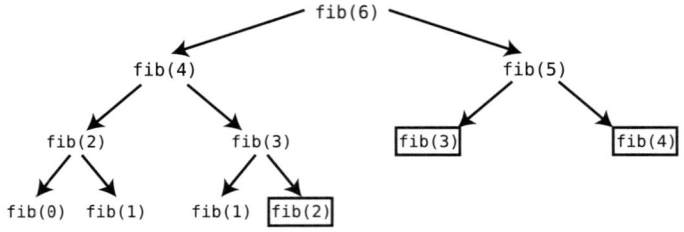

이 그림에서 상자로 표시한 호출은 해시 테이블에서 가져온 결과이다.

그렇다면 이제 이 함수의 빅 오는 무엇일까? N이 달라짐에 따라 얼마나 많은 재귀 호출을 수행하는지 살펴보자.

N 요소 개수	호출 횟수
1	1
2	3
3	5
4	7
5	9
6	11

N에 대해 $(2N) − 1$번의 호출을 수행한다. 빅 오에서는 상수를 버리므로 이는 $O(N)$ 알고리즘이다.

$O(2N)$에 비해 엄청난 개선이다. 메모이제이션, 파이팅!

12.6 상향식 접근법을 통한 동적 프로그래밍

앞서 동적 프로그래밍은 두 가지 기법 중 하나로 달성할 수 있다고 설명하였다. 꽤 멋진 첫 번째 기법인 메모이제이션은 이미 살펴보았다.

두 번째 기법인 **상향식 접근법**은 지나치게 단순해서 어쩌면 기법이라고 생각하지 않을 수도 있다. 상향식이란 재귀를 버리고 (루프와 같은) 다른 접근 방식을 활용해 문제를 해결한다는 뜻이다.

상향식 접근법이 동적 프로그래밍의 일부로 여겨지는 이유는 동적 프로그래밍이 **문제를 재귀적으로 해결하면서** 중복 하위 문제에 대해서는 중복 호출을 제거하는 기법이기 때문이다. 반복문(즉, 루프)을 활용하면 재귀를 피할 수 있으며, 이는 엄밀히 말해 동적 프로그래밍의 원칙을 따르는 방법이다.

문제가 재귀로 보다 자연스럽게 풀린다면 상향식 접근법은 마침내 '기법'에 가까워진다. 피보나치 수 생성 예제는 재귀가 깔끔하고 간결한 해결책이 된다. 반복적 접근 방식은 덜 직관적이기에 같은 문제를 반복문으로 풀려면 좀 더 생각해야 한다. (11장의 계단 문제를 루프로 푼다고 상상해 보자. 윽!)

피보나치 함수를 상향식 접근법으로 어떻게 구현하는지 알아보자.

12.6.1 상향식 피보나치

다음 상향식 접근법에서는 처음 두 피보나치 숫자인 0과 1로 시작한다. 그런 다음 익숙한 반복문을 사용해 수열을 만들어 간다.

```python
def fib(n):
    if n == 0:
        return 0

    a = 0
    b = 1

    for _ in range(1, n):
        a, b = b, a + b

    return b
```

먼저 입력 n이 0이면 0을 반환한다. 공식적으로 fib(0)은 0을 반환해야 하며, 이는 간단한 조건문으로 쉽게 해결할 수 있다.

이제 코드에서 핵심 부분을 살펴보자. 0과 1은 피보나치 수열의 처음 두 숫자이므로 변수 a와 b를 각각 0과 1로 초기화한다.

그런 다음 n에 도달할 때까지 수열의 각 숫자를 계산하는 루프를 시작한다.

```python
for _ in range(1, n):
```

파이썬에서 이 코드는 for i in range(1, n)과 같지만, 여기서는 변수 i가 필요하지 않다.

수열의 다음 숫자를 계산하려면 앞의 두 숫자를 더해야 한다. 즉, a + b를 구하면 된다. 그리고 b는 항상 수열의 끝에 있는 숫자를 가리켜야 하므로 b를 새로운 숫자로 업데이트한다. 또한 a를 기존의 b 값으로 업데이트하여 a가 계속해서 끝에서 두 번째 숫자를 가리키도록 한다.

```
a, b = b, a + b
```

이 코드는 1에서 N까지의 간단한 루프이므로 N단계를 수행한다. 메모이제이션 접근법과 마찬가지로 상향식 접근법도 $O(N)$이다.

12.6.2 메모이제이션 vs 상향식

지금까지 동적 프로그래밍의 두 가지 주요 기법, 메모이제이션과 상향식 접근법을 알아보았다. 어느 한 기법이 다른 기법보다 좋을까?

보통은 문제의 성격과 처음에 재귀를 사용한 이유에 따라 다르다. 재귀가 주어진 문제에 대해 간결하고 직관적인 해결책을 제시한다면 재귀를 유지하면서 메모이제이션으로 중복 하위 문제를 처리하면 된다. 하지만 반복문 접근 방식도 똑같이 직관적이라면 반복문으로 (문제를) 해결해도 좋다.

메모이제이션을 사용하더라도 재귀는 반복문에 비해 비용(overhead)이 추가된다는 점을 가볍게 여기면 안 된다. 특히 재귀를 사용하면 컴퓨터는 호출 스택의 모든 호출을 기록해야 하므로 메모리를 소모한다. 메모이제이션 자체도 해시 테이블을 사용해야 하며, 이 역시 공간을 추가로 차지한다. (이에 대한 자세한 내용은 19장 '공간 제약 처리하기'(415쪽)를 참고하자.)

일반적으로 재귀적 해결책이 더 직관적이지 않다면 대부분은 상향식 접근법이 더 나은 선택이다. 재귀가 더 직관적이라면 재귀를 사용하되 메모이제이션으로 실행 속도를 빠르게 만들어야 한다.

12.7 마무리

이제 재귀 코드를 효율적으로 작성할 수 있게 되었으니 강력한 능력을 갖춘 셈이다. 여러분은 곧 매우 효율적이면서도 고급스러운 알고리즘을 만나게 될 것이며, 그중 대다수는 재귀의 원리를 기반으로 한다.

12.8 연습 문제

다음 문제로 동적 프로그래밍을 연습해 보자. 이 연습 문제의 해답은 부록 '연습 문제 해답'의 12장(482쪽)에 있다.

1. 다음 함수는 숫자 배열을 받아 특정 숫자의 합이 100을 넘지 않으면 해당 합을 반환한다. 만약 특정 숫자의 합이 100을 넘으면 해당 숫자를 무시한다. 그런데 이 함수에는 불필요한 재귀 호출이 있다. 코드를 수정해 불필요한 재귀 호출을 제거하라.

```python
def add_until_100(array):
    if not array:
        return 0

    if array[0] + add_until_100(array[1:]) > 100:
        return add_until_100(array[1:])
    else:
        return array[0] + add_until_100(array[1:])
```

2. 다음 함수는 재귀를 사용하여 골롬 수열(Golomb sequence)이라는 수학적 수열에서 N번째 수를 계산한다. 하지만 이 방법은 매우 비효율적이다! 메모이제이션으로 이 함수를 최적화하라. (골롬 수열이 어떻게 작동하는지 몰라도 이 문제를 풀 수 있다.)

```python
def golomb(n):
    if n == 1:
        return 1

    return 1 + golomb(n - golomb(golomb(n - 1)))
```

3. 이 코드는 11장 연습 문제에 나온 고유 경로 문제에 대한 해결책이다. (미안하다. 아직 그 실습을 해 보지 않았다면 스포일러가 될 수 있다.) 메모이제이션으로 이 함수의 효율성을 개선하라.

```python
def unique_paths(rows, columns):
    if rows == 1 or columns == 1:
        return 1

    return unique_paths(rows - 1, columns) + \
        unique_paths(rows, columns - 1)
```

13장

속도를 높이는 재귀 알고리즘

앞서 살펴봤듯이 재귀를 이해하면 파일시스템 탐색이나 애너그램 생성 같은 온갖 새로운 알고리즘을 활용할 수 있게 된다. 13장에서는 코드 실행 속도를 비약적으로 높이는 알고리즘에서도 재귀가 핵심 역할을 한다는 것을 배우겠다.

지금까지 버블 정렬, 선택 정렬, 삽입 정렬을 비롯한 여러 정렬 알고리즘을 살펴 보았다. 하지만 실제로는 이 중 어느 방법도 배열을 정렬할 때 사용하지 않는다. 컴 퓨터 언어에는 대부분 배열을 위한 정렬 함수가 내장되어 있어 직접 구현하는 데 드는 시간과 노력을 아낄 수 있다. 그리고 대부분의 컴퓨터 언어가 내부적으로 사 용하는 정렬 알고리즘은 퀵 정렬(Quicksort)이다.

이미 많은 컴퓨터 언어에 퀵 정렬이 내장되어 있음에도 불구하고 퀵 정렬에 대해 자세히 알아보려는 이유는, 퀵 정렬의 작동 원리를 공부함으로써 재귀를 사용해 알 고리즘의 속도를 크게 높이는 방법을 배울 수 있고, 이를 현실 세계의 다른 실용적 인 알고리즘에도 똑같이 적용할 수 있기 때문이다.

퀵 정렬은 매우 빠른 정렬 알고리즘으로 평균 시나리오에서 특히 효율적이다. 최 악의 시나리오(즉, 역순 정렬된 배열)에서는 삽입 정렬이나 선택 정렬과 비슷한 성 능을 발휘하지만, 평균 시나리오에서는 훨씬 더 빠르다. 그리고 이러한 경우가 대 부분이다.

퀵 정렬은 **분할**(partitioning)이라는 개념에 의존하므로 먼저 이에 대해 알아보 겠다.

13.1 분할

배열을 **분할**(partition)한다는 것은 배열에서 임의의 값을 가져와 (이를 **피벗**(pivot)이라고 부른다.) 피벗보다 작은 숫자는 모두 피벗의 왼쪽에, 피벗보다 큰 숫자는 모두 오른쪽에 오도록 정리하는 과정이다. 분할 과정은 간단한 알고리즘을 이용해 수행하며 자세한 내용은 다음 예에서 설명하겠다.

다음과 같은 배열이 있다고 하자.

$$0\ 5\ 2\ 1\ 6\ 3$$

일관성을 위해 항상 가장 오른쪽에 있는 값을 피벗으로 선택하겠다(물론 다른 값을 선택할 수도 있다.). 이 예제에서는 숫자 3이 피벗이다. 피벗은 동그라미로 표시한다.

$$0\ 5\ 2\ 1\ 6\ ③$$

그런 다음 **포인터**(pointer)를 할당한다. 하나는 배열의 가장 왼쪽에 있는 값에, 다른 하나는 피벗을 제외한 배열의 가장 오른쪽에 있는 값에 할당한다.

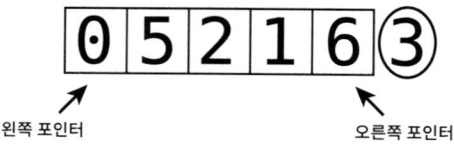

왼쪽 포인터   오른쪽 포인터

이제 진짜 분할할 준비를 마쳤다. 다음 단계를 따르면 된다. 걱정하지 마라. 예제를 따라가다 보면 단계가 더 잘 이해될 것이다.

1. 왼쪽 포인터를 한 셀씩 계속 오른쪽으로 옮기면서 피벗보다 크거나 같은 값에 도달하면 멈춘다.
2. 그런 다음 오른쪽 포인터를 한 셀씩 계속 왼쪽으로 옮기면서 피벗보다 작거나 같은 값에 도달하면 멈춘다. 오른쪽 포인터는 배열의 맨 앞에 도달해도 멈춘다.
3. 오른쪽 포인터가 멈추면 둘 중 하나를 선택해야 한다. 왼쪽 포인터가 오른쪽 포인터와 같은 위치에 있거나 지나쳤으면 4단계를 수행한다. 그렇지 않으면 두 포

인터가 가리키는 값을 교환한 다음 다시 돌아가서 1, 2, 3단계를 반복한다.

4. 마지막으로 피벗 값과 왼쪽 포인터가 현재 가리키는 값을 교환한다.

분할이 끝나면 피벗을 기준으로 왼쪽에는 피벗보다 작은 값들만, 오른쪽에는 피벗보다 큰 값들만 남게 된다. 따라서 피벗은 배열에서 올바른 위치에 놓이게 되지만, 다른 값들이 아직 완전히 정렬된 상태는 아니다.

이 절차를 예제에 적용해 보겠다.

1단계: 왼쪽 포인터(현재 0을 가리킴)를 피벗(값 3)과 비교한다.

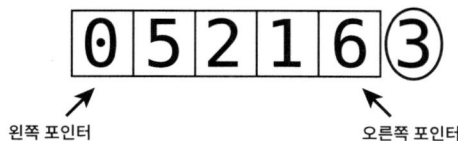

0이 피벗보다 작으므로 다음 단계에서 왼쪽 포인터를 옮긴다.

2단계: 왼쪽 포인터를 옮긴다.

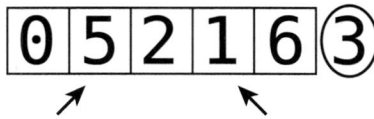

왼쪽 포인터(5)를 피벗과 비교한다. 5가 피벗보다 작은가? 그렇지 않으므로 왼쪽 포인터는 멈추고 다음 단계에서 오른쪽 포인터를 움직이기 시작한다.

3단계: 오른쪽 포인터(6)를 피벗과 비교한다. 값이 피벗보다 큰가? 그렇다면 다음 단계에서 오른쪽 포인터를 옮긴다.

4단계: 오른쪽 포인터를 옮긴다.

오른쪽 포인터(1)를 피벗과 비교한다. 값이 피벗보다 큰가? 그렇지 않으므로 오른쪽 포인터를 멈춘다.

5단계: 두 포인터가 모두 멈췄으니 두 포인터의 값을 교환한다.

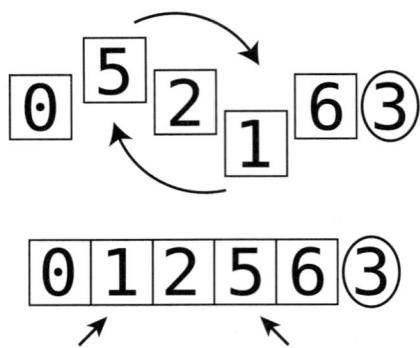

이제 다음 단계에서 왼쪽 포인터를 다시 움직이기 시작한다.

6단계: 왼쪽 포인터를 옮긴다.

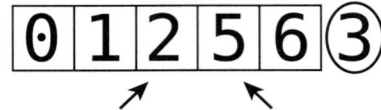

왼쪽 포인터(2)를 피벗과 비교한다. 값이 피벗보다 작은가? 그렇다면 다음 단계에서 왼쪽 포인터를 옮긴다.

7단계: 왼쪽 포인터를 한 셀 옮긴다. 이 시점에서 왼쪽 포인터와 오른쪽 포인터가 같은 값을 가리킨다는 점에 유의하자.

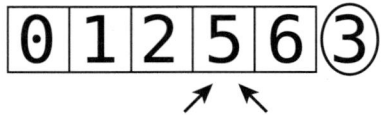

왼쪽 포인터를 피벗과 비교한다. 왼쪽 포인터가 피벗보다 큰 값을 가리키고 있으므로 이동을 멈춘다. 이 시점에서 왼쪽 포인터가 오른쪽 포인터에 도달했으므로 포인터의 이동이 완료되었다.

8단계: 분할의 마지막 단계에서는 왼쪽 포인터가 가리키고 있는 값과 피벗 값을 교환한다.

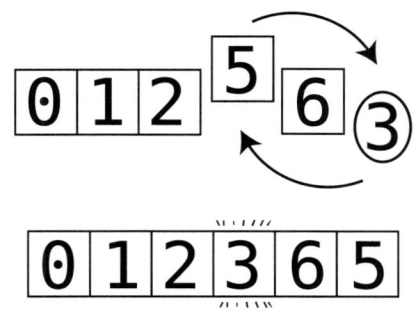

배열은 완전히 정렬되지 않았지만 분할은 성공적으로 이루어졌다. 즉, 피벗으로 선택한 숫자 3을 기준으로 3보다 작은 숫자는 모두 피벗의 왼쪽에, 3보다 큰 숫자는 모두 피벗의 오른쪽에 있게 됐다. 이는 또한 정의에 따라 3이 **이제 배열에서 올바른 위치에 있다**는 의미이다. (퀵 정렬은 정렬을 완료할 때까지 분할을 반복하지만, 여기서는 생략한다.)

13.1.1 코드 구현: 분할

다음은 파이썬으로 구현한 SortableArray 클래스로 앞서 설명한 대로 배열을 분할하는 partition 메서드를 포함한다.

```python
class SortableArray:

    def __init__(self, array):
        self.array = array

    def partition(self, left_pointer, right_pointer):
        pivot_index = right_pointer
        pivot = self.array[pivot_index]

        right_pointer -= 1

        while True:

            while self.array[left_pointer] < pivot:
                left_pointer += 1

            while self.array[right_pointer] > pivot:
                right_pointer -= 1

            if left_pointer >= right_pointer:
                break
```

```
        else:
            self.array[left_pointer], self.array[right_pointer] = \
                self.array[right_pointer], self.array[left_pointer]
            left_pointer += 1

    self.array[left_pointer], self.array[pivot_index] = \
        self.array[pivot_index], self.array[left_pointer]

    return left_pointer
```

이 코드를 나누어 살펴보자.

partition 메서드는 왼쪽 포인터와 오른쪽 포인터의 시작점을 인자로 받는다.

```
def partition(self, left_pointer, right_pointer):
```

배열에서 이 메서드가 처음 호출될 때는 두 포인터가 각각 배열의 왼쪽 끝과 오른쪽 끝을 가리킨다. 하지만 퀵 정렬에서는 배열의 하위 구간에 대해서도 이 메서드를 호출한다. 따라서 두 포인터가 항상 배열의 양 끝이라고 가정할 수 없으니 메서드의 인수로 받아야 한다. 이 개념은 퀵 정렬 알고리즘 전체를 설명할 때 더 명확하게 이해하게 될 것이다.

다음으로 피벗을 선택한다. 피벗은 현재 처리하는 범위에서 가장 오른쪽 요소다.

```
pivot_index = right_pointer
pivot = self.array[pivot_index]
```

피벗을 선택했으면 right_pointer를 피벗의 바로 왼쪽 항목으로 옮긴다.

```
right_pointer -= 1
```

그런 다음 얼핏 보면 무한히 실행될 것 같은 루프(while True)를 시작한다. 하지만 루프 안에 있는 break 문은 left_pointer와 right_pointer가 교차하는 순간 루프를 종료한다. 이 루프 안에서 우리는 다른 루프를 사용하여 left_pointer가 피벗보다 크거나 같은 항목에 도달할 때까지 계속 오른쪽으로 옮긴다.

```
while self.array[left_pointer] < pivot:
    left_pointer += 1
```

마찬가지로 right_pointer가 피벗보다 작거나 같은 항목에 도달할 때까지 계속 왼쪽으로 옮긴다.

```python
while self.array[right_pointer] > pivot:
    right_pointer -= 1
```

left_pointer와 right_pointer가 더 이상 이동하지 않으면 두 포인터가 만났는지 확인한다.

```python
if left_pointer >= right_pointer:
    break
```

두 포인터가 만났다면 루프를 종료하고 곧 다룰 피벗 교환을 준비한다. 하지만 두 포인터가 멈췄지만 아직 서로 만나지 않았다면 두 포인터의 값을 교환한다.

```python
self.array[left_pointer], self.array[right_pointer] = \
    self.array[right_pointer], self.array[left_pointer]
```

그런 다음 left_pointer를 옮겨 다음 루프의 left_pointer와 right_pointer 포인터의 이동을 준비한다.

```python
left_pointer += 1
```

마지막으로 두 포인터가 만나면 left_pointer 값과 피벗을 바꾼다.

```python
self.array[left_pointer], self.array[pivot_index] = \
    self.array[pivot_index], self.array[left_pointer]
```

이 메서드는 left_pointer를 반환하면서 끝나는데, 이는 퀵 정렬 알고리즘에 필요하기 때문이다. (곧 설명하겠다.)

13.2 퀵 정렬

퀵 정렬 알고리즘은 분할과 재귀의 조합으로 이뤄진다. 다음은 이 알고리즘의 작동 순서이다.

1. 배열을 분할한다. 이제 피벗은 올바른 위치에 있다.

2. 피벗의 왼쪽과 오른쪽에 있는 부분 배열을 각각 독립된 배열로 취급하고 여기의 1번과 2번 작업을 재귀적으로 반복한다. 즉, 각 부분 배열을 분할하면 해당 부분 배열에 있는 피벗의 왼쪽과 오른쪽에 더 작은 부분 배열이 생긴다. 이후에도 이 과정을 반복하면서 점점 더 작은 부분 배열로 분할한다.

3. 더 이상 배열에 요소가 없거나 1개이면 이는 기저 조건이며 이때는 아무것도 수 행하지 않는다.

앞서 설명한 예로 돌아가 보자. 배열 [0, 5, 2, 1, 6, 3]으로 시작하여 배열 전체에 대해 한 번의 분할을 한 상태이다. 퀵 정렬은 분할로 시작하므로 이미 퀵 정렬 절차 는 일부 진행 중인 셈이다. 현재 배열은 다음 그림과 같다.

알다시피 값 3이 원래 피벗이었다. 이제 피벗은 올바른 위치에 있으며 피벗의 왼쪽 과 오른쪽에 있는 어떤 값이든 정렬해야 한다. 이 예제에서는 우연히도 피벗의 왼 쪽에 있는 숫자가 이미 정렬되어 있지만 컴퓨터는 이를 아직 모른다.

분할 이후의 다음 단계는 피벗 왼쪽에 있는 모든 항목을 별도의 배열로 보고 다 시 분할하는 것이다.

지금은 피벗 왼쪽에 있는 배열에만 관심이 있으니 배열의 나머지 부분은 잠시 어 둡게 표시하겠다.

이제 부분 배열 [0, 1, 2] 중 가장 오른쪽에 있는 요소를 피벗으로 정한다. 즉, 숫자 2가 피벗이다.

왼쪽과 오른쪽 포인터를 설정한다.

이제 이 부분 배열을 분할할 준비가 되었다. 이전에 멈췄던 8단계 이후부터 계속 진행하자.

9단계: 왼쪽 포인터(0)와 피벗(2)를 비교한다. 0은 피벗보다 작으니 왼쪽 포인터를 계속해서 옮긴다.

10단계: 왼쪽 포인터를 오른쪽으로 한 셀 옮기면 오른쪽 포인터와 같은 값을 가리키게 된다.

왼쪽 포인터를 피벗과 비교한다. 값 1이 피벗보다 작으므로 포인터를 옮긴다.

11단계: 왼쪽 포인터를 오른쪽으로 한 셀 옮기면 피벗을 가리키게 된다.

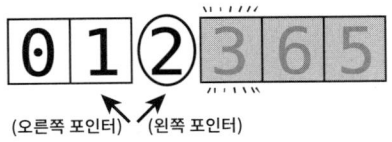

(오른쪽 포인터) (왼쪽 포인터)

이 시점에서 왼쪽 포인터는 피벗과 같은 값을 가리키므로(이 값이 바로 **피벗이니까!**) 왼쪽 포인터를 멈춘다.

왼쪽 포인터가 오른쪽 포인터를 슬며시 지나쳤다. 하지만 그래도 괜찮다. 이 알고리즘은 이러한 상황에서도 작동하도록 설계되었다.

12단계: 이제 오른쪽 포인터를 움직이기 시작한다. 하지만 오른쪽 포인터의 값 (1)이 피벗보다 작기 때문에 오른쪽 포인터는 그대로 둔다.

왼쪽 포인터가 오른쪽 포인터를 지나쳤으므로 이 분할에서 포인터 이동은 모두 끝났다.

13단계: 다음으로 피벗과 왼쪽 포인터의 값을 교환한다. 그런데 마침 왼쪽 포인터가 피벗을 가리키고 있어서 피벗은 자기 자신과 값을 교환하게 되고 결과적으로 아무런 변화도 일어나지 않는다. 이 시점에서 분할이 완료되고 피벗(2)은 이제 올바른 위치에 있다.

이제 피벗(2) 왼쪽에는 [0, 1]로 이루어진 부분 배열이 있지만 오른쪽에는 부분 배열이 없다. 다음 단계는 피벗 왼쪽에 있는 부분 배열 [0, 1]을 재귀적으로 분할하는 것이다. 피벗 오른쪽에는 부분 배열이 없으므로 처리할 필요가 없다.

　다음 단계에서는 부분 배열 [0, 1]에만 관심이 있으므로 배열의 나머지 부분은 어둡게 표시하겠다.

부분 배열 [0, 1]을 분할하기 위해 가장 오른쪽에 있는 요소(1)를 피벗으로 정한다. 그렇다면 두 포인터는 어디를 가리킬까? 왼쪽 포인터는 0을 가리킬 것이고, 오른쪽 포인터는 항상 피벗의 바로 왼쪽 셀에서 시작하므로 오른쪽 포인터도 0을 가리키게 된다. 다음 그림처럼 말이다.

이제 분할을 시작할 준비가 되었다.

　14단계: 왼쪽 포인터(0)와 피벗(1)을 비교한다.

0은 피벗보다 작으므로 왼쪽 포인터를 옮긴다.

15단계: 왼쪽 포인터를 한 셀 오른쪽으로 옮긴다. 이제 왼쪽 포인터는 피벗을 가리킨다.

(오른쪽 포인터) (왼쪽 포인터)

왼쪽 포인터의 값(1)이 피벗보다 작지 않으므로(왜냐하면 이 값이 바로 피벗이니까!) 왼쪽 포인터를 더 이상 옮기지 않는다.

16단계: 오른쪽 포인터와 피벗을 비교한다. 오른쪽 포인터가 피벗보다 작은 값을 가리키므로 더 이상 이동하지 않고 멈춘다. 그리고 왼쪽 포인터가 오른쪽 포인터를 지나쳤으므로 이 분할에 대한 포인터 이동이 완료되었다.

17단계: 이제 왼쪽 포인터와 피벗을 교환한다. 이번에도 왼쪽 포인터가 실제로 피벗 자체를 가리키므로 교환해도 아무런 변화가 없다. 이제 피벗이 적절한 위치에 놓였으며 이번 분할도 완료되었다.

이제 남은 부분은 다음 그림과 같다.

다음으로 마지막 피벗 왼쪽에 있는 부분 배열을 분할해야 한다. 여기서 이 부분 배열은 [0], 요소가 하나뿐인 배열이다. 요소가 없거나 하나인 배열은 기저 조건이므로 아무 작업도 하지 않는다. 하나 남은 요소는 자동으로 올바른 위치에 있다고 간주한다. 결과적으로 다음 그림과 같이 되었다.

피벗을 3으로 정하고 그 왼쪽에 있는 부분 배열([0, 1, 2])을 재귀적으로 분할하였다. 앞서 설명했던 대로 이제 3의 오른쪽에 있는 부분 배열 [6, 5]를 재귀적으로 분할해야 한다.

이미 정렬된 [0, 1, 2, 3]은 어둡게 표시하고 이제 [6, 5]에만 집중하겠다.

이번 분할에서는 가장 오른쪽에 있는 요소(5)를 피벗으로 정한다. 그러면 다음과
같다.

이때 두 포인터는 모두 6을 가리킨다.

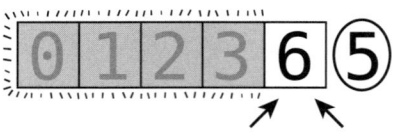

18단계: 왼쪽 포인터(6)를 피벗(5)과 비교한다. 6은 피벗보다 크므로 왼쪽 포인터를
더 이상 옮기지 않는다.

　19단계: 오른쪽 포인터도 6을 가리키고 있으므로 이론적으로는 왼쪽으로 한 셀
옮겨야 한다. 하지만 6의 왼쪽에 셀이 더 이상 없으므로 오른쪽 포인터는 이동을
멈춘다. 그리고 왼쪽 포인터가 오른쪽 포인터에 도달했으므로 이번 분할의 포인터
이동도 모두 끝났다. 이제 마지막 단계가 남았다.

　20단계: 피벗과 왼쪽 포인터의 값을 교환한다.

이제 피벗(5)이 올바른 위치에 있으며 결과는 다음과 같다.

다음으로 부분 배열 [5, 6]의 왼쪽과 오른쪽에 있는 부분 배열을 재귀적으로 분할

해야 한다. 피벗(5)의 왼쪽에는 부분 배열이 없으므로 오른쪽에 있는 부분 배열만 분할하면 된다. 5의 오른쪽 부분 배열은 하나의 요소(6)만 있고, 이는 기저 조건이 므로 아무 작업도 하지 않는다. 즉, 6은 자동으로 올바른 위치에 있다고 간주한다.

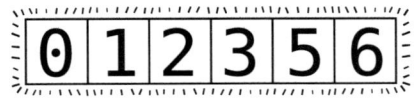

이제 다 끝났다!

13.2.1 코드 구현: 퀵 정렬

다음은 13.1.1절에서 다룬 SortableArray 클래스에 추가할 수 있는 quicksort 메 서드로 퀵 정렬을 성공적으로 수행한다.

```python
def quicksort(self, left_index, right_index):
    if right_index - left_index <= 0:
        return

    pivot_index = self.partition(left_index, right_index)

    self.quicksort(left_index, pivot_index - 1)

    self.quicksort(pivot_index + 1, right_index)
```

이 코드는 놀랍도록 간결하지만 그래도 한 줄씩 살펴보자. 지금은 기저 조건을 검 사하는 맨 앞의 if 문은 건너뛰고 곧바로 재귀의 핵심으로 들어가겠다.

먼저 left_index와 right_index 사이에 있는 요소를 분할하면서 시작한다.

```python
pivot_index = self.partition(left_index, right_index)
```

퀵 정렬을 처음 실행할 때는 배열 전체를 분할한다. 하지만 이후 호출에서는 원래 배열의 일부분일 수 있는 left_index와 right_index 사이의 범위에 있는 요소를 분할한다.

partition 메서드의 반환값을 pivot_index라는 변수에 할당한다. 기억하겠지만 이 반환값은 partition 메서드가 완료될 때 피벗을 가리키는 left_pointer였다.

그런 다음 피벗의 왼쪽과 오른쪽에 있는 부분 배열에 대해 quicksort 메서드를 재귀적으로 호출한다.

```
self.quicksort(left_index, pivot_index - 1)
self.quicksort(pivot_index + 1, right_index)
```

재귀는 기저 조건에 도달하면 종료되며, 여기서 기저 조건은 현재 부분 배열에 요소가 하나 이하만 있을 때이다.

```
if right_index - left_index <= 0:
    return
```

다음 코드로 퀵 정렬 구현을 테스트할 수 있다.

```
array = [0, 5, 2, 1, 6, 3]
sortable_array = SortableArray(array)
sortable_array.quicksort(0, len(array) - 1)
print(sortable_array.array)
```

13.3 퀵 정렬의 효율성

퀵 정렬의 효율성을 알아내려면 먼저 **한 번** 분할할 때의 효율성을 확인해야 한다.
  분할 과정을 나눠 보면 분할은 크게 두 가지 주요 단계로 구성된다.

- **비교**: 각 값과 피벗을 비교한다.
- **교환**: 적절한 때에 왼쪽 포인터와 오른쪽 포인터가 가리키는 값을 교환한다.

각 분할마다 최소 N번의 비교를 수행한다. 즉, 배열의 모든 요소를 피벗과 한 번씩 비교한다. 이는 분할 과정에서 왼쪽 포인터와 오른쪽 포인터가 서로 만날 때까지 각 셀을 이동하기 때문이다.

  그러나 교환 횟수는 데이터가 어떻게 정렬되어 있느냐에 따라 다르다. 교환할 수 있는 모든 경우에 값을 교환하더라도 각 교환이 값 두 개를 처리하므로 한 번의 분할에서 최대 $N/2$번의 교환이 발생할 수 있다. 다음 그림에서 보듯이 여기서는 요소 6개를 단 3번의 교환으로 분할했다.

하지만 대부분은 단계마다 교환이 일어나지는 않는다. 일반적으로 **무작위로** 정렬된 데이터는 값의 절반 정도를 교환한다. 즉, 평균적으로 $N/4$번 정도 교환한다.

따라서 평균적으로 약 N번 비교하고 $N/4$번 교환한다. 그러므로 데이터 요소가 N개일 때 약 $1.25N$단계가 걸린다고 말할 수 있다. 빅 오 표기법에서는 상수를 무시하므로 한 번의 분할이 $O(N)$ 시간 안에 실행된다고 말할 수 있다.

이게 바로 **한 번** 분할할 때의 효율성이다. 하지만 퀵 정렬은 **여러 번** 분할하니 퀵 정렬의 효율성을 알아내려면 좀 더 분석해야 한다.

13.3.1 한눈에 보는 퀵 정렬

다음 그림을 보면 퀵 정렬을 더 쉽게 이해할 수 있다. 이 그림은 요소가 8개인 배열에서 퀵 정렬이 수행되는 과정을 한눈에 볼 수 있게 표현했다. 특히 이 그림은 각 분할이 처리하는 요소 개수를 보여 준다. 각 요소의 정확한 값은 중요하지 않으므로 실제 숫자는 생략했다. 그림에서 밝게 표시한 셀 그룹이 정렬 중인 부분 배열이다.

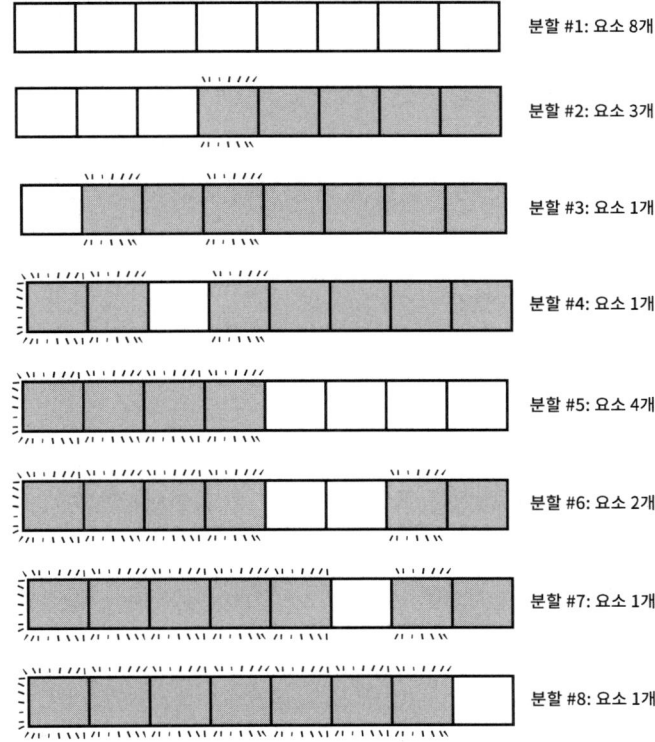

분할 #1: 요소 8개

분할 #2: 요소 3개

분할 #3: 요소 1개

분할 #4: 요소 1개

분할 #5: 요소 4개

분할 #6: 요소 2개

분할 #7: 요소 1개

분할 #8: 요소 1개

8번 분할하는데 각 분할이 이뤄지는 부분 배열의 크기는 서로 다르다. 요소 8개로 구성된 원래 배열에서 분할을 수행할 뿐만 아니라 크기가 4, 3, 2인 부분 배열에서도 분할을 수행하고 크기가 1인 배열에서도 분할을 4번 수행한다.

퀵 정렬은 기본적으로 이러한 일련의 분할로 구성되며, 각 분할은 각 부분 배열의 요소 N개에 대해 약 N단계를 수행하므로 모든 부분 배열의 크기를 더하면 퀵 정렬이 수행하는 총 단계 수를 알 수 있다.

8 요소
3 요소
1 요소
1 요소
4 요소
2 요소
1 요소
+1 요소
──────────
합계 = 약 21단계

원래 배열에 요소가 8개 있으면 퀵 정렬은 약 21단계가 걸린다. 이는 최선의 시나리오나 평균 시나리오를 가정한 결과이며 각 분할 후에 피벗이 부분 배열의 중간 부근에 있는 경우를 의미한다.

요소가 16개인 배열에 대해 퀵 정렬은 약 64단계가 걸리고, 요소가 32개인 배열에 대해 퀵 정렬은 약 160단계가 걸린다. 다음 표를 보자.

N	퀵 정렬 단계 수(근사치)
4	8
8	24
16	64
32	160

(앞의 예에서 크기가 8인 배열의 퀵 정렬 단계 수는 21이었지만, 이 표에서는 24로 표시했다. 정확한 수는 경우에 따라 다르고 24도 합리적인 근사치일 뿐이다. 여기서는 이어지는 설명을 좀 더 명확하게 하기 위해 일부러 24로 정했다.)

13.3.2 퀵 정렬의 빅 오

빅 오 표기법 관점에서 퀵 정렬을 분류하면 어떻게 될까?

앞서 보여 준 패턴을 보면 배열의 요소가 N개일 때 퀵 정렬의 단계 수는 대략 N $* \log N$이 된다. 이는 다음 표에 나타나 있다.

N	$\log N$	$N * \log N$	퀵 정렬 단계 수(근사치)
4	2	8	8
8	3	24	24
16	4	64	64
32	5	160	160

사실 이것이 퀵 정렬의 효율성을 표현하는 정확한 방법이다. 퀵 정렬은 $O(N \log N)$의 알고리즘이다. 이로써 우리는 새로운 빅 오 범주를 발견했다!

다음 그래프는 $O(N \log N)$이 다른 빅 오 범주와 비교해서 어떻게 보이는지 알려 준다.

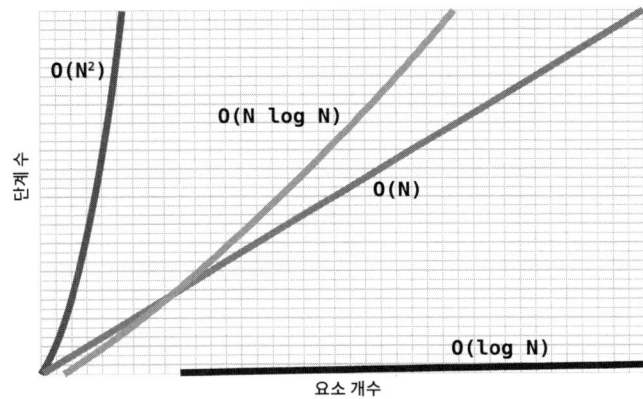

퀵 정렬의 단계 수가 $N * \log N$에 부합하는 것은 우연이 아니다. 퀵 정렬을 좀 더 넓게 생각해 보면 **왜** 이렇게 되는지 알 수 있다.

배열을 분할할 때마다 부분 배열 2개로 나뉜다. 피벗이 배열의 중간쯤에 있다고 가정하면(이는 평균적인 경우에 발생) 두 부분 배열의 크기는 거의 같다.

모든 부분 배열의 크기가 1이 되도록 배열을 완전히 분할할 때까지 배열을 몇 번 이나 반으로 나눌 수 있을까? 크기가 N인 배열이면 $\log N$번이 필요하다. 다음 그림을 살펴보자.

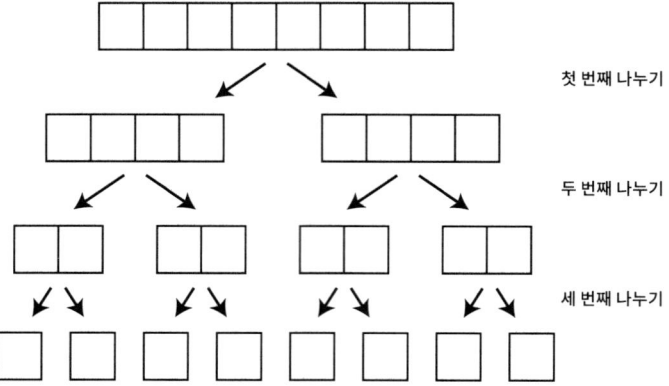

첫 번째 나누기

두 번째 나누기

세 번째 나누기

보다시피 크기가 8인 배열을 개별 요소 8개로 분할하려면 반으로 나누기를 3번 해야 한다. 이 값이 log N이며, 이는 어떤 값이 1이 될 때까지 반으로 나누는 횟수를 뜻하는 log N의 정의에 부합한다.

이러한 이유로 퀵 정렬은 $N * \log N$단계를 수행한다. 반으로 나누기를 log N번 수행하고, 각 나누기마다 모든 부분 배열에 대해 분할을 수행해야 하는데 부분 배열의 요소 개수를 모두 합하면 N이 된다. (요소의 합이 N이 되는 이유는 모든 부분 배열이 단순히 요소 N개로 구성된 원래 배열의 일부이기 때문이다.)

앞의 그림을 보면 이를 알 수 있다. 예를 들어 그림의 맨 위에는 요소가 8개인 원래 배열을 분할하여 크기가 4인 부분 배열 2개를 만든다. 그런 다음 크기가 4인 두 부분 배열을 분할하는데 이는 다시 요소 8개를 분할한다는 의미이다.

$O(N * \log N)$은 근사치일 뿐이라는 점을 명심하자. 실제로는 먼저 원래 배열에 대해서도 $O(N)$ 분할을 추가로 수행한다. 또한 배열은 정확히 반으로 나뉘지도 않는데, 피벗이 반으로 나누는 과정에 포함되지 않기 때문이다.

다음은 분할 후에 피벗을 무시하는 좀 더 현실적인 예이다.

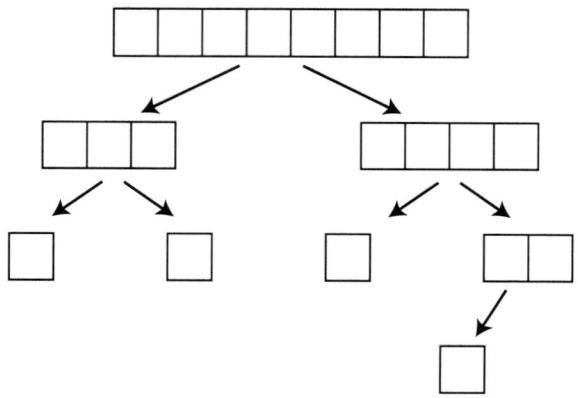

13.4 퀵 정렬의 최악의 시나리오

우리가 접한 다양한 알고리즘에서 최선의 경우는 배열이 이미 정렬됐을 때였다. 퀵 정렬에서 최선의 시나리오는 분할 이후에 피벗이 항상 부분 배열의 중앙에 있을 때이다. 흥미롭게도 이런 일은 배열의 값이 적절히 잘 섞여 있을 때 주로 발생한다.

퀵 정렬에서 최악의 시나리오는 피벗이 항상 부분 배열의 중앙이 아닌 한쪽 끝에 있을 때이다. 배열이 완벽한 오름차순이거나 내림차순일 때 이런 일이 발생할 수 있다. 이 과정을 시각화하면 다음 그림과 같다.

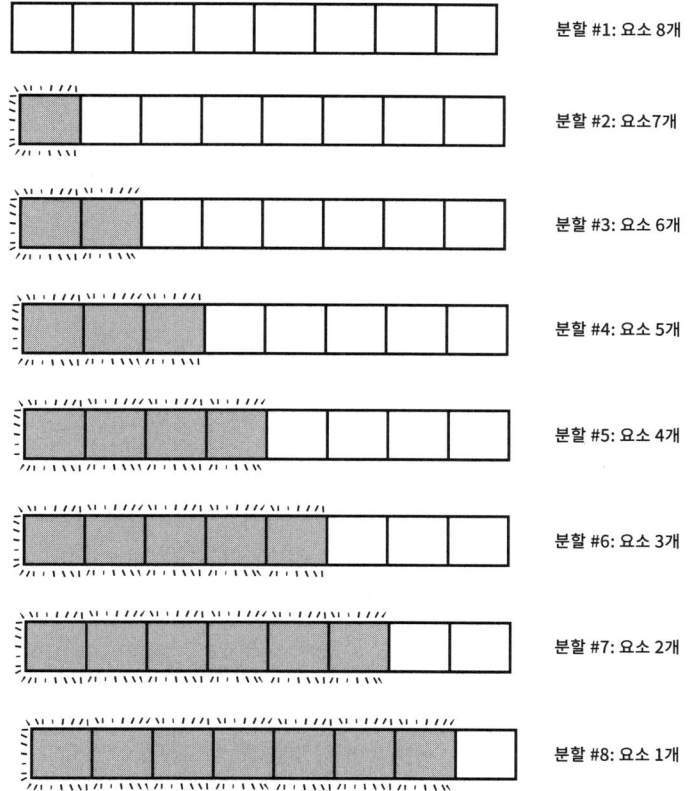

분할 #1: 요소 8개

분할 #2: 요소 7개

분할 #3: 요소 6개

분할 #4: 요소 5개

분할 #5: 요소 4개

분할 #6: 요소 3개

분할 #7: 요소 2개

분할 #8: 요소 1개

그림에서 보듯이 피벗은 항상 각 부분 배열의 왼쪽 끝에 있다.

이 경우에도 각 분할에서 교환은 한 번만 이루어지지만, 비교 횟수가 증가하면서 효율이 떨어진다. 첫 번째 예제에서는 피벗이 항상 중앙에 가깝게 있었기 때문에 첫 분할 이후 각 분할은 비교적 작은 부분 배열(가장 큰 부분 배열도 크기가 4)에서 수행되었다. 그러나 이 예제에서는 처음 5번의 분할이 크기가 4 이상인 부분 배열에서 이뤄졌다. 그리고 각 분할에서는 부분 배열의 요소 개수만큼 비교가 이뤄진다.

따라서 최악의 시나리오에서는 $8 + 7 + 6 + 5 + 4 + 3 + 2 + 1$개의 요소를 분할하고, 총 36번 비교한다.

이를 좀 더 공식적으로 표현하자면, 요소가 N개일 때 $N + (N - 1) + (N - 2) + (N - 3) \ldots + 1$단계가 걸린다고 할 수 있다. 7장 '모든 곱 구하기'(112쪽)에서 설명한 이 알고리즘은 $N^2/2$단계로 계산되며, 빅 오에서는 상수를 제거하므로 $O(N^2)$이된다.

따라서 최악의 시나리오에서 퀵 정렬의 효율성은 $O(N^2)$이다.

13.4.1 퀵 정렬 vs 삽입 정렬

이제 퀵 정렬을 확실하게 이해했으니 삽입 정렬 같은 더 간단한 정렬 알고리즘 중하나와 비교해 보자.

	최선의 경우	평균의 경우	최악의 경우
삽입 정렬	$O(N)$	$O(N^2)$	$O(N^2)$
퀵 정렬	$O(N \log N)$	$O(N \log N)$	$O(N^2)$

최악의 시나리오에서 퀵 정렬과 삽입 정렬의 성능이 같으며, 최선의 시나리오에서는 삽입 정렬이 퀵 정렬보다 빠르다. 하지만 퀵 정렬이 삽입 정렬보다 우수한 이유는 평균의 시나리오, 다시 말해 대부분의 경우에 일어나는 시나리오 때문이다. 평균적인 경우 삽입 정렬은 무려 $O(N^2)$이 걸리는 반면 퀵 정렬은 $O(N \log N)$으로훨씬 빠르다.

퀵 정렬이 평균적인 상황에서 뛰어나기 때문에 많은 프로그래밍 언어가 내장 정렬 함수의 내부 구현에 퀵 정렬을 사용한다. 따라서 우리가 직접 퀵 정렬을 구현할일은 거의 없다. 하지만 실제로 유용하게 활용할 수 있는 매우 비슷한 알고리즘이있는데, 바로 퀵 셀렉트(Quickselect)이다.

13.5 퀵 셀렉트

배열이 임의의 순서로 되어 있다고 하자. 정렬할 필요는 없지만 배열에서 10번째로작은 값이나 5번째로 큰 값이 궁금할 수 있다. 이러한 기능은 시험 점수가 많을 때

25번째 백분위수가 궁금하거나 중앙값을 찾고자 할 때 유용하다.

이 문제를 해결하는 한 가지 방법은 배열 전체를 정렬한 다음 적절한 인덱스로 바로 이동하는 것이다.

하지만 퀵 정렬과 같은 빠른 알고리즘을 사용하더라도 이 알고리즘은 평균적인 경우 최소 $O(N \log N)$이 걸린다. 이 정도도 나쁘지 않지만, 퀵 셀렉트라는 훌륭한 알고리즘을 사용하면 훨씬 더 나은 성능을 얻을 수 있다. 퀵 셀렉트는 퀵 정렬과 마찬가지로 분할에 기반하며 퀵 정렬과 이진 검색의 혼합형이라고 생각하면 된다.

13장의 앞부분에서 살펴봤듯이 분할이 끝나면 피벗 값은 배열 내 적절한 위치에 있다. 퀵 셀렉트는 다음과 같은 방식으로 이 정보를 활용한다.

값이 8개인 배열이 있을 때 이 배열에서 두 번째로 작은 값을 찾고 싶다고 하자.

먼저 전체 배열을 분할한다.

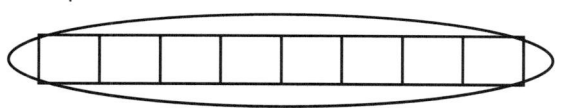

분할이 끝나면 피벗은 배열의 중앙 어딘가에 있을 것이다.

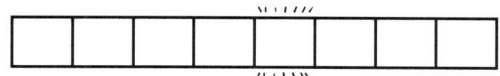

이제 피벗은 올바른 위치에 있고 다섯 번째 셀에 있으므로 배열에서 다섯 번째로 작은 값을 찾은 셈이다.

지금 우리는 다섯 번째로 작은 값이 아니라 두 번째로 작은 값을 찾고 있다. 그리고 두 번째로 작은 값은 피벗의 **왼쪽 어딘가에** 있다는 것을 **알고 있다**. 이제 피벗의 오른쪽을 모두 무시하고 왼쪽의 부분 배열에 집중할 수 있다. 이 점에서 퀵 셀렉트는 이진 검색과 비슷하다. 즉, 배열을 계속 반으로 나누고, 찾고자 하는 값이 있을 것으로 예상되는 반쪽에만 집중한다.

다음으로 피벗의 왼쪽에 있는 부분 배열을 분할한다.

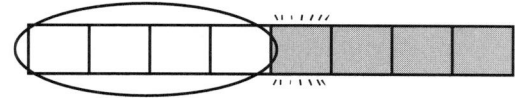

부분 배열의 피벗이 세 번째 셀이라고 하자.

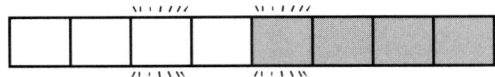

이제 세 번째 셀의 값이 올바른 위치에 놓였으며 이는 배열에서 세 번째로 작은 값이라는 뜻이다. 정의에 따라 두 번째로 작은 값은 피벗 왼쪽 어딘가에 있다. 이제 세 번째 셀의 왼쪽에 있는 부분 배열을 분할한다.

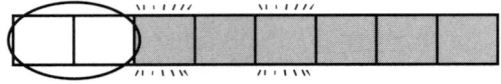

분할 후에는 가장 작은 값과 두 번째로 작은 값이 배열 내 올바른 위치에 놓이게 된다.

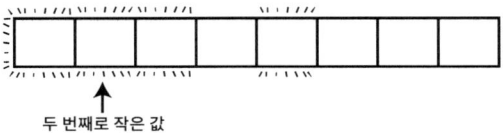

두 번째로 작은 값

두 번째 셀의 값을 가져오면 전체 배열에서 두 번째로 작은 값이라고 확신할 수 있다. 퀵 셀렉트의 뛰어난 점 중 하나는 **배열 전체를 정렬하지 않고도** 올바른 값을 찾을 수 있다는 점이다.

  퀵 정렬에서는 배열을 반으로 나눌 때마다 모든 요소를 다시 분할(부분 배열 형태로)하기 때문에 $O(N \log N)$의 시간이 걸린다. 반면에 퀵 셀렉트에서는 배열을 반으로 줄일 때마다 관심이 있는 반쪽, 즉 값을 찾을 수 있다고 생각하는 부분만 분할하면 된다.

13.5.1 퀵 셀렉트의 효율성

퀵 셀렉트의 효율성을 분석해 보면 평균의 시나리오에서는 $O(N)$이다. 왜 그럴까?

  앞서 요소가 8개인 배열 예제에서는 분할을 3번 실행하였다. 한 번은 요소가 8개인 배열에서, 다른 한 번은 요소가 4개인 부분 배열에서, 나머지 한 번은 요소가 2개인 부분 배열에서다.

기억하겠지만 각 분할 과정은 부분 배열에 대해 약 N단계가 필요하다. 따라서 3번 분할하는 데 총 $8 + 4 + 2 = 14$단계가 된다. 즉, 요소가 8개인 배열은 대략 14단계가 필요하다.

요소가 64개인 배열은 약 $64 + 32 + 16 + 8 + 4 + 2 = 126$단계를 실행한다. 요소가 128개일 때는 약 254단계가 필요하다. 그리고 요소가 256개일 때는 510단계가 필요하다.

따라서 요소가 N개인 배열에 약 $2N$단계가 필요하다.

(이를 수식으로 표현하면 요소가 N개일 때 $N + (N/2) + (N/4) + (N/8) + \ldots$ 2단계가 필요하다. 이는 항상 대략 $2N$단계이다.)

빅 오는 상수를 무시하므로 $2N$에서 2를 버리면 퀵 셀렉트의 효율성을 $O(N)$이라고 할 수 있다.

13.5.2 코드 구현: 퀵 셀렉트

다음은 앞서 설명한 SortableArray 클래스에 추가할 수 있는 quickselect 메서드의 구현이다. quicksort 메서드와 매우 유사함을 알 수 있다.

```python
def quickselect(self, kth_lowest_value, left_index, right_index):
    if right_index - left_index <= 0:
        return self.array[left_index]

    pivot_index = self.partition(left_index, right_index)

    if kth_lowest_value < pivot_index:
        return self.quickselect(kth_lowest_value, left_index,
                                pivot_index - 1)
    elif kth_lowest_value > pivot_index:
        return self.quickselect(kth_lowest_value, pivot_index + 1,
                                right_index)
    else:
        return self.array[pivot_index]
```

kth_lowest_value 변수를 사용하면 검색할 값을 선택할 수 있다. 두 번째로 작은 값, 다섯 번째로 작은 값뿐만 아니라 원하는 어떤 값도 검색할 수 있다.

정렬되지 않은 배열에서 두 번째로 작은 값을 찾으려면 다음 코드를 실행하면 된다.

```
array = [0, 50, 20, 10, 60, 30]
sortable_array = SortableArray(array)
print(sortable_array.quickselect(1, 0, len(array) - 1))
```

quickselect 메서드의 첫 번째 인수는 찾으려는 위치(인덱스 0부터 시작)를 입력받는다. 여기서는 두 번째로 가장 낮은 값을 나타내기 위해 1을 전달했다. 두 번째와 세 번째 값은 각각 배열의 왼쪽과 오른쪽 인덱스이다.

13.6 다른 알고리즘의 핵심인 정렬

이 글을 쓰는 현재 우리가 알고 있는 가장 빠른 정렬 알고리즘의 속도는 $O(N \log N)$이다. 이들 중 퀵 정렬이 가장 널리 알려진 알고리즘 중 하나이지만 다른 알고리즘도 많다. 병합 정렬(Mergesort) 역시 잘 알려진 $O(N \log N)$ 정렬 알고리즘이며, 이 책의 2권에서 다룬다.

가장 빠른 정렬 알고리즘이 $O(N \log N)$이라는 사실은 중요한데 이 사실은 다른 알고리즘에도 영향을 미친다. 그 이유는 몇몇 알고리즘이 정렬을 더 큰 과정의 일부로 사용하기 때문이다.

4장 '빅 오로 코드 속도 향상하기'(49쪽)에서 배열에 중복 값이 있는지 확인하는 문제를 예로 들어 보자.

첫 번째 해결책에서는 중첩 루프를 사용해 효율성이 $O(N^2)$이었다. 효율성이 $O(N)$인 해결책을 찾기는 했지만, 메모리를 추가로 소비한다는 단점이 있다고 덧붙였다. (이에 대해서는 19장 '공간 제약 처리하기'(415쪽)에서 자세히 설명하겠다.) 이제 $O(N)$ 접근 방식이 사라졌다고 해 보자. 그렇다면 2차 시간 복잡도 $O(N^2)$보다 더 나은 방법이 있을까? 힌트: 이 해결책은 정렬과 관련이 있다!

배열을 미리 정렬하면 멋진 알고리즘을 만들 수 있다.

원본 배열 [5, 9, 3, 2, 4, 5, 6]이 있다고 하자. 이 배열에는 인스턴스 5가 2개 있으므로 중복 값이 있다.

먼저 이 배열을 정렬하면 [2, 3, 4, 5, 5, 6, 9]이다.

다음으로 단일 루프로 각 숫자를 순회한다. 이때 각 숫자를 검사하면서 **다음** 숫자와 같은지 확인한다. 같다면 중복 값을 찾은 것이다. 루프의 끝에 도달했는데도 중복 값을 찾지 못했다면 중복 값이 없다는 의미이다.

여기서 핵심은 숫자를 미리 정렬하여 중복 숫자를 모아 둔다는 데 있다.

이 예에서는 첫 번째 숫자인 2를 먼저 살펴본다. 이 숫자가 다음 숫자와 같은지 확인한다. 다음 숫자는 3이므로 이들은 중복되지 않는다.

그런 다음 3을 다음 숫자인 4와 비교하고 다음 단계로 넘어간다. 계속해서 4를 5와 비교하고 다시 다음 단계로 넘어간다.

이때 첫 번째 5를 검사하고 다음 숫자, 즉 두 번째 5와 비교한다. 아하! 중복된 숫자 쌍을 찾았으니 True를 반환하면 된다.

다음은 이를 파이썬으로 구현한 코드이다.

```python
def has_duplicate_value(array):
    array.sort()

    for index in range(len(array) - 1):
        if array[index] == array[index + 1]:
            return True

    return False
```

이 알고리즘은 정렬을 구성 요소 중 하나로 사용했다. 이 알고리즘의 빅 오는 무엇일까?

여기서는 먼저 배열을 정렬하는 작업부터 시작했다. 파이썬의 sort() 함수는 내부적으로 퀵 정렬과 같은 알고리즘을 사용하며, 효율성은 $O(N \log N)$이라고 가정할 수 있다. 이어서 배열을 순회하면서 최대 N단계를 소비한다. 그러면 알고리즘은 $(N \log N) + N$단계가 필요하다.

여러 차수를 더하는 경우 낮은 차수는 더 높은 차수에 비해 미미하므로 빅 오 표기법에서는 가장 높은 차수의 N만 유지한다. 여기서도 N은 $N \log N$보다 미미하므로 제외하고 $O(N \log N)$으로 줄일 수 있다.

여기까지이다! 정렬을 사용하여 원래의 $O(N^2)$ 알고리즘을 $O(N \log N)$ 알고리즘으로 크게 개선했다.

많은 알고리즘이 정렬을 더 큰 프로세스의 일부로 사용한다. 이제 우리는 정렬을 수행하는 알고리즘이 **최소한** $O(N \log N)$의 시간 복잡도를 갖는다는 사실을 알았다. 물론 알고리즘이 다른 일을 하고 있다면 이보다 느려질 수도 있지만, $O(N \log N)$이 항상 기준점이 된다는 것은 변함이 없다.

13.7 마무리

퀵 정렬과 퀵 셀렉트 알고리즘은 까다로운 문제에 멋지고 효율적인 해결책을 제시하는 재귀 알고리즘이다. 쉽게 떠올리기는 어렵지만 잘 고안된 알고리즘이 어떻게 성능을 크게 개선하는지 보여 주는 좋은 예이다.

지금까지 고급 알고리즘을 몇 가지 살펴봤으니 이제 새로운 방향에서 다양한 자료 구조를 더 탐구해 보겠다. 이러한 자료 구조 중 일부에는 재귀를 포함하는 연산이 있는데, 이제 우리는 재귀 관련 연산들을 문제 없이 다룰 준비를 마쳤다. 각 자료 구조는 매우 흥미로울 뿐만 아니라 다양한 애플리케이션에 상당한 이점을 가져다 주는 특별한 힘이 있다.

13.8 연습 문제

다음 문제로 퀵 정렬을 연습해 보자. 이 연습 문제의 해답은 부록 '연습 문제 해답'의 13장(483쪽)에 있다.

1. 주어진 배열에서 세 숫자를 골라 가장 큰 곱을 반환하는 함수를 작성하라. 세 번 중첩된 루프를 사용하는 접근 방식은 $O(N^3)$으로 매우 느리다. 정렬을 사용하여 $O(N \log N)$ 속도로 계산하는 함수를 구현하라.

   (일부 구현 방식은 이보다 더 빠를 수도 있지만, 여기서는 정렬로 코드를 더 빠르게 만드는 기법에 집중한다.)

2. 다음 함수는 정수 배열에서 빠진 숫자를 찾는다. 즉, 배열은 0부터 배열의 길이까지 모든 정수를 포함해야 하지만 숫자 하나가 빠져 있다. 예를 들어 배열 [5, 2, 4, 1, 0]에는 숫자 3이 없고, 배열 [9, 3, 2, 5, 6, 7, 1, 0, 4]에는 숫자 8이 없다.

   아래 구현은 $O(N^2)$이다. (if number not in array 조건절 자체가 이미 $O(N)$인데, 컴퓨터가 number를 찾으려면 배열 전체를 검색해야 하기 때문이다.)

```
def find_missing_number(array):
    for number in range(len(array) + 1):
        if number not in array:
            return number

    return None
```

정렬을 사용하여 이 함수가 $O(N \log N)$이 되도록 새로 구현하라. (일부 구현은 더 빠르지만, 여기서는 정렬로 코드를 더 빠르게 만드는 기법에 집중한다.)

3. 배열에서 가장 큰 수를 찾는 함수를 3가지 다른 방식으로 구현하라. 즉, $O(N^2)$, $O(N \log N)$, $O(N)$인 함수를 하나씩 작성하라.

14장

A Common-Sense Guide to **Data Structures and Algorithms in Python**

노드 기반 자료 구조

앞으로 몇 장에 걸쳐 탐구할 다양한 자료 구조는 바로 **노드**(node)라는 하나의 개념을 기반으로 만들어졌다. 곧 보겠지만, 노드는 컴퓨터 메모리 곳곳에 흩어질 수 있는 데이터 조각이다. 노드 기반 자료 구조는 데이터를 구성하고 접근하는 새로운 방법을 제공하며, 성능 면에서 상당한 이점을 갖는다.

14장에서는 가장 간단한 노드 기반 자료 구조이자 향후 여러 장의 기초가 되는 연결 리스트를 탐구해 보겠다. 연결 리스트는 배열과 거의 같아 보이지만 효율성 측면에서 장단점이 다르므로 어떤 상황에서 성능상의 이점을 얻을 수 있는지도 함께 살펴보겠다.

14.1 연결 리스트

배열과 마찬가지로 **연결 리스트**(linked list)는 항목의 리스트를 표현하는 자료 구조다. 배열과 연결 리스트는 겉으로는 꽤 비슷해 보이고 비슷하게 작동하지만 내부적으로는 차이가 크다.

1장 '자료 구조가 중요한 이유'(1쪽)에서 언급했듯이 컴퓨터 내부의 메모리는 데이터 비트를 저장한 거대한 셀 집합으로 시각화할 수 있다. 다음 그림처럼 배열을 생성할 때 코드는 메모리에서 빈 셀들이 연속적으로 배치된 공간을 찾아 애플리케이션에서 데이터 저장 용도로 지정한다는 점을 배웠다.

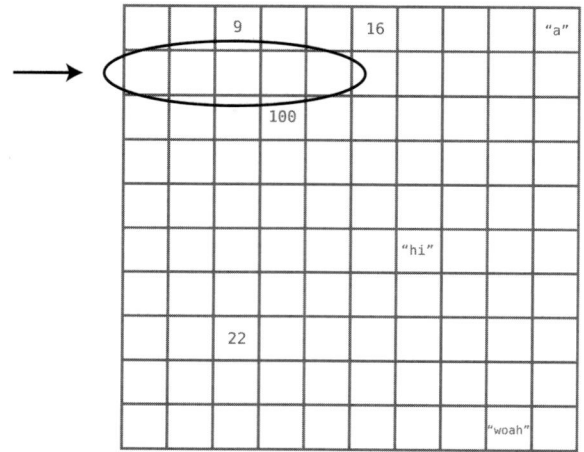

또한 컴퓨터가 어떤 메모리 주소라도 한 번에 접근할 수 있으며, 이 기능을 활용해 배열 내 어떤 인덱스에도 즉시 접근할 수 있다는 점도 배웠다. 예를 들어 '인덱스 4에 있는 값을 조회하라'고 명령하면 컴퓨터는 한 번의 단계로 해당 셀을 찾을 수 있다. 다시 말하지만 프로그램은 배열이 시작되는 메모리 주소, 예를 들어 1000을 알고 있으면, 인덱스 4를 조회하고 싶을 때 단순히 메모리 주소 1004로 바로 이동하면 된다는 사실을 알고 있기 때문이다.

반면에 연결 리스트는 다르게 작동한다. 연결 리스트의 데이터는 연속적인 메모리 블록이 아니라 컴퓨터 메모리 전체에 걸쳐 여러 셀에 흩어져 있을 수 있다.

메모리 곳곳에 흩어져 있지만 서로 연결된 데이터를 **노드**(node)라고 한다. 연결 리스트에서 각 노드는 리스트에 있는 하나의 항목을 나타낸다. 그렇다면 큰 의문이 들 것이다. 노드가 메모리에서 서로 붙어 있지 않는데도 컴퓨터는 어떻게 이 노드들이 같은 연결 리스트에 속하는지 알까?

이 답이 연결 리스트의 핵심이다. 각 노드에는 약간의 추가 정보, 즉 연결 리스트에 **다음** 노드의 메모리 주소가 들어 있다.

추가 데이터, 즉 다음 노드의 메모리 주소를 가리키는 포인터를 **링크**(link)라고 한다. 다음은 연결 리스트를 시각적으로 표현한 그림이다.

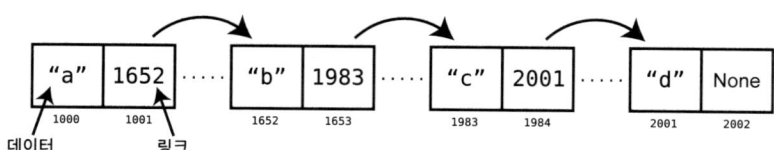

이 그림은 데이터 4개, 즉 "a", "b", "c", "d"를 포함하는 연결 리스트이다. 하지만 각 노드가 메모리 셀 2개로 구성되어 있기 때문에 데이터를 저장할 때 메모리 셀 **8 개**를 사용한다. 첫 번째 셀은 실제 데이터를 저장하고, 두 번째 셀은 메모리에서 다음 노드가 시작되는 위치를 알려 주는 링크 역할을 한다. 마지막 노드의 링크에는 None이 들어 있는데, 연결 리스트가 마지막 노드에서 끝나기 때문이다.

연결 리스트의 첫 번째 노드를 **헤드**(head), 마지막 노드를 **테일**(tail)이라고도 한다. 우리는 **헤드**와 **첫 번째 노드**라는 용어를 함께 사용하겠다.

컴퓨터가 연결 리스트가 시작되는 메모리 주소를 알고 있다면 리스트를 다루는 데 필요한 것을 모두 갖춘 셈이다. 각 노드에는 다음 노드로 연결되는 링크가 포함되어 있으므로 컴퓨터는 각 링크를 따라 전체 리스트를 연결하기만 하면 된다.

연결 리스트의 데이터가 컴퓨터 메모리 전체에 분산될 수 있다는 사실에서 배열보다 유리할 수 있다. 연결 리스트와 달리 배열은 데이터를 저장하기 위해 인접한 셀의 전체 블록을 찾아야 하는데, 배열 크기가 커질수록 이러한 블록을 확보하기가 점점 더 어려워질 수 있다. 이러한 세부사항은 프로그래밍 언어에서 내부적으로 관리하므로 걱정하지 않아도 된다. 하지만 곧 연결 리스트와 배열의 더 실질적인 차이점을 깊이 탐구하겠다.

14.2 연결 리스트 구현하기

자바와 같은 일부 프로그래밍 언어에는 연결 리스트가 내장되어 있다. 그렇지 않은 언어도 많지만 직접 구현하는 것은 매우 간단하다.

파이썬으로 직접 연결 리스트를 만들어 보겠다. Node와 LinkedList 클래스로 이를 구현할 것이다. 먼저 Node 클래스부터 만들어 보자.

```python
class Node:

    def __init__(self, data):
        self.data = data
        self.next_node = None
```

Node 클래스는 속성이 2개이다. data에는 노드의 주요 값(예를 들어 문자열 "a")이 들어가며 next_node에는 리스트의 다음 노드에 대한 링크가 들어간다. 다음과 같이 Node 클래스를 사용한다.

```
node_1 = Node("once")
node_2 = Node("upon")
node_3 = Node("a")
node_4 = Node("time")

node_1.next_node = node_2
node_2.next_node = node_3
node_3.next_node = node_4
```

이 코드에서는 문자열 "once", "upon", "a", "time"을 포함하는 노드 4개로 구성된 리스트를 생성했다.

이 구현에서 next_node는 실제 메모리 주소 숫자가 아니라 다른 노드의 **인스턴스**를 참조한다. 하지만 효과는 같다. 노드가 컴퓨터 메모리 전체에 흩어져 있을 가능성이 높지만, 노드의 링크를 활용하여 리스트를 하나로 연결할 수 있다.

이제부터는 각 링크를 특정 메모리 주소가 아닌 다른 노드를 가리키는 것으로 간주하겠다. 따라서 앞으로는 다음과 같이 단순화된 그림을 사용해 연결 리스트를 설명한다.

그림에서 각 노드는 셀 2개로 구성된다. 첫 번째 셀은 노드의 데이터를 포함하고, 두 번째 셀은 다음 노드를 가리킨다.

이는 Node 클래스의 구현을 반영한다. 클래스에서 data 메서드는 노드의 데이터를 반환하고, next_node 메서드는 리스트의 다음 노드를 반환한다. **따라서 next_node 메서드는 노드의 링크 역할을 한다.**

Node 클래스만으로 연결 리스트를 만들 수 있지만 프로그램에서 연결 리스트가 시작되는 위치를 쉽게 알 수 있는 방법이 필요하다. 이를 위해 앞의 Node 클래스에 더해 LinkedList 클래스를 만들겠다. 다음은 LinkedList 클래스의 기본 형태이다.

```
import node

class LinkedList:

    def __init__(self, first_node=None):
        self.first_node = first_node
```

node 클래스는 이 LinkedList 클래스와 분리된 파일에 두었기 때문에 코드를 시작하면서 node를 임포트했다.

이때 LinkedList 인스턴스가 하는 일은 연결 리스트의 첫 번째 노드를 기록하는 것뿐이다.

앞에서 node_1, node_2, node_3, node_4를 포함하는 노드 사슬을 만들었다. 이제 다음과 같이 LinkedList 클래스로 해당 연결 리스트를 참조할 수 있다.

```
list = LinkedList(node_1)
```

list 변수는 이제 연결 리스트의 첫 번째 노드에 접근할 수 있는 LinkedList의 인스턴스이므로 연결 리스트에 대한 핸들처럼 동작한다.

여기서 중요한 사실이 드러난다. **연결 리스트를 다룰 때는 헤드에만 바로 접근할 수 있다는 점이다.** 곧 보게 되겠지만 이는 연결 리스트를 사용할 때 상당한 영향을 미친다.

물론 언뜻 보면 연결 리스트와 배열은 비슷하다. (그저 둘 다 리스트일 뿐이다.) 하지만 자세히 파고들면 두 자료 구조의 성능에서 극적인 차이를 보인다! 이제 4가지 기본 연산, 읽기, 검색, 삽입, 삭제를 본격적으로 살펴보자.

14.3 읽기

잘 알고 있듯이 컴퓨터는 $O(1)$ 시간이면 배열에서 데이터를 읽을 수 있다. 이제 연결 리스트에서 읽기의 효율성을 알아보자.

예를 들어 연결 리스트의 세 번째 요소 값을 읽고 싶을 때 메모리에서 해당 값이 어디 있는지 즉시 알 수 없기 때문에 컴퓨터는 이를 한 번에 조회할 수 없다. 연결 리스트의 각 노드는 메모리 **어디에나** 있을 수 있기 때문이다! 프로그램이 처음부터 알고 있는 것은 연결 리스트 **첫 번째** 노드의 메모리 주소뿐이며, 다른 노드가 어디에 있는지 미리 알지 못한다.

따라서 세 번째 노드를 읽으려면 컴퓨터는 일련의 과정을 거쳐야 한다. 먼저 첫 번째 노드에 접근한다. 그런 다음 첫 번째 노드의 링크를 따라 두 번째 노드로 이동하고, 두 번째 노드의 링크를 따라 세 번째 노드로 이동한다.

따라서 어떤 노드에 도달하려면 항상 첫 번째 노드(처음에 접근할 수 있는 유일한 노드)부터 시작하여 원하는 노드에 도달할 때까지 노드 사슬을 따라가야 한다.

결과적으로 리스트의 마지막 노드를 읽으려면 리스트에 있는 노드 N개에 대해 N단계가 필요하다. 최악의 경우 연결 리스트의 읽기 시간이 $O(N)$이라는 점은 어떤 요소를 $O(1)$에 읽을 수 있는 배열과 비교할 때 심각한 단점이 된다. 하지만 걱정하지 말자. 연결 리스트가 빛을 발할 순간이 곧 올 것이다.

14.3.1 코드 구현: 연결 리스트 읽기

이제 LinkedList 클래스에 read 메서드를 추가해 보자.

```
def read(self, index):
    current_node = self.first_node
    current_index = 0

    while current_index < index:
        current_node = current_node.next_node
        current_index += 1

        if not current_node:
            return None

    return current_node.data
```

예를 들어 연결 리스트에서 네 번째 노드를 읽으려면 노드의 인덱스를 전달하여 read 메서드를 호출한다.

```
list.read(3)
```

이 메서드가 어떻게 작동하는지 자세히 살펴보자.

먼저 현재 접근하고 있는 노드를 참조하는 current_node라는 변수를 생성한다. 먼저 헤드부터 접근하므로 다음과 같이 작성한다.

```
current_node = self.first_node
```

기억하겠지만 first_node는 LinkedList 클래스의 인스턴스 변수이다.

또한 current_node의 인덱스를 기록해서 원하는 인덱스에 도달했는지 알 수 있다. 첫 번째 노드의 인덱스가 0이므로 0부터 시작한다.

```
current_index = 0
```

그런 다음 current_index가 우리가 읽으려는 인덱스보다 작을 때까지 실행할 루프를 시작한다.

```
while current_index < index:
```

루프의 패스스루마다 리스트의 다음 노드에 접근하여 그 노드를 새 current_node로 지정한다.

```
current_node = current_node.next_node
```

또한 current_index도 1 증가시킨다.

```
current_index += 1
```

패스스루의 끝에서 연결 리스트의 끝에 도달했는지 확인하기 위해 current_node를 검사하고, 읽으려는 인덱스가 리스트에 없으면 None을 반환한다.

```
if not current_node:
    return None
```

리스트의 마지막 노드에는 next_node를 할당하지 않았으니 마지막 노드의 next_node는 실제로 None이어서 이 코드가 올바르게 동작한다. current_node가 마지막 노드를 가리킬 때 current_node = current_node.next_node를 실행하면 current_node는 None이 된다.

마지막으로 루프를 빠져나왔다면 원하는 인덱스에 도달한 것이다. 이제 다음과 같이 현재 노드의 값을 반환한다.

```
return current_node.data
```

14.4 검색

알다시피 검색은 리스트에서 값을 찾아 그 인덱스를 반환하는 과정이다. 배열에서 선형 검색을 할 때 컴퓨터는 각 값을 한 번에 하나씩 검사하므로 속도가 $O(N)$이었다.

연결 리스트의 검색 속도도 $O(N)$이다. 값을 검색하려면 읽기와 비슷한 과정을 거쳐야 한다. 즉, 헤드부터 시작하여 각 노드의 링크를 따라 다음 노드로 이동한다. 이 과정에서 원하는 값을 찾을 때까지 각 값을 검사한다.

14.4.1 코드 구현: 연결 리스트 검색

다음은 파이썬으로 검색 연산을 구현하는 방법이다. 여기서는 메서드를 search라고 하고 검색할 값을 전달한다.

```python
def search(self, value):
    current_node = self.first_node
    current_index = 0

    while True:
        if current_node.data == value:
            return current_index

        current_node = current_node.next_node

        if not current_node:
            break

        current_index += 1

    return None
```

이제는 다음과 같이 연결 리스트에서 어떤 값이든 검색할 수 있다.

```python
list.search("time")
```

이 코드로 연결 리스트에서 "time"이 있는 인덱스를 얻을 수 있다. 이 예제에서는 그 값이 3이다.

보다시피 검색의 동작 원리는 읽기와 비슷하다. 다만 루프가 특정 인덱스에서 멈추지 않고, value를 찾거나 연결 리스트의 끝에 도달할 때까지 실행된다는 점이 크게 다르다.

14.5 삽입

솔직히 연결 리스트는 성능 측면에서 그다지 인상적이지 않았다. 검색에서는 배열보다 나을 바가 없으며 읽기에서는 훨씬 더 나쁘다. 하지만 걱정할 필요는 없다. 연결 리스트가 빛을 발할 순간이 다가오고 있다. 그 순간이 바로 지금이다.

특정 상황에서 연결 리스트가 배열보다 이점이 뚜렷한 연산이 삽입이다.

배열에 삽입할 때 최악의 시나리오는 인덱스 0에 데이터를 삽입할 때였다. 그러면 나머지 데이터를 한 셀씩 오른쪽으로 이동시켜야 하므로 효율성이 $O(N)$이다. 하지만 연결 리스트에서는 리스트의 맨 앞에 삽입하는 데 딱 1단계, 즉 $O(1)$만 필요하다. 지금부터 그 이유를 알아보자.

다음과 같은 연결 리스트가 있다.

리스트의 맨 앞에 "yellow"를 추가하려면 새 노드를 생성하고 해당 노드의 링크가 "blue"를 포함하는 노드를 가리키도록 하면 된다.

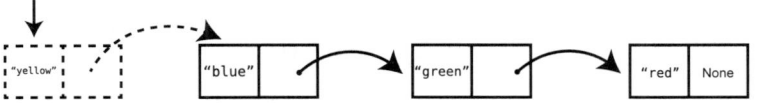

(코드에서는 first_node 속성이 이제 "yellow" 노드를 가리키도록 LinkedList 인스턴스도 업데이트해야 한다.)

배열과 달리 연결 리스트는 데이터를 이동하지 않아도 맨 앞에 데이터를 삽입할 수 있는 유연성이 있다. 얼마나 멋진가?

이론적으로는 연결 리스트의 **어디에든** 데이터를 삽입하려면 1단계만 걸리지만, 한 가지 알아 둘 점이 있다. 계속해서 예제를 보자. 이제 연결 리스트는 다음과 같다.

이제 인덱스 2("blue"와 "green" 사이)에 "purple"을 삽입해 보자. 실제 삽입 과정은 1단계면 된다. 즉, 다음 그림처럼 새 "purple" 노드를 생성하고 "blue" 노드의 링크가 "purple" 노드를 가리키도록 변경하면 된다.

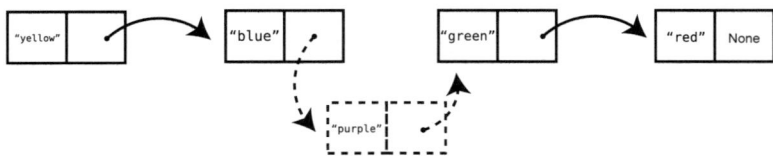

하지만 컴퓨터가 이 작업을 수행하려면 먼저 인덱스 1("blue")에 있는 노드로 **이동해서** 새로 생성한 노드를 가리키도록 링크를 수정해야 한다. 하지만 앞서 살펴봤듯이 연결 리스트에서의 읽기 작업, 즉 특정 인덱스에 있는 항목에 접근하는 작업은 이미 $O(N)$이 걸린다. 실제로 어떻게 작동하는지 알아보자.

우리는 인덱스 1 다음에 새 노드를 추가하려고 한다. 따라서 컴퓨터는 인덱스 1로 이동해야 한다. 이를 위해서는 연결 리스트의 맨 앞에서 시작해야 한다.

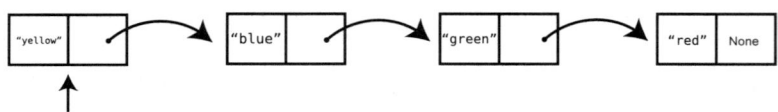

그런 다음 첫 번째 링크를 따라 다음 노드에 접근한다.

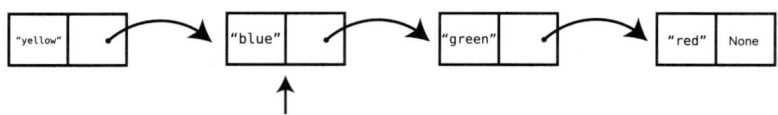

이제 인덱스 1을 찾았으니 드디어 새 노드를 추가할 수 있다.

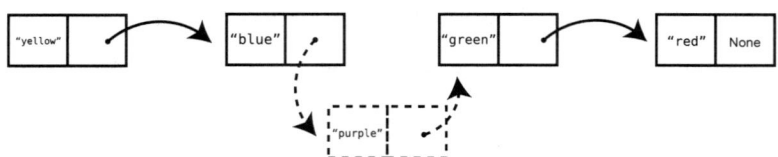

이 경우 "purple"을 추가하는 데 3단계가 걸렸다. 만약 리스트의 **끝**에 추가했다면 5단계가 걸렸을 것이다. 즉, 인덱스 3에 접근하는 데 4단계, 새 노드를 삽입하는 데 1단계가 걸린다.

실질적으로 연결 리스트에서의 삽입은 $O(N)$이 걸린다. 리스트의 끝에 삽입하는 최악의 시나리오에서 $N+1$단계가 걸리기 때문이다.

하지만 리스트의 **맨 앞에** 삽입하는 최선의 시나리오는 $O(1)$에 불과하다는 것은 이미 알고 있다.

분석해 보니 흥미롭게도 배열과 연결 리스트의 최선과 최악의 시나리오는 정반대로 나타났다. 이를 정리한 표를 보자.

시나리오	배열	연결 리스트
맨 앞에 삽입	최악의 경우	최선의 경우
중간에 삽입	평균의 경우	평균의 경우
끝에 삽입	최선의 경우	최악의 경우

보다시피 배열은 끝에 삽입할 때, 연결 리스트는 맨 앞에 삽입할 때 유리하다.

이제 연결 리스트의 장점 하나(리스트의 맨 앞에 삽입)를 알게 됐다. 14장의 뒷부분에서 이를 훌륭하게 활용하는 실용적인 예를 살펴보겠다.

14.5.1 코드 구현: 연결 리스트 삽입

LinkedList 클래스에 삽입 메서드를 추가해 보자. 메서드 이름은 insert로 하자.

```python
def insert(self, index, value):
    new_node = node.Node(value)

    if index == 0:
        new_node.next_node = self.first_node
        self.first_node = new_node
        return

    current_node = self.first_node
    current_index = 0

    while current_index < (index - 1):
        current_node = current_node.next_node
        current_index += 1
```

```
new_node.next_node = current_node.next_node

current_node.next_node = new_node
```

이 메서드에는 새 value와 삽입할 위치의 index를 함께 전달한다.

다음과 같이 인덱스 2에 "purple"을 삽입한다.

```
list.insert(2, "purple")
```

insert 메서드를 자세히 살펴보자.

먼저 메서드에 제공된 값으로 새 Node 인스턴스를 생성한다.

```
new_node = node.Node(value)
```

(여기서 node.Node의 node는 파일 맨 앞에서 임포트한 node 모듈을 뜻하며, Node 클래스를 LinkedList 클래스와 분리된 파일에 두었기에 필요하다.)

다음으로 인덱스 0, 즉 연결 리스트의 맨 앞에 삽입할 때를 다루겠다. 이때의 알고리즘은 리스트의 다른 곳에 삽입할 때와 다르므로 별도로 다룬다.

리스트의 맨 앞에 삽입하려면 새 노드 new_node의 링크를 첫 번째 노드로 설정하고, 앞으로는 new_node가 첫 번째 노드가 되도록 선언하면 된다.

```
if index == 0:
    new_node.next_node = self.first_node
    self.first_node = new_node
    return
```

더 이상 수행할 작업이 없으므로 return 키워드로 메서드를 일찍 종료한다.

나머지 코드는 리스트의 맨 앞이 아닌 다른 곳에 삽입할 때를 처리한다.

읽기와 검색에서처럼 연결 리스트의 헤드부터 접근한다.

```
current_node = self.first_node
current_index = 0
```

그런 다음 while 루프로 new_node를 삽입할 위치 **바로 앞에** 있는 노드에 접근한다.

```
while current_index < (index - 1):
    current_node = current_node.next_node
    current_index += 1
```

이 시점에서 current_node는 new_node 바로 앞에 있는 노드이다.

다음으로 new_node의 링크가 current_node의 다음 노드를 가리키도록 설정한다.

```
new_node.next_node = current_node.next_node
```

마지막으로 current_node(다시 말하지만 new_node 앞에 있는 노드)의 링크가 new_node를 가리키도록 변경한다.

```
current_node.next_node = new_node
```

이제 다 끝났다!

14.6 삭제

연결 리스트는 삭제도 매우 빠른데, 특히 맨 앞에서 삭제할 때 더욱 빛난다.

연결 리스트의 맨 앞에서 노드를 삭제하려면 1단계면 된다. 즉, 연결 리스트의 first_node가 두 번째 노드를 가리키도록 변경하면 된다.

값 "once", "upon", "a", "time"을 포함하는 연결 리스트의 예로 돌아가 보자. 값 "once"를 삭제하고 싶다면 "upon"에서 시작하도록 연결 리스트를 변경하면 된다.

```
list.first_node = node_2
```

반대로 배열은 첫 번째 요소를 삭제하면 나머지 모든 데이터를 왼쪽으로 한 셀씩 이동해야 하므로 $O(N)$ 시간이 걸린다.

연결 리스트의 **마지막** 노드를 삭제한다면 실제 삭제는 1단계가 걸린다. 즉, 끝에서 두 번째 노드의 링크를 None으로 변경하면 된다. 하지만 리스트의 맨 앞에서 시작하여 링크를 따라 이동해야 하므로 끝에서 두 번째 노드까지 도달하는 데만 N단계가 걸린다.

다음은 배열과 연결 리스트의 다양한 삭제 시나리오를 비교한 표이다. 둘 다 삽입과 정말 똑같다.

시나리오	배열	연결 리스트
맨 앞에서 삭제	최악의 경우	최선의 경우
중간에서 삭제	평균의 경우	평균의 경우
끝에서 삭제	최선의 경우	최악의 경우

연결 리스트의 맨 앞이나 끝에서의 삭제는 간단하지만, 중간에서의 삭제는 조금 더 복잡하다.

색상 연결 리스트 예제에서 인덱스 2("purple")에 있는 값을 삭제해 보자.

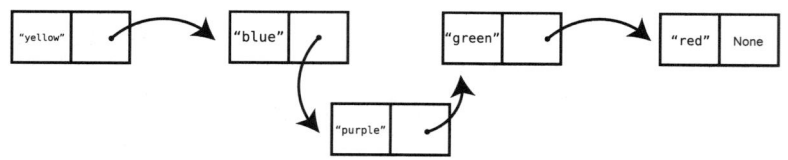

먼저 삭제하려는 노드 바로 **앞**에 있는 노드("blue")에 접근해야 한다. 이어서 삭제하려는 노드 바로 **뒤**에 있는 노드("green")를 가리키도록 링크를 변경한다.

다음 그림은 "blue" 노드의 링크를 "purple"에서 "green"으로 어떻게 변경하는지 보여 준다.

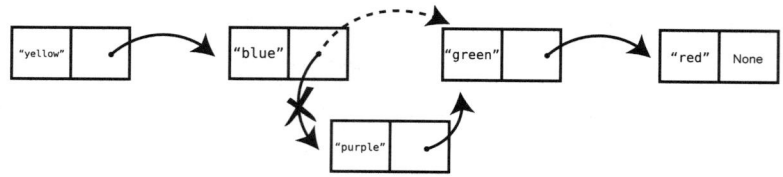

흥미롭게도 연결 리스트에서 노드를 삭제하더라도 해당 노드는 여전히 메모리 어딘가에 남는다. 삭제란 단순히 리스트에서 해당 노드를 가리키는 링크를 제거하는 과정일 뿐이다. 이렇게 하면 리스트에서 해당 노드를 삭제한 것처럼 보이지만, 실제로는 메모리에 여전히 존재하게 된다.

(삭제된 노드를 처리하는 방식은 프로그래밍 언어마다 다르다. 일부 언어에서는 사용되지 않는 노드를 자동으로 감지하고 '가비지 컬렉션'(garbage collection)을 수행해 메모리를 확보한다.)

14.6.1 코드 구현: 연결 리스트 삭제

다음은 LinkedList 클래스에서 삭제 연산이 어떻게 구현되는지 보여 준다. 이 메서드의 이름은 delete이며, delete에 삭제할 인덱스를 전달한다.

```
def delete(self, index):
    if index == 0:
        self.first_node = self.first_node.next_node
        return

    current_node = self.first_node
    current_index = 0

    while current_index < (index - 1):
        current_node = current_node.next_node
        current_index += 1

    node_after_deleted_node = current_node.next_node.next_node

    current_node.next_node = node_after_deleted_node
```

앞서 살펴본 insert 메서드와 매우 비슷하다. 몇 가지 새로운 점만 살펴보자.

먼저 이 메서드는 index가 0인 경우, 즉 연결 리스트의 첫 번째 노드를 삭제할 때를 다룬다. 이를 위한 코드는 아주 간단하다.

```
if index == 0:
    self.first_node = self.first_node.next_node
    return
```

연결 리스트의 first_node가 현재의 두 번째 노드를 가리키도록 변경하면 끝이다!

메서드의 나머지 코드는 연결 리스트의 다른 위치에서 삭제할 때를 다룬다. while 루프를 활용하여 삭제하려는 노드 바로 앞에 있는 노드에 접근한다. 이 노드가 current_node가 된다.

이어서 삭제할 노드 바로 **뒤**에 오는 노드를 node_after_deleted_node 변수에 저장한다.

```
node_after_deleted_node = current_node.next_node.next_node
```

노드에 접근하는 간단한 트릭이 보인다. 이 노드는 current_node에서 두 개 뒤에 있는 노드일 뿐이다!

이어서 current_node의 링크가 node_after_deleted_node를 가리키도록 수정한다.

```
current_node.next_node = node_after_deleted_node
```

14.7 연결 리스트 연산의 효율성

다음은 우리가 분석한 배열과 연결 리스트의 효율성이다.

연산	배열	연결 리스트
읽기	$O(1)$	$O(N)$
검색	$O(N)$	$O(N)$
삽입	$O(N)$ (끝에서는 $O(1)$)	$O(N)$ (맨 앞에서는 $O(1)$)
삭제	$O(N)$ (끝에서는 $O(1)$)	$O(N)$ (맨 앞에서는 $O(1)$)

큰 틀에서 볼 때 연결 리스트는 시간 복잡도 측면에서 다소 부족해 보인다. 검색, 삽입, 삭제 작업은 배열과 비슷하지만 읽기 작업은 훨씬 느리다. 그렇다면 왜 연결 리스트를 사용해야 할까?

연결 리스트의 강점을 이해하는 핵심은 **실제 삽입과 삭제 단계**가 $O(1)$이라는 점에 있다.

하지만 이는 연결 리스트의 맨 앞에 삽입하거나 삭제할 때만 해당하지 않을까? 다른 곳에 삽입하거나 삭제하려면 해당 노드에 접근하는 데만 최대 N단계가 걸린다!

실제로 다른 목적으로 이미 올바른 노드에 접근한 상태인 시나리오가 있을 수 있다. 다음 절에 소개할 예제가 바로 그렇다.

14.8 연결 리스트의 실제 사용

연결 리스트가 빛을 발하는 경우 중 하나는 단일 리스트를 검사하면서 여러 요소를 삭제할 때이다. 예를 들어 이메일 주소 리스트를 샅샅이 검토하면서 유효하지 않은 형식의 이메일 주소를 제거하는 애플리케이션을 개발한다고 해 보자.

해당 리스트가 배열이든 연결 리스트이든 상관없이 각 이메일 주소를 샅샅이 검사하려면 리스트 전체를 한 요소씩 살펴야 한다. 이 작업에는 당연히 N단계가 필요하다. 하지만 실제로 각 이메일 주소를 삭제할 때 어떤 일이 발생하는지 검토해 보자.

배열에서는 이메일 주소를 삭제할 때마다 나머지 데이터를 왼쪽으로 이동하며 빈 공간을 채워야 하므로 $O(N)$ 단계가 더 필요하다. 모든 이동은 다음 이메일 주소를 검사하기 전에 완료되어야 한다.

이메일 주소 10개 중 1개가 유효하지 않다고 해 보자. 이메일 주소 1,000개가 있다면 유효하지 않은 이메일 주소는 약 100개이다. 그러면 알고리즘이 이메일 주소 1,000개를 모두 읽으려면 1,000단계가 필요하다. 게다가 삭제하는 데 최대 100,000 단계가 더 필요할 수 있다. 왜냐하면 삭제한 100개의 주소 각각에 대해 최대 1,000 개의 다른 요소를 이동해야 할 수도 있기 때문이다.

하지만 연결 리스트에서는 리스트 전체를 검사하면서 삭제가 필요하면 노드의 링크가 적절한 노드를 가리키도록 변경한 후 다음 노드로 이동하면 되므로 각 삭제 작업에 딱 1단계면 된다. 이메일 주소 1,000개를 처리할 때 알고리즘은 읽기 1,000 단계와 삭제 100단계를 합쳐 딱 1,100단계만 필요하다.

결과적으로 연결 리스트는 전체 리스트를 순회하면서 삽입이나 삭제를 수행하는 데 매우 뛰어난 자료 구조이다. 삽입이나 삭제를 수행할 때 다른 데이터를 이동할 필요가 전혀 없기 때문이다.

14.9 이중 연결 리스트

연결 리스트에는 여러 가지 변형이 있다. 지금까지 살펴본 것은 **기본적인** 연결 리스트이지만, 약간만 수정하면 더 강력하게 만들 수 있다.

연결 리스트의 변형된 형태 중 하나가 **이중 연결 리스트**(doubly linked list)이다.

이중 연결 리스트는 연결 리스트와 비슷하지만 각 노드에 링크가 **2개**, 즉 다음 노드를 가리키는 링크와 **이전** 노드를 가리키는 링크가 있다는 점이 다르다. 또한 이중 연결 리스트는 항상 헤드 노드만 기록하는 게 아니라 헤드와 테일 노드를 **함께** 기록한다.

다음은 이중 연결 리스트의 모습이다.

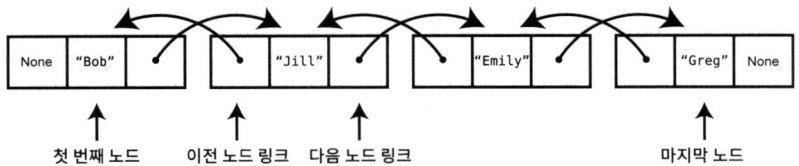

첫 번째 노드   이전 노드 링크   다음 노드 링크   마지막 노드

이중 연결 리스트의 핵심을 파이썬으로 구현할 수 있다. 먼저 '양쪽으로 연결되는' 새로운 종류의 노드를 만들어야 한다.

```python
class Node:

    def __init__(self, data):
        self.data = data
        self.next_node = None
        self.previous_node = None
```

이제 각 노드는 next_node 속성뿐만 아니라 previous_node 속성도 포함한다.
  두 속성을 모두 갖추었으므로 이제 이중 연결 리스트를 구현할 수 있다.

```python
import double_ended_node

class DoublyLinkedList:

    def __init__(self, first_node=None, last_node=None):
        self.first_node = first_node
        self.last_node = last_node
```

이중 연결 리스트는 항상 헤드와 테일이 어디에 있는지 알고 있으므로 각각 1단계, 즉 $O(1)$에 할 수 있다. 따라서 리스트의 맨 앞에서 읽기, 삽입, 삭제를 $O(1)$에 하듯이 리스트의 끝에서도 $O(1)$에 할 수 있다.
  다음은 이중 연결 리스트의 끝에 삽입하는 예제이다.

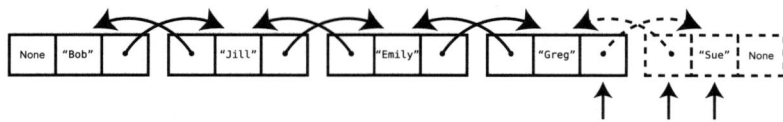

보다시피 새 노드("Sue")를 생성하고 previous_node가 연결 리스트의 last_node ("Greg")를 가리키게 한다. 그런 다음 last_node("Greg")의 next_node가 새 노드

("Sue")를 가리키도록 바꾼다. 마지막으로 새 노드("Sue")를 연결 리스트의 last_node로 선언한다.

14.9.1 코드 구현: 이중 연결 리스트 삽입

이어서 DoublyLinkedList 클래스에 추가할 새로운 append 메서드의 구현을 살펴보자. append 메서드는 리스트의 임의의 위치에 값을 삽입하는 대신 단순히 리스트 끝에 새 값을 추가한다. 여기서 전형적인 삽입이 아닌 추가(append)에 초점을 맞추는 이유는 이중 연결 리스트에서 추가가 얼마나 쉽고 빠른지를 강조하기 위해서이다. 다음은 append 메서드의 구현이다.

```python
def append(self, value):
    new_node = double_ended_node.Node(value)

    if not self.first_node:
        self.first_node = new_node
        self.last_node = new_node
    else:
        new_node.previous_node = self.last_node
        self.last_node.next_node = new_node
        self.last_node = new_node
```

메서드에서 가장 중요한 부분을 살펴보자.

먼저 새 노드를 생성한다.

```python
new_node = double_ended_node.Node(value)
```

처음에는 리스트가 비어 있는 경우를 처리한다. 하지만 우리는 기존 리스트에 값을 추가하는 코드로 넘어가겠다.

new_node의 previous_node 링크가 지금까지 마지막 노드였던 노드를 가리키도록 설정한다.

```python
new_node.previous_node = self.last_node
```

그런 다음 마지막 노드의 링크(이 시점까지는 None)가 new_node를 가리키도록 변경한다.

```
self.last_node.next_node = new_node
```

마지막으로 DoublyLinkedList 클래스의 인스턴스에 마지막 노드가 new_node라고
알려 준다.

```
self.last_node = new_node
```

14.9.2 앞뒤로 이동하기

기본적인 연결 리스트에서는 리스트를 **앞으로만** 이동할 수 있었다. 즉, 첫 번째 노
드에 접근해서 링크를 따라 리스트의 다른 모든 노드를 찾을 수 있다. 하지만 어떤
노드도 이전 노드가 무엇인지 알지 못하므로 뒤로 이동할 수 없다.

이중 연결 리스트는 리스트를 **앞뒤로** 이동할 수 있어 훨씬 더 유연하게 사용할
수 있다. 테일에서 시작해서 헤드로 거꾸로 작업할 수도 있다.

14.10 이중 연결 리스트 기반 큐

이중 연결 리스트는 리스트의 처음과 끝에 바로 접근할 수 있으므로 양쪽에서 $O(1)$
만에 데이터를 삽입하거나 삭제할 수 있다.

이중 연결 리스트는 끝에서 $O(1)$ 만에 데이터를 삽입하고, 앞에서 $O(1)$ 만에 데
이터를 삭제할 수 있어서 **큐의 기본 자료 구조로 완벽하다.**

9장 '큐'(157쪽)에서 살펴봤듯이 큐는 데이터를 끝에서 삽입하고 맨 앞에서 삭제
하는 리스트 구조이다. 또한 큐는 추상 데이터 타입의 한 예이며, 내부적으로 배열
을 사용하여 구현할 수 있다는 점도 배웠다.

큐는 끝에서 삽입하고 맨 앞에서 삭제하기 때문에 배열을 기본 자료 구조로 사용
하기에는 한계가 있다. 배열은 끝에서 삽입할 때는 $O(1)$이지만, 맨 앞에서 삭제할
때는 $O(N)$이기 때문이다.

반면 이중 연결 리스트는 끝에서 삽입할 때와 맨 앞에서 삭제할 때 **모두** $O(1)$이
다. 큐가 기반 자료 구조로 제격인 이유이다.

14.10.1 코드 구현: 이중 연결 리스트 기반 큐

큐 자체를 구현하기 전에 먼저 DoublyLinkedList 클래스에 메서드를 하나 더 추가하겠다. pop_head 메서드는 이중 연결 리스트에서 헤드를 제거한 후 제거할 노드를 반환한다.

```python
def pop_head(self):
    popped_node = self.first_node
    self.first_node = self.first_node.next_node
    self.first_node.previous_node = None
    return popped_node
```

보다시피 리스트의 self.first_node를 현재의 두 번째 노드로 바꿔 첫 번째 노드를 실질적으로 삭제한다. 또한 새 헤드가 이전 노드에 연결되지 않도록 한다. 마지막으로 방금 삭제한 노드를 반환한다.

이제 이중 연결 리스트에 기반한 큐를 구현할 수 있다.

```python
import doubly_linked_list

class Queue:

    def __init__(self):
        self.data = doubly_linked_list.DoublyLinkedList()

    def enqueue(self, element):
        self.data.append(element)

    def dequeue(self):
        dequeued_node = self.data.pop_head()
        return dequeued_node.data

    def read(self):
        if not self.data.first_node:
            return None
        return self.data.first_node.data
```

Queue 클래스는 DoublyLinkedList 클래스를 기반으로 메서드를 구현한다. enqueue 메서드는 DoublyLinkedList의 append 메서드에 의존한다.

```python
def enqueue(self, element):
    self.data.append(element)
```

마찬가지로 dequeue 메서드는 이중 연결 리스트의 맨 앞에서 삭제하는 기능을 활용한다.

```
def dequeue(self):
    dequeued_node = self.data.pop_head()
    return dequeued_node.data
```

이중 연결 리스트로 큐를 구현함으로써 이제 큐에서 $O(1)$의 빠른 속도로 삽입과 삭제를 모두 수행할 수 있다. 그야말로 두 배로 멋진 일이다.

14.11 마무리

지금까지 살펴봤듯이 배열과 연결 리스트의 미묘한 차이를 이해하면 코드를 그 어느 때보다 빠르게 할 수 있는 새로운 방법을 발견할 수 있다.

연결 리스트를 살펴보면서 노드 개념도 배웠다. 하지만 연결 리스트는 노드 기반 자료 구조 중 가장 단순한 형태일 뿐이다. 이어지는 장에서는 보다 복잡하고 흥미로운 노드 기반 구조를 배울 것이다. 또한 이 과정에서 노드가 어떻게 엄청난 성능과 효율을 제공하는지 알아보며 새로운 가능성을 발견해 보자.

14.12 연습 문제

다음 문제로 연결 리스트를 연습해 보자. 이 연습 문제의 해답은 부록 '연습 문제 해답'의 14장(485쪽)에 있다.

1. 기본 LinkedList 클래스에 리스트의 모든 값을 출력하는 메서드를 추가하라.

2. DoublyLinkedList 클래스에 리스트의 모든 값을 **역순으로** 출력하는 메서드를 추가하라.

3. 기본 LinkedList 클래스에 리스트의 마지막 값을 반환하는 메서드를 추가하라. 리스트에 요소가 몇 개 있는지 모른다고 가정한다.

4. 이번 문제는 약간 까다롭다. 기본 LinkedList 클래스에 리스트를 뒤집는 메서드를 추가하라. 즉, 원래 리스트가 A → B → C라면 리스트의 모든 링크를 C → B → A로 바꿔야 한다.

5. 이번에는 흥미로운 연결 리스트 퍼즐이다. 기본 연결 리스트의 중간 어딘가에서 노드에는 접근할 수 있지만 연결 리스트 자체에는 접근할 수 없다고 해 보자. 즉, Node의 인스턴스를 가리키는 변수는 있지만 LinkedList 인스턴스에는 접근할 수 없다. 이 경우 노드의 링크를 따라가면 중간 노드부터 끝까지 모든 값을 찾을 수 있지만, 이 노드 앞에 있는 노드는 찾을 방법이 없다.

    리스트에서 이 노드를 효과적으로 삭제하는 코드를 작성하라. 나머지 전체 리스트는 완전한 상태로 유지되며 이 노드만 제거되어야 한다.

15장

이진 탐색[1] 트리로 속도 향상

때로는 특정 순서로 데이터를 정렬하고 싶을 때가 있다. 예를 들어 이름을 알파벳 순으로 정렬하거나 제품 목록을 최저가에서 최고가순으로 정렬할 수도 있다.

퀵 정렬(Quicksort) 같은 정렬 알고리즘을 사용하면 데이터를 완벽하게 오름차순으로 정렬할 수 있지만 비용이 발생한다. 앞서 살펴본 것처럼 아무리 빠른 정렬 알고리즘이라도 $O(N \log N)$ 시간이 걸린다. 따라서 데이터를 **자주** 정렬해야 한다면 처음부터 항상 정렬된 상태를 유지해 다시 정렬할 필요가 없도록 하는 편이 합리적이다.

순서가 있는 배열은 데이터를 정렬된 상태로 유지하는, 간단하면서도 효과적인 도구이다. 또한 특정 연산에서 속도가 빠르다. 예를 들어 $O(1)$ 읽기와 $O(\log N)$ 검색(이진 검색 사용 시)이 가능하다.

하지만 순서가 있는 배열에는 단점이 있다.

순서가 있는 배열은 삽입과 삭제가 상대적으로 느리다. 순서가 있는 배열에 값을 삽입하려면 더 큰 값을 모두 오른쪽으로 한 셀씩 이동시켜야 한다. 그리고 순서가 있는 배열에서 값을 삭제하면 더 큰 값을 모두 한 셀씩 왼쪽으로 이동시켜야 한다. 이 때문에 최악의 시나리오(배열의 첫 번째 셀에 삽입 또는 삭제)에서 N단계, 평균적으로는 $N/2$단계가 걸린다. 따라서 어느 쪽이든 $O(N)$이 되며, $O(N)$은 간단한 삽입이나 삭제에 비해 상대적으로 느리다.

---

1 (옮긴이) 이진 탐색 트리는 이진 '검색' 트리로 부르기도 하지만, 노드를 따라 찾아가는 과정을 강조하고자 '탐색'으로 번역했다. 단, 자료 구조가 아닌 알고리즘 개념을 얘기할 때는 요소 값을 바로 찾는 의미이므로 '검색'이라고 번역했다.

자, 모든 면에서 속도가 뛰어난 자료 구조를 찾는다면 해시 테이블이 제격이다. 해시 테이블은 검색, 삽입, 삭제에서 $O(1)$이다. 하지만 순서를 유지하지는 못하는데, 알파벳순으로 목록을 정렬하는 애플리케이션에는 순서가 필요하다.

순서를 유지하면서도 검색, 삽입, 삭제가 빠른 자료 구조를 원한다면 어떻게 해야 할까? 정렬된 배열도 해시 테이블도 이상적인 선택은 아니다.

이럴 때 고려할 수 있는 이진 탐색 트리(binary search tree)를 알아보자.

15.1 트리

14장에서 노드 기반 자료 구조를 소개하면서 연결 리스트를 다루었다. 일반적인 연결 리스트에는 노드마다 자신과 하나의 다른 노드를 연결하는 링크를 포함한다. **트리** 역시 노드 기반 자료 구조이지만 트리의 각 노드는 **여러** 노드에 대한 링크를 가질 수 있다.

트리를 간단하게 그림으로 표현했다.

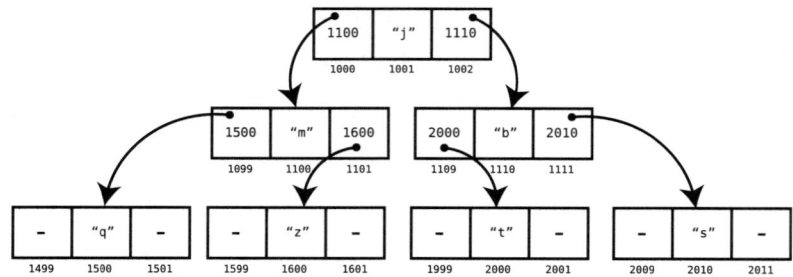

노드에는 2개의 다른 노드로 연결되는 링크가 2개씩 있다. 메모리 주소를 모두 표시하지 않고 트리를 단순하게 표현했다.

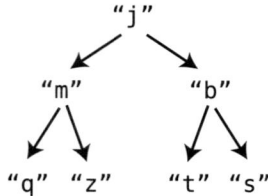

트리에는 고유한 명명법이 있다.

- 맨 위에 있는 노드(예제에서는 "j")를 **루트**(root)라고 한다. 그렇다. 이 그림에서 루트는 트리의 **맨 위**에 있다. 일반적으로 트리를 묘사하는 방법이다.
- 이 그림에서 "j"는 "m"과 "b"의 **부모**(parent)라고 한다. 반대로 "m"과 "b"는 "j"의 **자식**(children)이다. 마찬가지로 "m"은 "q"와 "z"의 부모이고 "q"와 "z"는 "m"의 자식이다.
- 가계도와 마찬가지로 노드에도 **자손**(descendant)과 **조상**(ancestor)이 있을 수 있다. 노드의 자손은 노드에서 파생된 **모든** 노드이며, 노드의 조상은 해당 노드가 파생된 **모든** 노드이다. 이 그림에서 "j"는 트리에 있는 다른 모든 노드의 조상이며, 다른 모든 노드는 "j"의 자손이다.
- 트리에는 **레벨**(level)이 있다. 각 레벨은 트리의 한 행에 해당한다. 이 예제 트리에는 레벨이 3개 있다.

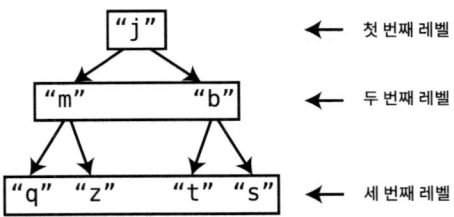

- 트리의 한 가지 속성은 **균형** 정도이다. 노드의 하위 트리(subtree)에 포함된 노드 개수가 같을 때 트리는 균형이 잡혔다고 한다.

앞의 트리는 완벽하게 균형 잡힌 트리이다. 각 노드를 살펴보면 두 하위 트리의 노드 개수가 같다. 루트 노드("j")에 하위 트리가 2개 있으며, 각 하위 트리에는 노드가 3개 있다. 트리의 모든 노드에서도 마찬가지이다. 예를 들어 "m" 노드에도 하위 트리가 2개 있으며 두 하위 트리는 각각 노드를 1개씩 포함한다.

반면에 다음 트리는 **불균형**하다.

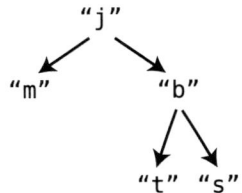

보다시피 루트의 오른쪽 하위 트리가 왼쪽 하위 트리보다 노드를 더 많이 포함하고 있어 불균형을 유발한다.

15.2 이진 탐색 트리

트리 기반 자료 구조는 종류가 많지만, 15장에서는 그중에서도 **이진 탐색 트리**(binary search tree)에 집중하겠다.

트리에 '**이진**'과 '**탐색**'이라는 수식어가 2개 붙어 있다.

이진 트리는 각 노드에 자식이 0개 또는 1개 또는 2개 있는 트리이다.

이진 **탐색** 트리는 다음 규칙을 따르는 이진 트리이다.

- 각 노드는 최대 하나의 **왼쪽** 자식과 하나의 **오른쪽** 자식을 가질 수 있다.
- 노드의 **왼쪽** 자손은 해당 노드보다 작은 값만 포함할 수 있다. 그리고 노드의 **오른쪽** 자손은 해당 노드보다 큰 값만 포함할 수 있다.

다음 예는 값이 숫자로 이루어진 이진 탐색 트리이다.

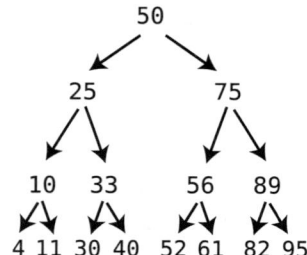

자신보다 작은 값을 갖는 노드는 왼쪽 화살표로, 자신보다 큰 값을 갖는 노드는 오른쪽 화살표로 표시한다.

50의 왼쪽 자손은 모두 50보다 작다. 동시에 50의 오른쪽 자손은 모두 50보다 크다. 모든 노드에 같은 패턴이 적용된다.

다음 예는 이진 트리이지만 이진 **탐색** 트리는 아니다.

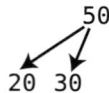

각 노드에 자식이 0개 또는 1개 또는 2개 있기 때문에 이진 트리이다. 그러나 루트

노드에 왼쪽 자식이 2개, 즉 루트 노드보다 작은 자식이 2개나 있으므로 이진 **탐색** 트리는 아니다. 이진 탐색 트리가 유효하려면 노드는 왼쪽(작은) 자식과 오른쪽 (큰) 자식을 최대 1개씩만 가져야 한다.

파이썬으로 구현한 트리 노드를 알아보자.

```python
class TreeNode:

    def __init__(self, value, left=None, right=None):
        self.value = value
        self.left_child = left
        self.right_child = right
```

이제 다음과 같이 트리를 간단하게 만들 수 있다.

```python
node1 = TreeNode(25)
node2 = TreeNode(75)
root = TreeNode(50, node1, node2)
```

지금부터 살펴보겠지만 이진 탐색 트리의 고유한 구조 덕분에 트리에 어떤 값이 있든 매우 빠르게 검색할 수 있다.

15.3 검색

앞에서 다룬 이진 탐색 트리를 다시 보자.

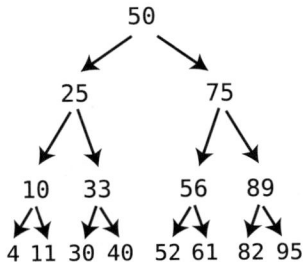

이진 탐색 트리를 검색하는 알고리즘은 다음과 같다.

1. 노드 하나를 **현재 노드**로 지정한다. (알고리즘을 시작할 때는 루트 노드가 첫 번째 현재 노드이다.)
2. 현재 노드에서 값을 검사한다.

3. 원하는 값을 찾았다면 다행이다!

4. 찾고 있는 값이 현재 노드보다 작으면 왼쪽 하위 트리에서 검색한다.

5. 찾고 있는 값이 현재 노드보다 크면 오른쪽 하위 트리에서 검색한다.

6. 검색하는 값을 찾거나 트리의 맨 아래에 도달할 때까지 1~5단계를 반복한다. 트리의 맨 아래에 도달했다면 해당 값이 트리에 없는 것이다.

61을 검색해 보자. 이 과정을 그림으로 따라가면서 몇 단계가 필요한지 알아보자. 트리를 검색할 때는 항상 루트에서 시작해야 한다.

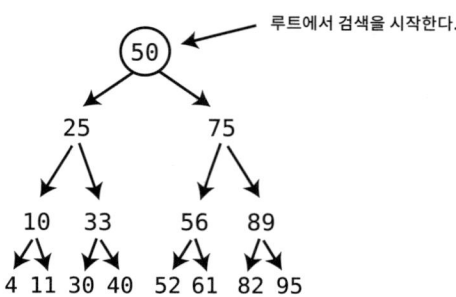

다음으로 컴퓨터는 스스로에게 묻는다. 검색하려는 숫자(61)가 노드의 값보다 큰가? 아니면 작은가? 찾고 있는 숫자가 현재 노드보다 작으면 왼쪽 자식에서 찾고, 현재 노드보다 크면 오른쪽 자식에서 찾는다.

이 예제에서 61은 50보다 크니 오른쪽 어딘가에 반드시 있다는 뜻이므로 오른쪽 자식을 검색한다. 다음 그림에서는 검색에서 제외된 모든 노드를 어둡게 처리했다. 해당 노드에는 61이 없다고 확신하기 때문이다.

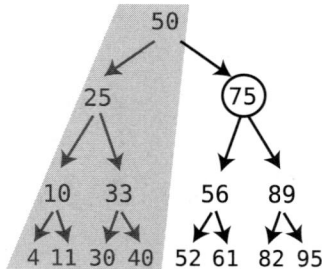

'우리가 찾는 숫자가 맞는가?'라고 알고리즘이 묻는다. 75는 우리가 찾고 있는 61이 아니므로 다음 레벨로 내려가야 한다. 그리고 61은 75보다 작으므로 왼쪽 자식을 확인해야 한다. 61은 오직 다음 그림에 표시된 하위 트리에만 있을 수 있다.

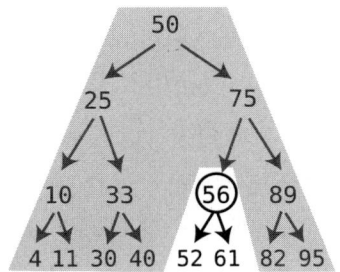

56은 우리가 찾고 있는 61이 아니므로 다음 레벨로 내려가 계속해서 검색한다. 61은 56보다 크므로 하위 트리의 오른쪽 자식에서 61을 검색한다.

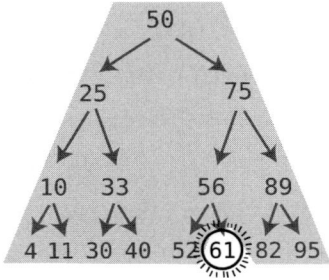

찾았다! 이 예제에서는 원하는 값을 찾는 데 4단계가 걸렸다.

15.3.1 이진 탐색 트리 검색의 효율성

방금 거친 단계를 다시 살펴보면 각 단계마다 남은 검색 대상 노드가 절반씩 제거된다. 예를 들어 검색을 시작할 때는 루트 노드에서 시작하며, 찾고자 하는 값은 루트의 자손 중에 있다. 하지만 루트의 오른쪽 자식에서 검색을 계속하기로 결정하면 왼쪽 자식과 **그 모든 자손**을 검색 대상에서 제외한다.

따라서 이진 탐색 트리에서의 검색은 $O(\log N)$이라고 할 수 있으며, 이는 각 단계에서 나머지 값의 절반을 제거하는 알고리즘에 어울리는 설명이다. (하지만 이는 최선의 시나리오인 포화(perfect) 이진 트리에만 해당된다는 사실을 곧 알게 될 것이다.)

15.3.2 log(N) 레벨

이진 탐색 트리에서 검색이 $O(\log N)$인 이유를 다른 방식으로 설명하다 보면 이진 트리에 대한 일반적인 특성이 하나 더 밝혀진다. **즉, 균형 잡힌 이진 트리에 노드가 N개 있으면 레벨(즉, 행)이 약 $\log N$개다.**

이해를 돕기 위해 트리의 각 행이 완전히 채워져 있고 빈 자리가 없다고 가정하자. 생각해 보면 트리에 완전한 새 레벨을 추가할 때마다 트리에 있는 노드 개수는 대략 2배가 된다. (실제로는 노드 개수에 2를 곱하고 1을 더해야 한다.)

예를 들어 레벨 4개가 완전히 채워진 이진 트리에는 노드가 15개 있다. (한번 세어 보자.) 만약 5번째 레벨을 가득 채워 추가하면 4번째 레벨의 8개 노드에 자식을 2개씩 추가한다는 뜻이다. 즉, 노드 16개가 새로 추가되면서 트리의 크기가 약 2배로 증가한다.

이렇듯 새 레벨을 추가하면 트리의 크기는 2배가 된다. 따라서 **노드가 N개인 트리는 모든 자리에 노드를 두려면 $\log(N)$ 레벨이 필요하다.**

이진 검색의 $\log(N)$ 패턴은 각 검색 단계에서 남은 데이터의 반을 제거하는 패턴이었다. 이진 트리에 필요한 레벨 수 역시 이 패턴을 따른다.

노드 31개를 포함하는 이진 트리를 예로 들어 보자. 5번째 레벨에는 노드 16개를 둘 수 있다. 여기서 데이터의 반 정도를 처리하면 남은 노드 15개를 둘 공간이 필요하다. 4번째 레벨에서는 노드 8개를 처리하면 노드 7개가 남는다. 3번째 레벨에서는 노드 4개를 처리하며, 이런 식으로 이진 트리가 구성된다.

실제로 log31은 (대략) 5이다. 따라서 노드가 N개인 균형 트리의 레벨은 $\log(N)$이라고 결론을 내릴 수 있다.

그러므로 이진 탐색 트리의 검색은 최대 $\log(N)$ 단계까지 걸릴 수밖에 없다. 검색할 때마다 한 레벨씩 내려가므로 단계 수는 트리의 레벨 수와 같다.

어떤 방식으로 이해하든 이진 탐색 트리의 검색에는 $O(\log N)$의 시간이 걸린다.

이진 탐색 트리의 검색도 $O(\log N)$이지만, 순서가 있는 배열의 이진 검색도 마찬가지이다. 숫자를 선택할 때마다 나머지 가능한 값의 반을 제거하기 때문이다. 따라서 이진 탐색 트리의 검색은 순서가 있는 배열의 이진 검색과 효율성이 같다.

하지만 삽입에서는 정렬 배열보다 이진 탐색 트리가 훨씬 뛰어나다. 이에 대해서는 곧 설명하겠다.

15.3.3 코드 구현: 이진 탐색 트리 검색

검색 연산을 구현할 때는 물론이고 이진 탐색 트리의 다른 연산에서도 재귀를 많이 사용한다. 10장 '재귀를 사용한 재귀적 반복'(163쪽)에서 배운 것처럼 임의의 깊이만큼 들어가야 하는 자료 구조를 처리할 때는 재귀가 꼭 필요하다. 레벨의 수가 무한한 트리 역시 이러한 자료 구조에 해당한다.

재귀를 활용해 파이썬으로 검색을 구현하는 방법은 다음과 같다. 루프로 대신할 수도 있지만 재귀 코드가 더 간결하고 우아하다.

```python
def search(search_value, node):
    if not node or node.value == search_value:
        return node

    elif search_value < node.value:
        return search(search_value, node.left_child)

    else:
        return search(search_value, node.right_child)
```

search 함수는 찾으려는 search_value와 검색의 기준이 될 node를 입력받는다. search를 처음 호출할 때 node는 루트 노드가 된다. 하지만 이후의 재귀 호출에서는 node가 트리의 다른 노드일 수 있다.

이 함수는 4가지 경우를 처리하며 그중 2가지는 기저 조건이다.

```python
if not node or node.value == search_value:
    return node
```

한 가지 기저 조건은 노드에 찾으려는 search_value가 포함된 경우로, 이때는 해당 노드를 반환하고 재귀 호출을 하지 않는다.

나머지 기저 조건은 노드가 없는 경우이다. 이는 다른 경우를 살펴보면 더 이해하기 쉬울 것이므로 잠시 후에 다시 돌아오겠다.

다음 경우는 search_value가 현재 노드의 값보다 작을 때이다.

```python
elif search_value < node.value:
    return search(search_value, node.left_child)
```

이 경우 search_value가 트리에 있다면 반드시 현재 노드의 왼쪽 자손 중 어딘가에 있어야 한다. 따라서 현재 노드의 왼쪽 자식에 대해 재귀적으로 search 함수를 호출한다.

다음은 그 반대의 경우로 search_value가 현재 노드의 값보다 클 때이다.

```
else:
    return search(search_value, node.right_child)
```

이 경우 현재 노드의 오른쪽 자식에 대해 재귀적으로 search 함수를 호출한다.

그런데 현재 노드의 자식에 대해 재귀적으로 호출할 때 현재 노드에 자식이 있는지는 확인하지 않았다. 바로 여기서 첫 번째 기저 조건이 등장한다.

```
if not node
```

즉, 실제로 자식 노드가 없는 상태에서 search를 호출하면 (node 변수에 실제로는 None이 포함되므로) 결국 None을 반환하게 된다. 이 경우는 트리에 search_value가 없을 때 발생하는데, search_value를 찾아야 하는 노드에 접근하려고 해도 검색이 막다른 골목에 부딪혀 검색하기 어려워지기 때문이다. 그러니 여기서는 search_value가 트리에 없음을 나타내는 None을 반환하는 것이 적절하다.

15.4 삽입

앞서 언급했듯이 이진 탐색 트리는 삽입에 가장 뛰어나다. 이제 그 이유를 살펴보자.

예제 트리에 숫자 45를 삽입하려고 한다. 먼저 45를 추가할 올바른 노드를 찾아야 한다. 검색을 시작하려면 루트에서 출발해야 한다.

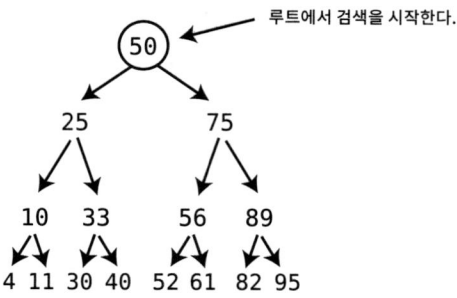

45는 50보다 작으므로 왼쪽 자식 노드로 내려간다.

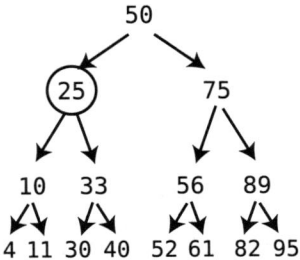

45는 25보다 크므로 오른쪽 자식 노드를 검사해야 한다.

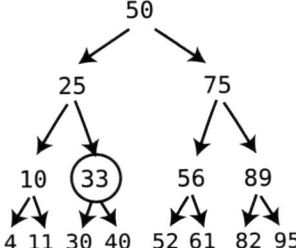

45는 33보다 크므로 33의 오른쪽 자식 노드를 확인한다.

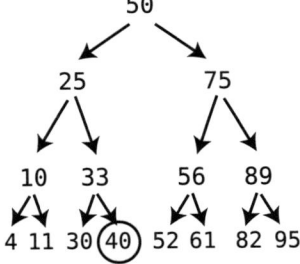

자식이 없는 노드에 도달했으므로 더 이상 갈 곳이 없다. 이제 삽입할 준비가 되었다.

45는 40보다 크므로 40의 오른쪽 자식 노드로 삽입한다.

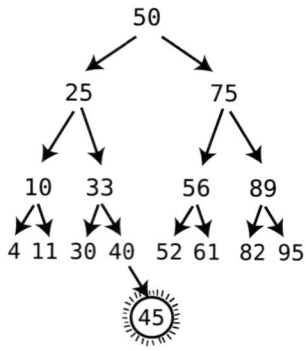

이 예제에서 삽입은 5단계였는데 검색에 4단계, 삽입에 1단계가 걸렸다. 삽입은 항상 검색보다 1단계가 더 걸리므로 $(\log N) + 1$단계가 걸린다. 빅 오 표기법에서는 상수를 무시하므로 $O(\log N)$이 된다.

반면 순서가 있는 배열에서는 검색뿐만 아니라 값을 삽입할 공간을 확보하기 위해 많은 데이터를 오른쪽으로 이동해야 하므로 삽입에 $O(N)$이 걸린다.

그래서 이진 탐색 트리가 매우 효율적이다. 순서가 있는 배열은 검색에 $O(\log N)$, 삽입에 $O(N)$이 걸리지만, 이진 탐색 트리는 검색과 삽입 모두 $O(\log N)$이 걸린다. 데이터가 자주 변경되는 애플리케이션에서는 이 차이가 매우 중요하다.

15.4.1 코드 구현: 이진 탐색 트리 삽입

다음은 이진 탐색 트리에 새 값을 삽입하는 파이썬 구현이다. search 함수와 마찬가지로 재귀적이다.

```python
import tree_node

def insert(value, node):
    if value < node.value:

        if not node.left_child:
            node.left_child = tree_node.TreeNode(value)
        else:
            insert(value, node.left_child)

    elif value > node.value:
```

```
        if not node.right_child:
            node.right_child = tree_node.TreeNode(value)
        else:
            insert(value, node.right_child)
```

insert 함수는 삽입하려는 value와 이 value가 자손이 될 조상 노드인 node를 입력받는다.

먼저 value가 현재 node의 값보다 작은지 확인한다.

```
if value < node.value:
```

value가 node보다 작으면 node의 왼쪽 자손 중 어딘가에 value를 삽입해야 한다.

그런 다음 현재 node에 왼쪽 자식이 있는지 확인한다. node에 왼쪽 자식이 없으면 바로 여기가 value가 있을 자리이므로 value를 왼쪽 자식으로 삽입한다.

```
if not node.left_child:
    node.left_child = tree_node.TreeNode(value)
```

더 이상 재귀 호출을 할 필요가 없으니 이 코드가 기저 조건이다.

하지만 node에 이미 왼쪽 자식이 있다면 그 자리에 값을 넣을 수 없다. 대신 왼쪽 자식에 insert 함수를 재귀적으로 호출하면서 value를 삽입할 지점을 계속 검색해 나간다.

```
else:
    insert(value, node.left_child)
```

결국에는 자식이 없는 자손 노드에 도달하게 되고 바로 그곳이 value를 삽입할 자리다.

insert 함수의 나머지 코드는 정확히 반대의 경우, 즉 value가 현재 node보다 클 때를 처리한다.

15.4.2 삽입 순서

일반적으로 무작위로 정렬된 데이터로 트리를 만들 때만 트리의 균형이 잘 잡힌다는 점에 유의해야 한다. **정렬된** 데이터를 트리에 삽입하면 트리가 불균형해지고 효율성이 떨어질 수 있다. 예를 들어 정렬된 데이터를 순서대로, 즉 1, 2, 3, 4, 5로 삽입하면 트리는 다음과 같은 모양이 된다.

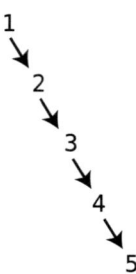

이 트리는 완전히 선형적이므로 트리에서 5를 검색하는 데 $O(N)$이 걸린다.

하지만 같은 데이터를 3, 2, 4, 1, 5 순서로 삽입하면 트리가 균형을 이룬다.

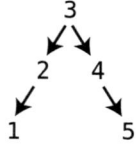

균형 트리일 때만 검색에 $O(\log N)$의 시간이 걸린다.

따라서 순서가 있는 배열을 이진 탐색 트리로 변환하려면 먼저 데이터를 무작위로 만들어야 한다.

최악의 시나리오에서 트리가 완전히 **불균형하면** 검색에는 $O(N)$이 걸린다. 반면 최선의 시나리오에서 트리가 완벽하게 균형을 이루면 검색에는 $O(\log N)$이 걸린다. 일반적인 시나리오에서 데이터를 무작위로 삽입하면 트리는 비교적 균형을 이루며 검색에는 약 $O(\log N)$이 걸린다.

15.5 삭제

삭제는 이진 탐색 트리에서 가장 까다로운 연산이며 세심하게 조작해야 한다.

다음 이진 탐색 트리에서 4를 삭제해 보자.

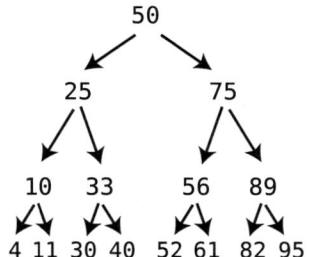

먼저 검색을 수행하여 4를 찾는다. 검색은 이미 해 봤으니 다시 설명하지는 않겠다.

4를 찾았으면 1단계로 삭제할 수 있다.

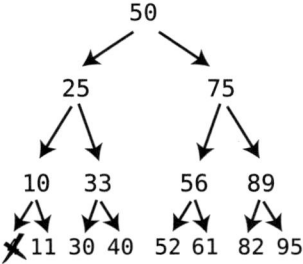

간단하다. 하지만 이제 10을 삭제하려고 하면 어떻게 되는지 보자.

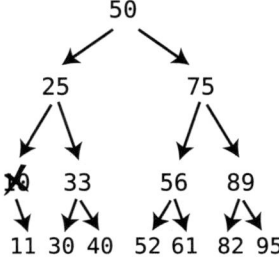

결과적으로 11이 트리에 더 이상 연결되지 않게 된다. 그렇게 두면 11을 영원히 잃게 되므로 이렇게 둘 수는 없다.

10이 있던 자리에 11을 연결하면 이 문제를 해결할 수 있다.

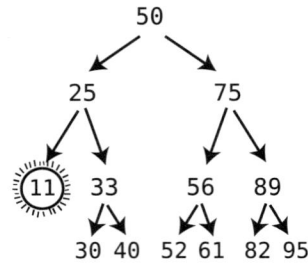

지금까지 삭제 알고리즘은 다음 규칙을 따랐다.

- 삭제할 노드에 자식이 없으면 단순히 삭제한다.
- 삭제할 노드에 자식이 하나 있으면 해당 노드를 삭제하고 삭제된 노드가 있던 자리에 그 자식 노드를 연결한다.

15.5.1 자식이 2개인 노드 삭제하기

가장 복잡한 시나리오는 자식이 2개인 노드를 삭제하는 것이다. 다음 트리에서 56을 삭제한다고 해 보자.

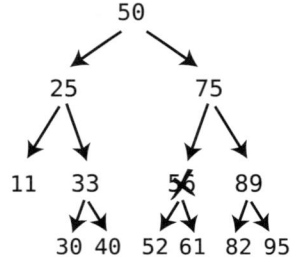

56의 자식이었던 52와 61은 어떻게 해야 할까? 둘 다 56이 있던 곳으로 옮길 수는 없다. 여기서 삭제 알고리즘의 다음 규칙이 적용된다.

- 자식이 2개인 노드를 삭제할 때는 삭제된 노드를 **후임자**(successor) 노드로 교체한다. 후임자 노드는 **삭제된 노드보다 큰 값 중 최솟값을 갖는** 자식 노드이다.

까다로운 문장이다. 다시 말해 삭제된 노드와 그 자손들을 모두 오름차순으로 정렬하면 후임자 노드는 방금 삭제한 노드 다음에 오는 숫자가 된다.

여기서는 삭제한 노드에 자손 노드가 2개뿐이므로 어떤 노드가 후임자 노드인지 쉽게 파악할 수 있다. 숫자 52-56-61을 오름차순으로 정렬하면 56 다음 숫자는 61 이다.

후임자 노드를 찾았으면 삭제된 노드가 있었던 자리에 넣는다. 즉, 56을 61로 교체한다.

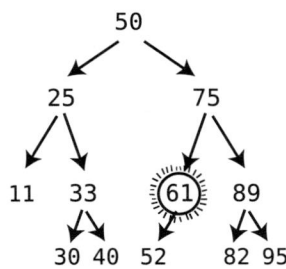

15.5.2 후임자 노드 찾기

컴퓨터는 후임자 노드를 어떻게 찾을까? 트리에서 상위에 있는 노드를 삭제할 때는 이 과정이 까다로울 수 있다.

다음은 후임자 노드를 찾는 알고리즘이다.

- 삭제된 노드의 오른쪽 자식을 방문하여 더 이상 이동할 수 없을 때까지 각 자식의 왼쪽 자식을 계속 따라간다. 맨 아래에 도달한 값이 후임자 노드다.

이 과정을 좀 더 복잡한 예제로 다시 보자. 이번에는 루트 노드를 삭제해 보겠다.

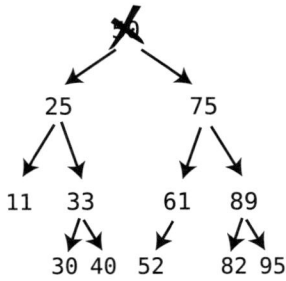

이제 후임자 노드를 50이 있던 자리에 놓고 루트 노드로 바꿔야 한다. 후임자 노드를 찾아보자.

먼저 삭제된 노드의 **오른쪽** 자식을 방문한 다음, 왼쪽 자식이 없는 노드에 도달할 때까지 **왼쪽 방향**으로 계속 내려간다.

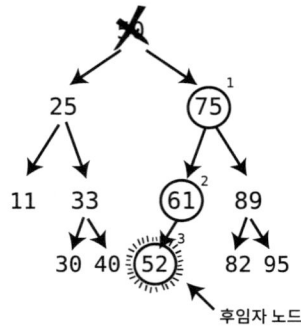

후임자 노드

52가 후임자 노드였다.

이제 후임자 노드를 찾았으니 삭제된 노드에 넣는다.

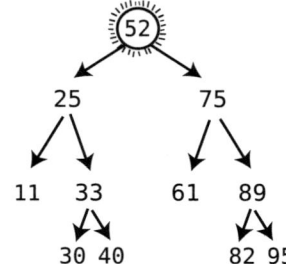

이제 끝났다!

15.5.3 오른쪽 자식이 있는 후임자 노드

아직 고려하지 않은 경우가 하나 남았는데 바로 후임자 노드에 오른쪽 자식이 있는 경우이다. 이전 트리로 다시 되돌리고 52에 오른쪽 자식을 추가해 보겠다.

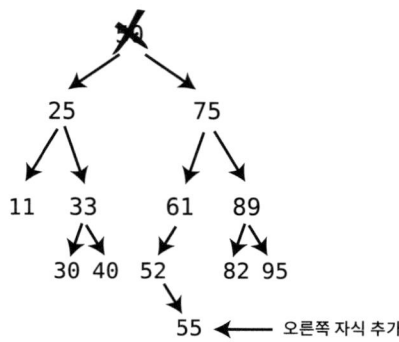

오른쪽 자식 추가

여기서는 루트에 후임자 노드(즉, 52)를 단순히 끼워 넣을 수 없는데, 그렇게 하면 자식 노드 55가 부모 노드 없이 남겨지기 때문이다. 따라서 삭제 알고리즘에 대한 규칙이 하나 더 필요하다.

- 후임자 노드에 오른쪽 자식이 있으면 삭제된 노드의 자리에 후임자 노드를 연결 하고, 후임자 노드의 오른쪽 자식이었던 노드를 후임자 노드가 있던 자리에 넣 는다.

또 까다로운 문장이니 단계별로 살펴보자.

먼저 후임자 노드(52)를 루트에 넣는다. 그러면 55는 부모 노드 없이 남겨진다.

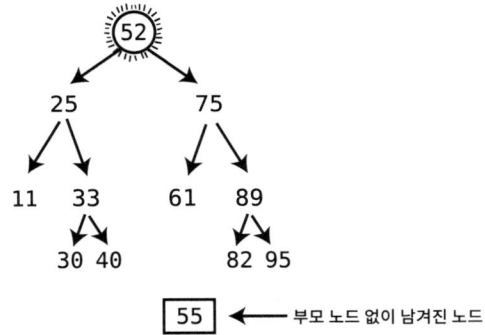

다음으로 후임자 노드가 있던 자리인 61의 왼쪽 자식에 55를 둔다.

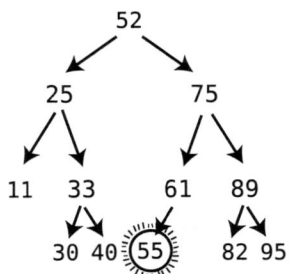

15.5.4 후임자 노드가 오른쪽 자식인 경우

때때로 후임자 노드 **자체**가 오른쪽 자식일 수도 있다. 그리고 때로는 이 후임자 노드 자체에 오른쪽 자식이 있을 수도 있다. 예를 들어 다음 트리에서 3을 삭제하면 4 가 후임자 노드가 되는데, 4에 왼쪽 자식이 없기 때문이다.

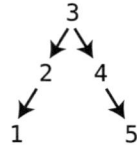

여기서는 후임자 노드를 삭제된 3이 있던 자리에 넣을 때 5를 떼었다가 붙이지 않는다. 대신 5를 4의 오른쪽 자식으로 유지한다.

이제 **정말** 끝났다.

15.5.5 완전한 삭제 알고리즘

모든 단계를 종합하면 이진 탐색 트리에서 삭제 알고리즘은 다음과 같다.

- 삭제할 노드에 자식이 없으면 그냥 삭제한다.
- 삭제할 노드에 자식이 하나 있으면 해당 노드를 삭제하고, 그 자식 노드를 삭제된 노드가 있던 자리에 끼워 넣는다.
- 자식이 2개인 노드를 삭제할 때는 삭제된 노드를 **후임자 노드**로 교체한다. 후임자 노드는 **삭제된 노드보다 큰 값 중에서 최솟값**을 갖는 자식 노드이다.
- 후임자 노드를 찾으려면 삭제된 노드의 오른쪽 자식을 방문한 다음, 이 자식 노드의 왼쪽 자식이 더 이상 남지 않을 때까지 각 자식의 왼쪽 자식을 계속 방문한다. 맨 아래에 있는 노드가 후임자 노드다. 만약 삭제된 노드의 오른쪽 자식에 왼쪽 자식이 없으면 그 오른쪽 자식이 후임자 노드가 된다.
- 후임자 노드에 오른쪽 자식이 있으면 (그리고 후임자 노드가 원래 부모의 왼쪽 자식이면) 삭제된 노드의 자리에 후임자 노드를 넣고, 후임자 노드의 이전 오른쪽 자식을 **후임자 노드의 원래 부모의 왼쪽 자식**으로 바꾼다.

15.5.6 코드 구현: 이진 탐색 트리 삭제

다음은 이진 탐색 트리의 삭제를 구현한 파이썬 코드이다. 주요 함수는 delete이며, 이 함수는 replace_with_successor_node라는 보조(helper) 함수에 의존한다.

```python
def replace_with_successor_node(node):
    successor_node = node.right_child

    if not successor_node.left_child:
        node.value = successor_node.value
```

```
            node.right_child = successor_node.right_child
            return

        while successor_node.left_child:
            parent_of_successor_node = successor_node
            successor_node = successor_node.left_child

        if successor_node.right_child:
            parent_of_successor_node.left_child = successor_node.right_child
        else:
            parent_of_successor_node.left_child = None

        node.value = successor_node.value
        return successor_node

def delete(value_to_delete, node):
    current_node = node
    parent_of_current_node = None
    node_to_delete = None

    while current_node:
        if current_node.value == value_to_delete:
            node_to_delete = current_node
            break

        parent_of_current_node = current_node
        if value_to_delete < current_node.value:
            current_node = current_node.left_child
        elif value_to_delete > current_node.value:
            current_node = current_node.right_child

    if not node_to_delete:
        return None

    if node_to_delete.left_child and node_to_delete.right_child:
        replace_with_successor_node(node_to_delete)
    else: # 삭제된 노드에 자식이 0 또는 1개 있는 경우

        child_of_deleted_node = (node_to_delete.left_child or
                                 node_to_delete.right_child)

        if not parent_of_current_node:
            node_to_delete.value = child_of_deleted_node.value
            node_to_delete.left_child = child_of_deleted_node.left_child
            node_to_delete.right_child = child_of_deleted_node.right_child
        elif node_to_delete == parent_of_current_node.left_child:
            parent_of_current_node.left_child = child_of_deleted_node
```

```
        elif node_to_delete == parent_of_current_node.right_child:
            parent_of_current_node.right_child = child_of_deleted_node

    return node_to_delete
```

코드의 양이 꽤 많지만 단계별로 하나씩 살펴보겠다.

검색이나 삽입과 달리 이 삭제 코드는 재귀 **없이** 작성했다. 삭제 함수를 재귀적으로 작성할 수도 있었지만 재귀로 삭제 코드를 작성하면 이해하기가 훨씬 더 어렵다. 따라서 재귀 대신에 루프로 트리를 이동한다.

delete 함수를 단계별로 살펴보자.

delete 함수를 호출할 때는 삭제할 값(value_to_delete)과 트리의 루트 노드(node)를 전달한다.

처음에는 변수 3개를 설정한다.

```
current_node = node
parent_of_current_node = None
node_to_delete = None
```

current_node는 처음에 루트를 가리키지만 삭제할 값을 찾기 위해 트리를 따라 내려가면서 업데이트된다. parent_of_current_node는 이름에서 알 수 있듯이 current_node의 부모이다. 이 변수를 기록하는 이유는 차차 명확해질 것이다. 마지막으로 node_to_delete는 **결국** 삭제할 노드를 가리키게 되지만 해당 노드를 찾을 때까지는 None으로 설정된다.

그런 다음 트리에서 value_to_delete를 검색하는 루프를 시작한다. 기본적으로 검색 연산과 같지만, 이번에는 재귀 대신 루프를 사용한다.

```
while current_node:
    if current_node.value == value_to_delete:
        node_to_delete = current_node
        break

    parent_of_current_node = current_node
    if value_to_delete < current_node.value:
        current_node = current_node.left_child
    elif value_to_delete > current_node.value:
        current_node = current_node.right_child
```

이 코드는 트리를 따라 내려가면서 current_node를 업데이트하고 value_to_delete 를 검색한다. 트리에 값이 없어서 찾지 못하면 current_node가 None이 되면서 루프 가 자체적으로 종료된다.

반대로 value_to_delete를 **찾으면** current_node를 node_to_delete로 선언하 고 루프를 빠져나온다. 또한 parent_of_current_node도 계속 기록하는데, 이제 이 변수는 삭제할 노드의 부모 노드를 가리킨다.

다음 코드를 보자.

```
if not node_to_delete:
    return None
```

삭제하려는 값이 처음부터 트리에 없으면 None을 반환한다.

이 함수의 나머지 부분에서는 실제 삭제 작업을 수행한다. 먼저 삭제하려는 노드 에 자식이 2개 있는 가장 복잡한 경우를 처리한다.

```
if node_to_delete.left_child and node_to_delete.right_child:
    replace_with_successor_node(node_to_delete)
```

여기서는 주요 작업을 replace_with_successor_node 보조 함수에 맡기며, 이 함 수는 곧 알아볼 예정이다. 일단 계속해 보자.

다음으로 삭제된 노드에 자식이 0 또는 1개 있는 경우이다.

```
else: # 삭제된 노드에 자식이 0 또는 1개 있는 경우

    child_of_deleted_node = (node_to_delete.left_child or
                             node_to_delete.right_child)

    if not parent_of_current_node:
        node_to_delete.value = child_of_deleted_node.value
        node_to_delete.left_child = child_of_deleted_node.left_child
        node_to_delete.right_child = child_of_deleted_node.right_child
    elif node_to_delete == parent_of_current_node.left_child:
        parent_of_current_node.left_child = child_of_deleted_node
    elif node_to_delete == parent_of_current_node.right_child:
        parent_of_current_node.right_child = child_of_deleted_node
```

먼저 삭제된 노드의 자식을 나타낼 새 변수 child_of_deleted_node를 설정한다. 삭제된 노드에 자식이 없으면 이 변수를 None으로 설정한다. 이 변수는 매우 중요한데, node_to_delete를 삭제할 때 해당 노드의 자식을 삭제된 노드가 있던 자리에 배치해야 하기 때문이다.

이 코드에서는 elif 절 2개가 이 작업을 수행한다. 삭제된 노드가 부모의 왼쪽 자식인지 오른쪽 자식인지 판단하고 그에 따라 child_of_deleted_node를 삭제된 노드의 부모 노드에 연결한다.

if 문의 첫 번째 절은 루트 노드를 삭제할 때 그 처리를 담당한다. 삭제된 루트의 자식을 새 루트로 만들기 위해 원래 루트를 그 자식으로 덮어쓴다.

함수의 마지막 줄에서는 단순히 삭제된 노드를 반환해 필요한 경우 다른 용도로 사용하도록 한다.

```python
return node_to_delete
```

이제 삭제된 노드에 자식이 2개 있는 경우로 돌아가 보겠다. 여기서는 이전 코드에서 호출했던 보조 함수 replace_with_successor_node를 알아보자.

이 함수를 호출할 때는 삭제할 노드를 전달하며 이를 node라고 한다.

그리고 다음 코드로 후임자 노드를 찾는다.

```python
successor_node = node.right_child

if not successor_node.left_child:
    node.value = successor_node.value
    node.right_child = successor_node.right_child
    return

while successor_node.left_child:
    parent_of_successor_node = successor_node
    successor_node = successor_node.left_child
```

여기서는 삭제된 노드의 오른쪽 자식에서 시작하여 더 이상 이동할 수 없을 때까지 왼쪽 자식을 따라 트리 아래로 계속 내려간다. 맨 아래 노드가 후임자 노드다. 이 과정에서 후임자 노드의 부모 노드도 계속 기록한다.

하지만 후임자 노드가 삭제된 노드의 오른쪽 자식이면(삭제된 노드의 오른쪽 자식에 왼쪽 자식이 없을 때) 삭제된 노드가 있던 자리에 후임자 노드를 넣기만 하면 된다. 다른 작업은 필요하지 않다. 하지만 후임자 노드가 부모의 왼쪽 자식이면 다음 단계를 계속 진행한다.

다음으로 그 자리에서 후임자 노드를 제거한다.

```
if successor_node.right_child:
    parent_of_successor_node.left_child = successor_node.right_child
else:
    parent_of_successor_node.left_child = None
```

이 코드는 두 경우를 다룬다. 후임자 노드에 자식이 없는 두 번째(else 절)가 더 간단하다. 이때는 후임자 노드를 None으로 변경하여 삭제한다.

후임자 노드에 오른쪽 자식이 있는 좀 더 복잡한 경우에는 후임자 노드가 있던 자리에 오른쪽 자식을 둔다.

트리에서 후임자 노드를 성공적으로 제거했지만 아직 중요한 마지막 단계가 남았다. 처음부터 후임자 노드를 삭제하려던 것은 아니었다. 우리의 궁극적인 목표는 트리의 더 높은 위치에 있는 node를 삭제하는 것이었다.

이를 위해 삭제할 노드의 자리에 후임자 노드를 넣는다.

```
node.value = successor_node.value
```

이때 실제로 후임자 노드를 넣지 않고, 대신 그 값으로 node의 값을 덮어써서 node를 삭제하는 효과를 낸다.

여기까지이다! 힘든 여정이었지만 해냈다.

15.5.7 이진 탐색 트리 삭제의 효율성

검색이나 삽입과 마찬가지로 트리에서의 삭제 연산도 일반적으로 $O(\log N)$이 걸린다. 삭제에는 검색 과정은 물론 부모 노드가 없는 자식 노드를 처리하는 단계도 필요하기 때문이다. 반면 순서가 있는 배열에서 값을 삭제할 때는 삭제된 값의 자리를 메우기 위해 요소를 왼쪽으로 이동시켜야 하므로 $O(N)$이 걸린다.

15.6 이진 탐색 트리의 실제 사용

이진 탐색 트리는 검색, 삽입, 삭제에서 $O(\log N)$의 효율성을 자랑하며, 순서가 있는 데이터를 저장하고 조작해야 하는 시나리오에서 효율적일 수 있다. 특히, 데이터를 자주 수정해야 할 때 그렇다. 순서가 있는 배열은 데이터를 검색할 때 이진 탐색 트리만큼 빠르지만, 데이터를 삽입하고 삭제할 때는 이진 탐색 트리가 훨씬 빠르기 때문이다.

예를 들어 도서 목록을 관리하는 애플리케이션을 만든다고 해 보자. 애플리케이션에는 다음과 같은 기능이 있어야 한다.

- 프로그램은 도서 목록을 알파벳 순서로 출력할 수 있어야 한다.
- 프로그램에서 도서 목록을 지속적으로 변경할 수 있어야 한다.
- 사용자가 도서 목록에 있는 제목을 검색할 수 있어야 한다.

도서 목록이 자주 변경되지 않는다면 순서가 있는 배열이 데이터를 저장하는 데 적합한 자료 구조일 것이다. 하지만 우리는 실시간으로 많은 변경 사항을 처리하는 앱을 개발하고 있다. 목록에 제목이 수백만 개가 있다면 이진 탐색 트리가 더 나은 선택일 수 있다.

이러한 트리는 다음과 같은 형태일 것이다.

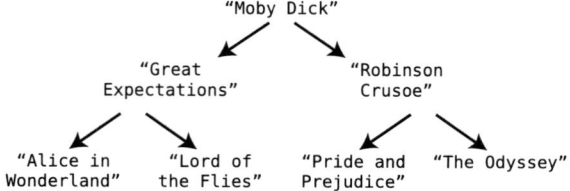

트리에서 제목은 알파벳 순서에 따라 배치된다. 알파벳 앞쪽에 있는 제목은 '작은' 값으로 간주하고 뒤쪽에 있는 제목은 '큰' 값으로 간주한다.

15.7 이진 탐색 트리 순회

이진 탐색 트리에서 데이터를 검색, 삽입, 삭제하는 방법은 이미 배웠다. 그리고 이 애플리케이션은 도서 목록을 알파벳 순서로 출력할 수 있어야 한다고 언급했었다. 어떻게 할 수 있을까?

먼저 트리의 모든 노드를 **방문**하는 기능이 필요하다. 노드에 **방문**한다는 것은 노드에 접근한다는 의미이다. 자료 구조의 모든 노드를 방문하는 과정을 자료 구조 **순회**(traversing)라고 한다.

두 번째로 트리를 알파벳 오름차순으로 순회해 목록을 해당 순서대로 출력해야 한다. 트리를 순회하는 방법은 여러 가지이지만, 이 애플리케이션에서는 **중위 순회**(inorder traversal)를 수행해 도서 제목을 알파벳 순서대로 출력하겠다.

재귀는 트리를 순회하는 데 좋은 도구이다. 특정 노드에서 호출할 수 있는 traverse 재귀 함수를 만들겠다. 이 함수는 다음 단계를 수행한다.

1. 노드의 왼쪽 자식에서 재귀적으로 자신(traverse)을 호출한다. 이 함수는 왼쪽 자식이 없는 노드에 도달할 때까지 계속 호출된다.
2. 노드를 방문한다. (도서 목록 애플리케이션에서는 이 단계에서 노드의 값을 출력한다.)
3. 노드의 오른쪽 자식에서 재귀적으로 자신(traverse)을 호출한다. 이 함수는 오른쪽 자식이 없는 노드에 도달할 때까지 계속 호출된다.

이 재귀 알고리즘의 기저 조건은 존재하지 않는 자식에 대해 traverse를 호출하는 경우로, 이때는 더 이상 아무것도 하지 않고 return을 수행한다.

다음은 도서 목록을 처리하는 파이썬 traverse_and_print 함수이다. 얼마나 간결한지 보자.

```
def traverse_and_print(node):
    if not node:
        return
    traverse_and_print(node.left_child)
    print(node.value)
    traverse_and_print(node.right_child)
```

중위 순회하는 과정을 단계별로 알아보자.

먼저 "Moby Dick"에 대해 traverse_and_print를 호출한다. 그러면 "Moby Dick"의 왼쪽 자식인 "Great Expectations"에 대해 다시 traverse_and_print를 호출한다.

```
traverse_and_print(node.left_child)
```

다음 단계로 넘어가기 전에 "Moby Dick"에서 호출한 함수를 실행하는 중이며 왼쪽 자식을 순회하는 중이라는 사실을 호출 스택에 추가한다.

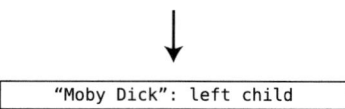

이어서 traverse_and_print("Great Expectations")를 실행한다. 이 함수는 "Great Expectations"의 왼쪽 자식인 "Alice in Wonderland"에 대해 traverse_and_print를 호출한다.

다음으로 넘어가기 전에 traverse_and_print("Great Expectations")를 호출 스택에 추가하자.

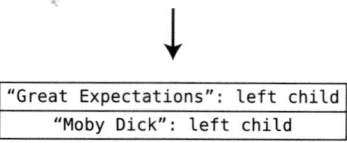

traverse_and_print("Alice in Wonderland")는 "Alice in Wonderland"의 왼쪽 자식에 대해 traverse_and_print를 호출한다. 하지만 왼쪽 자식이 **없으므로**(기저 조건) 아무 일도 일어나지 않는다. traverse_and_print 함수에서 실행될 다음 코드를 보자.

```
print(node.value)
```

이 코드는 "Alice in Wonderland"를 출력한다.

계속해서 다음 코드에서 "Alice in Wonderland"의 **오른쪽** 자식에 대해 traverse_and_print를 호출하려고 시도한다.

```
traverse_and_print(node.right_child)
```

하지만 오른쪽 자식이 없으므로(기저 조건) 더 이상 아무것도 수행하지 않고 반환된다.

함수 traverse_and_print("Alice in Wonderland") 실행이 완료됐으므로 호출 스택을 확인하여 이 재귀 과정에서 어느 단계에 있는지 확인한다.

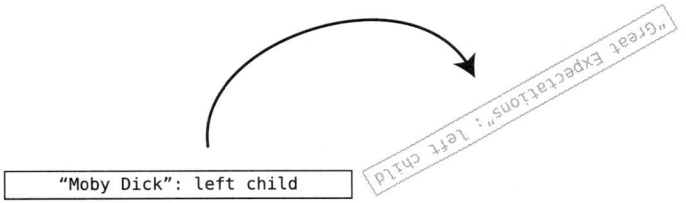

아, 맞다. 우리는 traverse_and_print("Great Expectations")를 실행하는 중이었고 "Great Expectations"의 왼쪽 자식에 대한 traverse_and_print 호출을 방금 완료했다. 호출 스택에서 이를 팝하자.

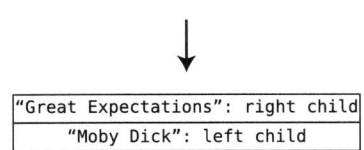

계속해 보자. 이 함수는 "Great Expectations"를 출력한 후, 오른쪽 자식인 "Lord of the Flies"에 대해 traverse_and_print를 호출한다. 하지만 그전에 traverse_and_print("Great Expectations")를 실행하는 중이었고, 그 오른쪽 자식을 순회하는 중이라는 사실을 호출 스택에 추가하자.

↓

```
"Great Expectations": right child
     "Moby Dick": left child
```

이제 traverse_and_print("Lord of the Flies")를 실행한다. 먼저 "Lord of the Flies"의 왼쪽 자식에 대해 traverse_and_print를 호출하지만, 왼쪽 자식이 없으므로 아무 일도 일어나지 않는다. 다음으로 "Lord of the Flies"를 출력한다. 마지막으로 "Lord of the Flies"의 오른쪽 자식에 대해 traverse_and_print를 호출하지만, 오른쪽 자식도 없으므로 이제 함수는 종료된다.

호출 스택을 확인해 보면 "Great Expectations"의 오른쪽 자식에 대해 traverse_ and_print를 실행하던 중이었음을 알 수 있다. 다음 그림과 같이 이를 팝하고 계속 진행한다.

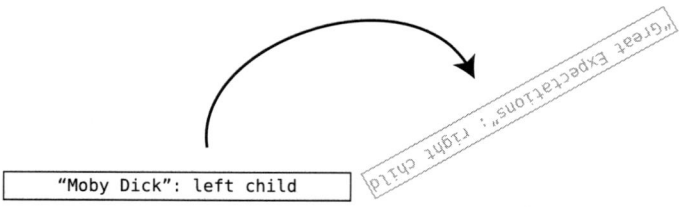

이제 traverse_and_print("Great Expectations")에서 해야 할 모든 작업을 완료했으므로 호출 스택으로 돌아가서 다음에 수행할 작업을 확인할 수 있다.

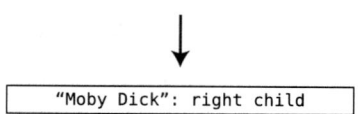

호출 스택을 보면 "Moby Dick"의 왼쪽 자식에 대한 traverse_and_print를 실행 중이었음을 알 수 있다. 이제 호출 스택에서 이를 팝하고(이제 스택은 비어 있음) 계속해서 traverse_and_print("Moby Dick")의 다음 단계로 넘어가 "Moby Dick"을 출력할 수 있다.

그런 다음 "Moby Dick"의 오른쪽 자식에 대해 traverse_and_print를 호출하고, 이를 호출 스택에 추가하자.

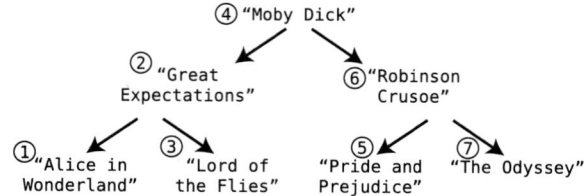

간결함을 위해(비록 늦은 감이 있지만) traverse_and_print 함수의 나머지 과정은 스스로 차례차례 따라가 보길 바란다.

함수가 완료되면 다음 순서대로 노드를 출력할 것이다.

이렇게 해서 도서 제목을 알파벳 순서로 출력하는 목표를 달성했다. 트리 순회의 시간 복잡도는 $O(N)$이다. 정의에 따르면 순회는 노드 N개를 모두 방문해야 하기 때문이다.

15.8 마무리

이진 탐색 트리는 순서를 유지하면서도 빠른 검색, 삽입, 삭제 기능을 제공하는 강력한 노드 기반 자료 구조다. 연결 리스트보다는 복잡하지만 그 가치는 엄청나다.

하지만 이진 탐색 트리는 트리의 한 유형일 뿐이다. 트리에는 다양한 종류가 있으며, 각 유형은 특수한 상황에서 저마다의 이점이 있다. 16장에서는 분명하면서도 일반적인 시나리오에서 속도상의 이점이 있는 트리를 살펴보겠다.

15.9 연습 문제

다음 문제로 이진 탐색 트리를 연습해 보자. 이 연습 문제의 해답은 부록 '연습 문제 해답'의 15장(488쪽)에 있다.

1. 비어 있는 이진 탐색 트리에 다음과 같은 순서로 숫자를 삽입하자.

$$[1, 5, 9, 2, 4, 10, 6, 3, 8]$$

    이 이진 탐색 트리를 그림으로 나타내라. 숫자는 여기에 제시된 순서대로 삽입해야 한다.

2. 값이 1,000개인 균형 잡힌 이진 탐색 트리에서 값을 검색하는 데 필요한 최대 단계 수는 얼마인가?

3. 이진 탐색 트리에서 가장 큰 값을 찾는 알고리즘을 작성하라.

4. 본문에서는 **중위** 순회를 사용하여 도서 제목을 출력하는 방법을 설명했다. 트리를 순회하는 다른 방법으로는 **전위**(preorder) 순회가 있다. 다음은 전위 순회로 구현한 코드이다.

```python
def traverse_and_print(node):
    if not node:
```

```
        return
    print(node.value)
    traverse_and_print(node.left_child)
    traverse_and_print(node.right_child)
```

앞에 나왔던 예제 트리("Moby Dick"과 다른 도서 제목들이 포함된 트리)에 전위
순회를 사용했을 때 도서 제목이 출력되는 순서를 작성하라. 예제 트리를 다시
보면 다음과 같다.

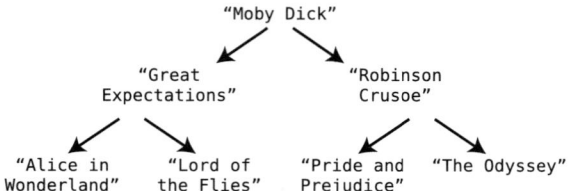

5. 트리를 순회하는 또 다른 방법으로는 **후위**(postorder) 순회가 있다. 다음은 후위
순회로 구현한 코드이다.

```
def traverse_and_print(node):
    if not node:
        return
    traverse_and_print(node.left_child)
    traverse_and_print(node.right_child)
    print(node.value)
```

본문의 예제 트리(또한 문제 4)에 후위 순회를 사용했을 때 도서 제목이 출력되
는 순서를 작성하라.

16장

힙으로 우선순위 관리하기

트리를 이해하면서 탐색할 수 있는 새로운 자료 구조가 많아졌다. 15장에서는 주로 이진 탐색 트리에 집중했지만 트리에는 다른 유형도 많다. 모든 자료 구조가 그렇듯이 각 트리 유형에는 고유한 장단점이 있으며, 상황에 따라 어떤 트리를 선택하느냐가 중요하다.

16장에서 알아볼 힙(heap)은 특정 시나리오에서 특히 뛰어난 기능을 제공하는 트리 자료 구조로, 특정 시나리오에서 활용할 수 있는 특별한 기능이 있다. 특히 데이터세트에서 가장 크거나 가장 작은 데이터 요소를 지속적으로 기록해야 할 때 유용하다.

힙의 기능을 알아보기 위해 완전히 다른 자료 구조인 우선순위 큐부터 살펴보자.

16.1 우선순위 큐

9장에서 '큐'(157쪽)를 배우면서 큐가 먼저 들어온 순서대로 처리하는, 즉 선입선출(FIFO) 리스트라는 것을 알게 되었다. 기본적으로 큐의 끝에서만 데이터를 삽입하며, 접근과 제거는 앞에서만 한다. 큐의 데이터에 접근할 때는 데이터가 삽입된 순서를 우선시한다.

우선순위 큐의 삭제와 접근은 전형적인 큐와 비슷하지만 삽입은 순서가 있는 배열과 비슷한 리스트이다. 따라서 우선순위 큐에서 데이터의 삭제나 접근은 **앞**에서만 이뤄지고, 데이터를 삽입할 때는 데이터가 항상 특정 순서로 정렬된 상태로 유지되어야 한다.

우선순위는 대표적으로 병원 응급실의 환자 분류 체계 애플리케이션에서 유용하게 쓰인다. 응급실에서는 환자를 도착한 순서대로 치료하지 않는다. 대신 중증도에 따라 환자를 치료한다. 갑자기 치명상을 입은 중증 환자가 응급실에 도착하면 독감에 걸린 환자가 몇 시간 전에 도착했더라도 중증 환자를 큐의 맨 앞에 배정한다.

환자 분류 체계로 환자의 중증도를 1부터 10까지 등급으로 매기고 10이 가장 위급하다고 해 보자. 우선순위 큐는 다음과 같이 표시될 수 있다.

환자 C - 중증도: 10
환자 A - 중증도: 6
환자 B - 중증도: 4
환자 D - 중증도: 2

↑ 우선순위 큐의 앞

치료할 환자를 정할 때는 항상 우선순위 큐의 맨 앞에 있는 환자를 선택하는데, 그 환자의 치료가 가장 시급하기 때문이다. 그러면 다음에 치료할 환자는 환자 C이다.

이제 중증도가 3인 환자가 도착하면 우선 이 환자를 우선순위 큐의 적절한 위치에 배정한다. 이 사람을 환자 E라고 부르겠다.

환자 C - 중증도: 10
환자 A - 중증도: 6
환자 B - 중증도: 4
환자 E - 중증도: 3
환자 D - 중증도: 2

←

우선순위 큐는 추상 데이터 타입의 한 예로, 보다 기본적인 자료 구조를 사용해 구현할 수 있다. 우선순위 큐를 간단하게 구현하는 한 가지 방법은 순서가 있는 배열을 사용하는 것이다. 즉, 배열을 사용하되 두 가지 제약을 둔다.

• 데이터를 삽입할 때 항상 적절한 순서를 유지한다.
• 배열의 끝에서만 데이터를 제거할 수 있다. (이는 우선순위 큐의 앞쪽을 나타낸다.)

이 방식은 간단한데, 이제 그 효율성을 분석해 보겠다.

우선순위 큐에는 두 가지 기본 연산, 삭제와 삽입이 있다.

1장 '자료 구조가 중요한 이유'(1쪽)에서 봤듯이 배열의 맨 앞에서 삭제하면 인덱스 0에 생긴 공백을 메우기 위해 모든 데이터를 이동해야 하기 때문에 $O(N)$이 걸린다. 하지만 구현 방식을 약간 조정하여 배열의 맨 **끝**을 우선순위 큐의 맨 **앞**으로 삼았다. 이렇게 하면 항상 배열의 끝에서 삭제하니 $O(1)$이 걸린다.

삭제가 $O(1)$이니 지금까지 우선순위 큐의 효율성은 꽤 괜찮은 편이다. 하지만 삽입은 어떨까?

순서가 있는 배열의 삽입은 새 데이터가 들어갈 위치를 결정하기 위해 배열의 모든 N개 요소를 검사해야 하기 때문에 $O(N)$이 걸린다고 배웠다. (그리고 올바른 위치를 일찍 찾더라도 나머지 데이터를 모두 오른쪽으로 이동해야 한다.)

따라서 배열 기반 우선순위 큐의 삭제는 $O(1)$, 삽입은 $O(N)$이 걸린다. 우선순위 큐에 항목이 많아지면 $O(N)$ 삽입은 애플리케이션에 원치 않는 지연을 일으킬 수 있다.

이 때문에 컴퓨터 과학자들은 우선순위 큐를 더 효율적으로 구현하는 기반이 될 자료 구조를 고안했다. 이 자료 구조가 바로 힙이다.

16.2 힙

힙에는 여러 가지 유형이 있지만 여기서는 **이진 힙**(binary heap)을 주로 다루겠다.

이진 힙은 이진 트리의 한 종류이다. 참고로 이진 트리란 각 노드가 최대 2개의 자식 노드를 가질 수 있는 트리 구조를 말한다. (15장에서 다룬 이진 **탐색** 트리도 특수한 유형의 이진 트리였다.)

이진 힙도 두 종류가 있다. 최대 힙과 최소 힙이다. 여기서는 최대 힙을 다루겠지만, 나중에 이 둘의 차이가 크지 않다는 점도 다루겠다.

앞으로는 이진 최대 힙을 다루더라도 이 자료 구조를 간단히 힙이라고 부르겠다.

힙은 두 조건을 따르는 이진 트리이다.

- 각 노드의 값은 자신의 하위 노드의 값보다 커야 한다. 이 규칙을 **힙 조건**(heap condition)이라고 한다.
- 트리가 **완전**해야 한다. (무슨 뜻인지 곧 설명하겠다.)

두 조건을 하나씩 살펴보자. 힙 조건부터 시작하겠다.

16.2.1 힙 조건

힙 조건에 따르면 각 노드의 값은 모든 자손 노드의 값보다 커야 한다.

다음 그림의 트리는 각 노드가 모든 자손 노드보다 크기 때문에 힙 조건을 충족한다.

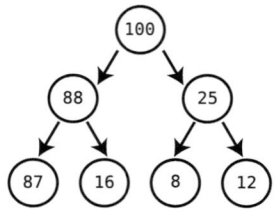

이 트리에서 루트 노드 100에는 자신보다 큰 자손 노드가 없다. 마찬가지로 88은 두 자식 노드보다 크며 25도 마찬가지이다.

다음 트리는 힙 조건을 만족하지 않으므로 유효한 힙이 아니다.

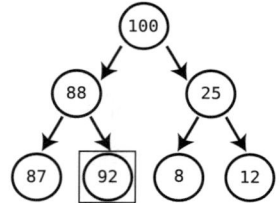

보다시피 92가 부모인 88보다 크다. 이는 힙 조건을 위반한다.

보다시피 힙의 구조는 이진 탐색 트리와 매우 다르다. 이진 탐색 트리에서는 각 노드의 오른쪽 자식 노드가 자신보다 크다. 하지만 힙에서는 어떤 노드도 자신보다 큰 자손을 가지지 **않는다.** 흔히 말하듯이 "이진 탐색 트리로는 힙을 만들지 않는다." (아니면 이와 비슷한 표현이 있을 것이다.)

또한 정반대의 힙 조건으로, 각 노드가 자손 노드보다 **작은** 값을 갖도록 힙을 구성할 수도 있다. 이러한 힙을 앞에서 언급한 최소 힙이라고 한다. 이제부터는 각 노드가 자신의 모든 자손 노드보다 **큰** 최대 힙에 집중하겠다. 궁극적으로 최대 힙인지 최소 힙인지는 중요하지 않다. 두 힙의 다른 모든 요소는 같으며 힙 조건만 반대일 뿐이다. 이외의 기본 개념은 같다.

16.2.2 완전 트리

이제 힙의 두 번째 규칙, 즉 트리가 완전해야 한다는 조건을 알아보자.

완전 트리(complete tree)란 모든 노드가 채워져 있으며 빠진 노드가 없는 트리를 의미한다. 따라서 트리의 각 레벨을 왼쪽에서 오른쪽으로 읽으면 모든 노드가 자리에 있다. 하지만 맨 아래 행은 빈 자리가 **있을 수 있는데**, 빈 자리의 오른쪽에는 노드가 없어야 한다. 이 부분은 예제를 봐야 이해하기 쉽다.

다음 트리는 트리의 각 레벨(즉, 각 행)이 노드로 완전히 채워져 있으므로 완전하다.

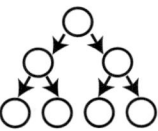

다음 트리는 세 번째 레벨에 빈 자리가 있으므로(그리고 세 번째 레벨에 있는 빈 노드의 오른쪽에 다른 노드가 있으므로) 완전하지 **않다.**

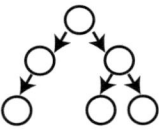

다음 트리는 사실상 완전하다. 빈 자리가 맨 아래 행에만 있고 빈 자리의 오른쪽에 노드가 없기 때문이다.

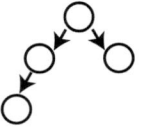

따라서 이 힙은 힙 조건을 만족하는 동시에 완전한 트리이다. 다음은 힙의 다른 예제이다.

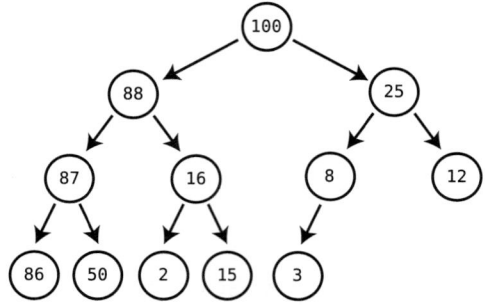

이 힙은 유효하다. 각 노드가 자신의 모든 자손 노드보다 크며 트리도 완전하기 때문이다. 맨 아래 행에 빈 자리가 있지만 이는 트리의 맨 오른쪽에만 있다.

16.3 힙 속성

이제 힙이 무엇인지 알았으니 힙의 흥미로운 속성 몇 가지를 알아보자.

힙은 힙 조건에 따라 특정 순서로 정렬되지만 값 검색에는 순서가 전혀 쓸모없다.

예를 들어 위 힙 그림에서 값 3을 검색한다고 해 보자. 루트 노드인 100에서 시작한다면 왼쪽 자손에서 검색해야 할까 오른쪽 자손에서 검색해야 할까? 이진 탐색 트리에서는 3이 100의 왼쪽 자손 중 하나일 것이다. 하지만 힙에서는 3이 100의 자손이어야 하며, 조상이 될 수 없다는 것만 알 수 있을 뿐 다음에 어떤 자식 노드를 검색해야 할지는 모른다. 물론 3이 100의 **오른쪽** 자손 중 하나이지만 왼쪽 자손 중 하나일 수도 있었다.

이 때문에 힙은 이진 탐색 트리에 비해 **느슨하게 정렬**된 구조라고 한다. 힙은 자손 노드가 조상 노드보다 클 수 없다는 점에서 **어느 정도** 순서는 있으나 이 정도의 순서는 검색에 충분한 이점을 제공하지 못한다.

힙의 또 다른 속성은 지금까지 확연히 드러났듯이 힙에서는 루트 노드가 항상 **최댓값**이라는 점이다. (최소 힙에서는 루트 노드가 항상 최솟값이다.) 힙이 우선순위 큐를 구현하는 데 유용한 이유가 바로 여기에 있다. 우선순위 큐에서는 항상 우선순위가 가장 높은 값에 접근하려고 한다. 힙에서는 항상 루트 노드에서 우선순위가 가장 높은 값을 찾을 수 있다. 따라서 루트 노드는 우선순위가 가장 높은 항목을 나타낸다.

힙에는 두 가지 기본 연산, 삽입과 삭제가 있다. 앞서 언급했듯이 힙에서 검색하려면 각 노드를 검사해야 하므로 검색은 일반적으로 힙의 맥락에서 구현되는 연산이 아니다. (힙에는 선택적인 읽기 연산이 있을 수도 있는데, 이는 단순히 루트 노드의 값을 확인하는 작업이다.)

힙의 기본 연산이 어떻게 작동하는지 살펴보기 전에 앞으로 알아볼 알고리즘에서 많이 사용할 용어를 하나 더 정의해 보자.

힙에는 **마지막 노드**(last node)가 있다. 힙의 **마지막 노드**는 맨 아래 레벨에서 가장 오른쪽에 있는 노드이다.

다음 그림에 있는 힙을 보자.

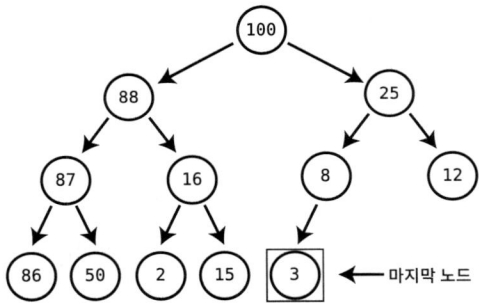

이 힙에서 마지막 노드는 맨 아래 행의 가장 오른쪽 노드인 3이다.

이어서 힙의 기본 연산을 알아보자.

16.4 힙 삽입

힙에 새 값을 삽입하려면 다음 알고리즘을 수행한다.

1. 새 값을 포함하는 노드를 생성하고 이를 맨 아래 레벨에서 다음으로 사용할 수 있는 가장 오른쪽 자리에 삽입한다. 따라서 이 값이 힙의 마지막 노드가 된다.
2. 다음으로 새 노드와 부모 노드를 비교한다.
3. 새 노드가 부모 노드보다 크면 새 노드와 부모 노드를 교환한다.
4. 3을 반복하며 새 노드의 부모가 자신보다 더 클 때까지 새 노드를 힙을 따라 위로 올린다.

이 알고리즘이 실제로 작동하는 모습을 살펴보자. 힙에 40을 삽입하면 어떻게 되는지 보자.

1단계: 40을 힙의 마지막 노드로 추가한다.

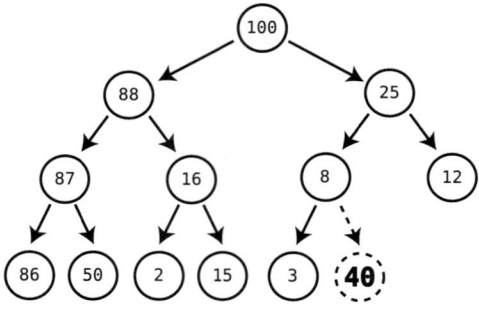

다음 방법은 올바르지 않다.

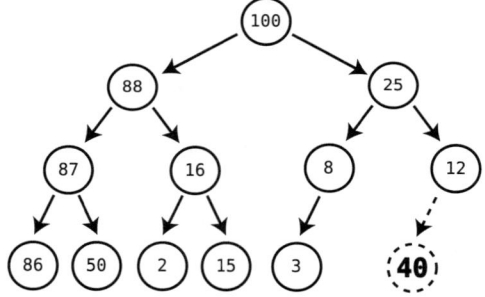

40을 12의 자식 노드로 두면 빈 자리(8의 오른쪽 자식 자리)의 오른쪽에 노드가 생기니 트리가 **불완전해진다.** 힙은 항상 완전해야 한다.

2단계: 40과 부모 노드인 8을 비교한다. 40이 8보다 크므로 두 노드를 교환한다.

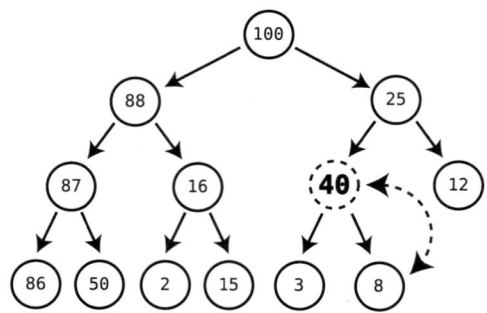

3단계: 40과 새 부모 노드인 25를 비교한다. 40이 25보다 크므로 둘을 교환한다.

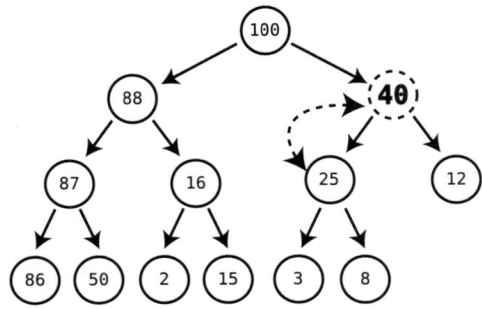

4단계: 40과 부모인 100을 비교한다. 40이 100보다 작으므로 완료되었다!

새 노드를 힙 위로 옮기는 과정을 **트리클링 업**(trickling up)이라고 한다. 때로는 오른쪽으로 때로는 왼쪽으로 옮기기도 하지만, 항상 올바른 위치에 자리 잡을 때까지 위로 이동한다.

힙 삽입 연산의 효율성은 $O(\log N)$이다. 15장에서 살펴봤듯이 노드가 N개인 이진 트리는 약 $\log(N)$ 행으로 구성된다. 새 값을 맨 위에 있는 행까지 트리클링 업해야 하므로 이 작업에는 최대 $\log(N)$단계가 걸린다.

16.5 마지막 노드 찾기

삽입 알고리즘은 간단해 보이지만 작은 문제가 하나 있다. 1단계에서는 새 값을 힙의 마지막 노드로 두어야 한다. 하지만 마지막 노드가 될 지점을 어떻게 찾을 수 있을까?

40을 삽입하기 전의 힙을 다시 보자.

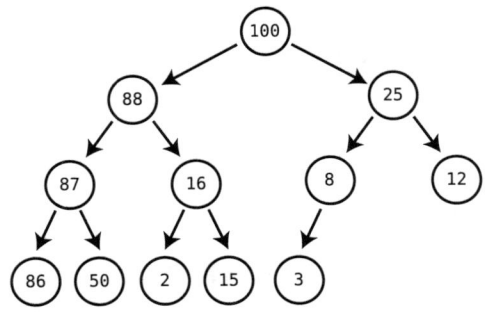

그림으로 보면 40을 마지막 노드로 만들어야 한다는 것을 바로 알 수 있다. 40은 8의 오른쪽 자식이어야 한다. 이 위치가 맨 아래 행에서 다음으로 사용 가능하기 때문이다. 40을 마지막 노드로 만들려면 맨 아래 행에서 다음으로 사용할 수 있는 자리인 8의 오른쪽 자식으로 두어야 한다.

하지만 컴퓨터에는 눈이 없어서 위 그림처럼 행으로 묶어서 힙을 보지 못한다. 컴퓨터는 루트 노드만 볼 수 있으며 자식 노드의 링크를 따라갈 뿐이다. 그렇다면 컴퓨터가 새 값을 넣을 자리를 찾는 알고리즘은 어떻게 만들까?

예제를 다시 보자. 루트 노드 100에서 시작하면 컴퓨터에 새 마지막 노드가 들어갈 자리를 100의 오른쪽 자손 중에서 찾으라고 해야 할까?

이 예제에서는 다음으로 들어갈 자리가 100의 오른쪽 자손 중에 있긴 하지만, 다른 힙을 한번 보자.

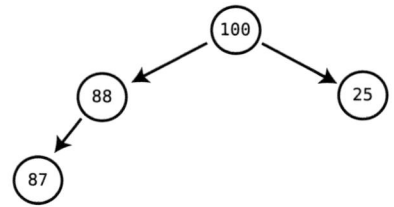

이 힙에서 새 마지막 노드가 들어갈 자리는 88의 오른쪽 자식이며, 이는 100의 **왼쪽** 자손에 속한다.

본질적으로 힙에서 검색이 불가능하듯이 힙의 마지막 노드(또는 다음으로 사용할 수 있는 새 마지막 노드의 자리)도 모든 노드를 하나하나 검사하지 않고는 효율적으로 찾을 수 없다.

그렇다면 다음으로 사용할 수 있는 노드는 어떻게 찾을까? 이는 나중에 설명할 테지만 일단은 이 문제를 **마지막 노드 문제**라고 부르겠다. '다시 보는 마지막 노드 문제'(317쪽)에서 다시 설명하겠다.

그동안 힙의 또 다른 주요 연산인 삭제에 대해 살펴보자.

16.6 힙 삭제

힙에서 값을 삭제하려면 **루트 노드만 삭제할 수 있다**는 점을 가장 먼저 알아야 한다. 이는 우선순위가 가장 높은 항목에만 접근해서 제거한다는 점에서 우선순위 큐의 작동 방식과 정확히 일치한다.

다음은 힙의 루트 노드를 삭제하는 알고리즘이다.

1. **마지막 노드**를 루트 노드가 있던 자리로 옮긴다. 결과적으로 기존 루트 노드는 제거된다.
2. 루트 노드를 올바른 위치까지 아래로 내린다. 노드를 힙 아래로 내리는 과정인 트리클링 다운(trickling down)이 어떻게 작동하는지 곧 설명하겠다.

다음 힙에서 루트 노드를 제거한다고 해 보자.

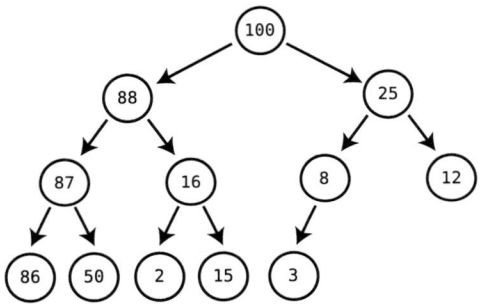

이 예에서 루트 노드는 100이다. 100을 삭제하려면 마지막 노드를 루트 자리로 옮겨 덮어쓴다. 여기서 마지막 노드는 3이다. 그러므로 3을 옮겨 100이 있던 자리에 놓는다.

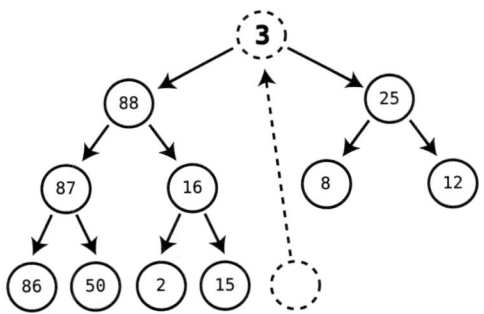

이 힙을 그대로 두면 안 된다. 3이 일부(실제로는 대부분의) 자손보다 작아 힙 조건을 어겼기 때문이다. 이를 바로 잡으려면 힙 조건을 만족할 때까지 3을 아래로 내린다.

트리클링 다운은 트리클링 업보다 조금 더 복잡한데 노드를 아래로 내릴 때마다 두 방향 중 하나를 선택해야 하기 때문이다. 즉, 노드를 왼쪽 자식과 교환할 수도 있고 오른쪽 자식과 교환할 수 있다. (반면 트리클링 업에서 각 노드는 오직 하나의 부모 노드와 교환할 수 있다.)

다음은 트리클링 **다운**을 위한 알고리즘이다. 명확하게 설명하기 위해 트리클링하는 노드를 '트리클 노드'라고 부르겠다. (이름이 조금 이상하지만, 어쨌든 그렇다.)

1. 트리클 노드의 두 자식을 확인하여 어느 쪽이 더 큰지 찾는다.
2. 트리클 노드가 두 자식 노드 중 더 큰 노드보다 작으면 트리클 노드를 더 큰 자식 노드와 교환한다.
3. 트리클 노드에 자신보다 큰 자식이 없을 때까지 1과 2를 반복한다.

실제로 어떻게 되는지 살펴보자.

1단계: 트리클 노드인 3에는 현재 88과 25라는 자식 노드가 2개 있다. 둘 중 88이 더 크고, 3은 88보다 작으므로 트리클 노드와 88을 교환한다.

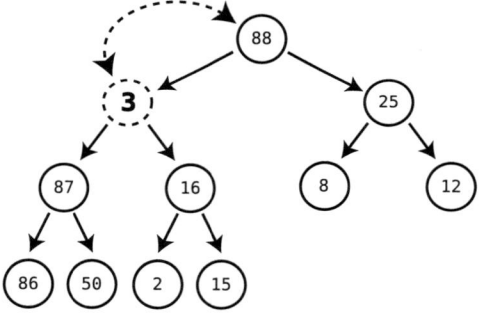

2단계: 이제 트리클 노드는 새로운 두 자식 노드, 87과 16을 갖는다. 87이 더 크며 트리클 노드보다 값이 크다. 따라서 트리클 노드와 87을 교환한다.

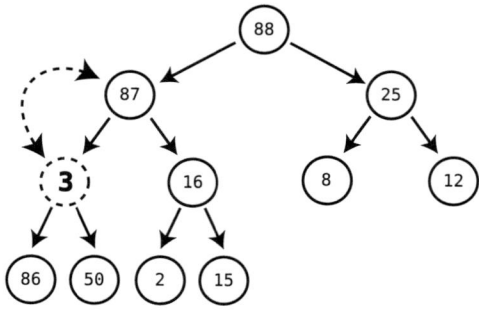

3단계: 이제 트리클 노드의 자식은 86과 50이다. 86이 더 크며 트리클 노드보다 값이 크므로 86과 트리클 노드를 교환한다.

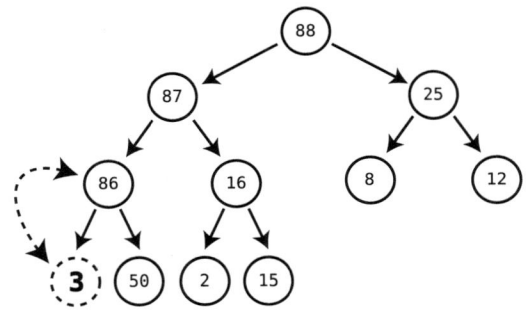

이제 트리클 노드는 자신보다 큰 자식이 없다. (사실 자식이 전혀 없다.) 힙 조건을 만족했으므로 모든 작업이 완료되었다.

트리클 노드를 항상 두 자식 중 **더 큰** 노드와 교환하는 이유는 작은 노드와 교환하면 힙 조건을 즉시 어기기 때문이다. 트리클 노드와 더 작은 자식을 교환하려 하면 무슨 일이 발생하는지 보자.

트리클 노드 3이 루트 노드인 상태에서 다시 시작하겠다.

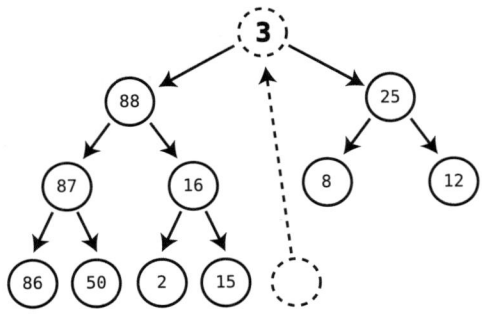

3을 더 작은 자식인 25와 교환해 보자.

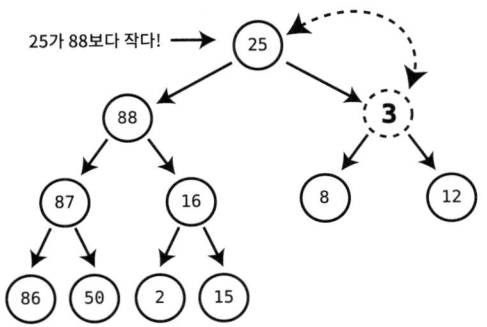

이제 25가 88의 부모 노드에 있다. 88이 부모보다 크므로 힙 조건이 깨졌다.

삽입과 마찬가지로 힙에서의 삭제도 시간 복잡도가 $O(\log N)$이다. 힙을 따라 루트에서부터 $\log(N)$ 레벨까지 노드를 트리클링 다운해야 하기 때문이다.

16.7 힙 vs 순서가 있는 배열

이제 힙의 효율성을 알았으니 우선순위 큐 구현에 힙이 좋은 이유를 알아보자.

다음은 정렬 배열과 힙을 나란히 비교한 표이다.

	순서가 있는 배열	힙
삽입	$O(N)$	$O(\log N)$
삭제	$O(1)$	$O(\log N)$

언뜻 보기에는 별 차이가 없어 보인다. 순서가 있는 배열이 힙보다 삽입은 느리지만 삭제는 빠르다.

하지만 힙이 더 나은 선택으로 여겨지는데 그 이유는 다음과 같다.

$O(1)$이 굉장히 빠르지만 $O(\log N)$도 여전히 **매우** 빠르다. 하지만 $O(N)$은 상대적으로 느린 편이다. 이를 염두에 두고 앞의 표를 다시 작성하면 다음과 같다.

	순서가 있는 배열	힙
삽입	느림	매우 빠름
삭제	굉장히 빠름	매우 빠름

이러한 관점에서 보면 힙이 더 나은 선택으로 여겨지는 이유가 명확해진다. 매우 빠를 때도 있고 느릴 때도 있는 자료 구조보다는 일관되게 매우 빠른 자료 구조를 사용하는 편이 낫다.

일반적으로 우선순위 큐는 삽입과 삭제를 거의 같은 비율로 수행한다는 점을 주목할 필요가 있다. 응급실 예제를 다시 생각해 보면 우리는 들어오는 모든 환자를 치료하길 원한다. 따라서 삽입과 삭제가 모두 빠르게 이뤄져야 한다. 둘 중 하나라도 느리다면 우선순위 큐는 비효율적일 것이다.

따라서 힙을 사용하면 우선순위 큐의 주요 작업인 삽입과 삭제를 매우 빠르게 수행할 수 있다.

16.8 다시 보는 마지막 노드 문제

힙 삭제 알고리즘은 간단해 보이지만 아직 마지막 노드 문제가 남았다.

삭제의 첫 번째 단계에서는 마지막 노드를 옮겨 루트 노드로 바꿔야 한다고 설명했다. 하지만 애초에 마지막 노드를 어떻게 찾을까?

마지막 노드 문제를 해결하기 전에 왜 삽입과 삭제가 마지막 노드에 의존하는지 먼저 살펴보자. 왜 힙의 다른 자리에는 새 값을 삽입할 수 없을까? 그리고 삭제할 때 루트 노드를 마지막 노드가 아닌 다른 노드로 바꿀 수 없는 이유는 무엇일까?

곰곰이 생각해 보자. 다른 노드를 사용하면 힙이 불완전해진다는 사실을 곧 깨닫게 된다. 그리고 이는 다음 질문으로 이어진다. 힙에 완전성이 **중요한** 이유는 무엇인가?

완전성이 중요한 이유는 힙의 **균형을 잘** 유지하기 위해서이다.

이를 명확하게 이해하기 위해 삽입 과정을 다시 보자. 다음과 같은 힙이 있다고 하자.

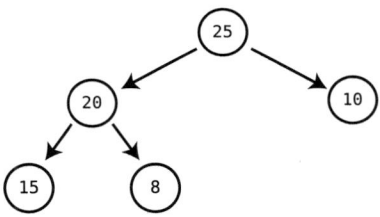

힙에 5를 삽입했을 때 힙의 균형을 유지할 유일한 방법은 5를 마지막 노드, 즉 10의 자식으로 만드는 것뿐이다.

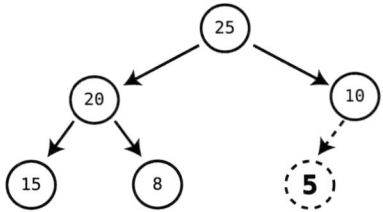

이 알고리즘을 제외한 다른 방법은 균형을 무너뜨린다. 예를 들어 새 노드를 맨 아래 가장 왼쪽 노드에 삽입한다면 왼쪽 자식을 따라 맨 아래에 도달할 때까지 탐색해 해당 위치를 쉽게 찾을 수 있다. 이렇게 하면 5는 15의 자식이 된다.

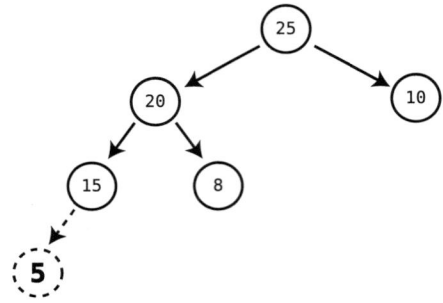

이제 힙이 약간 불균형해졌으며, 새 노드를 계속해서 맨 아래 가장 왼쪽에 삽입하면 힙이 얼마나 더 불균형해질지 쉽게 예상할 수 있다.

마찬가지로 힙에서 삭제할 때는 항상 마지막 노드를 루트로 바꿔야 한다. 그렇지 않으면 힙이 불균형해질 수 있기 때문이다. 다시 예제 힙을 살펴보자.

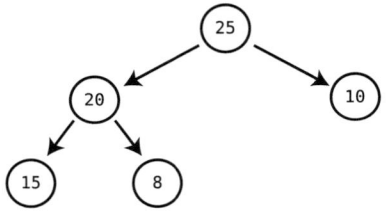

예를 들어 항상 맨 아래 가장 오른쪽 노드를 루트 자리로 옮긴다면 10이 루트 노드가 되어, 왼쪽 자손은 많고 오른쪽 자손은 없는 불균형한 힙이 된다.

균형이 중요한 이유는 바로 이 균형이 $O(\log N)$ 연산을 달성하게 해 주기 때문이다. 다음 그림처럼 심각하게 불균형한 트리에서는 탐색하는 데 $O(N)$단계가 걸린다.

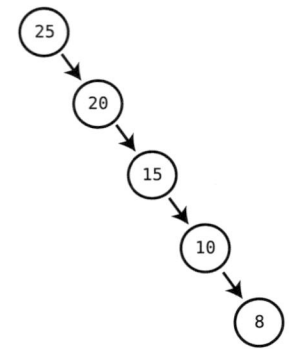

결국 이 문제는 마지막 노드 문제로 돌아간다. 어떤 알고리즘을 사용해야 힙의 마지막 노드를 일관되게 찾을 수 있을까? (다시 말하지만 모든 N개의 노드를 탐색하지 않고 말이다.)

여기서 갑자기 이야기가 전환점을 맞이한다.

16.9 배열로 힙 구현하기

마지막 노드 찾기는 힙 연산에서 매우 중요하다. **일반적으로 배열을 사용해 힙을 구현하면** 이를 효율적으로 수행할 수 있다.

지금까지는 모든 트리가 링크로 연결된(연결 리스트처럼) 독립적인 노드로 구성되어 있다고 가정했지만, 이제 힙을 배열로도 구현할 수 있다는 사실을 알게 될 것이다. 실제로 힙 자체는 내부적으로 배열을 사용하는 추상 데이터 타입일 수 있다.

다음 그림은 힙 값을 배열에 어떻게 저장하는지 보여 준다.

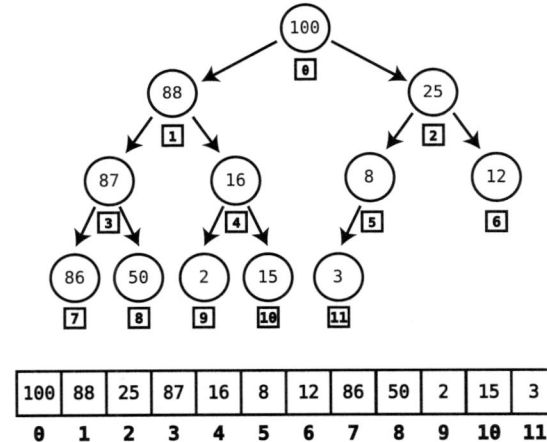

배열로 구현하기 위해 각 노드에 배열 내 인덱스를 할당한다. 그림에서 각 노드 아래 사각형에 인덱스를 표시했다. 자세히 보면 특정 패턴에 따라 각 노드의 인덱스를 할당했음을 알 수 있다.

루트 노드는 항상 인덱스 0에 저장한다. 그런 다음 한 레벨 아래로 내려가 왼쪽에서 오른쪽으로 이동하면서, 각 노드를 배열의 다음 사용 가능한 인덱스에 할당한다. 따라서 두 번째 레벨에서는 왼쪽 노드(88)가 인덱스 1이 되고 오른쪽 노드(25)가 인덱스 2가 된다. 한 레벨의 끝에 도달하면 다음 레벨로 내려가 이 패턴을 반복한다.

배열로 힙을 구현하는 이유는 배열이 마지막 노드 문제를 해결하기 때문이다. 어떻게 해결할까?

이러한 방식으로 힙을 구현하면 **마지막 노드는 항상 배열의 마지막 요소가 된다.** 각 값을 배열에 할당할 때 위에서 아래로, 왼쪽에서 오른쪽으로 이동하므로 마지막 노드는 항상 배열의 마지막 값이 된다. 앞의 그림을 보면 마지막 노드인 3이 배열의 마지막 값이다.

마지막 노드는 항상 배열의 끝에 있으므로 쉽게 찾을 수 있다. 배열의 마지막 요소에 접근하기만 하면 된다. 또한 힙에 새 노드를 삽입할 때도 배열의 끝에 삽입하면 새 노드가 마지막 노드가 된다.

배열 기반 힙이 어떻게 동작하는지 더 자세히 알아보기 전에 먼저 기본 구조를 코드로 작성해 보자. 다음은 파이썬으로 구현한 힙의 시작 부분이다.

```python
class Heap:

    def __init__(self):
        self.data = []

    def root_node(self):
        return self.data[0]

    def last_node(self):
        return self.data[-1]
```

보다시피 빈 배열로 힙을 초기화한다. root_node 메서드는 배열의 첫 번째 항목을 반환하며 last_node 메서드는 배열의 마지막 값을 반환한다.

16.9.1 배열 기반 힙 순회하기

지금까지 살펴봤듯이 힙의 삽입과 삭제 알고리즘을 사용하려면 힙을 트리클링할 수 있어야 한다. 트리클링을 하려면 노드의 부모 또는 자식에 접근하여 힙을 순회할 수 있어야 한다. 하지만 모든 값이 배열에 그저 저장되어 있다면 노드에서 노드로 어떻게 이동할 수 있을까? 각 노드의 링크를 간단히 따라갈 수 있다면 힙 순회는 복잡하지 않았을 것이다. 하지만 힙이 배열로 처리되는 상황에서 어떤 노드가 서로 연결되어 있는지 어떻게 알 수 있을까?

여기에 흥미로운 해결책이 있다. 앞서 설명한 패턴에 따라 힙 노드에 인덱스를 할당하면 다음과 같은 힙의 특징이 항상 성립한다.

• 어떤 노드의 왼쪽 자식을 찾으려면 (index * 2) + 1 공식을 사용할 수 있다.

• 어떤 노드의 오른쪽 자식을 찾으려면 (index * 2) + 2 공식을 사용할 수 있다.

이전 그림을 다시 살펴보고 인덱스 4에 있는 노드 16에 주목하자. 왼쪽 자식을 찾기 위해 인덱스(4)에 2를 곱하고 1을 더하면 9가 된다. 즉, 인덱스 9가 인덱스 4의 왼쪽 자식이다.

마찬가지로 인덱스 4의 오른쪽 자식을 찾으려면 4에 2를 곱하고 2를 더하면 10이 된다. 즉, 인덱스 10이 인덱스 4의 오른쪽 자식이다.

이러한 공식은 항상 성립하므로 배열을 트리처럼 다룰 수 있다.

다음 두 메서드를 Heap 클래스에 추가해 보자.

```python
def left_child_index(self, index):
    return (index * 2) + 1

def right_child_index(self, index):
    return (index * 2) + 2
```

각 메서드는 배열 내의 인덱스를 받아 각각 왼쪽 또는 오른쪽 자식의 인덱스를 반환한다.

다음은 배열 기반 힙의 다른 중요한 특징이다.

• 노드의 부모를 찾으려면 (index − 1) // 2 공식을 사용할 수 있다.

이 공식은 소수점 이하의 숫자를 버리는 **버림** 나눗셈을 사용한다. 예를 들어 3 // 2 는 더 정확한 1.5가 아닌 1을 반환한다.

다시 예제 힙에서 인덱스 4에 주목하자. 이 인덱스에서 1을 빼고 2로 나누면 몫이 1이 된다. 그리고 그림에서 보듯이 인덱스 4에 있는 노드의 부모는 인덱스 1에 있다.

이제 Heap 클래스에 다른 메서드를 추가할 수 있다.

```python
def parent_index(self, index):
    return (index - 1) // 2
```

이 메서드는 인덱스를 받아 해당 노드의 부모 노드 인덱스를 계산한다.

16.9.2 코드 구현: 힙 삽입

이제 Heap 클래스의 필수 요소를 갖췄으니 삽입 알고리즘을 구현해 보자.

```
def insert(self, value):
    self.data.append(value)
    new_node_index = len(self.data) - 1

    while (new_node_index > 0 and
           (self.data[new_node_index]
              > self.data[self.parent_index(new_node_index)])):

        parent_index = self.parent_index(new_node_index)
        self.data[parent_index], self.data[new_node_index] = \
            self.data[new_node_index], self.data[parent_index]

        new_node_index = parent_index
```

평소처럼 코드를 차례차례 분석해 보자.

insert 메서드는 힙에 삽입할 값을 받는다. 먼저 새 값을 배열의 맨 끝에 추가하여 마지막 노드로 만든다.

```
self.data.append(value)
```

다음으로 새 노드의 인덱스(new_node_index)를 기록하는데, 나중에 필요하기 때문이다. 지금은 이 인덱스가 배열의 마지막 인덱스이다.

```
new_node_index = len(self.data) - 1
```

이어서 while 루프를 사용하여 새 노드를 적절한 위치까지 트리클링 업한다.

```
while (new_node_index > 0 and
       (self.data[new_node_index]
          > self.data[self.parent_index(new_node_index)])):
```

이 루프는 두 조건을 만족하는 동안 실행된다. 주된 조건은 새 노드가 자신의 부모 노드보다 커야 한다는 것이다. 또한 새 노드의 인덱스가 0보다 커야 한다는 조건도 설정했다. 그렇지 않으면 루트 노드를 존재하지도 않는 부모 노드와 비교하려 하면서 예기치 못한 일이 발생할 수 있기 때문이다.

새 노드가 현재 부모 노드보다 클 때 루프가 실행되므로 새 노드와 부모 노드를
교환한다.

```
parent_index = self.parent_index(new_node_index)
self.data[parent_index], self.data[new_node_index] = \
    self.data[new_node_index], self.data[parent_index]
```

그런 다음 새 노드의 인덱스도 적절하게 업데이트한다.

```
new_node_index = parent_index
```

이 루프는 새 노드가 자신의 부모 노드보다 클 때만 실행되므로 새 노드가 올바른
자리에 있으면 루프가 종료된다.

16.9.3 코드 구현: 힙 삭제

다음으로 힙에서 항목을 삭제하는 구현을 살펴보겠다. 이 메서드의 이름을 pop이
라고 지었는데, **팝**이라는 용어가 (곧 보겠지만) 우선순위 큐에서처럼 **삭제된 값을
반환하여** 다른 코드에서 사용하도록 하는 데 중점을 두기 때문이다. 이는 단지 루
트 값을 제거하려는 목적이 아니라 다른 코드에 해당 값을 전달해 처리하도록 하려
는 것이다.

주요 메서드는 pop이지만 코드가 더 간결해지도록 has_greater_child와
find_larger_child_index라는 보조 메서드를 만들었다.

구현 코드는 다음과 같다.

```
def pop(self):
    value_to_delete = self.root_node()
    self.data[0] = self.data.pop()
    trickle_node_index = 0

    while self.has_greater_child(trickle_node_index):
        larger_child_index = self.find_larger_child_index(trickle_node_index)

        self.data[trickle_node_index], self.data[larger_child_index] = \
            self.data[larger_child_index], self.data[trickle_node_index]
```

```
            trickle_node_index = larger_child_index

        return value_to_delete

    def has_greater_child(self, index):
        return ((self.left_child_index(index) <= len(self.data) and
                self.data[self.left_child_index(index)] > self.data[index])
                or
                (self.right_child_index(index) <= len(self.data) and
                self.data[self.right_child_index(index)] > self.data[index]))

    def find_larger_child_index(self, index):
        if not self.data[self.right_child_index(index)]:
            return self.left_child_index(index)

        if (self.data[self.right_child_index(index)]
                > self.data[self.left_child_index(index)]):
            return self.right_child_index(index)
        else:
            return self.left_child_index(index)
```

먼저 pop 메서드를 자세히 알아보자.

pop 메서드는 인수를 받지 않는데, 삭제하려는 노드가 루트 노드뿐이기 때문이다. 메서드의 작동 방식을 알아보자.

먼저 삭제할 값을 저장하고 함수 끝부분에서 저장한 값을 반환한다.

```
value_to_delete = self.root_node()
```

다음으로 배열에서 마지막 값을 제거하고 이 값을 첫 번째 값으로 둔다.

```
self.data[0] = self.data.pop()
```

이 간단한 코드로 기존 루트 노드의 값을 효과적으로 삭제할 수 있는데, 이는 루트 노드의 값을 마지막 노드의 값으로 덮어쓰기 때문이다.

다음으로 새 루트 노드를 올바른 자리까지 트리클링 다운해야 한다. 앞서 이 노드를 트리클 노드라 불렀고 코드에도 반영했다.

본격적으로 트리클링을 시작하기에 앞서 나중에 필요한 트리클 노드의 인덱스(trickle_node_index)를 기록한다. 현재 트리클 노드는 인덱스 0에 있다.

```
trickle_node_index = 0
```

계속해서 while 루프를 사용해 트리클링 다운 알고리즘을 실행한다. 이 루프는 트리클 노드에 해당 노드보다 큰 자식이 있을 때 실행된다.

```
while self.has_greater_child(trickle_node_index):
```

이 코드에서는 has_greater_child 메서드를 사용하는데, 이 메서드는 주어진 노드에 자신보다 큰 자식이 있는지 여부를 반환한다.

먼저 이 루프는 트리클 노드의 자식 중 더 큰 자식의 인덱스를 찾는다.

```
larger_child_index = self.find_larger_child_index(trickle_node_index)
```

이 코드는 find_larger_child_index 메서드를 사용하는데, 이는 트리클 노드의 더 큰 자식의 인덱스를 반환한다. 반환된 인덱스는 larger_child_index라는 변수에 저장된다.

다음으로 트리클 노드를 더 큰 자식 노드와 교환한다.

```
self.data[trickle_node_index], self.data[larger_child_index] = \
    self.data[larger_child_index], self.data[trickle_node_index]
```

트리클 노드의 인덱스를 방금 교환한 인덱스로 업데이트한다.

```
trickle_node_index = larger_child_index
```

마지막으로 힙에서 삭제한 노드의 값을 반환한다.

```
return value_to_delete
```

16.9.4 힙을 구현하는 다른 방법

이제 힙 구현이 완료되었다. 지금까지는 내부적으로 배열을 사용해 힙을 구현했지만 연결된 노드를 사용해 힙을 구현할 수도 있다. (이렇게 구현하면 2진수를 활용하는 방법으로 마지막 노드 문제를 해결한다.)

하지만 배열을 사용한 구현이 더 일반적이므로 여기서는 이 방법을 소개했다. 이 외에 배열을 사용하여 트리를 구현하는 방법을 살펴보는 것도 흥미롭다.

사실 배열을 사용하면 15장의 이진 탐색 트리를 비롯해 **어떤** 종류의 이진 트리도 구현할 수 있다. 하지만 힙은 마지막 노드를 쉽게 찾을 수 있다는 점에서 배열 구현이 유리한 첫 번째 이진 트리 사례이다.

16.10 힙으로 구현하는 우선순위 큐

이제 힙의 작동 원리를 이해했으니 익숙한 개념인 우선순위 큐로 돌아가 보자.

다시 말하지만 우선순위 큐의 주요 기능은 큐에서 우선순위가 가장 높은 항목에 즉시 접근하게 하는 것이다. 응급실 예제에서는 중상이 가장 심각한 사람을 먼저 치료해야 했다.

이러한 이유로 힙은 우선순위 큐 구현에 어울린다. 힙을 사용하면 우선순위가 가장 높은 항목에 즉시 접근할 수 있으며, 이는 항상 루트 노드에서 찾을 수 있다. 우선순위가 가장 높은 항목을 힙에서 처리할 때마다 (그리고 이를 힙에서 제거할 때마다) 그다음으로 우선순위가 높은 항목이 힙의 맨 위로 올라와 처리될 준비를 한다. 그리고 힙은 이 작업을 수행하면서 삽입과 삭제를 $O(\log N)$으로 빠르게 처리한다.

반면에 순서가 있는 배열은 새 값을 올바른 위치에 놓기 위해 $O(N)$의 훨씬 느린 삽입이 필요하다.

힙의 느슨한 정렬이 오히려 힙의 **장점**으로 작용했다. 완벽하게 순서대로 정렬될 필요가 없기 때문에 새 값을 $O(\log N)$ 시간 안에 삽입할 수 있다. 동시에 힙은 **필요한 만큼** 정렬되어 있으므로 언제든지 우리가 필요한 하나의 항목, 즉 힙의 가장 큰 값에 접근할 수 있다.

16.11 마무리

지금까지 다양한 종류의 트리가 어떻게 다양한 문제를 최적화할 수 있는지 살펴보았다. 이진 탐색 트리는 삽입 비용을 최소화하면서 검색 속도를 빠르게 유지했고, 힙은 우선순위 큐를 구축하는 데 완벽한 도구였다.

17장에서는 일상적으로 사용하며 가장 일반적인 텍스트 기반 연산을 할 수 있는 또 다른 트리를 알아보겠다.

16.12 연습 문제

다음 문제로 힙을 연습해 보자. 이 연습 문제의 해답은 부록 '연습 문제 해답' 16장 (489쪽)에 있다.

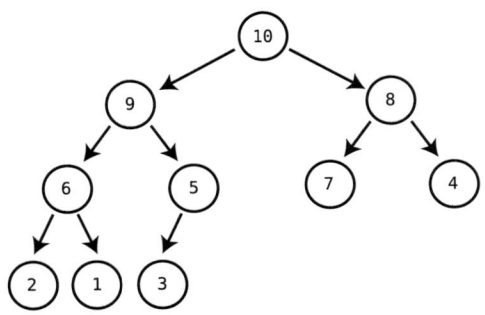

1. 다음 힙에 값 11을 삽입하면 어떻게 보일지 그려라.

2. 1번 문제의 힙에서 루트 노드를 삭제하면 어떤 모습이 될지 그려라.

3. 숫자 55, 22, 34, 10, 2, 99, 68을 이 순서대로 힙에 삽입해 새 힙을 만들었다고 상 상해 보자. 그런 다음 힙에서 숫자를 한 번에 하나씩 꺼내어 새 배열에 삽입하면 숫자가 어떤 순서로 나타날까?

17장

트라이를 알아 둬서 나쁠 건 없다

휴대폰의 자동 완성 기능이 어떻게 작동하는지 궁금한 적이 있는가? 자동 완성은 내가 "catn"을 입력하기 시작하면 휴대폰이 "catnip"(캣닙) 또는 "catnap"(고양이 낮잠) 같은 단어를 제안해 주는 기능이다. (그렇다, 나는 친구들에게 항상 캣닙에 대해 문자를 보낸다.)

이 기능이 작동하려면 휴대폰이 전체 단어 사전에 접근할 수 있어야 한다. 그런데 이러한 단어들은 어떤 자료 구조에 저장되어 있을까?

모든 영어 단어를 배열에 저장했다고 잠시 상상해 보자. 정렬되지 않은 배열이면 "catn"으로 시작하는 단어를 모두 찾기 위해 사전에서 **모든 단어**를 검색해야 한다. 이는 $O(N)$이다. 여기서 N은 사전의 모든 단어 개수이므로 상당히 큰 숫자라는 점을 고려하면 매우 느린 연산이다.

해시 테이블도 **전체 단어**를 해싱하여 메모리에서 값을 저장할 위치를 결정하기 때문에 도움이 되지 않는다. 해시 테이블에 "catn" 키가 없는데 "catnip"이나 "catnap"이 해시 테이블 어디에 있는지 쉽게 찾을 수 있겠는가.

단어를 순서가 있는 배열에 저장하면 상황이 훨씬 나아진다. 배열에 모든 단어가 알파벳 순으로 들어 있다면 이진 검색을 활용하여 "catn"으로 시작하는 단어를 $O(\log N)$ 시간 안에 찾을 수 있다. 그리고 $O(\log N)$도 나쁘지 않지만 더 나은 방법이 있다. 특별한 트리 기반 자료 구조를 사용하면 원하는 단어를 $O(1)$ 속도로 찾을 수 있다.

트라이는 자동 완성이나 자동 수정과 같은 중요한 기능을 제공하며, 17장의 예제에서는 텍스트를 처리하는 애플리케이션에서 트라이를 어떻게 사용하는지 보여 준다. 또한 트라이는 IP 주소나 전화번호와 관련된 애플리케이션에서도 사용할 수 있다.

17.1 트라이

트라이(trie)는 자동 완성 같은 텍스트 기반 기능에 적합한 일종의 트리 구조이다. 트라이의 작동 원리를 살펴보기 전에 발음부터 알아보자.

내 생각에 (물론 아무도 묻지 않았지만) 트라이는 이름이 안타까운 자료 구조 중 하나이다. 'trie'는 'retrieval'이라는 단어에서 파생되었다. 따라서 엄밀히는 '트리'라고 발음해야 한다. 하지만 트리 기반 자료 구조를 의미하는 일반적인 용어인 **트리**(tree)와 혼동할 우려가 있어 대부분의 사람들은 '트라이'라고 발음한다. 일부 자료에서는 접두사 트리 또는 디지털 트리라고 부르기도 하지만, 놀랍게도 트라이가 가장 널리 사용되는 이름이 되었다. 그래서 여기서도 트라이라고 부른다.

자세한 설명에 앞서 마지막으로 한 가지 더 얘기하겠다. 트라이는 이 책의 다른 자료 구조만큼 잘 문서화되어 있지 않으며, 다양한 자료마다 구현 방식이 조금씩 다르다. 나는 그중에서도 가장 간단하고 이해하기 쉽다고 생각하는 구현을 선택했지만, 다른 방식의 구현도 찾아볼 수 있다. 어쨌든 대부분의 구현에서 유지하는 기본 개념은 같다.

17.1.1 트라이 노드

대부분의 트리와 마찬가지로 트라이는 다른 노드를 가리키는 노드의 모음이다. 하지만 트라이는 이진 트리가 **아니다**. 이진 트리에서는 자식 노드를 2개까지만 가질 수 있지만, 트라이 노드는 자식 노드를 **얼마든지** 가질 수 있다.

이 책의 트라이 구현에서 각 트라이 노드는 해시 테이블을 포함하며, 여기서 키는 알파벳이고 값은 트라이의 다른 노드이다. 다음 그림을 보자.

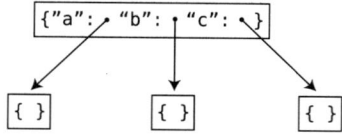

루트 노드는 키가 "a", "b", "c"인 해시 테이블을 포함한다. 값은 이 노드의 자식인 다른 트라이 노드이다. 이러한 자식 노드도 해시 테이블을 포함하며, 해시 테이블은 다시 **그들의** 자식 노드를 가리킨다. (지금은 자식 해시 테이블을 비워 두었지만 뒤에 나올 그림에는 데이터가 들어 있다.)

실제 트라이 노드의 구현은 매우 간단하다. 다음은 파이썬 버전의 TrieNode 클래스이다.

```python
class TrieNode:

    def __init__(self):
        self.children = {}
```

보다시피 TrieNode에는 해시 테이블만 들어 있다.

이 예제에서 루트 노드의 데이터를 (콘솔에) 출력하면 다음과 같은 결과가 나타난다.

```
{'a': <__main__.TrieNode instance at 0x108635638>,
 'b': <__main__.TrieNode instance at 0x108635878>,
 'c': <__main__.TrieNode instance at 0x108635ab8>}
```

다시 말하지만 해시 테이블에서 키는 개별 문자로 된 문자열이고 값은 다른 TrieNode 인스턴스이다.

17.1.2 Trie 클래스

트라이를 완전하게 생성하려면 루트 노드를 추적하는 Trie 클래스가 별도로 필요하다.

```python
import trie_node

class Trie:

    def __init__(self):
        self.root = trie_node.TrieNode()
```

이 클래스는 루트 노드를 가리키는 self.root 변수를 기록한다. 이 구현에서는 새 Trie를 생성할 때 빈 TrieNode를 루트로 시작한다.

17장을 진행하면서 다른 트라이 연산 메서드도 Trie 클래스에 추가하겠다.

17.2 단어 저장하기

이제 트라이의 목적은 단어를 저장하는 데 있다. 다음 그림에서 트라이가 "ace", "bad", "cat"을 어떻게 저장하는지 보자.

트라이는 각 단어의 각 문자를 자체 트라이 노드로 변환하여 단어를 3개 저장한다. 예를 들어 루트 노드에서 시작하여 "a" 키를 따라가면 "c" 키가 들어 있는 자식 노드를 가리킨다. 그런 다음 "c" 키는 "e" 키가 들어 있는 자식 노드를 가리킨다. 이 세 문자를 하나로 연결하면 "ace"가 된다.

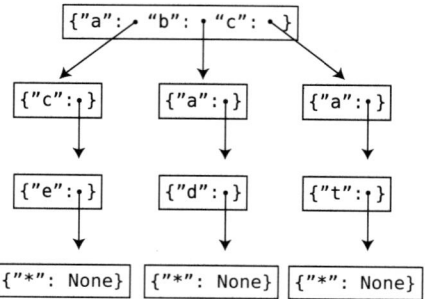

이 패턴으로 트라이가 "bad"와 "cat"을 어떻게 저장하는지도 알 수 있다.

잘 보면 각 단어의 마지막 문자에도 자식 노드가 있다. 예를 들어 "ace"의 "e" 노드를 보면 "e"가 "*" 키를 가진 해시 테이블을 포함하는 자식 노드를 가리키고 있음을 알 수 있다. (이 값은 실제로 중요하지 않으므로 그냥 None일 수도 있다.) 이는 단어의 끝에 도달했음을 나타내므로 "ace"는 하나의 완전한 단어이다. 왜 "*"를 키로 사용하는지는 잠시 뒤에 설명하겠다.

이제 여기서부터 트라이가 더욱 흥미로워진다. "act"도 추가하고 싶다고 해 보자. 이를 위해 기존의 "a", "c" 키는 유지하되 "t" 키가 들어 있는 새 노드를 하나 추가한다. 다음 그림을 보자.

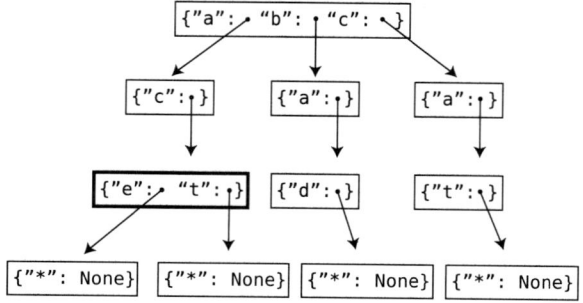

보다시피 굵게 표시한 노드의 해시 테이블에는 이제 자식 노드 2개, 즉 "e"와 "t"가 있다. 이렇게 함으로써 "ace"와 "act"가 모두 유효한 사전 단어가 되었다.

앞으로 시각화하기 쉽도록 더 간단한 그림을 사용하여 트라이를 표현하겠다. 다음은 새로운 형식을 적용한 같은 트라이다.

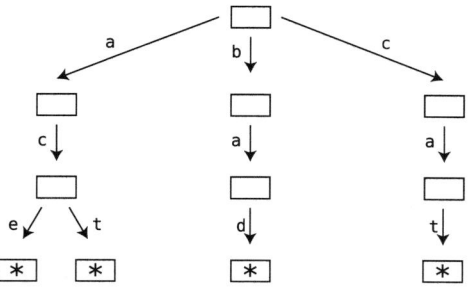

이 그림에서는 각 해시 테이블 키를 해당 자식 노드를 가리키는 화살표 옆에 표시한다.

17.2.1 별표의 필요성

"bat"와 "batter"라는 단어를 트라이에 저장하고 싶다고 해 보자. 흥미롭게도 "batter"에 "bat"가 포함되어 있다. 이를 처리하는 방법을 보자.

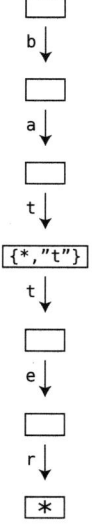

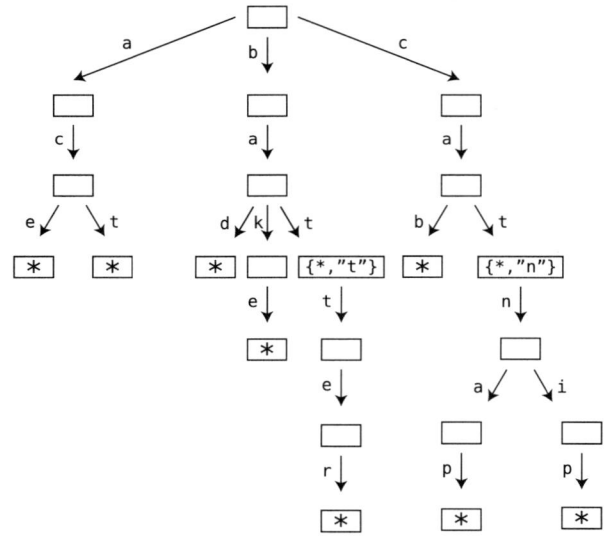

첫 번째 "t"는 키가 2개인 노드를 가리킨다. 하나는 (값이 null인) "*" 키이고, 다른 하나는 "t"이며 이 키는 또 다른 노드를 가리킨다. 이는 "bat"가 더 긴 단어 "batter"의 접두사이기도 하지만 그 자체로도 하나의 단어임을 나타낸다.

이 그림에서는 기존의 해시 테이블 문법을 따르지 않고 축약된 문법을 사용해 공간을 절약했다. 앞서 중괄호는 노드에 해시 테이블이 들어 있다는 표시였다. 하지만 {*, "t"}는 키-값 쌍이 아니라 단순히 키 2개를 의미한다. "*" 키의 값은 null이고 "t" 키의 값은 다음 노드를 가리킨다.

이게 바로 "*"가 중요한 이유다. "*"는 단어의 일부도 단어일 수 있음을 표시하는 데 꼭 필요하다.

좀 더 복잡한 예제를 보면서 이를 종합해 보자. 다음은 "ace", "act", "bad", "bake", "bat", "batter", "cab", "cat", "catnap", "catnip"이 들어 있는 트라이다.

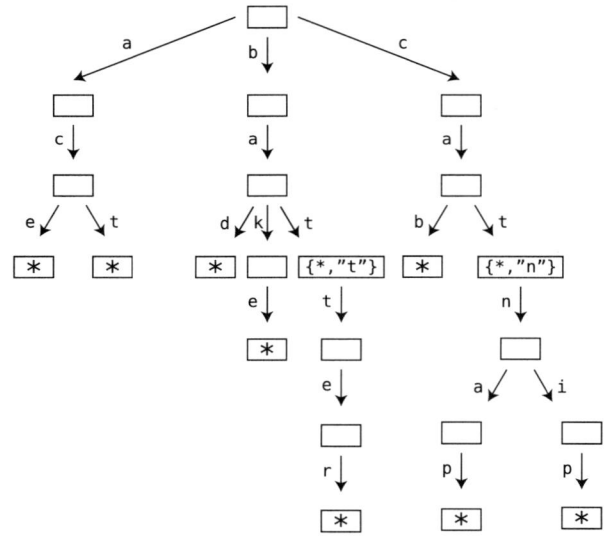

실제 애플리케이션에서 사용하는 트라이는 단어를 수천 개 포함할 수 있다. 영어 전체가 들어 있지는 않더라도 최소한 가장 일반적인 단어들은 들어 있을 것이다.

자동 완성 기능을 구축하기 위해 먼저 기본적인 트라이 연산을 분석해 보자.

17.3 트라이 검색

트라이에서 가장 일반적인 연산은 검색, 즉 트라이에 어떤 문자열이 들어 있는지 알아내는 것이다. 검색에는 두 가지가 있다. 문자열이 **완전한** 단어인지 확인하는 검색과 문자열이 적어도 단어의 **접두사**(즉, 단어의 앞부분)인지 확인하는 검색이다. 두 버전은 비슷하지만 여기서는 접두사를 찾는 두 번째 검색을 구현해 보겠다. 접두사를 검색하다 보면 완전한 단어도 찾게 되는데 완전한 단어는 적어도 하나의 접두사가 될 수 있기 때문이다.

접두사 검색 알고리즘은 다음 단계를 수행한다. (이 단계들은 바로 다음에 나오는 예제를 차례차례 살펴보면 더 명확해질 것이다.)

1. current_node 변수를 생성한다. 알고리즘을 시작할 때는 이 변수가 루트 노드를 가리킨다.
2. 검색 문자열의 각 문자를 순회한다.
3. 검색 문자열의 각 문자를 가리킬 때마다 current_node에 해당 문자를 키로 하는 자식이 있는지 확인한다.
4. 해당 문자를 키로 하는 자식이 없으면 검색 문자열이 트라이에 없다는 뜻이니 None을 반환한다.
5. current_node에 현재 문자를 키로 하는 자식이 **있으면** current_node를 해당 자식으로 업데이트한다. 그런 다음 2로 돌아가서 검색 문자열의 각 문자를 계속 순회한다.
6. 검색 문자열의 끝에 도달했다면 검색 문자열을 찾았다는 뜻이다.

앞에 나온 트라이에서 문자열 "cat"을 검색하여 이를 직접 확인해 보자.

준비: current_node를 루트 노드로 설정한다. (이어서 나오는 그림에서 current_node는 굵은 사각형으로 표시했다.) 또한 다음 그림처럼 문자열의 첫 번째 문자, 즉 "c"를 가리킨다.

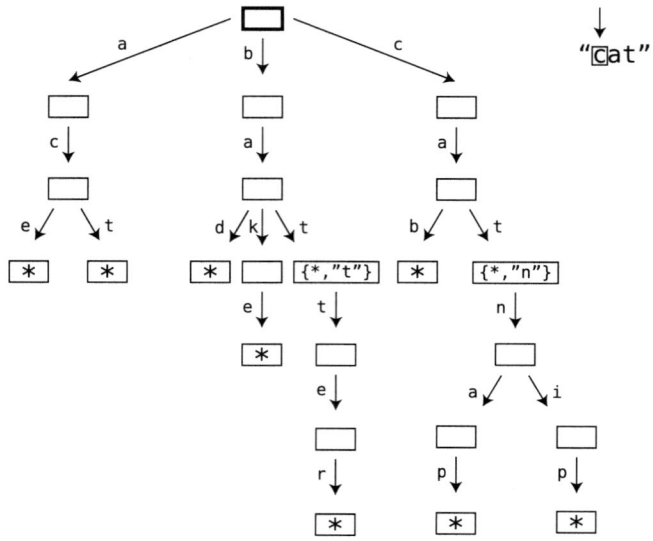

1단계: 루트 노드에 키가 "c"인 자식이 있으니 current_node를 해당 키의 값으로 업데이트한다. 검색 문자열의 문자를 계속 순회하면 다음 문자 "a"를 가리키게 되고, 이는 다음 그림에 나타낸 상태와 같다.

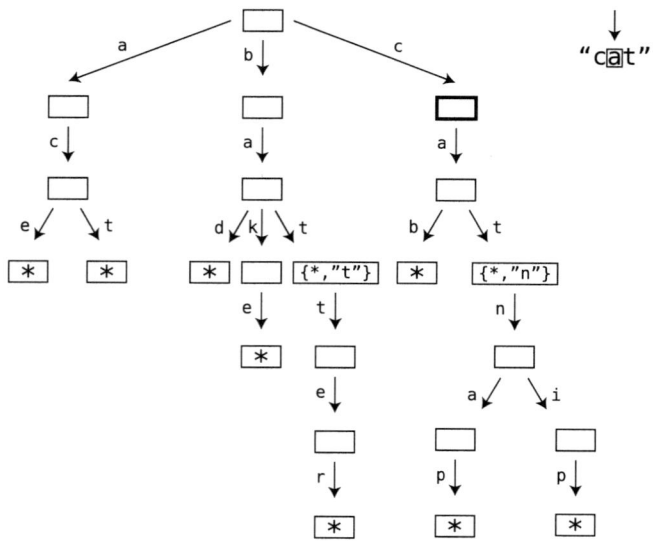

2단계: current_node에 키가 "a"인 자식이 있는지 검사한다. 자식이 하나 있으므로 그 자식을 새로운 current_node로 만든다. 이어서 문자열의 다음 문자인 "t"를 검색한다.

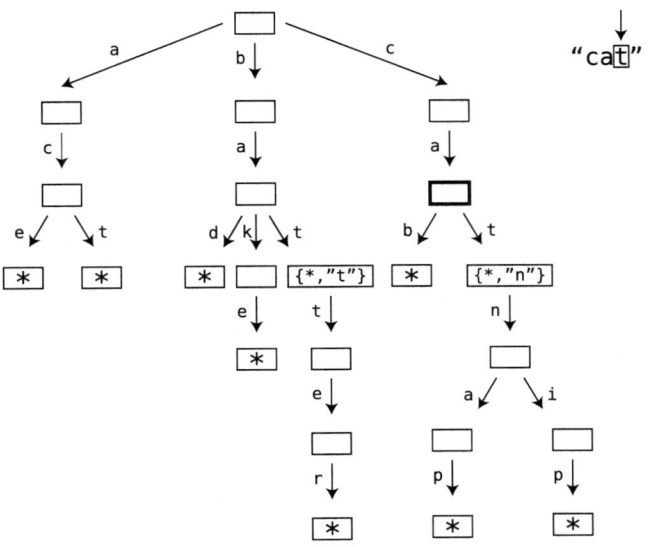

3단계: 이제 검색 문자열의 "t"를 가리키고 있다. current_node에 "t"라는 자식이
있으므로 이를 따라간다.

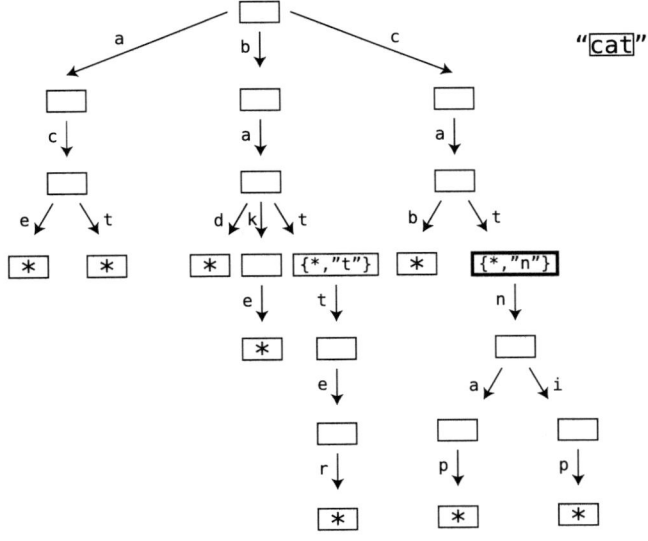

검색 문자열의 끝에 도달했으니 트라이에서 "cat"을 찾았다는 의미이다.

17.3.1 코드 구현: 트라이 검색

Trie 클래스에 search 메서드를 추가하여 트라이 검색을 구현해 보자.

```python
def search(self, word):
    current_node = self.root

    for char in word:
        if current_node.children.get(char):
            current_node = current_node.children[char]
        else:
            return None

    return current_node
```

search 메서드는 검색하려는 단어(또는 접두사)를 문자열로 받는다.

먼저 current_node에 루트 노드를 설정한다.

```python
current_node = self.root
```

그런 다음 검색할 단어의 각 문자를 순회한다.

```python
for char in word:
```

루프의 각 반복에서 현재 노드에 현재 문자를 키로 하는 자식이 있는지 확인한다. 그런 자식이 있으면 현재 노드를 그 자식 노드로 업데이트한다.

```python
if current_node.children.get(char):
    current_node = current_node.children[char]
```

그런 자식이 없으면 더 이상 검색할 수 없으며 검색하려는 단어가 트라이에 없다는 의미이므로 None을 반환한다.

루프를 끝까지 실행했다면 트라이에서 전체 단어를 찾았다는 뜻이다. 이 경우 current_node를 반환한다. 바로 True를 반환하지 않고 현재 노드를 반환하는 이유는 자동 완성 기능에 도움이 되기 때문이며 이에 대해서는 나중에 설명하겠다.

17.4 트라이 검색의 효율성

트라이 검색의 가장 큰 장점은 엄청난 효율성이다.

트라이 검색에 필요한 단계 수를 분석해 보자.

이 알고리즘에서는 검색 문자열의 각 문자를 하나씩 차례로 처리한다. 이 과정에서 각 노드의 해시 테이블을 사용하여 적절한 자식 노드를 1단계 만에 찾는다. 알고 있듯이 해시 테이블 조회는 딱 $O(1)$ 시간이 걸린다. 따라서 이 알고리즘은 **검색 문자열에 있는 문자 개수만큼** 단계를 수행한다.

이는 순서가 있는 배열에서 이진 검색을 사용하는 것보다 훨씬 빠르다. 이진 검색은 $O(\log N)$이며, 여기서 N은 사전의 단어 개수이다. 반면 트라이 검색은 검색어에 있는 문자 개수만큼의 단계만 필요하다. 'cat'이라면 3단계만 필요하다는 뜻이다.

트라이 검색은 빅 오로 표현하기 까다로운 면이 있다. 단계 수가 검색 문자열의 길이에 따라 달라지므로 이를 $O(1)$이라고 부를 수는 없다. 그리고 N은 일반적으로 자료 구조의 데이터 양을 나타내므로 $O(N)$이라고 하면 오해의 소지가 있다. N을 트라이의 노드 개수라고 여긴다면 검색 문자열의 문자 개수보다 훨씬 많다.

대부분의 참고 문헌에서는 트라이 검색의 빅 오를 $O(K)$라고 부르며 K는 검색 문자열의 문자 개수이다. N이 아닌 다른 문자라면 무얼 써도 됐었지만 K를 쓰기로 했다.

$O(K)$는 검색 문자열의 길이에 따라 달라질 수 있으므로 상수 시간이 아니지만, 한 가지 중요한 의미에서 상수 시간과 비슷하다. 상수 시간이 **아닌** 알고리즘 대부분은 주어진 데이터의 양에 영향을 받는다. 즉, 데이터 개수 N이 커질수록 알고리즘의 속도는 느려진다. 하지만 $O(K)$ 알고리즘에서는 트라이가 엄청나게 커져도 검색 속도에는 아무런 영향을 미치지 않는다. 세 문자로 된 문자열이면 $O(K)$ 알고리즘은 트라이가 아무리 커져도 항상 3단계만 걸린다. 알고리즘의 속도에 영향을 미치는 유일한 요소는 사용 가능한 전체 데이터가 아니라 입력의 크기이다. 그래서 $O(K)$ 알고리즘은 매우 효율적이다.

검색은 트라이에서 수행하는 가장 일반적인 연산 유형이지만 트라이에 데이터가 없으면 테스트하기 어려우므로 먼저 삽입을 다뤄 보자.

17.5 트라이 삽입

새 단어를 트라이에 삽입하는 과정은 기존 단어를 검색하는 과정과 비슷하다. 먼저 해당 단어가 이미 트라이에 있는지 검색한다. 트라이에 없으면 새 단어를 삽입한다.

삽입 알고리즘을 보자.

1. current_node라는 변수를 설정한다. 알고리즘의 시작 부분에서 이 변수는 루트 노드를 가리킨다.

2. 검색 문자열의 각 문자를 순회한다. 여기서 검색 문자열은 삽입하려는 새 단어를 말한다. 이 문자열을 검색 문자열이라고 부르는 이유는 해당 문자열이 이미 이 트라이에 있는지도 검색하기 때문이다.

3. 검색 문자열의 각 문자를 가리키면서 current_node에 해당 문자를 키로 하는 자식이 있는지 확인한다.

4. 해당 문자를 키로 하는 자식이 있으면 current_node를 해당 자식 노드로 업데이트하고 2로 돌아가 검색 문자열의 다음 문자로 이동한다.

5. current_node에 현재 문자와 일치하는 자식 노드가 없으면 해당 자식 노드를 생성하고 current_node를 새 자식 노드로 업데이트한다. 그런 다음 2로 돌아가 검색 문자열의 다음 문자로 이동한다.

6. 새 단어의 마지막 문자를 삽입한 후 마지막 노드에 "*" 자식을 추가하여 단어가 완성되었음을 표시한다.

앞에서 다룬 트라이 예제에 "can"을 삽입하는 과정을 확인해 보자.

준비: current_node에 루트 노드를 설정한다. 그리고 다음 그림처럼 문자열의 첫 번째 문자, 즉 "c"를 가리킨다.

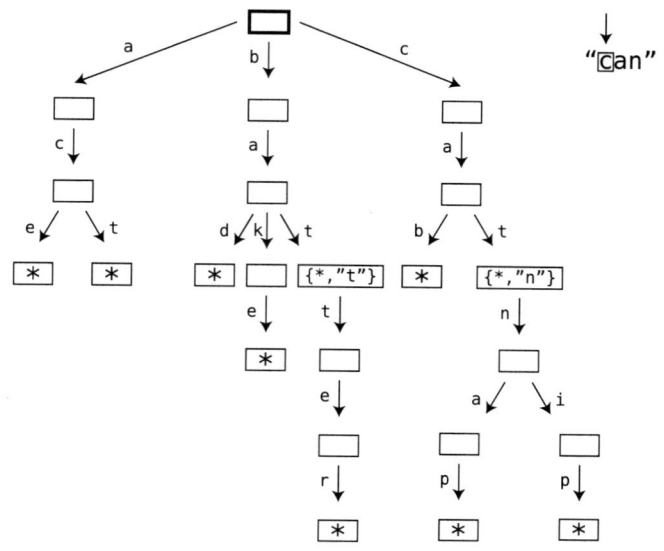

1단계: 루트 노드에 키가 "c"인 자식이 있으니 해당 키의 값을 current_node로 업데이트한다. 또한 다음 그림처럼 새 단어의 다음 문자인 "a"를 가리킨다.

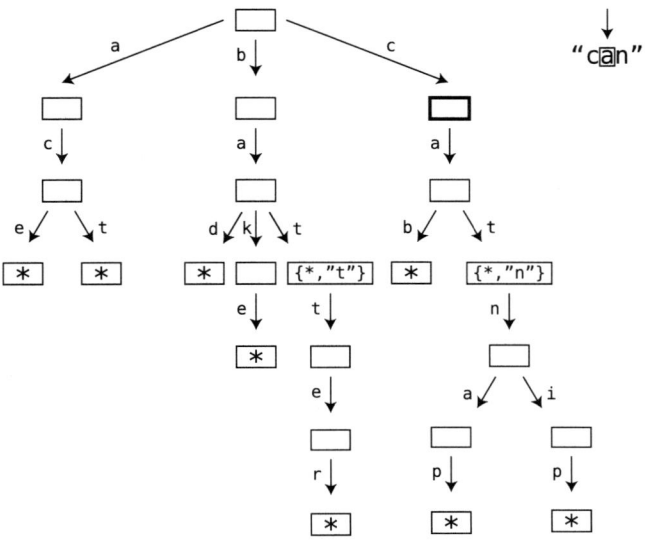

2단계: current_node에 키가 "a"인 자식이 있는지 검사한다. 자식이 하나 있으므로 그 자식을 새로운 current_node로 만들고, 문자열의 다음 문자인 "n"을 가리킨다.

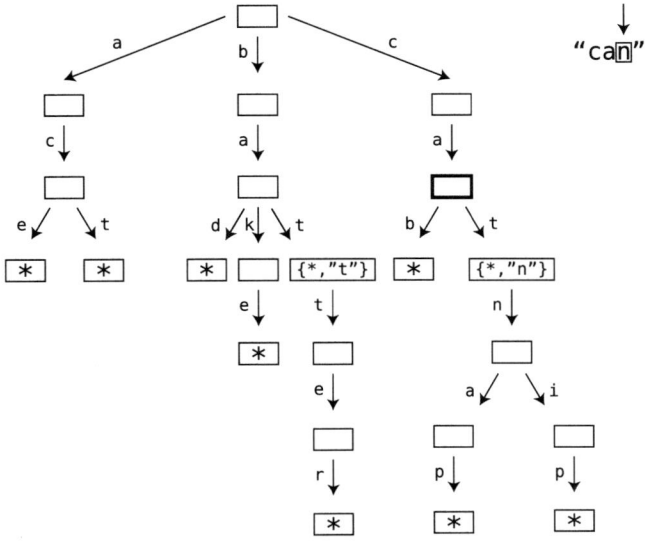

3단계: current_node에는 "n"이 **없으므로** 다음 그림처럼 해당 자식 노드를 만들어야 한다.

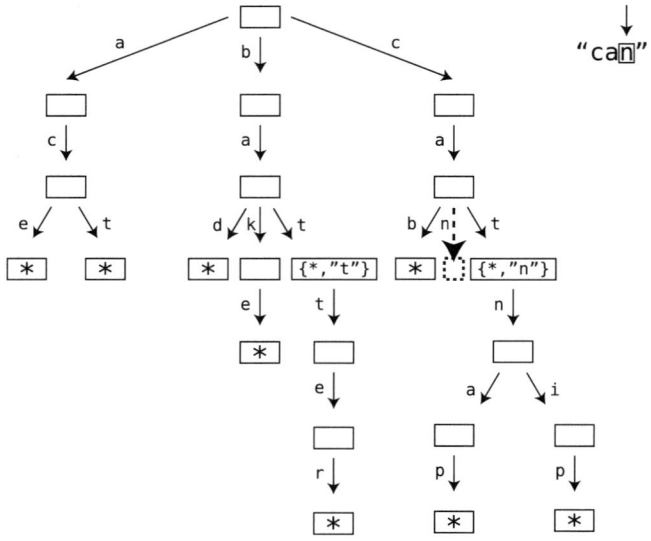

4단계: "can"을 트라이에 삽입했으므로 "*" 자식을 추가해 끝마친다.

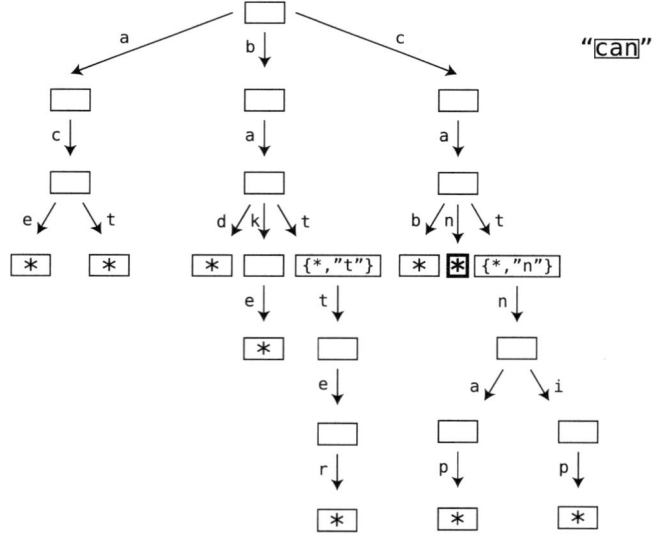

이제 끝났다!

17.5.1 코드 구현: 트라이 삽입

다음은 Trie 클래스의 insert 메서드다. 앞에 나온 search 메서드와 비슷해 보인다.

```python
def insert(self, word):
    current_node = self.root

    for char in word:
        if current_node.children.get(char):
            current_node = current_node.children[char]
        else:
            new_node = trie_node.TrieNode()
            current_node.children[char] = new_node
            current_node = new_node

    current_node.children["*"] = None
```

이 메서드의 앞부분은 search 메서드와 같다. current_node에 현재 문자와 일치하는 자식이 없을 때부터 달라진다. 이때는 current_node의 해시 테이블에 새 키-값 쌍을 추가하는데, 키는 현재 문자이고 값은 새 TrieNode이다.

```python
new_node = trie_node.TrieNode()
current_node.children[char] = new_node
```

그런 다음 current_node를 새 노드로 업데이트한다.

```python
current_node = new_node
```

이어서 새 단어를 모두 삽입할 때까지 루프를 반복한다. 단어 삽입이 끝나면 마지막 노드의 해시 테이블에 "*" 키를 추가하고 그 값을 None으로 설정한다.

```python
current_node.children["*"] = None
```

검색처럼 트라이 삽입도 약 $O(K)$ 단계가 필요하다. 마지막에 "*"를 추가하는 단계까지 포함하면 엄밀히는 $K + 1$단계이지만 상수는 생략하므로 속도를 $O(K)$로 표현한다.

17.6 자동 완성 기능 개발하기

이제 실제 자동 완성 기능을 만들 준비가 거의 되었다. 이 기능을 좀 더 쉽게 구현하기 위해 먼저 이 기능을 보조할 간단한 메서드를 만들어 보자.

17.6.1 모든 단어 수집하기

Trie 클래스에 추가할 다음 메서드는 트라이에 있는 **모든** 단어를 배열로 반환한다. 실제로 사전 **전체**를 나열할 필요는 거의 없지만, 이 메서드는 트라이의 어떤 노드든 인수로 받아 해당 노드에서 시작하는 단어를 모두 나열할 수 있다.

collect_all_words 메서드는 특정 노드에서 시작하는 트라이의 모든 단어 목록을 수집한다.

```python
def collect_all_words(self, words, node=None, word=""):
    current_node = node or self.root
    for key, child_node in current_node.children.items():
        if key == "*":
            words.append(word)
        else:
            self.collect_all_words(words, child_node, word + key)

    return words
```

재귀에 크게 의존하는 메서드이니 하나씩 천천히 분석해 보겠다.

메서드는 기본 인자 3개, words, node, word를 받는다.

메서드를 처음 호출할 때는 words를 빈 배열로 전달해야 한다. 메서드가 실행되면 빈 배열은 트라이에서 가져온 단어로 채워진다. 원하는 모든 단어를 배열에 추가하면 메서드는 최종적으로 이 배열을 반환한다.

node 인자로 트라이의 어느 노드부터 단어를 수집할지 지정한다. node 인자를 전달하지 않으면 메서드는 루트 노드부터 시작해 트라이에 있는 단어를 모두 수집한다.

word 인자는 기본적으로 빈 문자열이다. 트라이를 순회하면서 word에 문자를 추가한다. "*"에 도달하면 word가 완전한 단어라는 뜻이니 이를 words 배열에 추가한다.

이제 코드의 각 줄을 분석해 보자.

가장 먼저 current_node를 설정한다.

```
current_node = node or self.root
```

메서드의 첫 번째 인자로 다른 노드를 전달하지 않는 한 기본적으로 current_node 는 루트 노드가 된다. 지금은 current_node가 진짜 루트 노드라고 해 보자.

다음으로 current_node의 자식 해시 테이블에 있는 모든 키-값 쌍을 순회하는 루 프를 시작한다.

```
for key, child_node in current_node.children.items():
```

루프의 각 반복에서 key는 항상 단일 문자 문자열이고, 값 child_node는 TrieNode 의 또 다른 인스턴스이다.

else 절로 넘어가 보자. 중요한 작업은 여기서 이뤄진다.

```
self.collect_all_words(words, child_node, word + key)
```

이 코드는 collect_all_words 메서드를 재귀적으로 호출한다.

첫 번째 인수는 words 배열이다. 각 재귀 호출마다 이 배열을 전달함으로써 완성 된 단어를 채워 넣을 수 있으며, 트라이를 탐색하면서 목록을 효과적으로 완성해 나간다.

두 번째 인수는 child_node이다. 자식 노드에서 collect_all_words 메서드를 재귀적으로 호출하며 자식 노드 이하의 모든 단어를 수집할 수 있다.

세 번째 인수는 word + key이다. 트라이의 각 노드를 따라 이동하면서 현재 단어 에 key를 추가하며 단어를 완성해 간다.

기저 조건은 "*" 키에 도달할 때이며, 이는 한 단어를 완성했다는 의미이다. 이 시점에서 word를 words 배열에 추가할 수 있다.

```
if key == "*":
    words.append(word)
```

메서드의 끝에서 words 배열을 반환한다. 특정 노드를 전달하지 않고 이 메서드를 호출하면 트라이의 전체 단어 목록을 반환한다.

17.6.2 재귀 과정 살펴보기

간단한 트라이를 사용하여 단어 수집 과정을 눈으로 빠르게 살펴보자. 이 트라이에는 단어 "can"과 "cat"이 들어 있다.

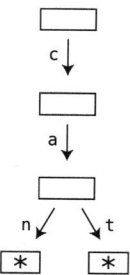

호출 1: collect_all_words를 처음 호출할 때 current_node는 루트에서 시작하고 word는 빈 문자열이며 words는 빈 배열이다.

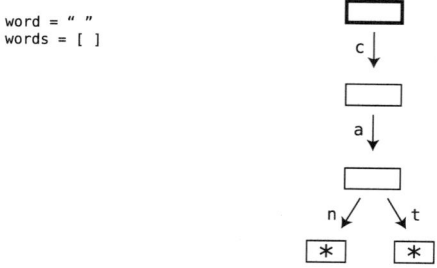

루트 노드의 자식 노드를 순회한다. 루트 노드에 자식 키는 "c" 하나이며 이 키는 자식 노드를 가리킨다. 이 자식 노드에서 collect_all_words를 재귀적으로 호출하기 전에 현재 호출을 호출 스택에 추가해야 한다.

  그런 다음 "c" 자식 노드에서 collect_all_words를 재귀적으로 호출한다. 이 때 word + key를 word 인수로 전달한다. word가 비어 있고 key가 "c"이므로 word + key는 문자열 "c"이다. 그리고 아직 비어 있는 배열 words도 전달한다. 다음은 재귀 호출을 수행한 모습이다.

go

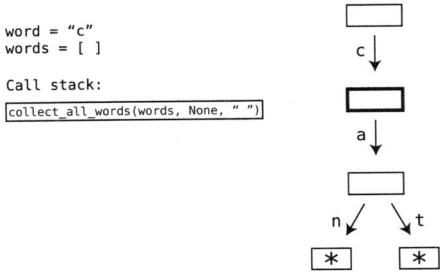

```
word = "c"
words = [ ]

Call stack:
collect_all_words(words, None, " ")
```

호출 2: 현재 노드의 자식 노드를 순회한다. 이 노드의 자식 키는 "a" 하나뿐이다. 해당 자식 노드에서 collect_all_words를 재귀적으로 호출하기 전에 현재 호출을 호출 스택에 추가한다. 다음 그림에서는 현재 노드를 "a" 노드라고 부르며, 이는 "a"를 자식으로 갖는 노드라는 의미이다.

그런 다음 collect_all_words를 재귀적으로 호출한다. 이때 자식 노드인 "ca"(즉, word + key)와 아직 비어 있는 배열 words를 전달한다.

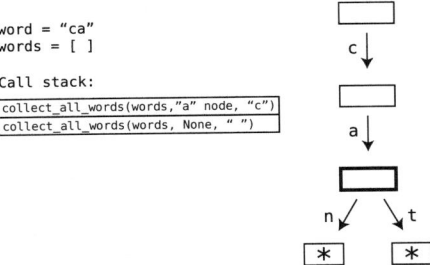

```
word = "ca"
words = [ ]

Call stack:
collect_all_words(words,"a" node, "c")
collect_all_words(words, None, " ")
```

호출 3: 현재 노드의 자식 노드인 "n"과 "t"를 순회한다. "n"부터 시작하겠다. 하지만 재귀 호출을 하기 전에 현재 호출을 호출 스택에 추가해야 한다. 다음 그림에서는 현재 노드를 "n/t" 노드라고 부르는데, 이는 이 노드가 "n"과 "t"를 자식으로 가진다는 의미이다.

그런 다음 자식 노드 "n"에서 collect_all_words를 호출할 때 빈 배열 words뿐만 아니라 word 인수로 "can"도 전달한다.

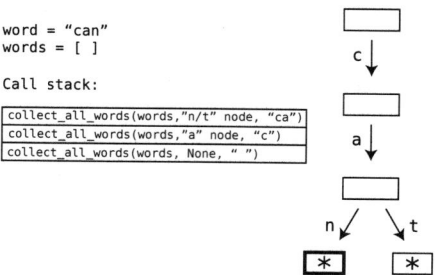

호출 4: 현재 노드의 자식 노드를 순회한다. 여기서는 자식이 "*" 하나만 있다. 이것이 기저 조건이다. 현재 word인 "can"을 배열 words에 추가한다.

$$words = [\text{"can"}]$$

호출 5: 이제 호출 스택에서 최상위 호출인 collect_all_words를 팝하는데 이 호출은 "n"과 "t"의 자식 키가 있고 word가 "ca"인 노드에서 실행되었다. 이는 (호출 스택에서 팝한 호출이 무엇이든) 해당 호출로 돌아간다는 의미이다.

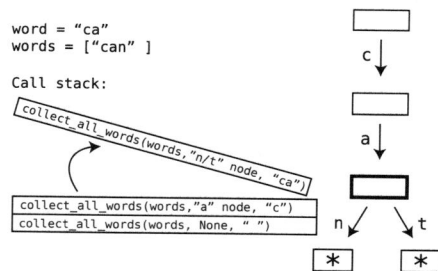

여기서 작지만 중요한 점을 짚고 넘어가자. 현재 호출에서 word는 다시 "ca"가 된다. 처음 이 호출을 시작할 때 word 인수가 "ca"였기 때문이다. 하지만 원래 이 호출을 시작했을 때 배열 words는 비어 있었지만 이제 이 배열에는 단어 "can"이 들어 있다.

이렇게 작동하는 이유는 다음과 같다. 배열은 값을 새로 추가해도 메모리에서 계속 같은 객체이므로 많은 프로그래밍 언어에서 배열을 호출 스택 위아래로 전달할 수 있다. (12장 '동적 프로그래밍'에서 봤던 메모이제이션 기법을 다룰 때 해시 테이블을 전달할 수 있었던 이유도 같은 개념이 해시 테이블에도 잘 적용되기 때문이었다.)

반면에 문자열을 수정하면 컴퓨터는 원래 문자열 객체를 실제로 수정하는 대신 새 문자열을 생성한다. 따라서 word를 "ca"에서 "can"으로 업데이트해도 이전 호출에서는 여전히 원래 문자열인 "ca"에만 접근할 수 있다. (일부 언어에서는 약간 다르게 동작한다. 하지만 여기서는 이 개념이 일반적으로 적용된다.)

어쨌든 현재는 배열 words에 단어 "can"이 있고 word가 "ca"인 호출의 중간에 있다.

호출 6: 이 시점에서 이미 "n" 키를 반복했으므로 이제 루프는 "t" 키를 수행할 차례이다. "t" 자식 노드에서 collect_all_words를 재귀적으로 호출하기 전에 현재 호출을 호출 스택에 다시 추가해야 한다. (벌써 두 번째로 이 호출을 호출 스택에 추가하고 있다. 앞서 한 번 호출을 팝했지만 이제 다시 추가한다.)

"t" 자식 노드에서 collect_all_words를 호출할 때 word 인수로 "cat"(word + key이므로)과 배열 words를 전달한다.

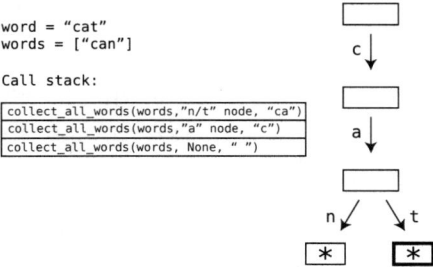

호출 7: 현재 노드의 자식들을 순회한다. 여기서 유일한 자식은 "*"이므로 현재 단어인 "cat"을 배열 words에 추가한다.

$$words = [“can”, “cat”]$$

이제 호출 스택에 쌓인 호출을 하나씩 팝하여 실행을 완료하고 각각은 배열 words를 반환함으로써 호출 스택을 해제(unwind)할 수 있다. 마지막으로 완료되는 호출, 즉 이 모든 재귀 호출을 시작한 첫 번째 호출도 배열 words를 반환한다. 이 배열에는 문자열 "can"과 "cat"이 들어 있으므로 트라이의 전체 단어 목록을 성공적으로 반환한 것이다.

17.7 자동 완성 기능 완료하기

드디어 자동 완성 기능을 구현할 준비가 되었다. 사실 모든 준비 작업은 이미 거의 완료했다. 이제는 조각만 맞추면 된다.

다음은 Trie 클래스에 추가할 수 있는 기본적인 autocomplete 메서드다.

```
def autocomplete(self, prefix):
    current_node = self.search(prefix)
    if not current_node:
        return None

    return self.collect_all_words([], current_node)
```

그렇다. 이게 전부다. search 메서드와 collect_all_words 메서드를 함께 사용하면 어떤 접두사라도 자동 완성할 수 있다. 작동 방식은 다음과 같다.

autocomplete 메서드는 사용자가 입력하기 시작한 문자열을 prefix 인자로 받는다.

먼저 트라이에 prefix가 있는지 검색한다. 트라이에서 search 메서드가 prefix를 찾지 못하면 None을 반환하며, autocomplete 메서드도 마찬가지로 None을 반환한다.

하지만 트라이에서 해당 접두사가 발견되면 search 메서드는 **접두사의 마지막 문자를 나타내는 트라이의 마지막 노드**를 반환한다. 앞서 search 메서드가 단어를 찾았을 때 단순히 True를 반환하도록 할 수도 있었다고 얘기했었다. 그런데 마지막 노드를 반환하도록 한 이유는 search 메서드를 자동 완성 기능에 사용하기 위해서이다.

autocomplete 메서드는 search 메서드가 반환한 노드에 대해 collect_all_words 메서드를 호출하며 계속된다. 이 메서드는 마지막 노드에서 시작하는 모든 단어를 찾아서 수집하며, 이는 원래 접두사에 붙여서 완성할 수 있는 모든 단어를 의미한다.

최종적으로 이 메서드는 사용자가 입력한 접두사에 붙일 수 있는 모든 어미(접두사에 붙여 단어를 구성할 수 있는 어미)를 배열로 반환하며, 이 배열을 사용자에게 자동 완성 후보로 보여 줄 수 있다.

17.8 값을 포함하는 트라이: 더 개선된 자동 완성 기능

조금 더 생각해 보면 좋은 자동 완성 기능은 사용자가 입력할 가능성이 있는 **모든** 단어를 표시할 필요는 없다. 예를 들어 16개 옵션을 보여 주면 사용자는 부담을 느낄 수 있으니 사용 가능한 목록에서 인기 단어만 표시하는 편이 낫다.

예를 들어 사용자가 "bal"을 입력하기 시작하면 "ball", "bald", "balance"를 입력하려는 의도일 수 있다. 아니면 "balter"라는 잘 알려지지 않은 단어를 입력할 가능성도 있다(참고로 balter는 '서툴게 춤춘다'는 뜻). 하지만 "balter"는 흔한 단어가 아니므로 입력할 가능성은 **낮다**.

단어 후보를 표시하려면 어떻게든 인기도순 데이터를 트라이에 저장해야 한다. 다행히도 트라이를 약간만 수정하면 된다.

현재 트라이 구현에서는 "*" 키를 설정할 때마다 그 값을 None으로 지정해 왔다. 이는 "*" 키만 고려했을 뿐, 그 값에는 의미를 두지 않았기 때문이다.

하지만 이 값을 활용하면 단어 자체에 추가 데이터, 예를 들어 인기도 등을 저장할 수 있다. 복잡해지지 않도록 1부터 10까지의 작은 범위를 사용하겠다. 1은 가장 드물게 사용되는 단어를, 10은 매우 인기 있는 단어를 나타낸다.

"ball"이 매우 인기 있는 단어이고 인기도 점수가 10이라고 해 보겠다. "balance"는 약간 덜 인기 있는 단어로 9점, "bald"는 그보다 드물게 사용돼 7점, "balter"는 거의 알려지지 않은 단어이므로 1점을 부여한다. 이러한 방식으로 점수를 트라이에 저장할 수 있다.

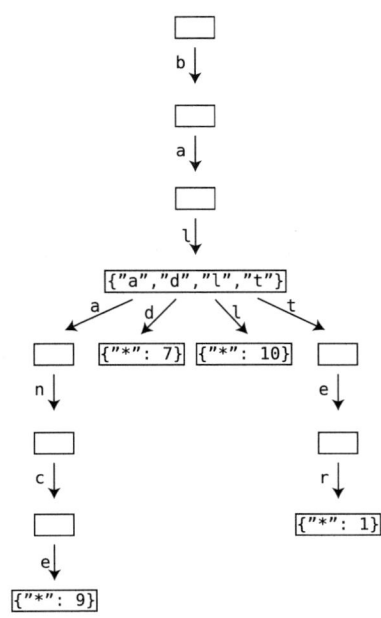

이처럼 각 "*" 키의 값으로 숫자를 사용하면 각 단어의 인기도 점수를 효과적으로 저장할 수 있다. 이제 트라이의 모든 단어를 수집할 때 점수를 함께 수집해 인기도 순으로 정렬할 수 있다. 그런 다음 가장 인기 있는 단어 옵션만 선택하여 표시할 수 있다.

17.9 마무리

지금까지 세 가지 트리 유형, 이진 탐색 트리, 힙, 트라이를 살펴보았다. 이외에도 AVL 트리, 레드 블랙 트리(2권에서 다룸), 2-3-4 트리 등 다른 유형의 트리도 **많다**. 각 트리는 특정 상황에서 활용할 수 있는 고유한 특징과 동작 방식이 있다. 이러한 다양한 트리를 더 자세히 공부해 보길 권하지만 지금까지의 내용으로도 각기 다른 트리가 서로 다른 문제를 어떻게 해결하는지 감을 잡았을 것이다.

이제 이 책의 마지막 자료 구조를 살펴볼 차례이다. 지금까지 배운 트리에 대한 개념이 그래프를 이해하는 바탕이 된다. 그래프는 매우 다양한 상황에서 유용해서 인기가 많다. 18장에서 본격적으로 살펴보자.

17.10 연습 문제

다음 문제로 트라이를 연습해 보자. 이 연습 문제의 해답은 부록 '연습 문제 해답'의 17장(490쪽)에 있다.

1. 다음 트라이에 저장된 모든 단어를 나열하라.

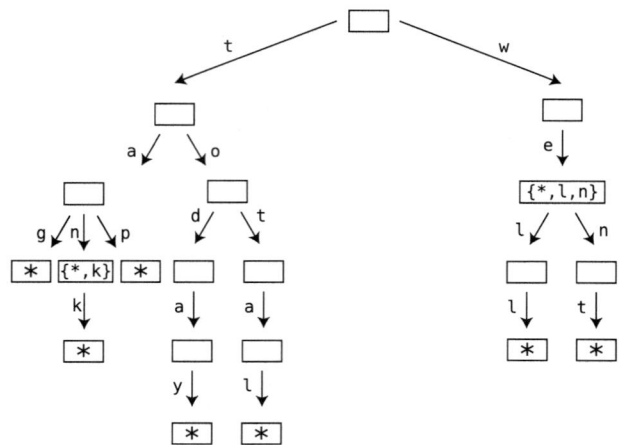

2. 다음 단어를 저장하는 트라이를 그려라.

get, go, got, gotten, hall, ham, hammer, hill, zebra

3. 트라이의 각 노드를 순회하며 모든 "*" 키를 포함한 각 키를 출력하는 함수를 작성하라.

4. 사용자가 입력한 오타를 올바른 단어로 교체하는 **자동 수정**(autocorrect) 함수를 작성하라. 이 함수는 사용자가 입력한 텍스트를 문자열로 받는다. 사용자가 입력한 문자열이 트라이에 **없으면** 함수는 사용자 문자열과 가장 긴 접두사를 공유하는 대체 단어를 반환해야 한다.

   예를 들어 트라이에 "cat", "catnap", "catnip"이라는 단어가 들어 있다고 해보겠다. 사용자가 실수로 "catnar"를 입력하면 "catnar"와 가장 긴 접두사를 공유하는 트라이의 단어가 "catnap"이므로 이를 반환해야 한다. "catnar"와 "catnap" 모두 5자 길이의 "catna"라는 접두사를 공유하기 때문이다. "catnip"이라는 단어는 "catn"이라는 더 짧은 네 글자의 접두사만 공유하므로 적합하지 않다.

   한 가지 더 예를 들면 사용자가 "caxasfdij"를 입력하면 "cat", "catnap", "catnip" 모두 사용자의 오타와 같은 접두사 "ca"를 공유하므로 대체 단어로 유효하다. 함수는 하나의 유효한 옵션, 즉 이 중 아무 단어나 반환하면 된다.

   사용자가 입력한 문자열이 트라이에서 발견되면 이 함수는 단어 자체를 그대로 반환해야 한다. 사용자의 텍스트가 완전한 단어가 아니더라도 마찬가지이다. 이 함수의 목적은 사용자가 입력할 가능성이 있는 단어를 제안하는 게 아니라 오타를 바로잡는 데 있기 때문이다.

18장

그래프 하나로 전부 연결하기

사람들끼리 친구를 맺을 수 있는 소셜 네트워크를 만든다고 해 보자. 앨리스가 밥의 친구이면 밥도 앨리스의 친구이듯이 친구 관계는 서로 상호적이다.

이러한 친구 관계 데이터를 가장 효과적으로 구성할 방법은 무엇이 있을까?

한 가지 기본적인 접근 방식은 2차원 배열에 친구 관계를 저장하는 것이다.

```
friendships = [
  ["Alice", "Bob"],
  ["Bob", "Cynthia"],
  ["Alice", "Diana"],
  ["Bob", "Diana"],
  ["Elise", "Fred"],
  ["Diana", "Fred"],
  ["Fred", "Alice"]
]
```

여기서 각 부분 배열은 두 사람 사이의 친구 관계를 한 쌍의 이름으로 나타낸다.

안타깝게도 이 방식으로는 앨리스의 친구가 누구인지 빠르게 알 수 없다. 자세히 살펴봐야 앨리스가 밥, 다이애나, 프레드와 친구라는 것을 알 수 있다. 하지만 컴퓨터 입장에서 앨리스는 친구 목록 어디에든 나올 수 있으니 목록에 있는 모든 관계를 샅샅이 뒤져 봐야만 앨리스의 친구 관계를 알아낼 수 있다. 이 작업은 $O(N)$으로 매우 느리다.

다행히 **훨씬** 더 쉬운 방법이 있다. **그래프**라는 자료 구조를 사용하면 **딱 $O(1)$ 시간**에 앨리스의 친구를 찾을 수 있다.

18.1 그래프

그래프는 관계를 표현하는 데 특화된 자료 구조로 데이터가 어떻게 연결되어 있는지를 잘 보여 준다.

다음은 앞에 나온 소셜 네트워크를 그래프로 표현한 그림이다.

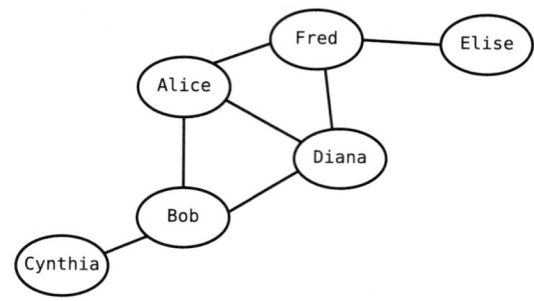

사람은 노드로 친구 관계는 선으로 표현했다. 예를 들어 앨리스를 보면 앨리스 노드에서 밥, 다이애나, 프레드와 선으로 연결되어 있으니 각각 앨리스와 친구라는 것을 알 수 있다.

18.1.1 그래프 vs 트리

눈치챘겠지만 그래프는 지금까지 몇 장에 걸쳐 살펴본 트리와 비슷하다. 사실 **트리도 그래프의 한 유형**이다. 두 자료 구조는 모두 서로 연결된 노드들로 이루어져 있다.

그렇다면 그래프와 트리의 차이점은 무엇일까?

말하자면 이렇다. 모든 트리는 그래프이지만 모든 그래프가 트리는 아니다.

구체적으로 말해 그래프가 트리로 간주되려면 **순환**(cycle)이 없어야 하며 모든 노드가 **연결**되어 있어야 한다. 이것이 무엇을 의미하는지 알아보자.

그래프에서는 노드 사이에 **순환**을 형성하는 경우가 있다. 즉, 서로를 순환하면서 참조하는 노드가 있다. 이렇게 앞의 예제에서 앨리스는 다이애나와 친구이며 다이애나는 밥과 연결되어 있고 밥은 다시 앨리스와 연결되어 있다. 세 노드는 순환한다.

반면에 트리는 순환이 생기면 안 된다. 따라서 그래프에 순환이 있다면 트리가 아니다.

트리의 또 다른 특징은 직접 연결되지 않더라도 모든 노드가 어떤 방식으로든 서로 연결되어 있다는 점이다. 그러나 그래프는 완전히 연결되지 않을 수도 있다.

다음 그래프를 보자.

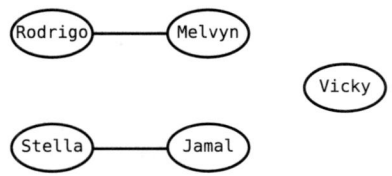

이 소셜 네트워크에는 두 쌍의 친구가 있다. 그러나 어느 쪽의 쌍도 나머지 쌍의 사람과 친구가 아니다. 또한 비키는 친구가 없다. 아마도 소셜 네트워크에 방금 가입했을 수 있다. 하지만 트리에서는 트리의 나머지 노드와 연결이 끊어진 노드가 있을 수 없다.

18.1.2 그래프 전문 용어

그래프에만 쓰이는 전문 용어가 몇 가지 있다. 우리는 각 데이터 조각을 **노드**(node)라고 부르지만 '그래프'에서는 각 노드를 **정점**(vertex)이라고 부른다. 노드, 아니 정점 사이를 잇는 선도 **간선**(edge)이라고 부른다. 간선으로 연결된 정점을 서로 **인접한다**(adjacent)고 한다. 몇몇 컴퓨터 과학자들은 인접한 정점을 **이웃**(neighbor)이라고 부른다.

따라서 첫 번째 그래프에서 앨리스와 밥의 정점은 간선을 공유하므로 서로 인접한다.

앞서 언급했듯이 그래프에는 다른 정점과 전혀 연결되지 않은 정점도 있을 수 있다. 반면에 모든 정점이 어떤 식으로든 연결되어 있는 그래프를 **연결 그래프**(connected graph)라고 한다.

18.1.3 기본 그래프 구현

코드 구조를 정리해서 쓰기 위해 객체 지향 클래스로 그래프를 표현하지만, 기본 해시 테이블(8장 '해시 테이블을 사용한 초고속 조회'(123쪽) 참조)로도 간단한 그래프는 표현할 수 있다. 다음은 해시 테이블로 구현한 소셜 네트워크의 뼈대이다.

```
friends = {
  "Alice": ["Bob", "Diana", "Fred"],
  "Bob": ["Alice", "Cynthia", "Diana"],
  "Cynthia": ["Bob"],
  "Diana": ["Alice", "Bob", "Fred"],
  "Elise": ["Fred"],
  "Fred": ["Alice", "Diana", "Elise"]
}
```

그래프를 활용하면 $O(1)$ 만에 앨리스의 친구를 조회할 수 있는데, 해시 테이블에서는 어떤 키의 값을 1단계 만에 조회할 수 있기 때문이다.

```
friends.get("Alice")
```

그러면 즉시 앨리스의 모든 친구를 포함한 배열이 반환된다.

18.2 방향 그래프

일부 소셜 네트워크에서는 관계가 상호적이지 **않다**. 예를 들어 소셜 네트워크에서 앨리스는 밥을 팔로우할 수는 있지만 밥이 반드시 앨리스를 팔로우하지는 않는다. 누가 누구를 팔로우하는지 보여 주는 새로운 그래프를 만들어 보자.

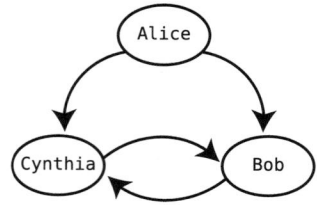

이를 **방향 그래프**(directed graph)라고 한다. 이 예제에서는 화살표가 관계의 **방향** (direction)을 나타낸다. 앨리스는 신시아와 밥을 모두 팔로우하지만 아무도 앨리스를 팔로우하지 않는다. 또한 신시아와 밥은 서로를 팔로우하고 있다.

간단한 해시 테이블 구현으로 이 데이터를 저장할 수 있다.

```
followees = {
  "Alice": ["Bob", "Cynthia"],
  "Bob": ["Cynthia"],
```

```
  "Cynthia": ["Bob"]
}
```

여기서 유일한 차이점은 각 사람이 **팔로우**하는 사람을 배열로 표현했다는 점이다.

18.3 객체 지향 그래프 구현

해시 테이블로 그래프를 구현하는 방법을 보였지만, 앞으로는 객체 지향적인 방식으로 작업하겠다.

다음은 파이썬으로 구현한 객체 지향 그래프의 시작 부분이다.

```python
class Vertex:

    def __init__(self, value):
        self.value = value
        self.adjacent_vertices = []

    def add_adjacent_vertex(self, vertex):
        self.adjacent_vertices.append(vertex)
```

Vertex 클래스에는 두 가지 주요 속성, value와 adjacent_vertices 배열이 있다. 소셜 네트워크 예제에서 각 정점은 사람을 나타내며, value는 그 사람의 이름을 담은 문자열이다. 좀 더 복잡한 애플리케이션이라면 사람의 프로필 정보와 같은 여러 데이터를 정점에 저장하고 싶을 것이다.

adjacent_vertices 배열에는 해당 정점과 연결된 모든 정점이 들어 있다. add_adjacent_vertex 메서드로 주어진 정점에 인접한 정점을 새로 추가할 수 있다.

다음 그림은 Vertex 클래스를 사용하여 누가 누구를 팔로우하는지 나타내는 방향 그래프를 만드는 방법이다.

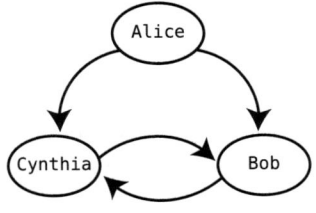

```
alice = Vertex("alice")
bob = Vertex("bob")
cynthia = Vertex("cynthia")

alice.add_adjacent_vertex(bob)
alice.add_adjacent_vertex(cynthia)
bob.add_adjacent_vertex(cynthia)
cynthia.add_adjacent_vertex(bob)
```

(모든 친구 관계가 상호적인) 소셜 네트워크를 위한 **무방향**(undirected) 그래프를 만들 때 밥을 앨리스의 친구 목록에 추가하면 앨리스도 밥의 친구 목록에 자동으로 추가하는 것이 합리적이다.

이를 위해 add_adjacent_vertex 메서드를 다음과 같이 수정한다.

```
def add_adjacent_vertex(self, vertex):
    self.adjacent_vertices.append(vertex)
    vertex.adjacent_vertices.append(self)
```

이 메서드를 앨리스에게 호출해 친구 목록에 밥을 추가한다고 해 보자. 이전 버전과 마찬가지로 self.adjacent_vertices.append(vertex) 메서드로 앨리스의 adjacent_vertices 리스트에 밥을 추가한다. 하지만 이번에는 밥의 정점에서도 같은 메서드를 호출하여 vertex.adjacent_vertices.append(self) 메서드를 실행한다. 그러면 밥의 친구 목록에도 앨리스가 추가된다.

앞으로의 설명을 단순하게 유지하기 위해 연결 그래프(다시 말해 모든 정점이 어떤 식으로든 서로 연결되어 있는 그래프)만 사용하겠다. 이러한 그래프에서는 지금 만든 Vertex 클래스 하나면 앞으로 다룰 온갖 알고리즘을 구현할 수 있다. 개념적으로 그래프의 모든 정점이 연결되어 있으므로 하나의 정점에만 접근할 수 있어도 나머지 모든 정점을 찾아낼 수 있다.

하지만 연결되지 않은 그래프에서는 하나의 정점만으로 모든 정점을 찾기 어려울 수 있다. 이때는 모든 정점에 바로 접근할 수 있도록 배열과 같은 자료 구조에 모든 그래프 정점을 저장해야 할 수도 있다. (일반적으로 그래프 구현에서는 이러한 배열을 포함하는 별도의 Graph 클래스를 사용한다.)

> ### 📦 인접 리스트 vs 인접 행렬
>
> 예제 그래프 구현에서는 (배열 형태의) 간단한 리스트를 사용하여 각 정점에 인접한 정점을 저장한다. 이 방식을 **인접 리스트**(adjacency list) 구현이라고 한다.
>
> 하지만 리스트 대신 2차원 배열을 사용하는 다른 구현 방법도 알아 두면 좋다. 이 대안 방법을 **인접 행렬**(adjacency matrix)이라고 하며, 어떤 상황에서는 이 방법이 더 나을 때가 있다.
>
> 두 방식 모두 잘 사용되고 있지만, 나는 인접 리스트가 더 직관적이라고 생각해서 이 방식을 사용하기로 결정했다. 하지만 인접 행렬 또한 유용하고 흥미로우니 따로 한번 알아보는 것을 추천한다.

18.4 그래프 탐색

일반적인 그래프 연산 중 하나는 특정 정점을 탐색하는 것이다.

그래프에서 **탐색**(research)이라는 용어는 여러 의미를 내포한다. 가장 단순한 의미에서 그래프 탐색은 그래프 어딘가에 있는 특정 정점을 찾는 것이다. 배열에서 값을 찾거나 해시 테이블에서 키-값 쌍을 찾는 것과 비슷하다.

하지만 그래프에서 **탐색**은 보통 더 구체적인 뜻이 있다. 즉, **그래프의 한 정점에 접근할 수 있을 때 이 정점과 어떻게든 연결된 특정 정점을 찾아야 한다**는 것이다.

예를 들어 다음 소셜 네트워크 예제를 살펴보자.

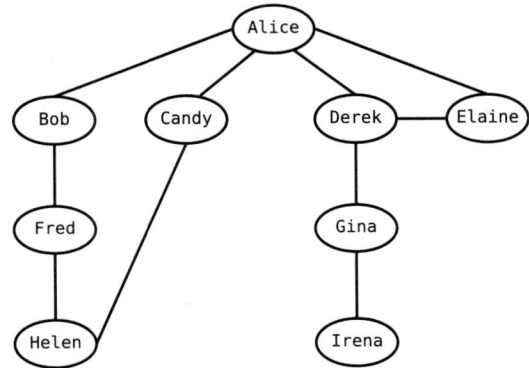

현재 앨리스의 정점에 접근할 수 있다고 하자. 여기서 이레나를 탐색한다는 것은 앨리스에서 이레나로 가는 경로를 찾는다는 뜻이다.

흥미롭게도 앨리스에서 이레나까지 가는 **경로**(path)는 두 가지이다.

그림에서 더 짧은 경로가 분명하게 보인다.

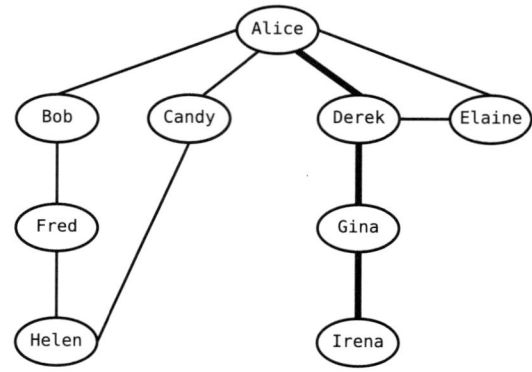

다음 순서로 앨리스에서 이레나까지 갈 수 있다.

$$\text{Alice} \rightarrow \text{Derek} \rightarrow \text{Gina} \rightarrow \text{Irena}$$

하지만 이레나까지 가는 경로가 조금 더 길어질 수도 있다.

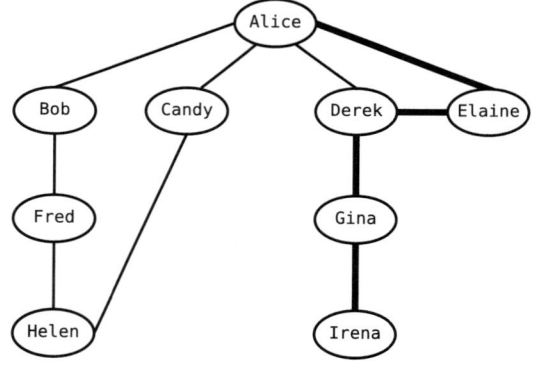

더 긴 경로는 다음 순서에 따라 이동한다.

$$\text{Alice} \rightarrow \text{Elaine} \rightarrow \text{Derek} \rightarrow \text{Gina} \rightarrow \text{Irena}$$

경로는 공식 그래프 용어이며, 한 정점에서 다른 정점으로 가는 간선들의 순서를 의미한다.

이제 알다시피 그래프에서 탐색은 한 정점에서 다른 정점으로의 이동을 의미하며, 이는 다양한 상황에서 유용하게 사용할 수 있다.

아마도 그래프 탐색의 가장 확실한 활용 사례는 연결 그래프에서 특정 정점을 탐색하는 일일 것이다. 이 경우 임의의 정점 하나에만 접근할 수 있어도 탐색을 통해 전체 그래프에서 **원하는** 정점을 찾아낼 수 있다.

그래프 탐색의 또 다른 활용 사례는 두 정점이 연결되어 있는지 확인하는 것이다. 예를 들어 앨리스와 이레나가 이 네트워크에서 어떻게든 서로 연결되어 있는지 몹시 알고 싶을 수 있다. 이때 탐색으로 답을 찾을 수 있다.

탐색은 특정 정점을 찾지 않더라도 사용할 수 있다. 즉, 단순히 그래프를 순회하는 용도로도 그래프 탐색을 활용할 수 있는데, 이는 그래프의 모든 정점에 대해 연산을 수행하고자 할 때 유용할 수 있다. 곧 이것이 어떻게 작동하는지 살펴보겠다.

18.5 깊이 우선 탐색

그래프 탐색에는 **깊이 우선 탐색**(depth-first search)과 **너비 우선 탐색**(breadth-first search)이라는 잘 알려진 방법 두 가지가 있다. 두 방법 모두 그래프 작업을 수행할 수 있지만, 상황에 따라 더 잘 맞는 쪽이 있다. 먼저 DFS라고 부르는 깊이 우선 탐색부터 시작할 텐데, 이는 15장 '이진 탐색 트리 순회'(296쪽)에서 설명한 알고리즘과 매우 유사하기 때문이다. 사실 10장 '파일시스템 순회'(172쪽)에서 살펴본 알고리즘과도 본질적으로는 **같다**.

앞서 언급했듯이 그래프 탐색은 특정 정점을 찾거나, 단순히 그래프를 순회하는 데 사용할 수도 있다. 여기서는 먼저 비교적 간단한 알고리즘인 깊이 우선 탐색으로 그래프를 순회하겠다.

그래프 탐색 알고리즘의 핵심은 지금까지 어떤 정점을 방문했는지 기록하는 것이다. 이 작업을 수행하지 않으면 무한 순환에 빠지고 만다. 예를 들어 다음 그래프를 보자.

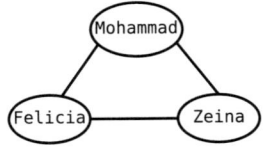

여기서 모하마드는 펠리시아의 친구이다. 그리고 펠리시아는 제이나의 친구이기도 하다. 또한 제이나는 모하마드의 친구이다. 따라서 이미 순회한 정점을 기록하지 않으면 코드가 무한히 순환하게 된다.

트리(또는 파일시스템 순회)에는 순환이 없으므로 이 문제가 발생하지 않았다. 하지만 그래프에는 순환이 **있을** 수 있으므로 이 문제를 해결해야 한다.

방문한 정점을 기록하는 방법 한 가지는 해시 테이블을 사용하는 것이다. 각 정점을 방문할 때마다 해당 정점(또는 정점의 값)을 해시 테이블의 키로 추가하고 불(boolean) True와 같은 임의의 값을 할당한다. 해시 테이블에 정점이 있으면 이미 방문했다는 뜻이다.

이를 바탕으로 작동하는 깊이 우선 탐색 알고리즘을 보자.

1. 그래프에 있는 임의의 정점에서 시작한다.
2. 현재 정점을 해시 테이블에 추가하여 방문했다고 표시한다.
3. 현재 정점의 인접 정점을 순회한다.
4. 각 인접 정점에 이미 방문했다면 무시한다.
5. 인접 정점을 아직 방문하지 **않았다면** 해당 정점에 대해 재귀적으로 깊이 우선 탐색을 수행한다.

18.5.1 깊이 우선 탐색 연습

실제로 어떻게 작동하는지 살펴보자.

이 연습에서는 앨리스부터 시작하겠다. 다음 그림에서 짧은 선으로 둘러싸인 정점이 현재 정점이다. 체크 표시는 해당 정점을 공식적으로 방문했다고 기록했음(그리고 해시 테이블에 추가했음)을 의미한다.

1단계: 앨리스부터 시작하고, 앨리스에 체크 표시를 해서 앨리스의 정점에 공식적으로 방문했음을 나타낸다.

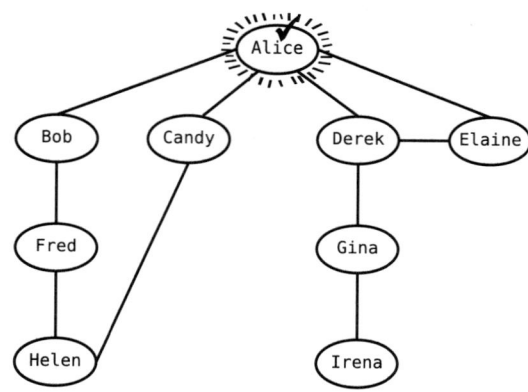

계속해서 루프로 앨리스의 이웃 정점을 순회한다. 앨리스의 이웃 정점은 밥, 캔디, 데릭, 일레인이다.

이웃을 방문하는 순서는 중요하지 않으므로 밥부터 시작하자. 그가 어쩐지 친절해 보인다.

2단계: 이제 밥에 대해 깊이 우선 탐색을 수행한다. 이미 앨리스에 대한 깊이 우선 탐색 중이므로 재귀 호출이 발생하고 있다는 점에 유의하자.

모든 재귀가 그러하듯이 컴퓨터는 현재 어떤 함수 호출이 진행 중인지 기억해야 하므로 우선 호출 스택에 앨리스를 추가한다.

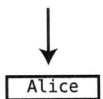

이제 밥에 대한 깊이 우선 탐색을 시작할 수 있으며, 밥이 현재 정점이 된다. 그리고 다음 그래프처럼 밥에 방문했다고 표시한다.

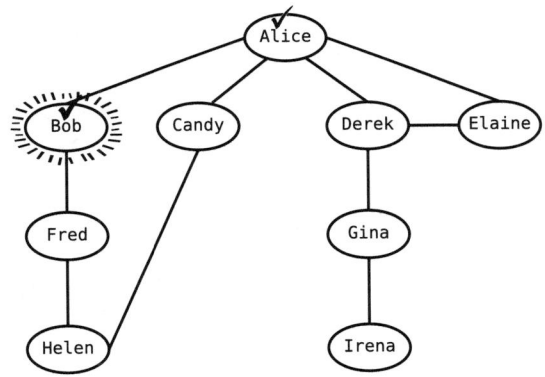

그런 다음 밥의 인접 정점인 앨리스와 프레드를 순회한다.

3단계: 앨리스는 이미 방문했으므로 무시한다.

4단계: 이제 유일한 이웃은 프레드뿐이다. 프레드의 정점에서 깊이 우선 탐색 함수를 호출한다. 컴퓨터는 먼저 밥을 호출 스택에 추가하여 밥을 탐색하던 중임을 기억한다.

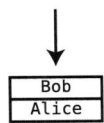

이제 프레드에 대해 깊이 우선 탐색을 수행한다. 프레드가 현재 정점이므로 방문했다고 표시한다.

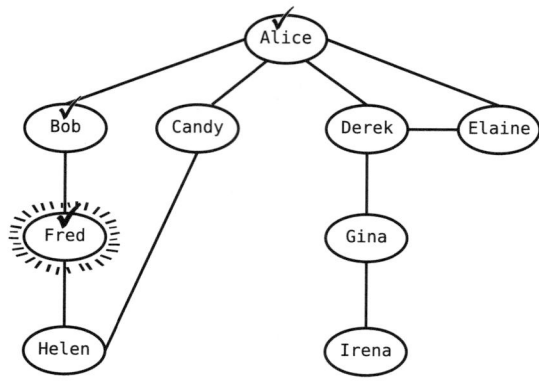

다음으로 프레드의 인접 정점인 밥과 헬렌을 순회한다.

5단계: 밥은 이미 방문했으므로 무시한다.

6단계: 유일하게 남은 인접 정점은 헬렌이다. 헬렌에 대해 재귀적으로 깊이 우선 탐색을 수행하며, 컴퓨터는 먼저 프레드를 호출 스택에 추가한다.

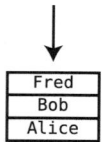

이제 헬렌에 대한 깊이 우선 탐색을 시작한다. 헬렌이 현재 정점이므로 방문했다고 표시한다.

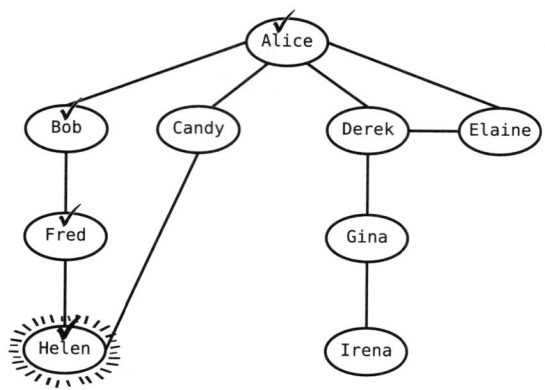

헬렌의 인접 정점에는 프레드와 캔디가 있다.

7단계: 프레드는 이미 방문했으니 무시한다.

8단계: 캔디는 아직 방문하지 **않았으므로** 캔디에 대해 깊이 우선 탐색을 재귀적으로 수행한다. 그전에 먼저 헬렌을 호출 스택에 추가해 둔다.

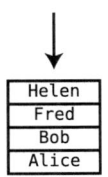

캔디에 대해 깊이 우선 탐색을 수행한다. 이제 캔디가 현재 정점이며 방문했다고 표시한다.

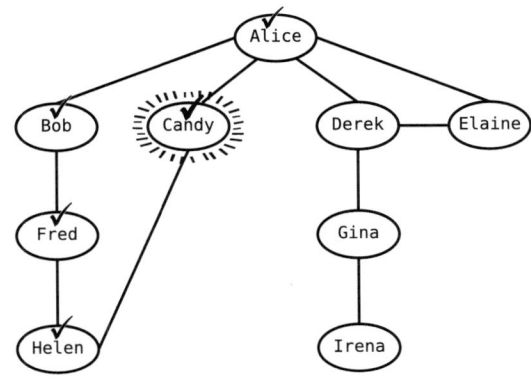

캔디에는 인접한 두 정점, 앨리스와 헬렌이 있다.

9단계: 앨리스는 이미 방문했으므로 무시한다.

10단계: 헬렌도 이미 방문했으므로 무시한다.

캔디는 다른 이웃이 없으므로 캔디에 대한 깊이 우선 탐색을 완료한다. 이 시점에서 컴퓨터는 호출 스택을 되돌리기 시작한다.

먼저 호출 스택에서 헬렌을 팝한다. 이미 헬렌의 이웃을 모두 순회했으므로 헬렌에 대한 깊이 우선 탐색이 끝났다.

호출 스택에서 프레드를 팝한다. 프레드의 이웃도 모두 반복했으므로 프레드에 대한 탐색도 끝났다.

호출 스택에서 밥을 팝한다. 역시 밥에 대한 탐색도 끝났다.

이어서 컴퓨터는 호출 스택에서 앨리스를 팝한다. 앨리스를 탐색하는 동안 앨리스의 모든 이웃을 순회하는 중이었다. 그리고 이 루프는 이미 밥을 순회했다(이게 2단계였다.). 이제 캔디, 데릭, 일레인만 남았다.

11단계: 캔디는 이미 방문했으므로 다시 탐색할 필요가 없다.

하지만 아직 데릭이나 일레인은 방문하지 않았다.

12단계: 이번에는 데릭에 대해 깊이 우선 탐색을 재귀적으로 수행할 것이다. 컴퓨터는 앨리스를 다시 호출 스택에 추가한다.

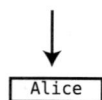

이제 데릭에 대해 깊이 우선 탐색을 시작한다. 데릭이 현재 정점이므로 방문했다고 표시한다.

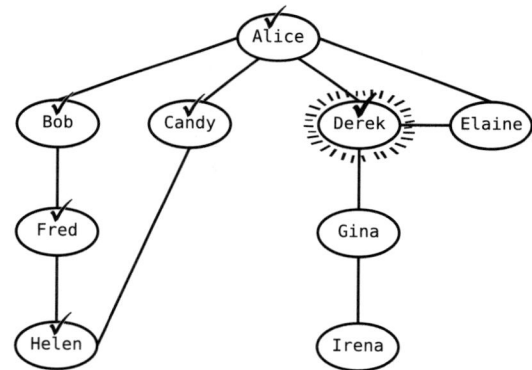

데릭에는 인접한 세 정점, 앨리스, 일레인, 지나가 있다.

13단계: 앨리스는 이미 방문했으므로 다시 탐색하지 않아도 된다.

14단계: 다음으로 일레인에 대해 깊이 우선 탐색을 재귀적으로 수행한다. 그전에 컴퓨터는 데릭을 호출 스택에 추가한다.

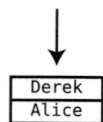

이제 일레인에 대해 깊이 우선 탐색을 수행한다. 다음 그래프처럼 일레인을 방문했
다고 표시한다. 일레인에는 인접한 두 정점, 앨리스와 데릭이 있다.

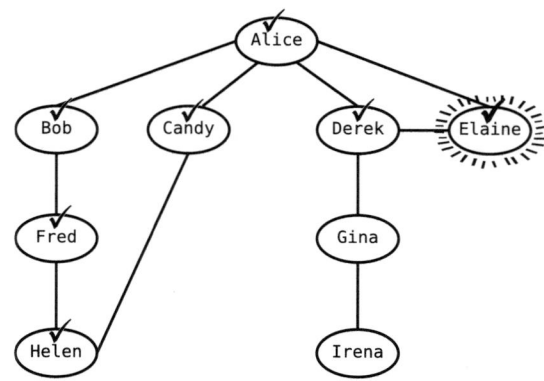

15단계: 앨리스는 이미 방문했으므로 다시 탐색할 필요가 없다.

16단계: 데릭도 이미 방문했다.

일레인의 모든 이웃을 반복했으므로 일레인에 대한 탐색이 끝났다. 이제 컴퓨터
는 호출 스택에서 데릭을 팝하고 데릭의 남은 인접 정점을 순회한다. 여기서는 지
나를 마지막으로 방문한다.

17단계: 지나를 방문한 적이 없으므로 지나의 정점에 대해 재귀적으로 깊이 우선
탐색을 수행한다. 그전에 먼저 데릭을 호출 스택에 다시 추가한다.

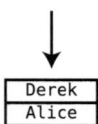

지나에 대해 깊이 우선 탐색을 시작하고, 다음 그래프에서처럼 지나를 방문했다고
표시한다.

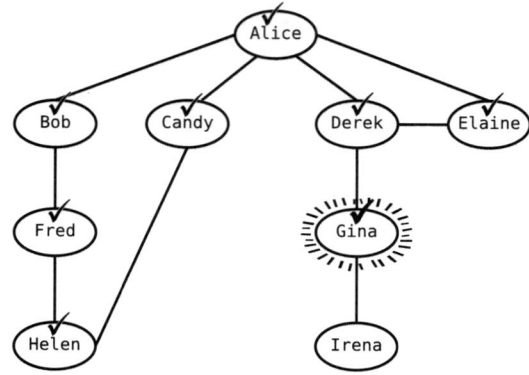

지나에게는 두 이웃, 데릭과 이레나가 있다.

18단계: 데릭은 이미 방문했다.

19단계: 지나에는 방문하지 않은 인접 정점이 하나 있다. 바로 이레나다. 이레
나에서 깊이 우선 탐색을 재귀적으로 수행할 수 있도록 지나를 호출 스택에 추가
한다.

이레나에 대한 탐색을 시작하고 방문했다고 표시한다.

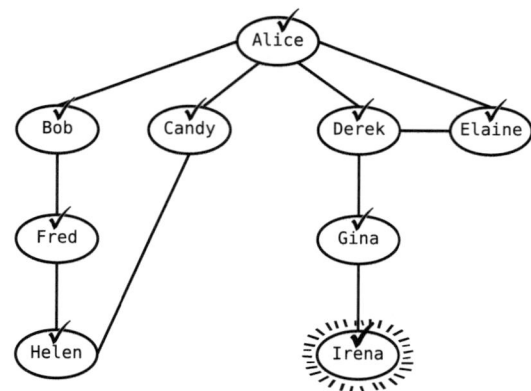

이레나의 이웃을 순회한다. 이레나의 이웃은 한 명뿐이다. 바로 지나다.

20단계: 지나는 이미 방문했다.

그런 다음 컴퓨터는 호출 스택을 되돌리면서 각 정점을 하나씩 꺼낸다. 그러나 호출 스택에 있던 각 정점마다 이미 모든 이웃을 순회했으므로 컴퓨터는 더 이상 할 일이 없다.

이제 끝났다!

18.5.2 코드 구현: 깊이 우선 탐색

다음은 깊이 우선 탐색의 구현이다.

```python
def dfs_traverse(vertex, visited_vertices):
    visited_vertices[vertex.value] = True

    print(vertex.value)

    for adjacent_vertex in vertex.adjacent_vertices:
        if not visited_vertices.get(adjacent_vertex.value):
            dfs_traverse(adjacent_vertex, visited_vertices)
```

dfs_traverse 함수는 하나의 vertex와 해시 테이블 visited_vertices를 받는다. 함수를 처음 호출할 때는 빈 visited_vertices를 전달한다. 앞의 예제에서는 다음과 같이 앨리스부터 시작하는 깊이 우선 탐색을 수행한다.

```python
dfs_traverse(alice, {})
```

정점을 방문할 때마다 방문한 정점을 해시 테이블에 추가하면서 각 재귀 호출에 해시 테이블을 전달한다.

함수는 가장 먼저 현재 정점을 방문했다고 표시를 남긴다. 정점의 값을 True로 지정하여 해시 테이블에 추가한다.

```python
visited_vertices[vertex.value] = True
```

필요하면 정점의 값을 출력하여 실제로 정점을 순회했는지 확인할 수 있다.

```
print(vertex.value)
```

이어서 현재 정점의 인접 정점을 모두 순회한다.

```
for adjacent_vertex in vertex.adjacent_vertices:
```

각 인접 정점을 이미 방문했는지 확인한다. 이미 방문한 정점이면 그냥 넘어가고 방문하지 않았다면 해당 인접 정점에 대해 dfs_traverse 함수를 재귀적으로 호출한다.

```
if not visited_vertices.get(adjacent_vertex.value):
    dfs_traverse(adjacent_vertex, visited_vertices)
```

다시 말하지만 이후의 재귀 호출에서도 접근할 수 있도록 visited_vertices 해시 테이블도 함께 전달한다.

깊이 우선 탐색으로 어떤 정점을 찾고 싶다면 앞의 dfs_traverse 함수를 살짝 바꿔서 사용할 수 있다.

```
def dfs(vertex, search_value, visited_vertices):
    visited_vertices[vertex.value] = True

    if vertex.value == search_value:
        return vertex

    for adjacent_vertex in vertex.adjacent_vertices:
        if adjacent_vertex.value == search_value:
            return adjacent_vertex

        if not visited_vertices.get(adjacent_vertex.value):
            vertex_we_are_searching_for = dfs(adjacent_vertex,
                                              search_value,
                                              visited_vertices)

            if vertex_we_are_searching_for:
                return vertex_we_are_searching_for

    return None
```

이 구현에서도 각 정점에 대해 재귀적으로 자신을 호출하지만, 올바른 정점을 찾으면 vertex_we_are_searching_for를 반환한다.

18.6 너비 우선 탐색

흔히 BFS라고 줄여 부르는 **너비 우선 탐색**(Breadth-First Search)은 그래프를 탐색하는 또 다른 방법이다. 깊이 우선 탐색과 달리 너비 우선 탐색은 재귀를 사용하지 **않는다**. 대신 이 알고리즘은 우리에게 익숙한 큐를 기반으로 작동한다. 기억하겠지만 큐는 선입선출(FIFO) 자료 구조라서 먼저 들어간 데이터가 먼저 나오는 구조이다.

너비 우선 탐색 알고리즘을 살펴보자. 깊이 우선 탐색에서 해 봤듯 너비 우선 탐색을 사용해 그래프를 **순회**해 보겠다. 즉, 소셜 네트워크 예제의 각 정점을 방문하겠다.

BFS 순회 알고리즘은 다음과 같다.

1. 그래프 내 임의의 정점에서 시작한다. 이를 **시작 정점**이라고 한다.
2. 시작 정점을 해시 테이블에 추가하여 방문했다고 표시한다.
3. 시작 정점을 큐에 추가한다.
4. 큐가 빌 때까지 실행하는 루프를 시작한다.
5. 루프 안에서 큐의 첫 번째 정점을 제거한다. 이 정점을 **현재 정점**이라고 한다.
6. 현재 정점의 인접 정점을 모두 순회한다.
7. 이미 방문한 인접 정점이면 건너뛴다.
8. 아직 방문하지 **않은** 인접 정점이면 해시 테이블에 추가해 방문했다고 표시하고 큐에도 추가한다.
9. 큐가 비워질 때까지 루프(4단계부터)를 반복한다.

18.6.1 너비 우선 탐색 연습

보기보다 복잡하지 않다. 순회 과정을 한 단계씩 따라가 보자.

먼저 앨리스를 시작 정점으로 설정한다. 앨리스를 방문했다고 표시하고 큐에 추가한다.

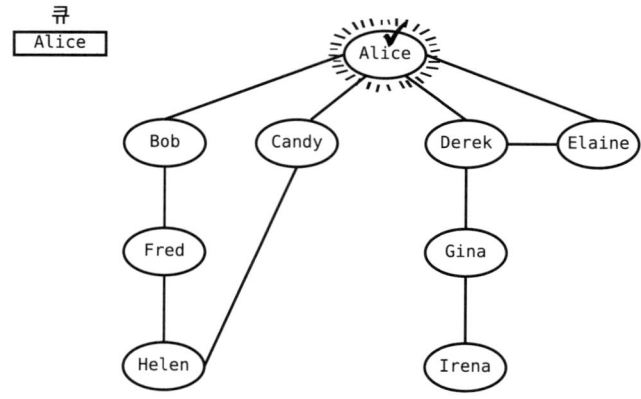

이제부터가 핵심 알고리즘이다.

1단계: 큐에서 첫 번째 정점을 제거하여 현재 정점으로 만든다. 현재 큐에 있는 **유일한** 정점이 앨리스이므로 현재 정점은 앨리스이다. 따라서 이 시점에 큐는 비어 있다.

앨리스가 현재 정점이므로 앨리스의 인접 정점을 순회한다.

2단계: 밥부터 시작해 보자. 밥을 방문했다고 표시하고 큐에 추가한다.

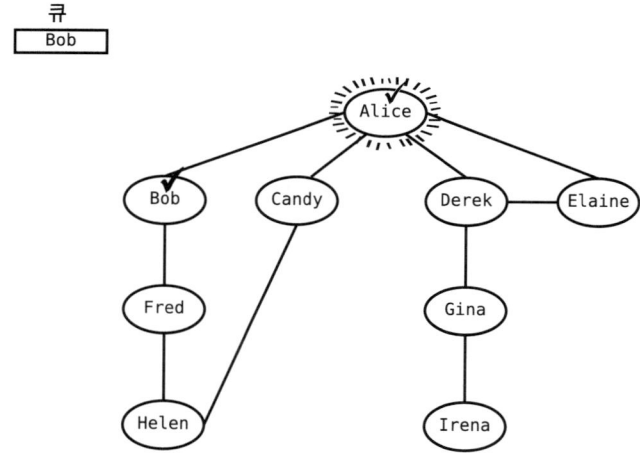

앨리스 주변에 그려진 선을 보니 **여전히 앨리스가 현재 정점**이다. 하지만 여기서 밥을 방문했다고 표시했으며 큐에 추가했다.

3단계: 앨리스의 다른 인접 정점으로 이동한다. 이번에는 캔디를 선택해 방문했다고 표시하고 큐에 추가한다.

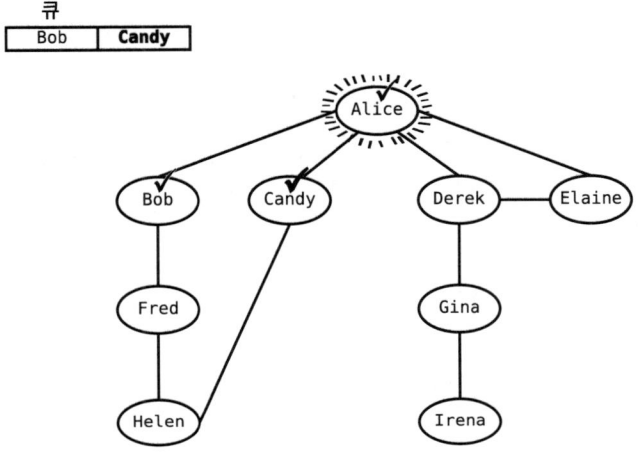

4단계: 그런 다음 데릭을 방문했다고 표시하고 큐에 추가한다.

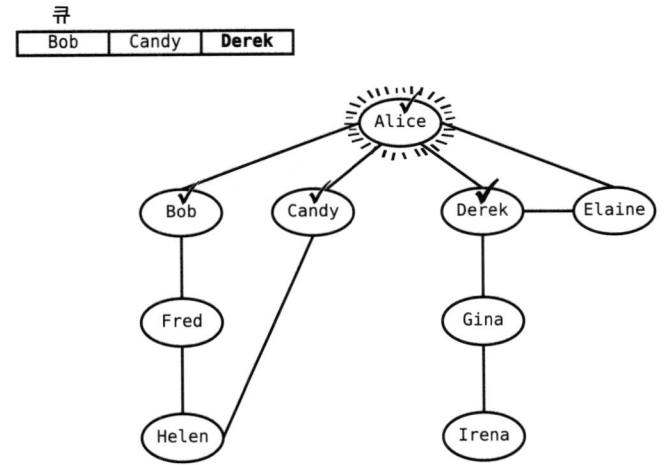

5단계: 일레인에도 같은 작업을 수행한다.

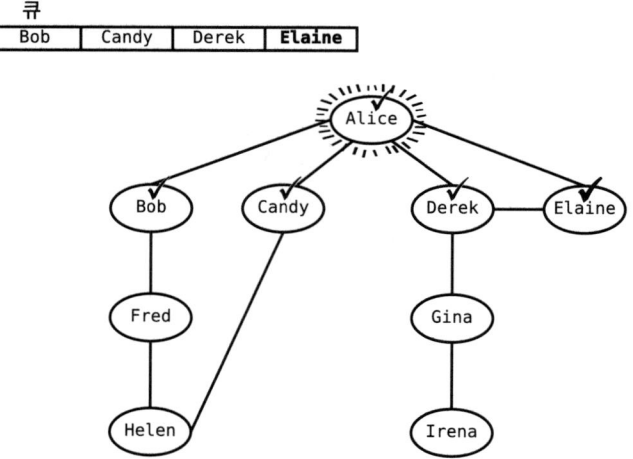

6단계: 현재 정점(앨리스)의 이웃을 모두 순회했으므로 큐에서 첫 번째 항목을 꺼내 현재 정점으로 만든다. 여기서는 밥이 큐의 맨 앞에 있으므로 다음 그래프에 표시된 것처럼 밥을 디큐하고 현재 정점으로 만든다.

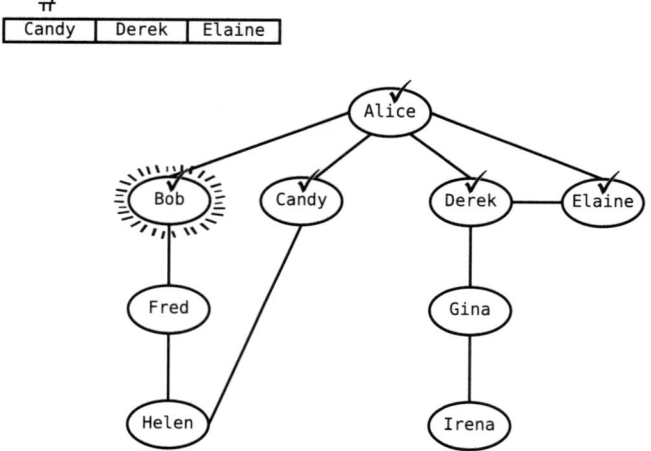

밥이 현재 정점이므로 밥의 인접 정점을 모두 순회한다.

7단계: 앨리스는 이미 방문했으므로 무시한다.

8단계: 프레드는 아직 방문하지 않았으므로 방문했다고 표시하고 큐에 추가한다.

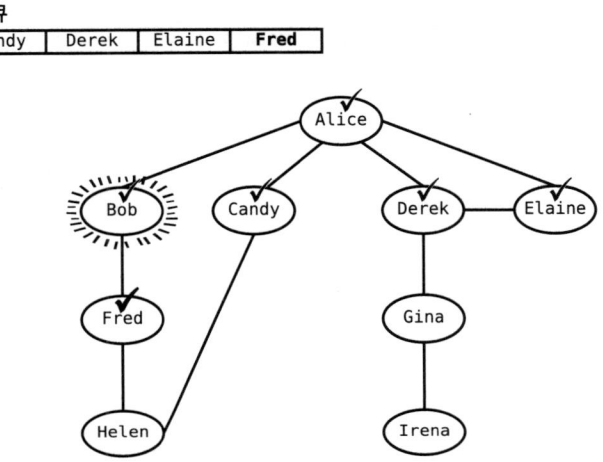

9단계: 밥은 인접 정점이 더 이상 없다. 따라서 큐에서 첫 번째 항목을 꺼내 현재 정점으로 만든다. 이제 현재 정점은 캔디가 된다.

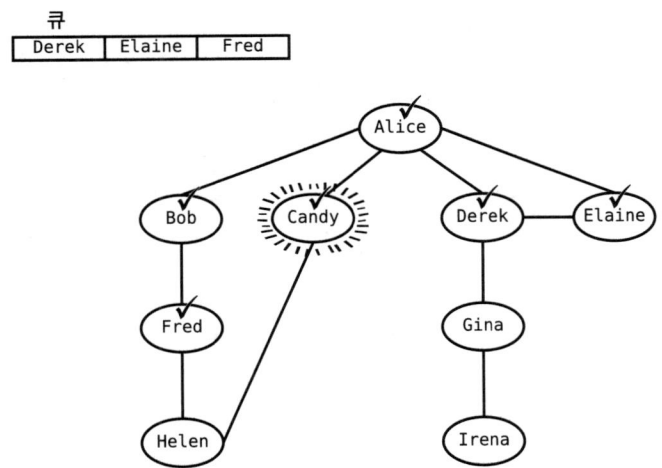

캔디의 인접 정점을 순회한다.

10단계: 앨리스는 이미 방문했으므로 이번에도 무시한다.

11단계: 반면 헬렌은 아직 방문하지 않았다. 헬렌을 방문했다고 표시하고 큐에 추가한다.

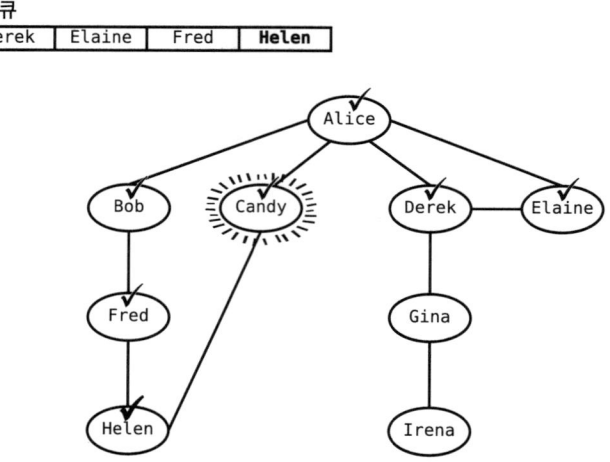

12단계: 캔디의 인접 정점 순회를 완료했으므로 큐에서 첫 번째 항목(데릭)을 꺼내 현재 정점으로 만든다.

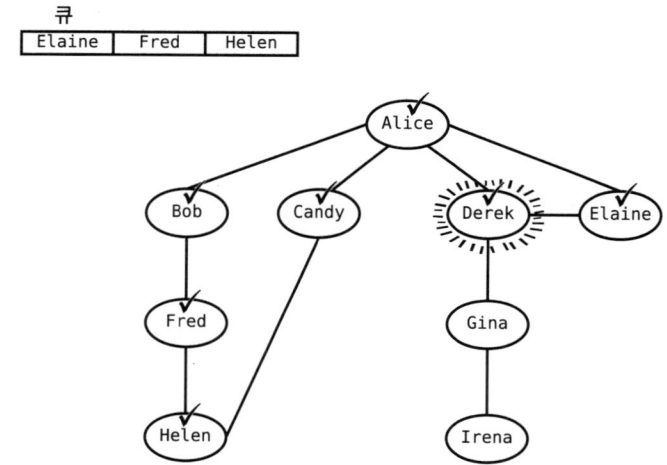

데릭은 인접 정점이 세 개 있으니 하나씩 순회해 본다.

13단계: 앨리스는 이미 방문했으므로 무시한다.

14단계: 일레인도 마찬가지로 무시한다.

15단계: 지나만 남았으니까 지나를 방문했다고 표시하고 큐에 추가한다.

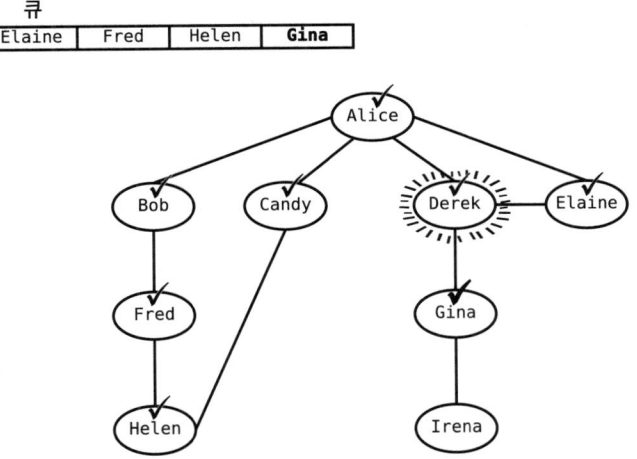

16단계: 데릭과 가까이에 있는 친구를 모두 방문했으므로 일레인을 큐에서 꺼내 현재 정점으로 지정한다.

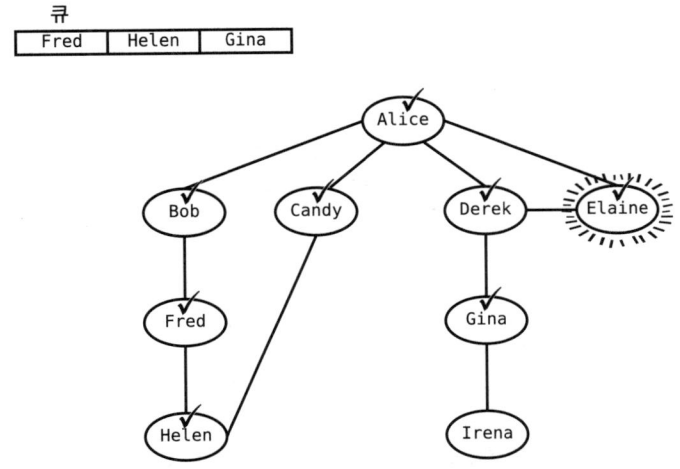

17단계: 일레인의 인접 정점을 앨리스부터 순회한다. 하지만 앨리스는 이미 방문했었다.

18단계: 데릭도 이미 방문했다.

19단계: 큐에서 다음 사람(프레드)을 꺼내 현재 정점으로 만든다.

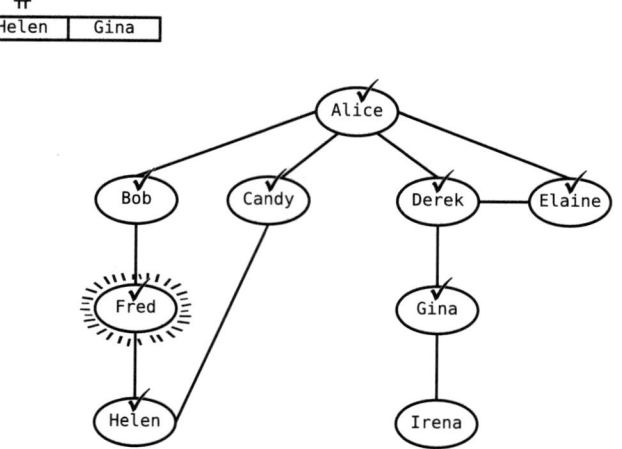

20단계: 프레드의 이웃을 순회한다. 밥은 이미 방문했다.

21단계: 헬렌도 이미 방문했다.

22단계: 헬렌이 큐의 맨 앞에 있으니 헬렌을 디큐하여 현재 정점으로 만든다.

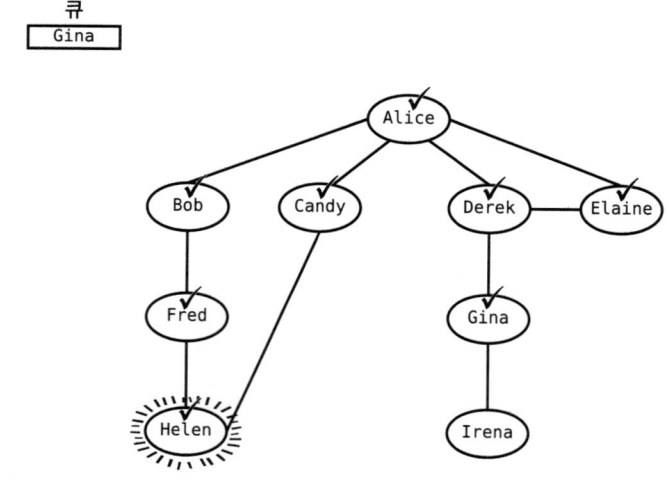

23단계: 헬렌은 인접 정점이 두 개 있다. 프레드는 이미 방문했다.

24단계: 캔디도 이미 방문했다.

25단계: 지나를 큐에서 꺼내 현재 정점으로 만든다.

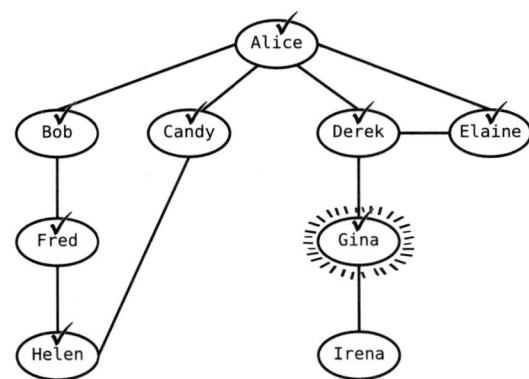

26단계: 지나의 이웃을 순회한다. 데릭은 이미 방문했다.

27단계: 지나는 방문하지 않은 인접 친구가 이레나만 남았으므로 이레나를 방문하고 큐에 추가한다.

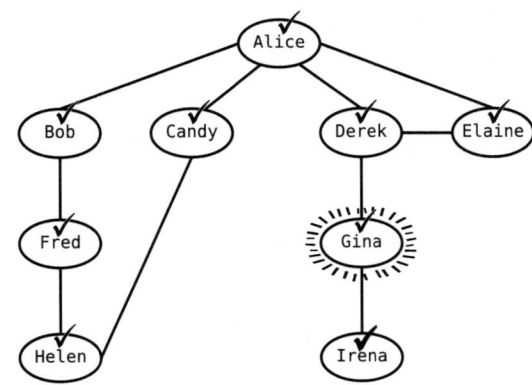

이제 지나 이웃을 모두 순회했다.

28단계: 큐의 첫 번째 (그리고 유일한) 사람인 이레나를 제거한다. 이레나가 현재 정점이 된다.

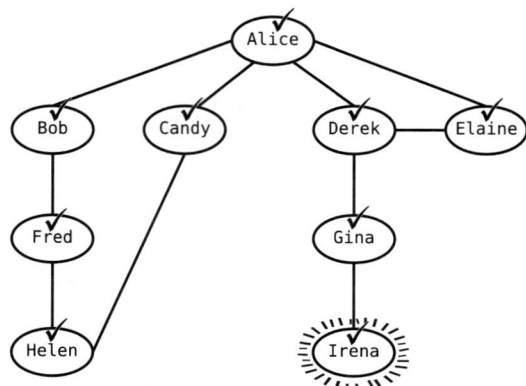

29단계: 이레나의 인접 정점은 지나뿐이지만 지나는 이미 방문했다.

이제 큐에서 다음 항목을 꺼내야 하는데 큐가 비어 있다! 즉, 그래프 순회를 완료했다는 의미이다.

18.6.2 코드 구현: 너비 우선 탐색

다음은 너비 우선 탐색을 위한 코드이다.

```
import queue_implementation

def bfs_traverse(starting_vertex):
    queue = queue_implementation.Queue()

    visited_vertices = {}
    visited_vertices[starting_vertex.value] = True
    queue.enqueue(starting_vertex)

    while queue.read():
        current_vertex = queue.dequeue()
        print(current_vertex.value)

        for adjacent_vertex in current_vertex.adjacent_vertices:
```

```
        if not visited_vertices.get(adjacent_vertex.value):
            visited_vertices[adjacent_vertex.value] = True
            queue.enqueue(adjacent_vertex)
```

먼저 queue_implementation 모듈을 임포트한다. 9장의 '큐 구현하기'(159쪽)에서 만든 것과 같은 큐 구현이다.

bfs_traverse 함수는 탐색을 시작할 정점인 starting_vertex를 입력받는다.

알고리즘 실행에 필요한 큐부터 생성한다.

```
queue = queue_implementation.Queue()
```

이미 방문한 정점을 기록할 visited_vertices 해시 테이블도 생성한다.

```
visited_vertices = {}
```

이어서 starting_vertex를 방문했다고 표시하고 큐에 추가한다.

```
visited_vertices[starting_vertex.value] = True
queue.enqueue(starting_vertex)
```

큐가 빌 때까지 실행하는 루프를 시작한다.

```
while queue.read():
```

큐에서 첫 번째 항목을 꺼내 현재 정점으로 만든다.

```
current_vertex = queue.dequeue()
```

이어서 현재 정점의 값을 콘솔에 출력하면서 정점 순회가 올바르게 작동하는지 확인한다.

```
print(current_vertex.value)
```

그런 다음 현재 정점의 인접 정점을 모두 순회한다.

```
for adjacent_vertex in current_vertex.adjacent_vertices:
```

아직 방문하지 않은 각 인접 정점을 해시 테이블에 추가하여 방문했다고 표시하고 큐에 추가한다.

```
if not visited_vertices.get(adjacent_vertex.value):
    visited_vertices[adjacent_vertex.value] = True
    queue.enqueue(adjacent_vertex)
```

대략적인 흐름은 이렇다.

18.6.3 깊이 우선 탐색 vs 너비 우선 탐색

너비 우선 탐색의 순서를 잘 보면 먼저 앨리스와 직접 연결된 모든 정점을 순회한다는 것을 알 수 있다. 그런 다음 바깥쪽으로 나선형을 그리며 앨리스에서 점점 더 멀어진다. 반면에 깊이 우선 탐색은 가능한 한 앨리스와 최대한 멀리 이동한 후 더 이상 갈 곳이 없으면 앨리스로 돌아온다.

이처럼 그래프를 탐색하는 방법에는 깊이 우선 탐색과 너비 우선 탐색 두 가지가 있다. 어느 쪽이 더 나을까?

지금쯤 눈치챘겠지만 상황에 따라 다르다. 어떤 시나리오에서는 깊이 우선 탐색이 더 빠를 수 있고, 어떤 시나리오에서는 너비 우선 탐색이 더 나은 선택일 수 있다.

보통 어떤 알고리즘을 사용할지 결정짓는 주요 기준 중 하나는 탐색하려는 그래프의 특성과 탐색 대상이다. 앞서 언급했듯이 여기서 핵심은 너비 우선 탐색이 시작 정점에서 가장 가까운 정점을 모두 순회한 후에 더 멀리 이동한다는 것이다. 반면에 깊이 우선 탐색은 시작 정점에서 최대한 멀리 떨어진 곳으로 바로 이동하며, 탐색이 막다른 길에 다다랐을 때(더 이상 순회할 정점이 없을 때)만 다시 시작 정점으로 돌아온다.

소셜 네트워크에서 어떤 사람과 **직접** 연결된 친구들만 찾고 싶다고 해 보자. 예를 들어 앞에서 본 그래프 예제에서 앨리스의 진짜 친구만 찾고 싶다. 앨리스의 친구의 친구까지는 관심이 없고 오직 앨리스와 직접 연결된 친구 목록만 알고 싶다.

너비 우선 탐색을 보면 앨리스의 진짜 친구(밥, 캔디, 데릭, 일레인)를 즉시 찾은 다음에야 2차(second-degree) 연결, 즉 친구의 친구로 이동한다.

하지만 깊이 우선 탐색으로 그래프를 순회하면 앨리스의 다른 친구를 찾기도 전에 프레드와 헬렌(두 사람은 앨리스의 친구가 아님)을 먼저 만나게 된다. 그래프가 더 크다면 불필요한 정점을 탐색하느라 시간을 더 낭비할 수 있다.

다른 시나리오를 생각해 보자. 이번에는 그래프가 가계도를 나타낸다고 하자.

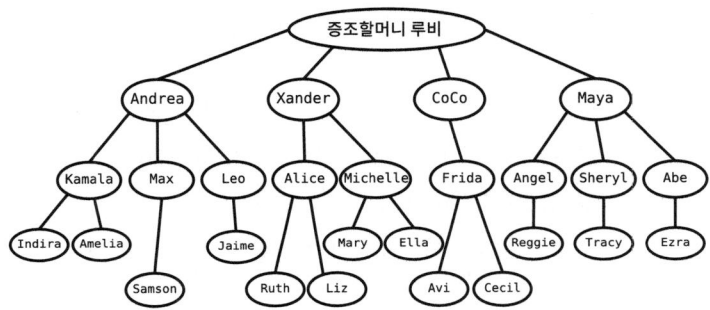

이 가계도는 위대한 가문의 자랑스러운 어머니인 증조할머니 루비의 후손들을 모두 보여 준다. 루스가 루비의 증손주라는 것을 알고 있고, 그래프에서 루스를 찾고 싶다고 해 보자.

여기서 짚고 넘어갈 점이 있다. 너비 우선 탐색을 사용하면 첫 번째 증손주에 도달하기도 전에 루비의 모든 자식과 손주를 순회하게 된다.

반면 깊이 우선 탐색을 사용하면 그래프 바로 아래로 따라 내려가면서 몇 단계만에 첫 번째 증손주에 도달할 수 있다. 루스를 찾기 위해 그래프 전체를 순회해야 할 수도 있지만, 적어도 루스를 더 빨리 찾을 가능성이 있다. 반면에 너비 우선 탐색을 사용하면 증손주를 탐색하기 전에 증손주를 제외한 자식과 손주를 모두 순회할 수밖에 없다.

따라서 항상 이렇게 질문해야 한다. 그래프를 탐색하는 동안 시작 정점 주변부터 탐색할 것인가? 아니면 멀리 떨어진 곳부터 탐색하는 것이 중요한가? 너비 우선 탐색은 가까울 때 좋고, 깊이 우선 탐색은 멀리 있는 것부터 빠르게 찾고 싶을 때 알맞다.

18.7 그래프 탐색의 효율성

빅 오 표기법으로 그래프 탐색의 시간 복잡도를 분석해 보자.

깊이 우선 탐색과 너비 우선 탐색 모두 최악의 시나리오에서는 모든 정점을 순회하게 된다. 최악의 시나리오는 그래프 전체를 순회하거나 그래프에 존재하지도 않는 정점을 탐색하는 경우이다. 혹은 탐색 중인 정점이 하필 그래프의 마지막 정점일 수도 있다.

어떤 경우든 그래프에 있는 정점을 모두 방문한다. 언뜻 보면 정점의 개수가 N일 때 $O(N)$으로 보일 수 있다.

하지만 두 탐색 알고리즘 모두 각 정점을 방문할 때마다 **인접 정점까지 모두 순회해야 한다.** 해당 인접 정점을 이미 방문했다면 무시할 수 있지만, 방문 여부를 알려면 여전히 해당 정점을 확인하는 단계가 필요하다.

즉, 각 정점을 방문할 때마다 해당 정점에 인접한 이웃을 하나씩 확인하는 데도 단계가 필요하다. 각 정점마다 인접 정점의 개수가 다르니 빅 오 표기법으로 딱 잘라 표현하기엔 애매하다.

이해를 돕기 위해 간단한 그래프를 분석해 보자.

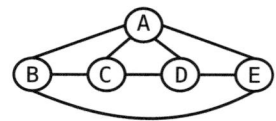

정점 A에는 이웃이 4개이다. 반면에 B, C, D, E에는 이웃이 각각 3개이다. 그래프를 탐색하는 데 걸리는 단계 수를 세어 보겠다.

최소한 정점 5개를 모두 방문해야 한다. 여기서만 5단계가 필요하다.

그런 다음 **각** 정점마다 이웃 정점들을 하나씩 순회한다.

이렇게 하면 다음 단계가 추가된다.

A: 이웃 4개를 순회하는 데 4단계

B: 이웃 3개를 순회하는 데 3단계

C: 이웃 3개를 순회하는 데 3단계

D: 이웃 3개를 순회하는 데 3단계

E: 이웃 3개를 순회하는 데 3단계

이렇게 해서 총 16번 순회하게 된다.

따라서 정점 5개를 방문하고 인접 이웃을 16번 순회하므로 총 21단계이다.

정점이 5개인 다른 그래프를 보자.

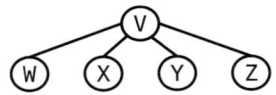

이 그래프에도 정점이 5개 있지만 인접 이웃에 대한 순회 횟수는 다음과 같다.

V: 이웃 4개를 순회하는 데 4단계

W: 이웃 1개를 순회하는 데 1단계

X: 이웃 1개를 순회하는 데 1단계

Y: 이웃 1개를 순회하는 데 1단계

Z: 이웃 1개를 순회하는 데 1단계

이를 합치면 총 8번 순회한다.

정점이 5개이고 인접 이웃에 대한 순회가 8번 이뤄지므로 총 13단계이다.

두 그래프의 정점은 모두 5개이다. 하지만 하나는 탐색하는 데 21단계가 걸리고 다른 하나는 13단계가 걸린다.

단순히 그래프의 정점 개수로는 단계를 셀 수 없다. **각 정점마다 인접한 이웃이 몇 개나 있는지를 함께 고려해야 한다.**

그래프 탐색의 효율성을 제대로 설명하려면 **두 가지** 변수를 사용해야 한다. 하나는 그래프의 정점, 다른 하나는 각 정점들의 총 인접 이웃 개수를 나타내는 변수이다.

18.7.1 $O(V + E)$

특이하게도 빅 오 표기법은 두 변수를 설명할 때 변수 N을 사용하지 않는다. 대신 변수 V와 E를 사용한다.

V는 쉽게 알 수 있다. V는 **정점**(vertex)을 의미하며 그래프에서 정점의 개수를 나타낸다.

익숙하지 않겠지만 E는 **간선**(edge)을 의미하며 그래프에서 간선의 개수를 나타낸다.

컴퓨터 과학자들은 그래프 탐색의 효율성을 $O(V + E)$로 표현한다. 그래프 탐색의 단계 수는 정점 개수와 간선 개수를 더한 값이라는 의미이다. 직관적으로 와닿지 않을 수 있지만 왜 그래프 탐색의 효율성을 이렇게 표현하는지 알아보자.

특히 앞의 두 예제를 보면 $V + E$로 정확하게 설명되지 않는다는 점을 알 수 있다.

A-B-C-D-E 그래프에는 정점 5개와 간선 8개가 있었다. 그러면 총 13단계여야 한다. 하지만 실제로는 총 21단계였다.

그리고 V-W-X-Y-Z 그래프에는 정점 5개와 간선 4개가 있었다. $O(V + E)$에 따르면 그래프 탐색은 9단계여야 한다. 하지만 실제로는 13단계였다.

이러한 차이가 발생하는 이유는 $O(V + E)$는 간선 개수를 한 번만 계산하지만, 실제 그래프 탐색에서는 각 간선을 **여러 번** 순회하기 때문이다.

예를 들어 V-W-X-Y-Z 그래프에는 간선이 4개뿐이다. 하지만 V와 W 사이의 간선은 두 번 사용된다. 즉, V가 현재 정점일 때 이 간선으로 인접 이웃 W를 찾는다. 그리고 W가 현재 정점일 때 같은 간선으로 인접 정점인 V를 찾는 식이다.

이를 고려하면 V-W-X-Y-Z 그래프에서 그래프 탐색의 효율성을 가장 정확하게 표현하는 방법은 정점 5개에 다음 값을 더하는 것이다.

2 * (V와 W 사이의 간선)

2 * (V와 X 사이의 간선)

2 * (V와 Y 사이의 간선)

2 * (V와 Z 사이의 간선)

따라서 모든 정점을 한 번씩 방문하고(즉, V) 각 간선을 두 번씩 사용하므로(즉, $2E$) $V + 2E$가 된다.

이 예제에서는 정점 5개를 방문하므로 V는 5이다. 그리고 간선 4개를 각각 두 번씩 사용하므로 $2E$는 8이 된다. 이렇게 해서 $V + 2E$는 총 13단계가 된다.

그럼에도 불구하고 이를 $O(V + E)$라고 부르는 이유는 **빅 오가 상수를 무시**하기 때문이다. 실제로는 단계 수가 $V + 2E$이지만 이를 $O(V + E)$로 단순화한다.

결국 $O(V + E)$는 근사치일 뿐이지만 다른 빅 오 표현식처럼 이 정도면 충분하다.

확실한 점은 간선 개수가 증가하면 단계 수도 **증가**한다는 사실이다. 결국 A-B-C-D-E 그래프와 V-W-X-Y-Z 그래프 모두 정점이 5개이지만 A-B-C-D-E 그래프의 간선이 더 많기 때문에 단계가 훨씬 더 많이 필요하다.

결국 그래프 탐색은 탐색하려는 정점이 마지막에 있거나 아예 그래프에 없는 최악의 시나리오에서 $O(V + E)$가 된다. 이는 너비 우선 탐색과 깊이 우선 탐색 모두에 해당한다.

하지만 그래프의 형태와 탐색하려는 데이터에 따라 탐색 방법을 잘 선택하면 그래프 전체를 탐색하기 **전에** 원하는 정점을 더 빨리 찾도록 탐색을 최적화할 수 있다. 적절한 탐색 방법을 선택하면 최악의 시나리오에 빠지지 않고 정점을 더 빠르게 찾을 가능성이 높아진다.

다음 절에서는 복잡하지만 실용적인 문제를 해결하는, 고유한 탐색 방법을 가진 그래프에 대해 배우겠다.

 그래프 데이터베이스

그래프는 관계와 관련된 데이터(소셜 네트워크 속 친구 등) 작업에 매우 효율적이므로 실제 소프트웨어 애플리케이션에서는 이러한 유형의 데이터를 저장하기 위해 특별히 만든 **그래프 데이터베이스**를 자주 사용한다. 이러한 데이터베이스는 18장에서 배우는 개념뿐만 아니라 그래프 이론의 다양한 요소를 활용하여 데이터 연산의 효율성을 높인다. 실제로 많은 소셜 네트워크 애플리케이션이 그래프 데이터베이스를 기반으로 한다.

그래프 데이터베이스로는 Neo4j(*https://neo4j.com*), ArangoDB(*https://www.arangodb.com*)가 있다. 그래프 데이터베이스의 작동 방식에 대해 자세히 알고 싶다면 해당 웹사이트를 참조하자.

18.8 가중 그래프

지금까지 그래프에는 다양한 종류가 있음을 알게 되었다. 유용한 그래프 유형 중에 **가중 그래프**(weighted graph)가 있는데 그래프의 **간선**에 추가 정보를 담는 구조이다.

다음은 미국의 주요 도시 몇 개를 기본 지도로 표현한 가중 그래프이다.

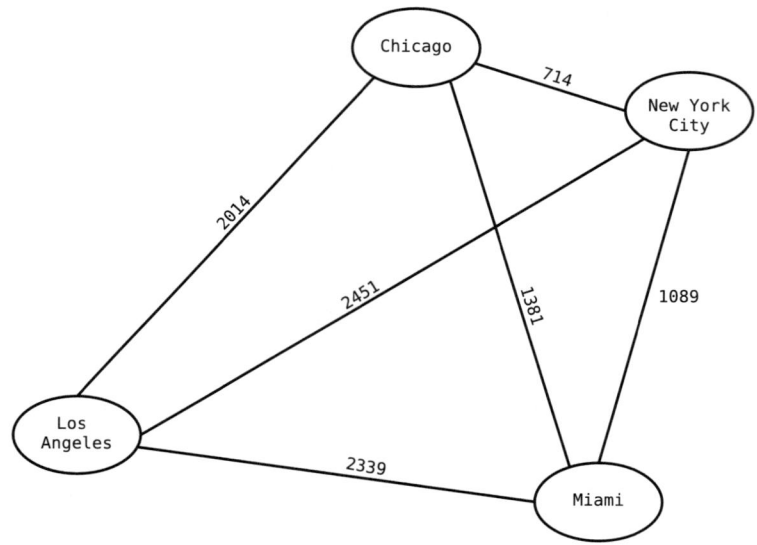

그래프의 각 간선에는 해당 간선으로 연결된 도시까지의 거리가 마일 단위로 표시돼 있다. 예를 들어 시카고에서 뉴욕까지는 714마일이다.

가중 그래프에 방향이 있을 수도 있다. 다음 그래프에서는 댈러스에서 토론토로 가는 항공편은 138달러이지만, 토론토에서 댈러스로 돌아오는 항공편은 216달러이다.

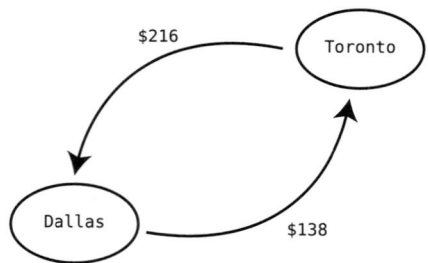

18.8.1 코드 구현: 가중 그래프

그래프에 가중치를 넣으려면 코드를 약간 수정해야 한다. 배열 대신 해시 테이블로 인접 정점을 표현하는 방법을 사용해 보자.

```
class WeightedGraphVertex:

    def __init__(self, value):
        self.value = value
        self.adjacent_vertices = {}

    def add_adjacent_vertex(self, vertex, weight):
        self.adjacent_vertices[vertex] = weight
```

보다시피 self.adjacent_vertices는 이제 배열이 아니라 해시 테이블로 바뀌었다. 해시 테이블은 키-값 쌍으로 되어 있고, 키는 인접 정점, 값은 (이 정점에서 인접 정점까지의 간선의) 가중치이다.

이제부터는 add_adjacent_vertex 메서드로 인접 정점을 추가할 때 인접 정점과 가중치를 함께 전달해야 한다.

앞으로 다양한 도시 간 항공권 가격 그래프 예제를 계속 다루기 때문에 City라는 특별한 클래스를 생성하겠다. 이 클래스는 앞의 WeightedGraphVertex와 구현은 같지만 이번 사례에 맞게 클래스와 변수 이름을 바꿨다.

```
class City:

    def __init__(self, name):
        self.name = name
        self.routes = {}

    def add_route(self, city, price):
        self.routes[city] = price
```

따라서 앞의 댈러스-토론토 항공권 가격 그래프를 한번 만들어 보고 싶다면 이렇게 실행하면 된다.

```
dallas = City("Dallas")
toronto = City("Toronto")

dallas.add_route(toronto, 138)
toronto.add_route(dallas, 216)
```

18.8.2 최단 경로 문제

가중 그래프는 다양한 종류의 데이터세트를 모델링하는 데 매우 유용하며, 데이터
를 최대한 활용하게 해 주는 몇 가지 강력한 알고리즘도 함께 제공한다.

이러한 알고리즘 중 하나를 활용하여 비용을 절감해 보자.

다음은 5개 도시 간 항공권 가격을 나타낸 그래프이다.

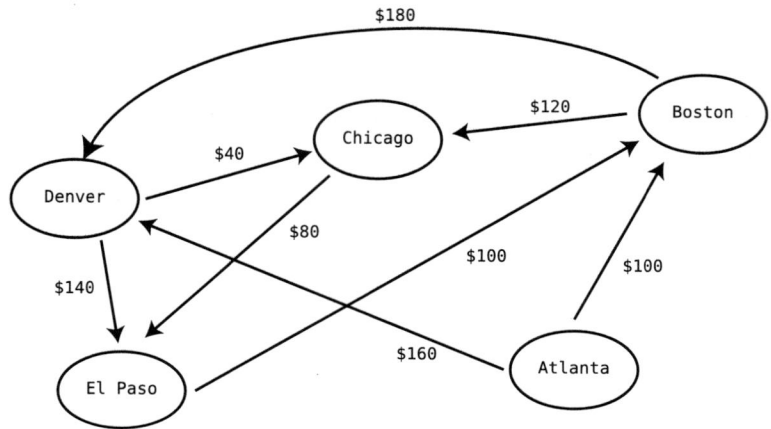

애틀랜타에서 엘패소까지 가는 비행편을 찾고 있다고 해 보자. 안타깝게도 그래프
에는 애틀랜타에서 엘패소까지 가는 직항이 없다. 하지만 다른 도시를 경유하면 엘
패소에 갈 수 있다. 예를 들어 애틀랜타에서 덴버로 간 다음 덴버에서 엘패소로 갈
수 있다. 하지만 다른 경로도 있으며 경로마다 가격도 다르다. 애틀랜타-덴버-엘패
소 경로는 300달러가 들지만, 애틀랜타-덴버-시카고-엘패소 경로는 280달러로 더
저렴하다.

이제 문제는 다음과 같다. 목적지까지 가는 데 드는 **최저가**를 찾는 알고리즘을
어떻게 만들까? 경유 횟수는 신경 쓰지 않고 오직 최저가만 찾는다고 가정하자.

이런 종류의 문제를 **최단 경로 문제**라고 한다. 이 문제는 다른 형태로도 나타날
수 있다. 예를 들어 그래프가 도시 간 거리를 나타낸다면 최단 경로를 찾고 싶을 수
있다. 하지만 여기서는 가중치가 항공권 가격이므로 찾고자 하는 최단 경로는 최저
가이다.

18.9 데이크스트라 알고리즘

최단 경로 문제를 해결하는 알고리즘은 많지만 그중 가장 유명한 알고리즘은 1959년 에츠허르 데이크스트라(Edsger Dijkstra)가 발견한 알고리즘이다. 당연히 이 알고리즘은 **데이크스트라 알고리즘**으로 불린다.

여기서는 데이크스트라 알고리즘을 사용하여 도시 항공편 예제에서 최저가 경로를 찾아보겠다.

18.9.1 데이크스트라 알고리즘 사전 준비

우선 데이크스트라 알고리즘에는 무료 보너스가 있다. 이 알고리즘이 끝나면 애틀랜타에서 엘패소까지 가는 최저가 항공권뿐만 아니라 애틀랜타에서 나머지 **모든** 도시로 가는 최저가 항공권도 찾게 된다. 곧 알게 되겠지만 알고리즘이 그저 이렇게 작동하기 때문에 결국 모든 데이터를 얻게 되는 식이다. 따라서 애틀랜타에서 시카고까지 가는 최저가, 애틀랜타에서 덴버까지 가는 최저가 등을 알 수 있다.

이 알고리즘이 작동하려면 출발 도시에서 다른 모든 목적지까지의 최저가를 저장할 방법을 만들어야 한다. 지금부터 나오는 코드에서는 해시 테이블을 사용해 저장하겠다. 하지만 단계별 예제 설명에는 표를 사용하겠다.

애틀랜타에서:	도시 #1	도시 #2	도시 #3	기타
	?	?	?	?

현재 우리가 알고 있는 유일한 도시가 애틀랜타이므로 알고리즘은 애틀랜타에서 시작한다. 새로운 도시를 발견하면 표에 추가하고 애틀랜타에서 해당 도시로 가는 최저가를 기록한다.

알고리즘이 끝나면 표는 이런 모습이 된다.

애틀랜타에서 해당 도시까지 가는 최저가:	보스턴	시카고	덴버	엘패소
	100달러	200달러	160달러	280달러

코드에서는 해시 테이블로 표현한다.

```
{"Atlanta": 0, "Boston": 100, "Chicago": 200,
 "Denver": 160, "El Paso": 280}
```

(참고로 애틀랜타도 해시 테이블에 포함되어 있으며, 값은 0이다. 알고리즘이 제대로 작동하려면 이 값이 필요하기도 하고, 애틀랜타에서 애틀랜타까지 이동하는 데 비용이 들지 않는다는 점에서도 말이 된다!)

출발 도시에서 다른 모든 목적지까지의 최저가를 모두 저장하는 표를 cheapest_prices_table이라고 부르겠다.

만약 특정 목적지까지 가는 최저가만 알고자 한다면 cheapest_prices_table에 필요한 데이터가 모두 들어 있을 것이다. 하지만 우리는 최저가뿐만 아니라 그 가격으로 갈 수 있는 경로도 알고 싶다. 예를 들어 애틀랜타에서 엘패소까지 가는 최저가가 280달러라는 사실뿐만 아니라 이 가격으로 가려면 애틀랜타-덴버-시카고-엘패소 경로를 따라야 한다는 사실도 알아야 한다.

이를 위해 cheapest_previous_stopover_city_table이라는 표가 **하나 더** 필요하다. 이 표의 용도는 알고리즘을 보기 전에는 애매하니 지금은 설명을 잠깐 미뤄두겠다. 지금은 알고리즘이 끝났을 때 이 표가 어떤 모습인지만 봐도 충분하다.

애틀랜타에서 해당 도시까지 최저가로 갈 때 직전 경유지:	보스턴	시카고	덴버	엘패소
	애틀랜타	댄버	애틀랜타	시카고

(코드에서는 이 표도 해시 테이블로 구현한다.)

18.9.2 데이크스트라 알고리즘 단계

이제 사전 준비가 모두 끝났으니 데이크스트라 알고리즘의 단계를 살펴보겠다. 여기서는 이해하기 쉽게 도시명으로 알고리즘을 설명하지만 '도시'를 '정점'으로 바꾸면 어떤 가중 그래프에도 적용할 수 있다. 각 단계를 예제와 함께 보면 더 이해하기 쉽겠지만, 지금은 알고리즘의 단계부터 정리해 보자.

1. 출발 도시를 방문하고 이를 '현재 도시'로 만든다.
2. 현재 도시에서 각 인접 도시까지의 가격을 확인한다.
3. 출발 도시에서 인접 도시까지의 가격이 현재 cheapest_prices_table에 있는 가격보다 저렴하면(또는 해당 인접 도시가 아직 cheapest_prices_table에 없으면)
   a. cheapest_prices_table을 더 저렴한 가격으로 업데이트한다.
   b. cheapest_previous_stopover_city_table도 해당 인접 도시를 키로 하고 현재 도시를 값으로 업데이트한다.

4. 다음으로 아직 방문하지 않은 도시 중 출발 도시에서 최저가로 갈 수 있는 도시를 방문하고 이를 현재 도시로 만든다.

5. 알려진 모든 도시를 방문할 때까지 2~4단계를 반복한다.

방금 이야기했듯이 지금부터 설명할 예제를 하나하나 따라가 보면 이 모든 단계가 더 잘 이해될 것이다.

18.9.3 데이크스트라 알고리즘 연습

데이크스트라 알고리즘을 단계별로 살펴보자.

우선 cheapest_prices_table에는 애틀랜타만 들어 있다.

애틀랜타에서:
0달러

알고리즘을 시작할 때는 애틀랜타에만 접근할 수 있으며, 다른 도시는 아직 '발견' 하지 못했다.

1단계: 애틀랜타를 공식적으로 방문하고 현재 도시(current_city)로 만든다.

current_city임을 표시하기 위해 해당 도시를 짧은 선으로 둘러싼다. 그리고 해당 도시를 방문했다는 표시로 체크 표시도 추가한다.

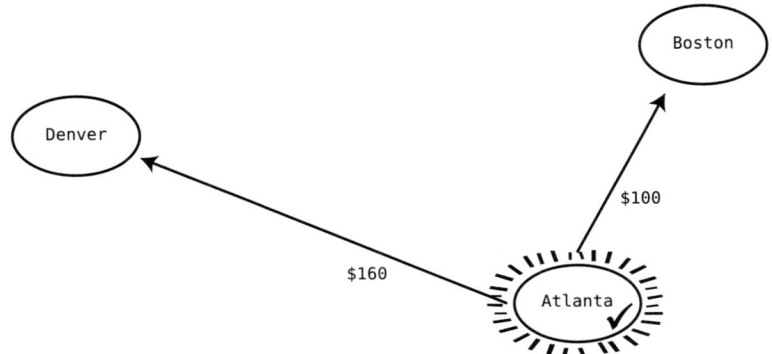

다음 단계에서는 current_city의 인접 도시를 하나씩 조사한다. 이렇게 해서 새 도시를 발견해 나간다. 즉, 우리가 접근한 도시에 몰랐던 인접 도시가 있다면 이 도시를 지도에 추가하는 식이다.

2단계: 애틀랜타에 인접한 도시 중 하나는 보스턴이다. 보다시피 애틀랜타에서 보스턴까지의 가격은 100달러이다. 이제 cheapest_prices_table을 확인해서 이 가격이 애틀랜타에서 보스턴까지 가는 최저가인지 알아봐야 하는데, 여기에는 아직 애틀랜타에서 보스턴까지 가는 가격이 기록되지 않았다. 즉, (지금 기준으로는) 이 가격이 애틀랜타에서 보스턴까지 가는 **알려진** 최저가라는 뜻이니 cheapest_prices_table에 추가한다.

애틀랜타에서 해당 도시까지:	보스턴
0달러	100달러

cheapest_prices_table을 변경했으므로 cheapest_previous_stopover_city_table도 같이 변경해야 한다. 인접 도시(보스턴)를 키로, current_city를 값으로 설정한다.

애틀랜타에서 해당 도시까지 최저가로 가는 직전 경유지:	보스턴
	애틀랜타

이 표는 애틀랜타에서 보스턴까지 가는 최저가(100달러)를 얻으려면 **보스턴 직전에** 방문해야 하는 도시가 애틀랜타이어야 한다는 의미이다. 지금 시점에서는 애틀랜타가 보스턴으로 가는 유일한 경로이므로 당연해 보인다. 하지만 계속 진행하다 보면 이 두 번째 표가 왜 유용한지 깨닫게 된다.

3단계: 보스턴은 확인했고 이제 애틀랜타의 다른 인접 도시 덴버를 보자. 애틀랜타에서 덴버까지 가는 가격(160달러)이 최저가인지 알아봐야 하는데, 아직 cheapest_prices_table에 덴버가 기록되어 있지 않으므로 이를 최저가로 추가한다.

애틀랜타에서 해당 도시까지:	보스턴	덴버
0달러	100달러	160달러

다음으로 cheapest_previous_stopover_city_table에 덴버와 애틀랜타도 키-값 쌍으로 추가한다.

애틀랜타에서 해당 도시까지 최저가로 가는 직전 경유지:	보스턴	덴버
	애틀랜타	애틀랜타

4단계: 지금까지 애틀랜타의 인접 도시를 모두 둘러보았으므로 이제 다음 도시를 방문할 차례이다. 하지만 어느 도시를 다음으로 방문할지 결정해야 한다.

앞서 설명한 알고리즘 단계에 따라 아직 방문하지 않은 도시만 갈 수 있다. 또한 방문하지 않은 도시 중에서는 **출발 도시**에서 최저가로 갈 수 있는 도시를 **먼저** 선택해야 한다. 이 데이터는 cheapest_prices_table에서 알 수 있다.

예제에서 아직 방문하지 않은 도시는 보스턴과 덴버뿐이다. cheapest_prices_table을 보면 애틀랜타에서 덴버로 가는 항공권보다 애틀랜타에서 보스턴으로 가는 항공권이 더 저렴하기 때문에 다음에 방문할 도시는 보스턴이다.

5단계: 보스턴을 방문하고 current_city로 지정한다.

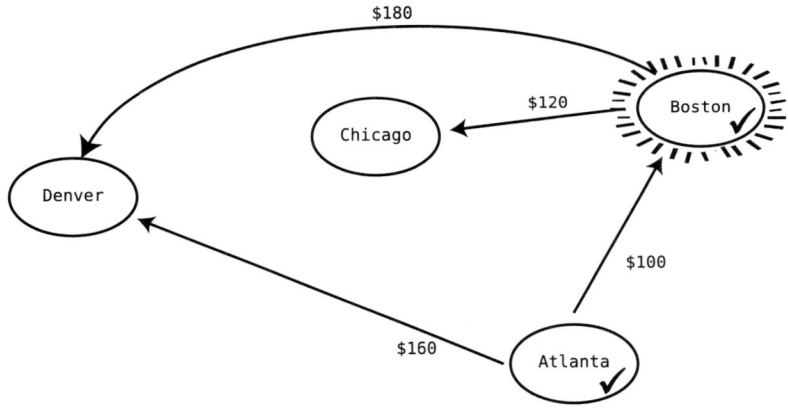

다음으로 보스턴에 인접한 도시를 살펴보자.

6단계: 보스턴과 인접한 도시는 시카고와 덴버 두 곳이다. (보스턴에서 애틀랜타로 가는 항공편은 없으므로 애틀랜타는 인접 도시로 보지 않는다.)

어느 도시를 먼저 방문해야 할까? 시카고일까? 덴버일까? 다시 말하지만 **애틀랜타에서** 비행기를 탄다고 할 때 최저가로 갈 수 있는 도시를 먼저 방문해야 한다. 그러니 계산해 보자.

보스턴에서 시카고까지 가는 가격은 120달러이다. cheapest_prices_table을 보면 애틀랜타에서 보스턴까지 가는 최저가는 100달러이다. 따라서 **보스턴을 직전 경유지로** 하여 애틀랜타에서 시카고까지 가는 최저가는 220달러가 된다.

현재로서는 이 가격이 애틀랜타에서 시카고까지 가는 유일한 가격이므로 cheapest_prices_table에 추가한다. 도시명을 알파벳순으로 정렬하기 위해 표 중간에 넣었다.

애틀랜타에서 해당 도시까지:	보스턴	시카고	덴버
0달러	100달러	220달러	160달러

다시 말하지만 cheapest_prices_table을 변경했으므로 cheapest_previous_stopover_city_table도 변경한다. 이때 인접 도시가 항상 키가 되고 current_city가 항상 값이 되므로 표는 다음과 같이 된다.

애틀랜타에서 해당 도시까지 최저가로 가는 직전 경유지:	보스턴	시카고	덴버
	애틀랜타	보스턴	애틀랜타

다음으로 방문할 도시를 찾기 위해 시카고를 분석했다. 이제 덴버를 살펴보겠다.

7단계: 이제 보스턴과 덴버 사이의 간선을 살펴보자. 가격이 180달러이다. 애틀랜타에서 보스턴까지 가는 최저가가 100달러이므로 **보스턴을 직전 경유지로 하여** 애틀랜타에서 덴버까지 가는 최저가는 280달러가 된다.

이 부분이 조금 흥미로운데 cheapest_prices_table을 보면 애틀랜타에서 덴버까지 가는 최저가 경로가 애틀랜타-보스턴-덴버 경로보다 **저렴한** 160달러이기 때문이다. 따라서 어느 표도 **수정하지 않고** 애틀랜타에서 덴버까지 가는 최저가 경로를 160달러로 유지한다.

보스턴의 인접 도시를 모두 살펴봤으니 이제 다음 도시로 넘어가자.

8단계: 현재까지 방문하지 않은 도시는 시카고와 덴버다. 다시 말하지만 다음으로 방문할 도시는 (여기에 주의를 기울여야 한다.) **출발 도시(애틀랜타)에서** 최저가로 갈 수 있는 도시이다.

cheapest_prices_table을 보면 애틀랜타에서 덴버로 가는 경로(160달러)가 애틀랜타에서 시카고로 가는 경로(220달러)보다 저렴하므로 다음으로 덴버를 방문한다.

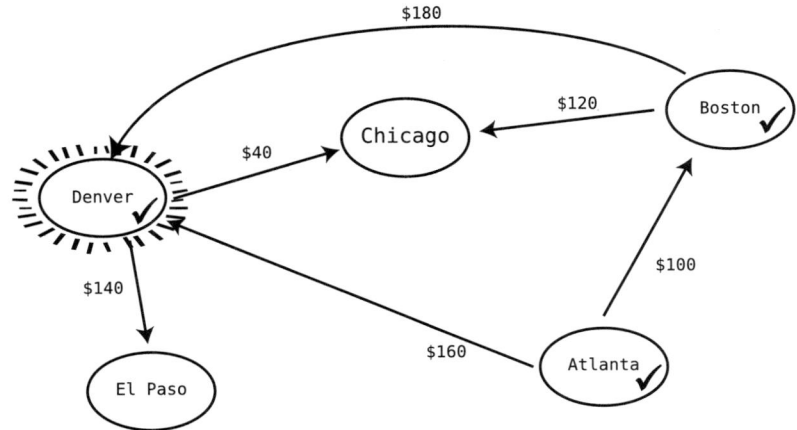

다음으로 덴버에 인접한 도시를 살펴보겠다.

9단계: 덴버와 인접한 도시는 시카고와 엘패소 두 곳이다. 다음에는 어느 도시를 방문할까? 이를 알아보기 위해 각 도시까지의 가격을 분석해야 한다. 시카고부터 시작하자.

덴버에서 시카고까지 가는 데는 40달러밖에 들지 않는다. (꽤 괜찮은 가격이다!) 따라서 애틀랜타에서 덴버까지 최저가 경로가 160달러이므로 **직전 경유지인 덴버를 거쳐** 시카고로 가는 최저가는 200달러가 된다.

cheapest_prices_table을 보면 현재 애틀랜타에서 시카고로 가는 최저가가 220달러임을 알 수 있다. 즉, 방금 찾은 덴버를 경유하여 시카고로 가는 새로운 경로가 더 저렴하므로 cheapest_prices_table을 업데이트할 수 있다.

애틀랜타에서 해당 도시까지:	보스턴	시카고	덴버
0달러	100달러	200달러	160달러

cheapest_prices_table을 업데이트할 때마다 cheapest_previous_stopover_city_table도 업데이트해야 한다. 인접 도시(시카고)를 키로 하고 current_city(덴버)를 값으로 설정한다. 그런데 이번에는 시카고가 이미 키로 존재한다. 따라서 시카고에 원래 있던 보스턴 값을 덴버로 덮어쓴다.

애틀랜타에서 해당 도시까지 최저가로 가는 직전 경유지:	보스턴	시카고	덴버
	애틀랜타	덴버	애틀랜타

애틀랜타에서 시카고까지 가장 저렴하게 가려면 시카고로 가기 직전에 덴버를 경유해야 한다는 뜻이다. 즉, 덴버는 시카고로 가기 전 마지막 경유지가 되어야 한다. 그래야만 비용을 가장 많이 절약할 수 있다.

잠시 후에 알게 되겠지만 이 정보는 애틀랜타에서 목적지까지 최저가 경로를 찾을 때 유용하게 쓰인다. 잠시만 기다리자. 이제 거의 다 왔다!

10단계: 덴버에는 인접 도시 엘패소가 있다. 덴버에서 엘패소까지 가는 가격은 140달러이다. 이제 애틀랜타에서 엘패소까지 가는 가격을 처음으로 계산할 수 있다. cheapest_prices_table을 보면 애틀랜타에서 덴버까지 가는 최저가는 160달러이다. 즉, 덴버에서 엘패소까지 가는 데 140달러가 더 필요하므로 애틀랜타에서 엘패소까지의 총 가격은 300달러가 된다. 이를 cheapest_prices_table에 추가한다.

애틀랜타에서 해당 도시까지:	보스턴	시카고	덴버	엘패소
0달러	100달러	200달러	160달러	300달러

그다음에 엘패소-덴버의 키-값 쌍을 cheapest_previous_stopover_city_table에 추가해야 한다.

애틀랜타에서 해당 도시까지 최저가로 가는 직전 경유지:	보스턴	시카고	덴버	엘패소
	애틀랜타	덴버	애틀랜타	덴버

다시 말하지만 애틀랜타에서 엘패소까지 가장 저렴하게 가려면 마지막으로 덴버를 경유해야 한다는 뜻이다.

current_city의 인접 도시를 모두 살펴봤으니 이제 다음 도시를 방문할 차례이다.

11단계: 아직 방문하지 않은 도시는 시카고와 엘패소 두 곳이다. 애틀랜타에서 시카고로 가는 가격(200달러)이 애틀랜타에서 엘패소로 가는 가격(300달러)보다 저렴하므로 다음 그래프에서처럼 다음으로 시카고를 방문한다.

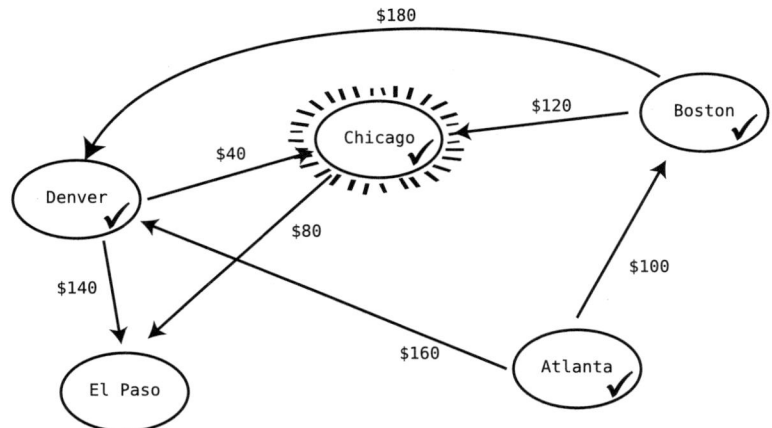

12단계: 시카고에는 인접 도시가 엘패소 하나뿐이다. 시카고에서 엘패소까지의 가격은 80달러이다(나쁘지 않은 가격이다). 이제 이 정보를 바탕으로 시카고가 마지막 경유지라고 가정하면 애틀랜타에서 엘패소까지의 최저가를 계산할 수 있다.

cheapest_prices_table을 보면 애틀랜타에서 시카고까지 가는 최저가가 200달러이다. 여기에 80달러를 더하면 애틀랜타에서 **시카고를 경유지로 하여** 엘패소까지 가는 최저가는 280달러가 된다.

잠깐! 이 가격은 현재 알려진 애틀랜타에서 엘패소까지 가는 최저가 경로보다 저렴하다. cheapest_prices_table을 보면 현재 알려진 최저가는 300달러이다. 하지만 시카고를 경유하면 가격이 280달러로 더 저렴하다.

따라서 새로 찾은 엘패소행 최저가 경로를 표시하도록 cheapest_prices_table을 업데이트해야 한다.

애틀랜타에서 해당 도시까지:	보스턴	시카고	덴버	엘패소
0달러		100달러	200달러	160달러	280달러

또한 cheapest_previous_stopover_city_table의 키를 엘패소로, 값을 시카고로 업데이트해야 한다.

애틀랜타에서 해당 도시까지 최저가로 가는 마지막 경유지:	보스턴	시카고	덴버	엘패소
		애틀랜타	덴버	애틀랜타	시카고

시카고에는 더 이상 인접 도시가 없으므로 이제 다음 도시를 방문한다.

13단계: 다음 그래프에 표시된 것처럼 엘패소가 유일하게 방문하지 않은 도시이 므로 엘패소를 current_city로 설정한다.

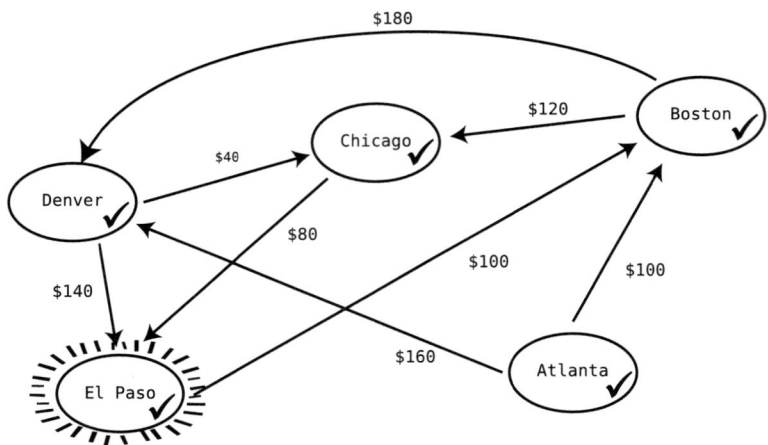

14단계: 엘패소에서 출발하는 항공편은 보스턴행뿐이다. 이 항공편의 가격은 100 달러이다. 지금 cheapest_prices_table을 보면 애틀랜타에서 엘패소까지 가는 최 저가는 280달러이다. 따라서 애틀랜타에서 엘패소를 마지막 경유지로 하여 보스턴 까지 가면 총 비용은 380달러가 된다. 애틀랜타에서 보스턴까지 최저가로 알려진 가격(100달러)보다 비싸므로 표를 업데이트하지 않는다.

도시를 모두 방문했으므로 이제 애틀랜타에서 엘패소까지 가는 최저가 경로를 찾는 데 필요한 정보를 모두 갖추었다.

18.9.4 최단 경로 찾기

애틀랜타에서 엘패소까지 가는 최저가만 알고 싶다면 cheapest_prices_table을 확인하여 280달러임을 알 수 있다. 하지만 이 저렴한 가격으로 갈 수 있는 **정확한** 비행 경로를 알고 싶다면 마지막으로 해야 할 일이 하나 더 남았다.

cheapest_previous_stopover_city_table을 기억하는가? 이제 그 데이터를 사 용할 차례이다.

현재 cheapest_previous_stopover_city_table은 다음과 같다.

애틀랜타에서 해당 도시까지 최저가로 가는 직전 경유지:	보스턴	시카고	덴버	엘패소
	애틀랜타	덴버	애틀랜타	시카고

이 표를 활용하여 애틀랜타에서 엘패소까지 가는 최단 경로를 그릴 수 있다. 단, 엘패소부터 거꾸로 추적한다.

엘패소를 살펴보자. 엘패소에 대응하는 도시는 시카고다. 이는 애틀랜타에서 엘패소까지의 최저가 경로가 엘패소로 가기 **직전에** 시카고를 경유한다는 뜻이다. 이를 적어 보자.

시카고 → 엘패소

이제 cheapest_previous_stopover_city_table에서 시카고를 조회하면 대응하는 값이 덴버임을 알 수 있다. 애틀랜타에서 **시카고로** 가는 최저가 경로는 시카고에 도착하기 직전에 덴버를 경유한다. 이 정보도 추가해 보자.

덴버 → 시카고 → 엘패소

이어서 cheapest_previous_stopover_city_table에서 덴버를 조회하면 애틀랜타에서 덴버로 가는 최저가는 애틀랜타에서 덴버로 가는 직항임을 알 수 있다.

애틀랜타 → 덴버 → 시카고 → 엘패소

애틀랜타가 출발 도시이므로 이 경로가 애틀랜타에서 엘패소까지 최저가로 가는 정확한 경로가 된다.

가장 저렴한 경로를 연결하는 데 사용한 로직을 다시 살펴보겠다.

기억해 보자.

cheapest_previous_stopover_city_table에 애틀랜타에서 출발했을 때 각 목적지까지 최저가로 가려면 거쳐야 하는 마지막 경유지가 저장되어 있다.

따라서 cheapest_previous_stopover_city_table을 보면 애틀랜타에서 엘패소까지의 최저가는 다음을 의미한다.

- 시카고에서 엘패소까지 직항으로 가고
- 덴버에서 시카고까지 직항으로 가고
- 애틀랜타에서 덴버까지 직항으로 가야 한다.

따라서 최저가 경로는 다음과 같다.

애틀랜타 → 덴버 → 시카고 → 엘패소

그리고… 다 끝났다. 휴!

18.9.5 코드 구현: 데이크스트라 알고리즘

실제 알고리즘으로 들어가기 앞서 본 예제를 다음 코드로 먼저 설정할 수 있다.

```
Atlanta = City("Atlanta")
boston = City("Boston")
chicago = City("Chicago")
denver = City("Denver")
el_paso = City("El Paso")

atlanta.add_route(boston, 100)
atlanta.add_route(denver, 160)
boston.add_route(chicago, 120)
boston.add_route(denver, 180)
chicago.add_route(el_paso, 80)
denver.add_route(chicago, 40)
denver.add_route(el_paso, 140)
el_paso.add_route(boston, 100)
```

드디어 데이크스트라 알고리즘 코드를 소개한다. 이 코드는 쉽게 읽히지 않으며 아마 이 책에서 가장 복잡할 것이다. 하지만 제대로 공부할 준비가 되었다면 계속 읽어 보자.

다음 구현에서 함수는 City 클래스 안이 아니라 밖에 있다. 이 함수는 City 인스턴스 두 개를 받아서 둘 사이의 최단 경로를 반환한다.

```
def dijkstra_shortest_path(starting_city, final_destination):
    cheapest_prices_table = {}
    cheapest_previous_stopover_city_table = {}
    unvisited_cities = [starting_city]
    visited_cities = {}

    cheapest_prices_table[starting_city.name] = 0
    current_city = starting_city

    while unvisited_cities:
        visited_cities[current_city.name] = True
```

```
            unvisited_cities.remove(current_city)

        for adjacent_city in current_city.routes:
            price = current_city.routes.get(adjacent_city)

            if (not visited_cities.get(adjacent_city.name)
                and adjacent_city not in unvisited_cities):
                unvisited_cities.append(adjacent_city)

            price_through_current_city = \
                (cheapest_prices_table[current_city.name] + price)

            if (not cheapest_prices_table.get(adjacent_city.name) or
                (price_through_current_city
                    < cheapest_prices_table[adjacent_city.name])):

                cheapest_prices_table[adjacent_city.name] = \
                    price_through_current_city
                cheapest_previous_stopover_city_table[adjacent_city.name] = \
                    current_city.name

    cheapest_price = float('inf')
    for city in unvisited_cities:
        if cheapest_prices_table[city.name] < cheapest_price:
            current_city = city
            cheapest_price = cheapest_prices_table[city.name]

    shortest_path = []
    current_city_name = final_destination.name

    while current_city_name:
        shortest_path.insert(0, current_city_name)
        current_city_name = \
            cheapest_previous_stopover_city_table.get(current_city_name)

    return shortest_path
```

코드 양이 상당하니 나눠서 살펴보자.

dijkstra_shortest_path 함수는 출발 도시(starting_city)와 최종 목적지(final _destination)를 나타내는 정점 2개를 입력받는다.

최종적으로 함수는 최저가 경로를 나타내는 문자열 배열을 반환한다. 예제에서 는 다음을 반환한다.

```
["Atlanta", "Denver", "Chicago", "El Paso"]
```

이 함수가 가장 먼저 하는 일은 전체 알고리즘을 돌아가게 하는 핵심 해시 테이블 2 개를 준비하는 것이다.

```
cheapest_prices_table = {}
cheapest_previous_stopover_city_table = {}
```

이어서 방문한 도시와 아직 방문하지 않은 도시를 기록할 방법을 설정한다.

```
unvisited_cities = [starting_city]
visited_cities = {}
```

처음엔 unvisited_cities 배열에 starting_city만 넣고 시작한다.

unvisited_cities는 배열인데 visited_cities는 해시 테이블이라는 점이 이상해 보일 수 있다. visited_cities는 코드에서 조회할 때만 사용하니까 해시 테이블로 만들었고, 시간 복잡도 면에서도 해시 테이블이 이상적이기 때문이다.

unvisited_cities에 어떤 자료 구조가 가장 좋은 선택인지는 그리 간단하지 않다. 이후 코드에서는 항상 출발 도시로부터 가장 저렴하게 갈 수 있는 방문하지 않은 도시를 다음 방문 도시로 선택한다. 따라서 이상적으로는 방문하지 않은 도시 중에서 가장 저렴한 도시에 즉시 접근할 수 있어야 한다. 배열을 자료 구조로 사용하면 이 데이터에 접근하는 코드가 더 간단해진다.

사실 이럴 때는 우선순위 큐가 가장 적합하다. 우선순위 큐의 기능 자체가 여러 항목 중에서 가장 작은(또는 가장 큰) 값에 바로 접근할 수 있도록 해 주기 때문이다. 16장 '힙으로 우선순위 관리하기'(303쪽)에서 살펴봤듯이 힙은 우선순위 큐 구현에 가장 적합한 자료 구조다. 하지만 데이크스트라 알고리즘 자체가 이미 충분히 복잡하기 때문에 이 구현에서는 코드를 가능한 한 단순하고 짧게 유지하기 위해 배열을 사용했다. 하지만 여러분이 직접 배열을 우선순위 큐로 바꿔 보기를 권한다.

다음으로 cheapest_prices_table에 첫 번째 키-값 쌍을 추가하는데, 키는 starting_city, 값은 0이다. 다시 말하지만 이미 starting_city에 있으므로 비용이 들지 않기에 당연하다.

```
cheapest_prices_table[starting_city.name] = 0
```

준비의 마지막 단계로 starting_city를 current_city로 지정한다.

```
current_city = starting_city
```

이제 알고리즘의 핵심을 시작한다. 이 알고리즘은 unvisited_cities에 도시가 포함되어 있는 한 계속 실행되는 루프 형태를 취한다. 루프 안에서는 visited_cities 해시 테이블에 해당 도시 이름을 추가하여 current_city를 방문했다고 표시한다.

```
while unvisited_cities:
    visited_cities[current_city.name] = True
```

그리고 당연하게도 current_city를 방문했으므로 unvisited_cities 배열에서 해당 도시를 제거한다.

```
unvisited_cities.remove(current_city)
```

다음으로 while 루프 안에서 current_city의 모든 인접 도시를 순회하는 또 다른 루프를 시작한다.

```
for adjacent_city in current_city.routes:
```

내부 루프에서는 이전에 방문한 적 없으면서 unvisited_cities 배열에 없는 도시이면 해당 배열에 추가한다.

```
if (not visited_cities.get(adjacent_city.name)
    and adjacent_city not in unvisited_cities):
    unvisited_cities.append(adjacent_city)
```

다음으로 current_city가 마지막 경유지라고 할 때 출발 도시에서 인접 도시로 가는 최저가를 계산한다. cheapest_prices_table에서 current_city까지 가는 최저가 경로를 조회한 다음 current_city에서 인접 도시까지 가는 비용을 더한다. 이 계산 결과를 price_through_current_city 변수에 저장한다.

```
price_through_current_city = cheapest_prices_table[current_city.name] + price
```

그다음 cheapest_prices_table에서 지금 계산한 가격이 price_through_current_city가 출발 도시에서 인접 도시로 가는 최저가 항공편인지 확인한다. 해당 인접 도시가 아직 cheapest_prices_table에 없으면 이 가격이 당연히 최저가이다.

```python
if (not cheapest_prices_table.get(adjacent_city.name) or
    (price_through_current_city
        < cheapest_prices_table[adjacent_city.name])):
```

price_through_current_city가 출발 도시에서 해당 인접 도시까지 가는 최저가 경로이면 두 해시 테이블을 업데이트한다. 즉, 해당 인접 도시의 새로운 가격을 cheapest_prices_table에 저장한다. 그리고 해당 인접 도시 이름을 키로, current_city의 이름을 값으로 cheapest_previous_stopover_city_table을 업데이트한다.

```python
cheapest_prices_table[adjacent_city.name] = price_through_current_city
cheapest_previous_stopover_city_table[adjacent_city.name] =
        current_city.name
```

current_city의 인접 도시를 모두 순회했으면 다음 도시를 방문할 차례이다. 다음 코드를 사용하여 출발 도시에서 최저가로 갈 수 있는 방문하지 않은 도시를 찾아 이를 새로운 current_city로 지정한다.

```python
cheapest_price = float('inf')
for city in unvisited_cities:
    if cheapest_prices_table[city.name] < cheapest_price:
        current_city = city
        cheapest_price = cheapest_prices_table[city.name]
```

앞의 코드는 cheapest_price 변수를 생성하고 값을 **무한대**로 설정한다. 이는 우리가 보는 모든 가격이 cheapest_price의 초깃값보다 작게 하려고 쓰는 약간의 트릭이다. 그런 다음 루프는 unvisited_cities를 하나씩 순회하여 각 도시의 가격이 cheapest_prices_table보다 더 저렴한지 확인한다. 더 저렴한 도시를 찾을 때마다 current_city를 해당 도시로 설정한다. 루프가 완료되면 current_city는 실제로 최저가인 미방문 도시를 가리키게 된다.

unvisited_cities 배열이 비면 첫 번째 while 루프도 종료된다. 즉, 그래프에 있는 모든 도시를 방문했다는 뜻이다!

이 시점에서 두 해시 테이블에는 필요한 모든 데이터가 채워졌다. 원한다면 이 시점에서 `cheapest_prices_table`을 반환하고 `starting_city`에서 모든 도시까지의 최저가를 확인할 수 있다.

하지만 최종 목적지(`final_destination`)까지 가는 정확한 최저가 경로를 찾는 작업을 진행해야 한다.

이를 준비하기 위해 `shortest_path` 배열을 생성하고, 함수의 마지막에 이 배열을 반환한다.

```
shortest_path = []
```

또한 `current_city_name` 변수를 생성하고, `final_destination`의 이름으로 초기화한다.

```
current_city_name = final_destination.name
```

그다음 `shortest_path`를 채우기 위한 while 루프를 시작한다. 이 루프는 `final_destination`부터 시작하여 `starting_city`까지 모든 도시를 `shortest_path` 배열에 역순으로 삽입한다.

```
while current_city_name:
    shortest_path.insert(0, current_city_name)
```

그다음 `cheapest_previous_stopover_city_table`을 사용하여 `current_city_name` 바로 직전에 들러야 할 도시를 찾는다. 이제 이 도시가 새로운 `current_city_name`이 된다.

```
current_city_name = \
    cheapest_previous_stopover_city_table.get(current_city_name)
```

이제 `shortest_path`에는 `final_destination`부터 `starting_city`까지의 역방향 경로가 들어 있으니 이 값을 반환하면 된다.

```
return shortest_path
```

앞의 구현 코드에서는 도시와 가격을 기준으로 다뤘지만, 변수 이름만 모두 바꾸면 **어떤** 가중 그래프에서든 최단 경로를 처리할 수 있다.

18.9.6 데이크스트라 알고리즘의 효율성

데이크스트라 알고리즘은 가중 그래프에서 최단 경로를 찾는 일반적인 접근 방식을 설명할 뿐 정확한 코드 구현까지 규정하지는 않는다. 실제로 이 알고리즘은 작성하는 방식에 따라 여러 가지로 변형할 수 있다.

예를 들어 앞의 코드 구현에서는 unvisited_cities 자료 구조로 단순 배열을 사용했지만, 우선순위 큐를 사용할 수 있다고 언급했었다.

그리고 알고리즘의 구현 방식에 따라 시간 복잡도는 꽤 달라진다. 일단 **우리가 구현한 방식**부터 분석해 보자.

아직 방문하지 않은 도시(unvisited_cities)를 단순 배열에 기록하면 우리가 구현한 알고리즘은 최대 $O(V^2)$단계이다. 데이크스트라 알고리즘에서 최악의 시나리오는 각 정점이 그래프의 다른 모든 정점과 연결된 간선을 가지고 있을 경우이다. 이 경우 방문하는 모든 정점마다 해당 정점에서 다른 모든 정점으로 가는 경로의 가중치를 확인해야 한다. 이는 정점 V개에 대해 V개씩 반복하므로 $O(V^2)$이다.

배열 대신 우선순위 큐 등 다른 구현을 사용하면 속도가 더 빨라진다. 다시 말하지만 데이크스트라 알고리즘에는 여러 변형이 있으며, 각 변형마다 정확한 시간 복잡도를 결정하려면 자체 분석이 필요하다.

하지만 어떤 구현을 선택하더라도 그래프의 가능한 경로를 **모두** 찾아 그중 가장 빠른 경로를 선택하는 방법에 비하면 훨씬 효율적이다. 데이크스트라 알고리즘은 그래프를 신중하게 탐색하여 최단 경로를 정확하게 찾아내는 확실한 방법이다.

18.10 마무리

18장은 이 책에서 소개하는 마지막 핵심 자료 구조였으니 이제 우리의 여정도 거의 끝나간다. 그래프는 관계와 관련된 데이터를 처리하는 매우 강력한 도구이며, 코드를 빠르게 해 줄 뿐만 아니라 까다로운 문제를 해결해 주기도 한다.

사실 그래프만 설명해도 책 한 권을 채울 정도다. 최소 신장 트리(minimum spanning tree), 위상 정렬(topological sort), 양방향 탐색(bidirectional search), 플

로이드-워셜(Floyd-Warshall) 알고리즘, 벨만-포드(Bellman-Ford) 알고리즘, 그래 프 컬러링(graph coloring) 등 그래프 자료 구조를 둘러싼 흥미롭고 유용한 알고리 즘이 아주 많다. 18장은 이러한 추가적인 주제를 탐구하기 위한 기초를 다져 준다.

지금까지 우리는 주로 코드가 얼마나 빠르게 실행되는지에 중점을 두었다. 즉, 시간 측면에서 코드가 얼마나 효율적으로 수행되는지를 측정했으며, 알고리즘이 수행하는 단계 수를 세는 방식으로도 효율성을 측정하였다.

하지만 효율성은 속도뿐만 아니라 다른 방식으로도 측정할 수 있다. 특히 자료 구조나 알고리즘이 **메모리**를 얼마나 많이 소비하는지가 중요할 수 있다. 19장에서 는 **공간** 측면에서 코드의 효율성을 분석하는 방법을 알아보겠다.

18.11 연습 문제

다음 문제로 그래프를 연습해 보자. 이 연습 문제의 해답은 부록 '연습 문제 해답'의 18장(492쪽)에 있다.

1. 다음 그래프는 온라인 스토어의 추천 엔진에 쓰이는 구조이다. 각 정점은 해당 스토어에서 판매 중인 상품을 나타낸다. 비슷한 상품끼리 간선으로 연결되어 있 어서 사용자가 어떤 상품을 볼 때 추천으로 보여 준다.

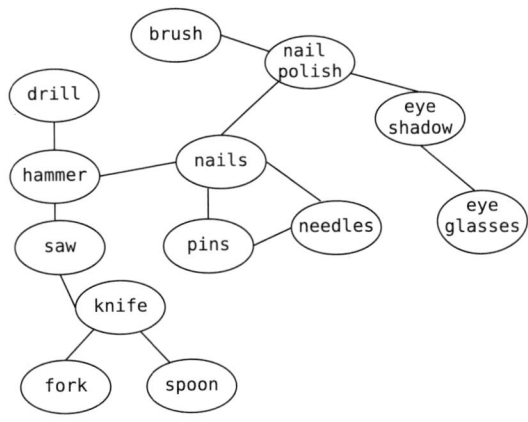

사용자가 "nails"(못)를 보고 있으면 어떤 상품이 추천될까?

2. 다음 그래프의 A 정점부터 **깊이** 우선 탐색을 수행한다면 모든 정점을 순회하는 순서는 어떻게 될까? 인접한 정점이 여러 개이면 알파벳순으로 가장 앞쪽에 있는 노드부터 방문한다고 가정한다.

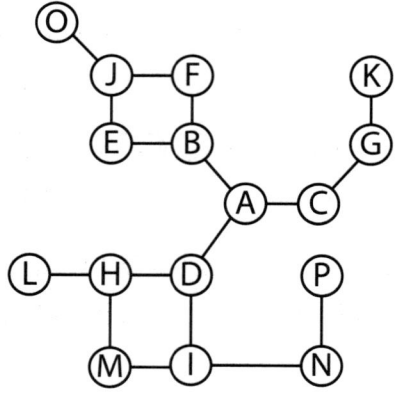

3. 문제 2번 그래프의 A 정점에서 **너비** 우선 탐색을 수행한다면 모든 정점을 순회하는 순서는 어떻게 될까? 인접한 정점이 여러 개이면 알파벳순으로 가장 앞쪽에 있는 노드부터 방문한다고 가정한다.

4. 18장의 '너비 우선 탐색'(373쪽)에서는 너비 우선 **순회**, 즉 각 정점의 값을 단순히 출력하는 코드만 제공했다. 함수에 제공된 정점의 값을 실제로 **탐색**하도록 코드를 수정하라. (깊이 우선 탐색에서는 이미 해 봤다.) 다시 말해 함수가 탐색 대상 정점을 찾으면 해당 정점의 값을 반환하고, 그렇지 않으면 None을 반환한다.

5. 앞의 '데이크스트라 알고리즘'(393쪽)에서 데이크스트라 알고리즘이 가중 그래프에서 최단 경로를 찾는 데 어떻게 도움이 되는지 살펴보았다. 하지만 최단 경로 개념은 가중치가 없는 그래프에도 존재한다. 어떻게 가능할까?

（가중치가 없는）일반 그래프에서 최단 경로는 한 정점에서 다른 정점으로 이동할 때 최소한의 정점을 거치는 경로이다.

이는 소셜 네트워크 애플리케이션에서 꽤 쓸모 있다. 다음 네트워크 예제를 살펴보자.

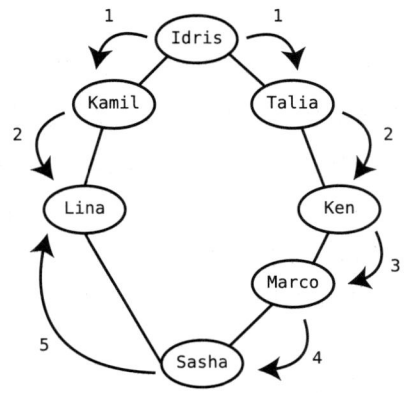

우리는 이드리스가 리나와 어떻게 연결되어 있는지 알고 싶다. 그림을 보면 이드리스와 리나는 두 방향으로 연결되어 있다. 즉, 이드리스는 카밀을 거쳐 리나와 2단계로 연결되지만 탈리아를 거쳐서는 5단계로 연결된다. 우리는 보통 이드리스와 리나가 **얼마나 가까운지를** 알고 싶어 하므로 이들이 이미 2단계로 연결되어 있으면 5단계로 연결된 관계는 무시해도 된다.

그래프에서 두 정점을 받아 최단 경로를 반환하는 함수를 작성하라. 함수는 ["Idris", "Kamil", "Lina"]처럼 정확한 경로를 포함하는 배열을 반환해야 한다.

힌트: 이 알고리즘에는 너비 우선 탐색과 데이크스트라 알고리즘의 요소가 섞여 있을 수 있다.

19장

공간 제약 처리하기

이 책에서 다양한 알고리즘의 효율성을 분석할 때는 알고리즘이 얼마나 빠른가, 즉 시간 복잡도에만 집중했다. 하지만 알고리즘이 얼마나 많은 **메모리**를 사용하는 지도 효율성을 판단하는 유용한 척도가 될 수 있다. 이를 **공간 복잡도**(space complexity)라고 한다.

공간 복잡도는 메모리가 제한적일 때 중요한 요소가 된다. 데이터 양이 매우 많 거나 메모리가 제한된 소형 장치를 대상으로 프로그래밍을 한다면 공간 복잡도가 굉장히 중요하다.

완벽한 세상이라면 항상 빠르고 메모리 효율성도 좋은 알고리즘을 사용할 것 이다. 하지만 때로는 두 가지를 동시에 얻을 수 없기 때문에 둘 중 하나를 선택해 야 한다. 상황에 따라 속도를 우선시할지 메모리를 우선시할지 신중하게 분석해야 한다.

19.1 공간 복잡도의 빅 오

흥미롭게도 컴퓨터 과학자들은 시간 복잡도와 마찬가지로 공간 복잡도를 설명할 때도 빅 오 표기법을 사용한다.

3장 '빅 오 표기법'에서 빅 오 표기법을 설명할 때(35쪽) '핵심 질문'이라는 관점에 서 설명했었다. 시간 복잡도에서 핵심 질문은 '**데이터 요소가 N개일 때 알고리즘 이 몇 단계를 수행하느냐?**'였다.

공간 복잡도에 빅 오를 사용하려면 핵심 질문을 재구성하면 된다. 메모리 소비 측면에서 핵심 질문은 '데이터 요소가 *N*개일 때 알고리즘이 **몇 개의 메모리 단위를 소비하느냐?**'이다.

간단한 예제를 들어 보겠다.

문자열 배열을 받아 모두 대문자로 바꾼 배열을 반환하는 함수를 작성한다고 해 보자. 예를 들어 이 함수는 ["tuvi", "leah", "shaya", "rami", "yechiel"] 같은 배열을 받아 ["TUVI", "LEAH", "SHAYA", "RAMI", "YECHIEL"]을 반환한다. 이 함수를 작성하는 방법 하나를 알아 보겠다.

```python
def make_uppercase(array):
    new_array = []

    for string in array:
        new_array.append(string.upper())

    return new_array
```

make_uppercase 함수는 array를 인자로 받는다. 그런 다음 new_array라는 새 **배열**을 생성하고 원래 array에 있던 각 문자열을 대문자로 바꿔서 채운다.

함수가 실행을 마칠 때쯤이면 컴퓨터 메모리에는 두 개의 배열이 남는다. 원래 array에는 ["tuvi","leah", "shaya", "rami", "yechiel"]이 있고, new_array에는 ["TUVI", "LEAH", "SHAYA", "RAMI", "YECHIEL"]이 있다.

이 함수를 공간 복잡도 관점에서 분석해 보면 요소 *N*개를 포함하는 새 배열을 **생성**한다는 사실을 알 수 있다. 이는 요소 *N*개가 들어 있는 원래 배열 외에도 메모리를 **추가로** 사용한다는 의미이다.

그렇다면 핵심 질문으로 돌아가 보자. 데이터 요소가 *N*개일 때 알고리즘이 몇 개의 메모리 단위를 소비할까?

이 함수는 데이터 요소 *N*개를 추가로 생성하므로(new_array의 형태로) **공간 효율성**은 $O(N)$이라고 할 수 있다.

다음 그래프의 모습이 익숙할 것이다.

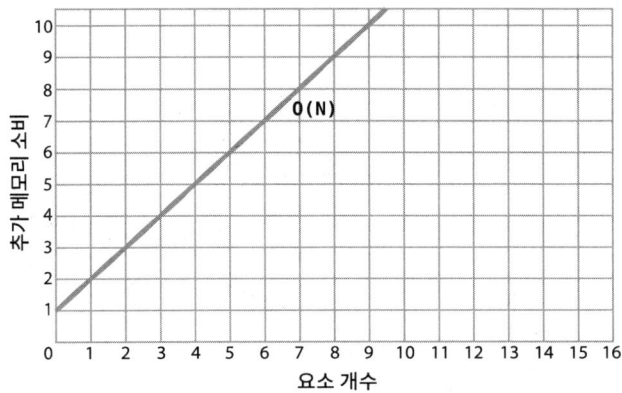

이 그래프는 앞에서 봤던 $O(N)$ 그래프와 형태가 같지만, 세로 축이 시간이 아니라 **메모리 소비**를 나타낸다는 점이 다르다.

이제 메모리 효율성이 더 높은 make_uppercase 함수를 소개하겠다.

```python
def make_uppercase(array):
    for index in range(len(array)):
        array[index] = array[index].upper()

    return array
```

두 번째 버전에서는 새 배열을 생성하지 않는다. 대신 원래 array의 각 값을 **제자리** 수정하여 각 문자열을 대문자로 바꾼다. 그런 다음 수정된 array를 반환한다.

새로운 함수는 **추가 메모리를 전혀 소비하지 않으므로** 메모리 소비 측면에서 획기적으로 개선되었다.

이를 빅 오 표기법으로 어떻게 설명할 수 있을까?

기억하겠지만 시간 복잡도가 $O(1)$인 알고리즘은 데이터가 아무리 늘어나도 속도가 일정하게 유지됐다. 마찬가지로 공간 복잡도가 $O(1)$이라면 데이터가 아무리 늘어나도 알고리즘이 소비하는 메모리가 일정하다.

수정된 make_uppercase 함수는 원래 array에 요소가 4개이든 100개이든 상관없이 일정한 양의 추가 공간을 소비한다(사실상 없다!). 이 때문에 이 함수의 공간 효율성을 $O(1)$이라고 한다.

빅 오를 사용해 공간 복잡도를 설명할 때는 알고리즘이 **새로 생성하는 데이터**만을 고려한다는 점을 강조할 필요가 있다. 두 번째 make_uppercase 함수도 배열 형태로 전달된 데이터 요소 N개를 처리한다. 하지만 N개의 요소는 원래 배열에 어차피 존재하므로 빅 오를 계산할 때는 포함하지 않으며, 알고리즘이 **추가로** 소비하는 공간만 고려한다. 이러한 추가 공간을 좀 더 공식적으로는 **보조 공간**(auxiliary space)이라고 한다.

하지만 공간 복잡도를 계산할 때 원래 입력을 포함하는 참고 문헌도 있으며, 이 계산 방식도 괜찮다. 여기서는 포함하지 않지만 다른 자료에서 공간 복잡도를 볼 때는 원래 입력을 포함하는지를 확인해야 한다.

이제 make_uppercase의 두 버전을 시간 복잡도와 공간 복잡도 측면에서 비교해 보자.

버전	시간 복잡도	공간 복잡도
버전 1	$O(N)$	$O(N)$
버전 2	$O(N)$	$O(1)$

두 버전 모두 데이터 요소 N개에 대해 N단계가 필요하므로 시간 복잡도는 $O(N)$이다. 하지만 두 번째 버전은 공간 복잡도가 $O(1)$으로 첫 번째 버전의 $O(N)$에 비해 메모리 효율성이 더 좋다.

즉, 버전 2가 버전 1보다 공간 측면에서 더 효율적이면서도 속도도 전혀 떨어지지 않으니 상당히 좋은 결과라 할 수 있다.

19.2 시간과 공간의 트레이드오프

다음은 배열을 받아 중복된 값이 있는지를 반환하는 함수이다. (이 함수는 4장 '빅오로 코드 속도 향상하기'(49쪽)에서 본 적이 있다.)

```python
def has_duplicate_value(array):
    for i in range(len(array)):
        for j in range(len(array)):
            if (i != j) and (array[i] == array[j]):
                return True

    return False
```

이 알고리즘은 중첩 루프를 사용하며 시간 복잡도는 $O(N^2)$이다. 이 구현을 버전 1이라고 하자.

다음은 해시 테이블과 단일 루프만 사용하는 두 번째 구현인 버전 2이다.

```python
def has_duplicate_value(array):
    existing_values = {}

    for value in array:
        if value not in existing_values:
            existing_values[value] = True
        else:
            return True

    return False
```

버전 2는 existing_values라는 빈 해시 테이블로 시작한다. 그런 다음 배열의 각 항목을 순회하면서 새 항목을 발견할 때마다 existing_values 해시 테이블에 키로 저장한다. (값은 임의로 True로 설정한다.) 하지만 이미 해시 테이블에 키가 있는 항목으로 발견되면 중복된 값을 발견했다는 뜻이므로 True를 반환한다.

그렇다면 두 알고리즘 중 어느 것이 더 효율적일까? 시간과 공간 중 어느 것을 고려하느냐에 따라 달라진다. 시간 측면에서 보면 버전 2는 $O(N)$에 불과하므로 버전 1의 $O(N^2)$에 비해 훨씬 더 효율적이다.

하지만 **공간** 측면에서 보면 실제로는 버전 1이 버전 2보다 더 효율적이다. 버전 2는 함수에 전달된 배열의 모든 N 값을 포함할 해시 테이블을 생성하기 때문에 최대 $O(N)$의 공간을 소비한다. 그러나 버전 1은 원래 배열 외에 어떠한 추가 메모리를 소비하지 않으므로 공간 복잡도가 $O(1)$이다.

has_duplicate_value의 두 버전을 확실히 비교해 보자.

버전	시간 복잡도	공간 복잡도
버전 1	$O(N^2)$	$O(1)$
버전 2	$O(N)$	$O(N)$

메모리 측면에서는 버전 1이 더 효율적이지만, 속도 측면에서는 버전 2가 더 빠르다. 그렇다면 어떤 알고리즘을 선택할지 어떻게 정해야 할까?

물론 상황에 따라 다르다. 애플리케이션의 속도가 매우 빨라야 하고 이를 처리할 수 있는 메모리가 충분하다면 버전 2가 더 적합할 수 있다. 반면에 애플리케이션이 다루는 하드웨어/데이터 조합이 메모리를 절약해야 하고 속도가 가장 중요한 요소가 아니라면 버전 1이 올바른 선택일 수 있다. 모든 기술적 결정이 그렇듯이 트레이드오프가 있을 때는 상황을 전체적으로 따져 봐야 한다.

같은 기능을 구현한 세 번째 버전을 보고, 처음 두 버전과 비교하여 어떤 차이가 있는지 살펴보자.

```python
def has_duplicate_value(array):
    array.sort()

    for i in range(len(array) - 1):
        if array[i] == array[i + 1]:
            return True

    return False
```

버전 3 구현은 배열을 정렬하면서 시작한다. 그런 다음 배열 내의 각 값을 순회하면서 다음 값과 같은지 확인한다. 같다면 중복 값을 찾은 것이다. 하지만 배열의 끝에 도달했는데 같은 값이 연이어 나타나지 않았다면 배열에 중복 값이 없다는 뜻이다.

버전 3의 시간 효율성과 공간 효율성을 분석해 보자.

시간 복잡도 관점에서 이 알고리즘은 $O(N \log N)$이다. 파이썬의 정렬 알고리즘도 $O(N \log N)$정도인데, 가장 빠르다고 알려진 정렬 알고리즘들이 일반적으로 그 정도라서 그렇다. 배열을 순회하는 추가 N단계는 정렬 단계에 비해 사소하므로 전체 속도는 $O(N \log N)$이 된다.

공간 복잡도는 약간 더 복잡한데, 정렬 알고리즘마다 사용하는 메모리 양이 다르기 때문이다. 버블 정렬이나 선택 정렬처럼 이 책의 앞부분에서 소개한 알고리즘은 모두 정렬이 제자리에서 이루어지기 때문에 공간을 추가로 사용하지 않는다. 하지만 흥미롭게도 더 빠른 정렬일수록 공간을 조금 더 차지하는데, 그 이유는 곧 배운다. 대부분의 퀵 정렬 구현은 실제로 $O(\log N)$ 공간을 차지한다.

이제 버전 3이 이전 두 버전과 비교했을 때 어떤지 살펴보겠다.

버전	시간 복잡도	공간 복잡도
버전 1	$O(N^2)$	$O(1)$
버전 2	$O(N)$	$O(N)$
버전 3	$O(N \log N)$	$O(\log N)$

버전 3은 시간과 공간 사이에서 흥미로운 균형을 이룬다. 시간 관점에서 버전 3은 버전 1보다 빠르지만 버전 2보다는 느리다. 공간 측면에서는 버전 2보다 효율적이지만 버전 1보다는 비효율적이다.

그렇다면 언제 버전 3을 사용해야 할까? 글쎄, 시간과 공간을 **모두** 신경 써야 한다면 이 버전이 해결책이 될 수 있다.

결국 주어진 상황마다 허용 가능한 최소한의 속도와 메모리 한계를 파악해야 한다. 이러한 제약을 잘 이해하면 다양한 알고리즘 중에서 우리에게 맞는 속도와 메모리 요구사항을 만족하는 알고리즘을 골라 효율성을 적절하게 확보할 수 있다.

지금까지 새 배열이나 해시 테이블과 같은 추가 데이터를 생성할 때 알고리즘이 어떻게 추가 공간을 더 소비하는지 살펴보았다. 하지만 알고리즘이 이러한 작업을 수행하지 않더라도 공간을 소비할 수 있다. 그리고 이는 우리가 예상하지 못한 상황에서 문제가 되기도 한다.

19.3 재귀의 숨겨진 비용

이 책에서는 재귀 알고리즘을 꽤 많이 다루었다. 간단한 재귀 함수를 살펴보자.

```python
def recurse(n):
    if n < 0:
        return

    print(n)
    recurse(n - 1)
```

이 함수는 숫자 n을 받아 0까지 카운트다운하며 감소되는 숫자들을 하나씩 출력한다.

간단한 재귀 함수이며 겉보기에는 별문제 없어 보인다. 이 함수는 전달된 인수 n 만큼 실행되므로 속도는 $O(N)$이다. 새 자료 구조를 생성하지도 않으니 공간을 추가로 차지하지 않는 것처럼 보인다.

정말 그럴까?

재귀가 내부적으로 어떻게 작동하는지는 10장 '재귀를 사용한 재귀적 실행'(163쪽)에서 알아보았다. 그리고 함수가 재귀적으로 자신을 호출할 때마다 호출 스택에 항목이 추가되어 내부(재귀 호출된) 함수가 완료된 후 컴퓨터가 다시 외부(재귀 호출한) 함수로 돌아올 수 있다는 점도 배웠다.

숫자 100을 recurse 함수에 전달하면 recurse(99)를 실행하기 전에 recurse(100)을 호출 스택에 추가한다. 그리고 recurse(98)을 실행하기 전에 호출 스택에 recurse(99)를 추가한다.

recurse(-1)이 호출될 때 호출 스택은 정점에 도달하고, 이때 호출 스택에는 recurse(100)부터 recurse(0)까지 총 101개 항목이 들어 있다.

호출 스택은 언젠가 풀리겠지만 **적어도 일정 시간 동안** 101개 항목을 저장할 메모리가 충분히 필요하다. 따라서 재귀 함수는 $O(N)$**의 공간을 차지하게 된다.** 이때 N은 함수에 전달된 숫자로, 100을 전달하면 호출 스택에 약 100개의 함수 호출을 임시로 저장해야 한다.

여기서 중요한 원칙 하나가 나온다. **재귀 함수는 재귀 호출을 할 때마다 한 단위의 공간을 차지한다.** 재귀 함수에서 명시적으로 새 데이터를 생성하지 않더라도 재귀 자체가 호출 스택에 데이터를 추가하기 때문에 메모리를 은근히 많이 사용하게 된다.

재귀 함수가 사용하는 공간을 제대로 계산하려면 호출 스택이 최대일 때 얼마나 많은 공간을 차지하는지 항상 파악해야 한다.

recurse 함수의 호출 스택 크기는 숫자 n만큼 커진다.

처음에는 약간 사소해 보인다. 최신 컴퓨터라면 호출 스택에 항목이 몇 개 정도 쌓이는 건 가뿐하게 처리할 수 있지 않을까? 진짜 그런지 확인해 보자.

최신형 노트북에서 숫자 20,000을 recurse 함수에 입력했더니 **컴퓨터가 이를 처리하지 못했다.** 요즘 20,000은 그리 큰 숫자도 아니다. 하지만 recurse(20000)을 실행하면 다음과 같은 일이 벌어진다.

내 컴퓨터는 20,000부터 19,005까지의 숫자를 출력한 후 다음과 같이 '파이썬 객체를 호출하는 동안 최대 재귀 깊이를 초과했다'는 에러 메시지와 함께 종료된다.

```
RecursionError: maximum recursion depth exceeded while calling a Python
object
```

재귀가 20,000에서 약 19,000까지 진행된 걸 보면(5는 버림) 호출 스택의 크기가 약 1,000에 도달했을 때 컴퓨터의 메모리가 부족해졌음을 알 수 있다. 결국 내 컴퓨터는 1,000개 이상의 항목이 들어 있는 호출 스택을 허용하지 못한다는 사실을 알게 되었다.

이게 재귀의 큰 한계다. 내가 만든 멋진 recurse 함수를 1,000보다 큰 숫자에서는 사용할 수 없다는 뜻이니까!

이를 간단한 루프 방식과 비교해 보자.

```python
def loop(n):
    while n >= 0:
        print(n)
        n -= 1
```

이 함수는 재귀 대신 기본 루프로 같은 목표를 달성한다.

재귀를 사용하지 않고 메모리를 더 차지하지도 않기 때문에 매우 큰 숫자를 처리하더라도 컴퓨터가 공간 부족에 빠지지 않는다. 숫자가 크다면 처리 시간이 조금 더 걸릴 수 있지만 재귀 함수처럼 중간에 멈추는 일 없이 작업을 완료할 수 있다.

이 점을 염두에 두면 이제 퀵 정렬이 왜 $O(\log N)$ 공간을 차지하는지 이해할 수 있다. 퀵 정렬은 $O(\log N)$의 재귀 호출을 수행하므로 정점에서 호출 스택의 크기도 $\log(N)$이다.

함수를 재귀로 구현하려면 재귀의 장단점을 잘 따져 봐야 한다. 재귀는 11장 '재귀적으로 작성하는 법'(177쪽)에서 살펴봤듯이 '마법 같은' 하향식 사고방식을 가능하게 해 주지만, 함수가 실제로 작업을 완료할 수 있어야 한다. 또한 많은 양의 데이터를 처리하거나 단지 20,000 같은 (심지어 1,000이라도) 숫자를 처리할 때도 재귀는 한계를 드러낼 수 있다.

다시 말하지만 재귀를 폄하하려는 의도는 아니다. 모든 상황에서 각 알고리즘의 장단점을 모두 고려하자는 말이다.

19.4 마무리

이제 **시간**과 **공간**을 포함한 모든 각도에서 알고리즘의 효율성을 측정하는 방법을 알아보았다. 이제 알고리즘들을 따져 보고 여러분의 애플리케이션에 어떤 접근 방식을 사용할지 현명하게 결정할 수 있는 분석 능력을 갖추었다.

이제 스스로 결정을 내릴 수 있게 되었으니 이 여정의 마지막인 20장으로 넘어갈 시간이다. 20장에서는 자신의 코드를 스스로 최적화하는 데 도움이 될 마지막 조언을 몇 가지 알려 주고 몇 가지 현실적인 시나리오를 다뤄 보면서 함께 최적화해 보겠다.

19.5 연습 문제

다음 문제를 공간 제약을 고려해 풀어 보자. 이 연습 문제의 해답은 부록 '연습 문제 해답'의 19장(495쪽)에 있다.

1. 다음은 7장 '단어 생성기'(105쪽)에서 봤던 알고리즘이다. **공간** 복잡도를 빅 오로 설명하라.

```python
def word_builder(array):
    collection = []

    for index_i, i in enumerate(array):
        for index_j, j in enumerate(array):
            if index_i != index_j:
                collection.append(i + j)

    return collection
```

2. 다음은 배열을 뒤집는 함수이다. 이 함수의 공간 복잡도를 빅 오로 설명하라.

```python
def reverse(array):
    new_array = []

    for value in array:
        new_array.insert(0, value)

    return new_array
```

3. $O(1)$의 추가 공간만 차지하면서 배열을 뒤집는 새 함수를 작성하라.

4. 숫자 배열을 받아 각 숫자에 2를 곱한 배열을 반환하는 함수를 세 가지 버전으로 구현했다. 예를 들어 입력이 [5, 4, 3, 2, 1]이면 출력은 [10, 8, 6, 4, 2]이다.

```python
def double_array_1(array):
    new_array = []

    for value in array:
        new_array.append(value * 2)

    return new_array
```

```
def double_array_2(array):
    for i in range(len(array)):
        array[i] *= 2

    return array

def double_array_3(array, index=0):
    if index >= len(array):
        return

    array[index] *= 2
    double_array_3(array, index + 1)

    return array
```

다음 표를 채우고, 시간과 공간 관점에서 세 버전의 효율성을 설명하라.

버전	시간 복잡도	공간 복잡도
버전 1	?	?
버전 2	?	?
버전 3	?	?

20장

코드 최적화 기법

지금까지 열심히 배웠다. 이제 여러분은 다양한 자료 구조에서 알고리즘의 시간 복잡도와 공간 복잡도를 분석할 수 있는 도구를 갖추었다. 이를 바탕으로 이제는 빠르고 메모리 효율적인 멋진 코드를 작성할 수 있다.

마지막으로 20장에서는 코드 최적화 기법을 추가로 소개하고자 한다. 때로는 알고리즘을 어떻게 개선할 수 있을지 떠올리기 어려울 때가 있다. 오랜 기간 경험해 보니 다음과 같은 사고 전략이 코드를 더 효율적으로 만드는 데 꽤 도움이 되었다. 이 전략이 여러분에게도 도움이 되기를 바란다.

20.1 전제 조건: 현재 빅 오 파악하기

최적화 기법을 살펴보기에 앞서, 알고리즘 최적화를 **시작하기 전**에 반드시 해야 할 일이 있다는 점을 강조하고 싶다.

최적화의 전제 조건은 **현재 코드의 효율성을 알아내는 것이다.** 결국 알고리즘이 얼마나 빠른지 알아야 더 빠르게 만들 수 있다.

지금까지 빅 오 표기법과 빅 오의 다양한 범주에 대해 충분히 이해했을 것이다. 알고리즘이 빅 오에서 어떤 범주에 속하는지 알아야 최적화를 시작할 수 있다.

20장에서는 현재 알고리즘의 빅 오를 결정하는 단계를 '전제 조건'이라고 부르겠다.

20.2 시작하기: 상상할 수 있는 최고의 빅 오

20장의 모든 기법이 유용하겠지만 어떤 기법은 특정 시나리오에만 유용하고 또 어떤 기법은 다른 시나리오에 효과적이다. 하지만 지금 알아볼 첫 번째 기법은 **모든** 알고리즘에 적용되며 최적화 과정의 첫 단계로 삼아야 한다.

이제 시작해 보겠다.

현재 알고리즘의 효율성을 파악했으면(전제 조건) 다음에는 여러분이 생각하는 이른바 '상상할 수 있는 최고의 빅 오'를 찾아보자. (속도 관점에서 이를 '상상할 수 있는 최고의 실행 시간'이라고 부르기도 한다.)

기본적으로 상상할 수 있는 최고의 빅 오는 주어진 문제에 대해 상상할 수 있는 가장 이상적인 빅 오이다. 즉, 이보다 좋을 수 없다고 확신하는 빅 오이다.

예를 들어 배열의 모든 항목을 출력하는 함수를 작성한다고 할 때 이 작업에서 상상할 수 있는 최고의 빅 오는 $O(N)$이라고 말할 수 있다. 이 경우 배열에 있는 N 개 항목을 모두 출력해야 하므로 N개 항목을 각각 **처리하는 수밖에 없다**. 출력을 하려면 각 항목에 '접근'해야 하니 달리 방법이 없다. 따라서 이 시나리오에서 상상할 수 있는 최고의 빅 오는 $O(N)$이다.

알고리즘을 최적화하려면 **두 가지** 빅 오를 알아내야 한다. **현재** 알고리즘의 빅 오를 알아야 하고(전제 조건), 이 작업에서 이론상 **가능한** 최선의 빅 오도 생각해 봐야 한다.

두 빅 오가 다르면 최적화할 여지가 있다는 뜻이다. 예를 들어 현재 알고리즘의 실행 시간이 $O(N^2)$인데, 상상할 수 있는 최고의 빅 오가 $O(N)$이라면 현재 알고리즘에 개선할 부분이 있다는 뜻이다. 두 빅 오의 차이가 바로 최적화로 얻을 수 있는 잠재적 이득을 나타낸다.

지금까지 얘기한 단계를 요약해 보자.

1. 현재 알고리즘의 빅 오 범주를 알아낸다. (이게 전제 조건이다.)
2. 주어진 문제에서 상상할 수 있는 최고의 빅 오를 찾는다.
3. 상상할 수 있는 최고의 빅 오가 현재 빅 오보다 **빠르면** 현재 알고리즘을 가능한 한 상상할 수 있는 최고의 빅 오에 가깝게 다가가겠다는 목표로 코드 최적화를 시도할 수 있다.

상상할 수 있는 최고의 빅 오를 항상 달성할 수는 없다. 바란다고 해서 그게 반드시 실현되지는 않는다.

사실 현재 구현에서 더 최적화할 여지가 없을 수도 있다. 하지만 상상할 수 있는 최고의 빅 오는 여전히 최적화할 목표를 제시하는 도구이다.

경험상 보면 현재의 빅 오와 상상할 수 있는 최고의 빅 오 **사이** 어딘가까지는 최적화가 꽤 잘 되는 편이었다.

예를 들어 현재 구현이 $O(N^2)$이고, 상상할 수 있는 최고의 빅 오가 $O(\log N)$이면 알고리즘을 $O(\log N)$까지 최적화하려고 할 것이다. 최적화가 끝난 후에 코드 속도를 단지 $O(N)$ 수준으로 끌어올렸다고 하더라도 그 자체로 큰 성공이며, 상상할 수 있는 최고의 빅 오는 충분히 의미가 있다.

20.2.1 상상의 폭을 넓히기

지금까지 봤듯이 상상할 수 있는 최고의 빅 오를 생각해 내면 최적화 목표를 세우는 데 도움이 된다. 이를 최대한 활용하려면 상상력을 조금 더 발휘하여 **놀라울 정도로** 상상할 수 있는 최고의 빅 오를 생각해 내는 편이 좋다. 나는 사실 말이 안 되는 수준만 아니라면 가장 빠른 빅 오를 상상할 수 있는 최고의 빅 오로 설정하라고 권하고 싶다.

내가 상상력을 자극할 때 쓰는 사고 전략이 또 하나 있다. 주어진 문제에 대해 정말 빠른 빅 오를 고르고, 이를 '놀라운 빅 오'라고 부른다. 그리고 이렇게 자문한다. "누군가 이 문제를 놀라운 빅 오로 해결할 수 있다고 말한다면 그 말을 믿을까?" 놀라운 빅 오 효율성으로 문제를 해결할 수 있다고 말한 누군가를 믿는다면, 그 놀라운 빅 오를 상상할 수 있는 최고의 빅 오로 정한다.

현재 알고리즘의 빅 오와 우리가 목표로 삼는 상상할 수 있는 최고의 빅 오를 알았다면 이제 최적화를 시작할 수 있다.

20장의 나머지 부분에서는 코드의 효율성을 높여 줄 다양한 최적화 기법과 사고 전략을 살펴보겠다.

20.3 마법의 조회

내가 즐겨 쓰는 최적화 기법 중 하나는 이런 식으로 자문하는 것이다. "마법처럼 원하는 정보를 $O(1)$ 시간 만에 찾을 수 있다면 내 알고리즘이 더 빨라질까?" 이에 대한 답이 "그렇다"이면 자료 구조(주로 해시 테이블)를 사용해 그 마법을 실현한다. 이 기법을 '마법의 조회'라고 부른다.

'마법의 조회'를 명확히 설명하기 위해 예를 들어 보겠다.

20.3.1 마법 같은 저자 찾기

도서관 소프트웨어를 개발하는 중이고, 책과 저자 정보를 배열 두 개에 따로 저장했다고 해 보자.

authors 배열은 다음과 같다.

```
authors = [
  {"author_id": 1, "name": "Virginia Woolf"},
  {"author_id": 2, "name": "Leo Tolstoy"},
  {"author_id": 3, "name": "Dr. Seuss"},
  {"author_id": 4, "name": "J. K. Rowling"},
  {"author_id": 5, "name": "Mark Twain"}
]
```

보다시피 해시 테이블을 포함하는 배열이며, 각 해시 테이블에는 저자 이름과 ID가 들어 있다.

다음은 책에 대한 데이터가 들어 있는 배열이다.

```
books = [
  {"author_id": 3, "title": "Hop on Pop"},
  {"author_id": 1, "title": "Mrs. Dalloway"},
  {"author_id": 4, "title": "Harry Potter and the Sorcerer's Stone"},
  {"author_id": 1, "title": "To the Lighthouse"},
  {"author_id": 2, "title": "Anna Karenina"},
  {"author_id": 5, "title": "The Adventures of Tom Sawyer"},
  {"author_id": 3, "title": "The Cat in the Hat"},
  {"author_id": 2, "title": "War and Peace"},
  {"author_id": 3, "title": "Green Eggs and Ham"},
  {"author_id": 5, "title": "The Adventures of Huckleberry Finn"}
]
```

authors 배열처럼 books 배열도 해시 테이블 여러 개로 구성되어 있다. 각 해시 테이블에는 authors 배열의 데이터를 사용하여 저자를 확인할 수 있도록 책 제목과 author_id가 포함되어 있으며 author_id 값으로 authors 배열의 데이터에서 저자를 알아낼 수 있다. 예를 들어 "Hop on Pop"의 author_id는 3이다. 즉, "Hop on

Pop"의 저자는 authors 배열에 표시된 대로 ID가 3인 저자이니 "Dr. Seuss"이다.

이제 이 정보를 결합해서 다음과 같은 형식의 배열을 만드는 코드를 작성한다고 해 보자.

```
books_with_authors = [
  {'author': 'Dr. Seuss', 'title': 'Hop on Pop'},
  {'author': 'Virginia Woolf', 'title': 'Mrs. Dalloway'},
  {'author': 'J. K. Rowling', 'title': "Harry Potter and the Sorcerer's
          Stone"},
  {'author': 'Virginia Woolf', 'title': 'To the Lighthouse'},
  {'author': 'Leo Tolstoy', 'title': 'Anna Karenina'},
  {'author': 'Mark Twain', 'title': 'The Adventures of Tom Sawyer'},
  {'author': 'Dr. Seuss', 'title': 'The Cat in the Hat'},
  {'author': 'Leo Tolstoy', 'title': 'War and Peace'},
  {'author': 'Dr. Seuss', 'title': 'Green Eggs and Ham'},
  {'author': 'Mark Twain', 'title': 'The Adventures of Huckleberry Finn'}
]
```

이렇게 하려면 books 배열을 순회하면서 각 책을 해당 저자와 연결해야 한다. 구체적으로 어떻게 해야 할까?

중첩 루프를 사용하는 해결책이 하나 있다. 외부 루프는 각 책을 순회하고, 내부 루프는 해당 책과 연결된 ID를 가진 저자를 찾을 때까지 실행된다. 다음은 이 방식을 구현한 코드이다.

```
def connect_books_with_authors(books, authors):
    books_with_authors = []

    for book in books:
        for author in authors:
            if book["author_id"] == author["author_id"]:
                books_with_authors.append({"title": book["title"],
                                            "author": author["name"]})

    return books_with_authors
```

코드를 최적화하기 전에 전제 조건을 만족시키려면 현재 알고리즘의 빅 오를 알아내야 한다.

이 알고리즘의 시간 복잡도는 $O(N * M)$이다. N권의 책에 대해 M명을 순회하며 저자를 찾아야 하기 때문이다.

이제 더 잘할 수 있는지 살펴보자.

다시 말하지만 상상할 수 있는 최고의 빅 오를 생각해 내는 일이 먼저다. 이 경우 모든 책 N권을 순회해야 하므로 $O(N)$보다 나은 빅 오를 기대하기는 어려워 보인다. O(N)은 현실적으로 가능하다고 여겨지는 가장 빠른 속도이므로 $O(N)$이 우리가 상상할 수 있는 최고의 빅 오라고 하겠다.

이제 새로운 마법의 조회 기법을 사용할 차례이다. 이를 위해 이 절을 시작하면서 제시한 '마법의 조회' 질문을 해 보겠다. "마법처럼 원하는 정보를 O(1) 시간 만에 찾을 수 있다면 알고리즘을 더 빠르게 만들 수 있을까?"

이 질문을 지금 시나리오에 적용해 보자. 지금은 외부 루프에서 모든 책을 순회한다. 내부 루프에서 authors 배열을 훑으며 각 책에 맞는 author_id를 찾는다.

그런데 **단 O(1) 시간 만에** 저자를 찾을 수 있는 마법 같은 능력이 있다면 어떨까? 저자 한 명을 찾을 때마다 **모든** 저자를 순회할 필요 없이 해당 저자를 바로 찾을 수 있다면? 그러면 내부 루프를 제거할 수 있으므로 알고리즘 속도가 크게 향상되고, 코드 속도를 상상할 수 있는 최고의 속도인 $O(N)$까지 끌어올릴 수 있게 된다.

이제 마법 같은 조회 기능이 도움이 될 수 있다고 판단했으니 다음 단계는 이 마법을 실현하는 것이다.

20.3.2 자료 구조 추가하기

이렇게 마법 같은 조회 기능을 실현하는 가장 쉬운 방법 중 하나는 코드에 자료 구조를 추가하는 것이다. 이 자료 구조는 데이터를 빠르게 조회할 수 있는 방식으로 저장하는 데 쓰인다. 8장 '해시 테이블을 사용한 초고속 조회'(123쪽)에서 배웠듯이 $O(1)$ 조회가 가능한 해시 테이블이 이러한 목적에는 대부분 가장 적합하다.

지금은 저자 정보를 배열에 저장하기 때문에 주어진 author_id를 찾는 데 항상 $O(M)$ 단계(M은 저자 수)가 걸린다. 하지만 같은 정보를 해시 테이블에 저장하면 마법 같은 능력을 얻어 각 저자를 단 $O(1)$ 시간 만에 찾을 수 있다.

예를 들어 해시 테이블은 이런 형태일 것이다.

```
author_hash_table =
{1: "Virginia Woolf", 2: "Leo Tolstoy", 3: "Dr. Seuss",
 4: "J. K. Rowling", 5: "Mark Twain"}
```

해시 테이블에서 각 키(key)는 저자 ID이고, 각 키의 값은 저자 이름이다.

그러면 먼저 authors 데이터를 이 해시 테이블로 옮기고, 그 다음에 책에 대한 루프를 실행하여 알고리즘을 최적화해 보자.

```python
def connect_books_with_authors(books, authors):
    books_with_authors = []
    author_hash_table = {}

    for author in authors:
        author_hash_table[author["author_id"]] = author["name"]

    for book in books:
        books_with_authors.append({"title": book["title"],
            "author": author_hash_table[book["author_id"]]})

    return books_with_authors
```

이 버전에서는 먼저 authors 배열을 순회하면서 해당 데이터로 author_hash_table을 생성한다. 이 작업에는 M단계가 걸리며, 여기서 M은 저자의 수이다.

그런 다음 책 목록을 순회하면서 author_hash_table에서 '마법처럼' 1단계 만에 각 저자를 찾는다. 이 루프는 N단계가 걸리며, 여기서 N은 책의 종 수이다.

최적화한 알고리즘은 책 N권에 대해 단일 루프를 실행하고 저자 M명에 대해 단일 루프를 실행하므로 총 $O(N + M)$ 단계만 걸린다. 이는 $O(N * M)$이 걸렸던 기존 알고리즘보다 훨씬 빠르다.

최적화된 알고리즘은 해시 테이블을 추가로 생성함으로써 $O(M)$의 공간을 더 사용한 반면, 기존 알고리즘은 추가 공간을 전혀 사용하지 않는다는 점은 주목할 만하다. 하지만 속도를 위해 기꺼이 메모리를 희생할 수 있다면 이는 매우 훌륭한 최적화이다.

처음에 우리는 마법 같은 $O(1)$ 조회가 어떤 일을 해 줄 수 있을지 상상했고, 해시 테이블에 데이터를 저장해 찾기 쉽게 했더니 현실이 되었다.

해시 테이블 데이터를 $O(1)$ 시간 만에 조회할 수 있다는 사실은 8장 '해시 테이블을 사용한 초고속 조회'에서 배운 내용이라 새롭지는 않다. 하지만 여기서 내가 전하고 싶은 진짜 팁은 어떤 종류의 데이터든 $O(1)$ 조회가 가능하다고 끊임없이 **상상하면서** 코드를 빠르게 할 방법을 자주 떠올려보는 것이다. $O(1)$ 조회가 어떻게 도움이 될지 머릿속에 그려지면 해시 테이블이나 다른 자료 구조로 그 꿈을 현실로 바꿀 수 있다.

20.3.3 두 합 문제

마법의 조회가 빛을 발하는 또 다른 시나리오를 살펴보자. 내가 가장 좋아하는 최적화 예제 중 하나이다.

두 합 문제(two sum problem)는 잘 알려진 코딩 연습 문제이다. 이 문제는 숫자 배열을 받아 배열에 있는 숫자 중 두 숫자의 합이 10(또는 주어진 다른 숫자)이 되느냐에 따라 True와 False를 반환하는 함수를 작성하면 된다. 간단하게 하기 위해 배열에 중복된 숫자는 없다고 가정하자.

다음 배열을 예로 보자.

```
[2, 0, 4, 1, 7, 9]
```

1과 9를 더하면 10이 되니 함수는 True를 반환해야 한다.

하지만 배열이 다음과 같으면 False를 반환해야 한다.

```
[2, 0, 4, 5, 3, 9]
```

세 숫자 2, 5, 3을 더하면 10이 되지만 여기서는 딱 두 숫자를 더해서 10이 되어야 하기 때문이다.

가장 먼저 떠오른 해결책은 중첩 루프로 각 숫자를 다른 모든 숫자와 비교해 보고 두 숫자의 합이 10이 되는지 확인하는 것이다. 다음은 파이썬으로 구현한 코드이다.

```python
def two_sum(array):
    for i in range(len(array)):
        for j in range(len(array)):
            if i != j and array[i] + array[j] == 10:
                return True

    return False
```

항상 그렇듯이 최적화를 시도하기 전에 전제 조건을 만족시키려면 현재 코드의 빅 오를 파악해야 한다.

전형적인 중첩 루프 알고리즘이 흔히 그렇듯이 이 함수의 실행 시간도 $O(N^2)$이다.

다음으로 알고리즘을 최적화할 가치가 있는지 알아보려면 상상할 수 있는 최고의 빅 오가 더 나은지 확인해야 한다.

이 경우 배열의 각 숫자에 한 번 이상은 반드시 접근해야 한다. 따라서 $O(N)$보다 더 나을 수는 없다. 누군가 이 문제에 $O(N)$ 해결책이 있다고 말한다면 그 말을 믿을 것 같다. 그러니 $O(N)$을 우리가 상상할 수 있는 최고의 빅 오로 설정해 보자.

이제 스스로에게 마법의 조회 질문을 해 보자. "원하는 정보를 마법처럼 $O(1)$ 시간에 찾을 수 있다면 알고리즘을 더 빠르게 만들 수 있을까?"라고.

때로는 이 질문을 떠올리면서 현재 구현을 따라가 보는 게 도움이 되므로 그렇게 해 보자.

배열 [2, 0, 4, 1, 7, 9]로 외부 루프를 하나씩 따라가 보자. 이 루프는 첫 번째 숫자인 2부터 시작한다.

이제 2를 보면서 어떤 정보를 찾고 싶을까? 다시 말하지만 우리는 2를 배열에 있는 다른 숫자와 더해서 합이 10이 되는지 알고 싶다.

좀 더 생각해 보면 2를 보면서 배열 **어딘가에 8이 있는지** 알고 싶은 것이다. 만약 마법의 $O(1)$ 조회로 배열에 8이 있는지 알 수 있다면 즉시 True를 반환할 수 있다. 두 숫자의 합이 10이므로 8을 2의 **상대 수**라고 부르자.

마찬가지로 0으로 이동하면 배열에서 그 상대 수, 즉 10을 찾기 위해 $O(1)$ 조회를 수행해야 한다.

이 방식에서는 배열을 한 번만 순회하고 도중에 마법의 $O(1)$ 조회를 수행하여 각 숫자의 상대 수가 배열에 있는지 확인한다. 어떤 숫자의 상대 수를 찾으면 True를 반환하고, 상대 수를 찾지 못하고 배열의 끝에 도달하면 False를 반환한다.

이제 마법의 $O(1)$ 조회가 도움이 된다는 점을 알았으니 자료 구조를 추가해 마법을 부려 보자. 다시 말하지만 해시 테이블은 읽기 시간이 $O(1)$이므로 마법의 조회를 위한 기본 옵션으로 자주 사용된다. (알고리즘 속도를 높이기 위해 해시 테이블을 얼마나 자주 사용하는지 알면 정말 놀랍다.)

배열의 어떤 숫자든 $O(1)$ 시간 만에 조회하기 위해 숫자들을 해시 테이블의 키로 저장한다. 해시 테이블은 다음과 같은 형태가 될 수 있다.

```
{2: True, 0: True, 4: True, 1: True, 7: True, 9: True}
```

해시 테이블의 값으로는 어떤 항목이든 사용해도 되지만 여기서는 True를 사용하겠다.

이제 어떤 숫자든 $O(1)$ 시간에 조회할 수 있는데, 각 숫자의 상대 수는 어떻게 찾을 수 있을까? 앞서 2를 순회할 때 우리는 상대 수가 8이라는 것을 바로 알았다. 2 + 8 = 10이라는 사실을 직관적으로 알기 때문이다.

그렇다면 기본적으로 어떤 숫자의 상대 수를 계산하려면 10에서 그 숫자를 빼면 된다. 예를 들어 10 − 2 = 8이므로 8이 2의 상대 수라는 뜻이다.

이제 정말 빠른 알고리즘을 만들 수 있는 요소를 모두 갖췄다.

```python
def two_sum(array):
    hash_table = {}

    for value in array:
        if hash_table.get(10 - value):
            return True
        else:
            hash_table[value] = True

    return False
```

이 알고리즘은 배열의 각 숫자를 한 번씩 순회한다.

각 숫자를 만날 때마다 해당 숫자의 상대 수가 해시 테이블에 키로 있는지 확인한다. 상대 수는 10 − value로 계산한다. (예를 들어 value가 3일 때 10 − 3 = 7이므로 상대 수는 7이다.)

어떤 숫자의 상대 수를 찾으면 즉시 True를 반환하는데, 이는 합이 10인 두 숫자를 찾았다는 의미이다.

또한 각 숫자를 순회하면서 해당 숫자를 해시 테이블에 키로 삽입한다. 이렇게 배열을 순회하면서 해시 테이블을 숫자로 채울 수 있다.

이 방식에서는 알고리즘의 속도가 $O(N)$으로 대폭 향상된다. 이는 루프 전체에서 $O(1)$ 조회를 가능하게 하기 위해 모든 데이터를 해시 테이블에 저장한 덕분이다.

해시 테이블을 마법 지팡이라고 생각하고 운명에 따라 프로그래밍 마법사가 되어 보자. (자, 농담은 이쯤 하자.)

20.4 패턴 인식하기

일반적인 코드 최적화와 알고리즘 개발에서 유용한 전략 중 하나는 주어진 문제에서 패턴을 찾는 것이다. 패턴을 발견하면 종종 문제의 모든 복잡도를 해결할 수 있게 되고 간단한 알고리즘을 개발할 수 있다.

20.4.1 동전 게임

여기 좋은 예가 있다. 두 명의 플레이어가 다음과 같은 방식으로 경쟁하는 '동전 게임'이 있다. 동전 더미가 쌓여 있고 각 플레이어는 이 더미에서 동전을 1개나 2개씩 가져갈 수 있다. 마지막 동전을 가져가는 플레이어가 **진다**. 재미있지 않은가?

이 게임은 운에 맡기는 게임이 아니다. 전략만 잘 세우면 상대방이 마지막 동전을 **가져가게 해서** 게임에 지게 할 수 있다. 이해를 돕기 위해 아주 작은 동전 더미로 시작하여 게임이 어떻게 진행되는지 살펴보자.

동전 더미에 동전이 1개만 있으면 마지막 동전을 가져갈 수밖에 없기 때문에 해당 차례의 플레이어가 진다.

동전이 2개 남으면 해당 차례의 플레이어가 무조건 이길 수 있다. 동전을 하나만 가져가면 상대방이 마지막 동전을 가져가게 할 수 있기 때문이다.

동전이 3개 남으면 해당 차례의 플레이어는 동전을 2개 가져와 상대방이 마지막 동전을 가져가게 돼서 무조건 이길 수 있다.

이제 동전이 4개 남으면 해당 차례의 플레이어는 곤경에 처한다. 동전 1개를 가져가면 상대방에게 동전 3개가 주어지며, 앞서 살펴본 바에 따라 이 플레이어가 무조건 이길 수 있다. 마찬가지로 현재 플레이어가 동전 2개를 가져가면 상대방에게 동전 2개가 남게 되는데, 이 경우에도 상대방이 무조건 이길 수 있다.

동전 더미의 동전 개수가 주어졌을 때 승리 여부를 계산하는 함수를 작성하려면 어떤 방식으로 접근해야 할까? 잘 생각해 보면 하위 문제로 나눠서 동전 개수에 상관없이 결과를 정확하게 계산할 수 있음을 알 수 있다. 따라서 이 문제엔 하향식 재귀가 아주 적합하다.

다음은 재귀적 방법을 파이썬으로 구현한 것이다.

```python
def game_winner(number_of_coins, current_player="you"):
    if number_of_coins <= 0:
        return current_player

    if current_player == "you":
        next_player = "them"
    elif current_player == "them":
        next_player = "you"

    if (game_winner(number_of_coins - 1, next_player) == current_player or
        game_winner(number_of_coins - 2, next_player) == current_player):
        return current_player
    else:
        return next_player
```

game_winner 함수에는 동전 개수와 해당 차례의 플레이어("you" 또는 "them")가 주어진다. 그러면 이 함수는 게임의 승자로 "you"와 "them" 중 하나를 반환한다. 함수가 처음 호출될 때 current_player는 "you"로 시작한다.

기저 조건은 current_player에게 동전이 0개 이하일 때로 정의한다. 즉, 상대 플레이어가 마지막 동전을 가져가 자동으로 현재 플레이어가 게임에서 이겼다는 의미이다.

그런 다음 누가 다음 차례 플레이어인지 저장하는 next_player 변수를 정의한다.

이어서 재귀를 수행한다. 동전 더미가 현재 더미보다 1개 또는 2개 적을 때 game_winner 함수를 재귀적으로 호출하고, 해당 시나리오에서 다음 플레이어가 이길지 질지를 확인한다. next_player가 두 시나리오에서 모두 지면 current_player가 이긴다는 뜻이다.

쉽지 않은 알고리즘이지만 결국 구현했다. 이제 이를 최적화할 수 있을지 살펴보자.

전제 조건을 충족하려면 먼저 우리 알고리즘의 현재 속도를 파악해야 한다.

이 함수가 재귀 호출을 여러 번 수행한다는 것을 눈치챘을지도 모른다. 머릿속에서 경보가 울린다면 그럴 만한 이유가 있다. 이 함수의 시간 복잡도는 무려 $O(2^N)$

으로 엄청나게 느릴 수 있다.

이제 12장 '동적 프로그래밍'(203쪽)에서 배운 메모이제이션 기법을 사용하면 속도를 $O(N)$까지 끌어올릴 수 있는데, 여기서 N은 시작 더미에 있는 동전 개수이다. 진짜 엄청난 개선이다.

알고리즘의 속도를 더 끌어올릴 수 있는지 살펴보자.

알고리즘을 더 최적화할 수 있는지 알려면 상상할 수 있는 최고의 빅 오가 무엇일지 자문해 볼 필요가 있다.

N은 하나의 숫자일 뿐이므로 단 $O(1)$의 알고리즘도 가능하다는 생각이 든다. 실제로 우리가 배열에 있는 항목 N개를 전부 확인할 필요가 없으니 누군가 동전 게임을 $O(1)$ 시간 만에 풀었다고 하면 나는 납득할 수 있다. 그러니 $O(1)$ 알고리즘을 목표로 해 보자.

하지만 어떻게 하면 가능할까? 이때 패턴을 찾으면 도움이 될 수 있다.

20.4.2 예제 생성하기

문제마다 고유한 패턴이 있지만, 나는 **모든** 문제에 두루 적용 가능한 패턴 발견 기법을 하나 발견했다. 바로 **예제를 아주 많이 생성해 보는 것이다.** 예제를 많이 입력해 보고 각각의 결과를 계산해 보면서 어떤 패턴을 발견할 수 있는지 살펴보라는 의미이다.

동전 게임 예제에 적용해 보자.

동전 더미의 동전 개수가 1개부터 10개까지 있을 때 누가 이기는지 정리해 보자.

동전 개수	승자
1	them
2	you
3	you
4	them
5	you
6	you
7	them
8	you
9	you
10	them

이런 식으로 나열해 보면 패턴이 명확해진다. 기본적으로 동전 1개부터 시작하여 세 번째 숫자마다 상대방(them)이 이긴다. 그렇지 않으면 여러분(you)이 이긴다.

즉, 동전 개수에서 1을 빼면 각각의 "them"은 3으로 나눠떨어지는 숫자가 된다. 이 시점부터 나눗셈 한 번으로 누가 이길지 판단할 수 있다.

```
def game_winner(number_of_coins):
    if (number_of_coins - 1) % 3 == 0:
        return "them"
    else:
        return "you"
```

이 코드는 1을 뺀 후 number_of_coins가 3으로 나눠떨어지면 "them"이 이긴다고 말한다. 그렇지 않으면 "you"가 이긴다.

이 알고리즘은 수학 연산 단 하나로 구성되니 시간과 공간 복잡도 모두 $O(1)$이다. 또한 훨씬 더 간단하다! 이게 바로 진정한 윈-윈-윈이다.

수많은 동전 더미의 예제를 만들고(입력으로) 게임에서 누가 이길지를 확인함으로써(출력으로) 동전 게임의 작동 방식에 대한 패턴을 파악할 수 있었다. 그런 다음 이 패턴을 활용하여 문제의 핵심을 꿰뚫고 느린 알고리즘을 즉각적인 알고리즘으로 전환할 수 있었다.

20.4.3 합 교환 문제

이번에는 패턴 인식과 마법의 조회를 **함께** 사용하여 알고리즘을 최적화할 수 있는 예제이다.

다음은 **합 교환** 문제이다.

정수 배열 두 개를 받는 함수를 작성하려고 한다. 배열이 다음과 같다고 해 보자.

array_1 = [5, 3, 2, 9, 1]   합: 20
array_2 = [1, 12, 5]   합: 18

현재 array_1의 합은 20이며 array_2의 합은 18이다.

이 함수는 두 배열에서 숫자를 하나씩 교환하여 두 배열의 합이 같아지는 숫자를 찾아야 한다.

예를 들어 array_1의 2와 array_2의 1을 교환하면 다음과 같다.

```
array_1 = [5, 3, (1), 9, 1]     합: 19
array_2 = [(2), 12, 5]          합: 19
```

이제 두 배열의 합은 19로 같다.

간단하게 하기 위해 함수에서는 실제로 값을 교환하지 않고 교환할 두 인덱스만 반환하겠다. 이때 두 인덱스를 배열에 담아 반환한다. 따라서 이 경우 array_1의 인덱스 2를 array_2의 인덱스 0으로 바꾸었으므로 배열 [2, 0]을 반환한다. 교환으로 두 배열의 합이 같아지지 않는다면 None을 반환한다.

이 알고리즘을 작성하는 방법 하나는 중첩 루프를 사용하는 것이다. 즉, 외부 루프가 array_1의 각 숫자를 가리키면 내부 루프가 array_2의 각 숫자를 순회하고, 두 숫자를 교환하면 각 배열의 합을 확인할 수 있다.

최적화를 시작하려면 먼저 현재 알고리즘의 빅 오를 알아야 한다는 전제 조건을 충족해야 한다.

중첩 루프 방식은 첫 번째 배열의 숫자 N개가 두 번째 배열의 숫자 M개를 모두 방문하므로 이 알고리즘은 $O(N * M)$이다. (N과 M을 구분한 이유는 두 배열의 크기가 다를 수 있기 때문이다.)

이보다 더 나은 방법이 있을까? 이를 알아보기 위해 우리가 상상할 수 있는 가장 좋은 빅 오가 무엇인지 파악해 보자.

모든 숫자를 파악해야 하므로 두 배열의 각 숫자를 적어도 한 번씩은 방문해야 할 것이다. 어쩌면 이게 **전부**일 수도 있다. 그렇다면 $O(N + M)$도 가능하다. 이를 우리가 상상할 수 있는 최고의 빅 오로 설정하고, 목표로 삼아 보자.

이제 문제 속에 숨겨진 패턴을 찾아내야 한다. 다시 말하지만 패턴을 찾아내는 가장 좋은 방법은 예제를 많이 만들어 보고 그 안에서 패턴을 찾아보는 것이다.

숫자를 교환했을 때 두 배열의 합이 같아지는 다양한 예제를 살펴보자.

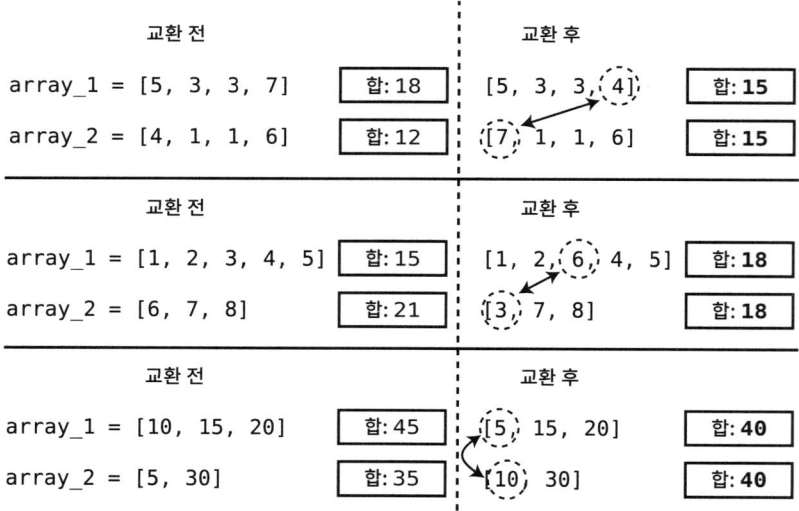

예제를 살펴보니 몇 가지 패턴이 보이기 시작한다. 몇 가지 패턴은 뻔해 보이지만 어쨌든 살펴보자.

첫 번째 패턴은 합을 같게 만들려면 큰 배열에서 큰 숫자를, 작은 배열에서 작은 숫자를 교환해야 한다는 것이다.

두 번째 패턴은 한 번 교환할 때 각 배열의 합이 같은 양만큼 변한다는 것이다. 예를 들어 7과 4를 교환하면 한 배열의 합은 3만큼 **감소**하고 다른 배열의 합은 3만큼 **증가**한다.

세 번째 흥미로운 패턴은 교환 후 두 배열의 합이 교환 전 두 배열의 합의 **딱 중간값**으로 맞춰진다는 것이다.

예를 들어 첫 번째 예제에서 array_1은 18이고 array_2는 12였다. 올바른 교환을 수행하면 두 배열의 합은 18과 12의 정확히 중간인 15가 된다.

좀 더 생각해 보면 세 번째 패턴은 다른 패턴에서 파생된 논리적 결과이다. 교환했을 때 두 배열의 합이 같은 양만큼 이동하기 때문에 합을 같게 만드는 **유일한** 방법은 중간값에서 만나는 것뿐이다.

이를 바탕으로 두 배열의 합을 알면 한 배열의 숫자를 보고 어떤 숫자와 교환할지 계산할 수 있어야 한다.

다음 예제를 다시 살펴보자.

```
array_1 = [5, 3, 3, 7]        합: 18
array_2 = [4, 1, 1, 6]        합: 12
```

성공적으로 교환했다면 두 배열의 합이 중간값에 도달해야 한다. 18과 12의 정확한 중간값은 15이다.

　array_1에 있는 숫자들을 살펴보면서 어떤 숫자와 교환할지 알아보자. 이때 바꿀 숫자를 상대 수라고 부르자. array_1의 첫 번째 숫자 5부터 시작하겠다.

　5를 어떤 숫자와 교환해야 할까? array_1의 합은 3만큼 감소하고 array_2의 합은 3만큼 증가해야 하므로 5를 2와 교환해야 한다. 그런데 array_2에는 2가 없으므로 5를 array_2에 있는 어떤 숫자와도 성공적으로 교환할 수 없다.

　array_1의 다음 숫자는 3이다. 두 배열의 합이 같으려면 array_2의 0과 교환해야 한다. 하지만 아쉽게도 array_2에는 0이 없다.

　array_1의 마지막 숫자는 7이다. 7을 4로 교환하면 두 배열의 합이 15가 된다. 다행히 array_2에는 4가 있으므로 성공적으로 교환할 수 있다.

　그렇다면 이 패턴을 코드로 어떻게 표현해야 할까?

　먼저 다음 계산을 통해 배열의 합이 얼마가 되어야 하는지 알아보자.

```
shift_amount = (sum_1 - sum_2) // 2
```

여기서 sum_1은 array_1의 합이고 sum_2는 array_2의 합이다. sum_1이 18이고 sum_2가 12이면 6만큼 차이가 난다. 이를 2로 나누면 각 배열이 얼만큼 변해야 하는지 알 수 있다. 이 계산 결과가 shift_amount이다.

　예제에서 shift_amount는 3이며, 목표 합이 되려면 array_2가 3만큼 증가해야 함을 나타낸다. (마찬가지로 array_1은 3만큼 **감소**해야 한다.)

　따라서 알고리즘을 구성할 때는 먼저 두 배열의 합부터 계산해야 한다. 그런 다음 한 배열의 모든 숫자를 순회한 후 다른 배열에서 상대 수를 찾는다.

　만약 array_2의 각 숫자를 순회한다면 현재 숫자에 shift_amount를 더한 값이 교환할 상대 수가 되어야 한다. 예를 들어 현재 숫자가 4이면 상대 수를 찾기 위해 shift_amount(3)를 더하면 7이 된다. 즉, 현재 숫자와 교환하려면 array_1에서 7을 찾아야 한다.

　이제 어느 한 배열의 숫자를 보고 다른 배열의 상대 수가 무엇인지 정확히 알 수 있다. 하지만 이 패턴이 어떻게 도움이 될까? 여전히 중첩 루프를 사용해야 하고 $O(N * M)$인 알고리즘을 사용해야 하지 않을까? 이는 한 배열에서 각 숫자의 상대 수를 찾으려면 다른 배열 전체를 검색해야 한다는 뜻이다.

바로 여기서 우리는 마법의 조회를 떠올리고 스스로에게 질문할 수 있다. "마법처럼 원하는 정보를 $O(1)$ 시간에 찾을 수 있다면 알고리즘을 더 빠르게 만들 수 있을까?"

정말로 다른 배열에서 해당 숫자의 상대 수를 $O(1)$ 시간에 찾을 수 있다면 알고리즘이 훨씬 더 빨라질 것이다. 그리고 이러한 빠른 조회는 우리가 잘 아는 방법인 해시 테이블을 사용해 달성할 수 있다.

먼저 한 배열의 숫자를 해시 테이블에 저장하면 다른 배열을 순회할 때 $O(1)$ 시간 만에 해당 배열에 있는 어떤 숫자도 즉시 찾을 수 있다.

완성된 코드는 다음과 같다.

```python
def sum_swap(array_1, array_2):
    hash_table = {}
    sum_1 = 0
    sum_2 = 0

    for index, num in enumerate(array_1):
        sum_1 += num
        hash_table[num] = index

    for num in array_2:
        sum_2 += num

    # 입력이 정수이고 두 합의 차이가 홀수이면
    # 중간값에 해당하는 정수를 찾을 수 없으므로
    # 교환이 불가능하다.
    if (sum_1 - sum_2) % 2 == 1:
        return None

    shift_amount = (sum_1 - sum_2) // 2

    for index, num in enumerate(array_2):
        if num + shift_amount in hash_table:
            return [hash_table[num + shift_amount], index]

    return None
```

이 방식은 기존의 $O(N * M)$보다 훨씬 빠르다. array_1을 N, array_2를 M으로 간주하면 이 알고리즘은 $O(N + M)$ 시간 안에 실행된다고 할 수 있다. 엄밀히 말하면 array_2를 두 번 순회하므로 $2M$이지만 상수는 버려지므로 M이 된다.

이 방식은 array_1에서 숫자 N개를 해시 테이블로 모두 복사하기 때문에 $O(N)$의 공간을 추가로 차지한다. 다시 말해 시간을 확보하기 위해 공간을 썼지만 속도가 가장 중요한 목표라면 대성공이다.

어쨌든 이 예제는 패턴을 발견함으로써 문제의 핵심을 꿰뚫고 간단하면서도 빠른 해결책을 만들어 낸 또 하나의 예이다.

20.5 탐욕 알고리즘

다음 전략은 최적화하기 어려운 일부 알고리즘의 속도를 높일 수 있다. 모든 상황에 통하지는 않지만 작동하기만 한다면 판도를 바꾸는 전환점이 된다.

탐욕 알고리즘을 작성하는 방법에 관해 이야기해 보자.

용어가 생소하겠지만 그 뜻은 다음과 같다. **탐욕 알고리즘**(greedy algorithm)은 각 단계마다 **그 순간에** 가장 좋아 보이는 선택을 하는 알고리즘이다. 간단한 예제를 함께 보면 이해하기 쉬울 것이다.

20.5.1 배열 최댓값

배열에서 가장 큰 숫자를 찾는 알고리즘을 작성해 보자. 중첩 루프로 배열의 각 숫자를 다른 모든 숫자와 비교하는 방법이 있다. 다른 모든 숫자보다 큰 숫자를 찾으면 배열에서 가장 큰 숫자를 찾았다는 뜻이다.

이러한 알고리즘이 흔히 그렇듯 이 접근 방식은 $O(N^2)$ 시간이 걸린다.

배열을 오름차순으로 정렬하고 배열의 마지막 값을 반환하는 방법도 있다. 퀵 정렬과 같은 빠른 정렬 알고리즘을 사용한다면 $O(N \log N)$ 시간이 걸린다.

세 번째 옵션이 탐욕 알고리즘이다.

```
def max(array):
    if not array:
        return None

    greatest_number = array[0]
```

```
    for number in array:
        if number > greatest_number:
            greatest_number = number
    return greatest_number
```

이 함수는 비어 있는 배열이 아닌지 확인한 후 다음을 실행한다.

```
greatest_number = array[0]
```

이 코드는 배열의 첫 번째 숫자를 greatest_number라고 '가정'한다. 이는 '탐욕스러운' 가정이다. 즉, 지금까지 만난 숫자 중 첫 번째 숫자가 가장 큰 숫자라고 greatest_number를 선언한다. 물론 이 숫자는 지금까지 우리가 만난 **유일한** 숫자이기도 하다! 하지만 바로 이것이 탐욕 알고리즘이 하는 일이다. 즉, 이 알고리즘은 그 순간에 알고 있는 정보를 바탕으로 최선처럼 보이는 옵션을 선택한다.

다음으로 배열의 모든 숫자를 순회한다. 그리고 greatest_number보다 큰 숫자를 찾으면 이 숫자를 greatest_number로 바꾼다. 여기서도 탐욕스럽다. 각 단계마다 그 순간에 알고 있는 정보를 바탕으로 최적의 옵션을 선택한다.

우리는 기본적으로 사탕 가게에서 처음 본 사탕을 집지만 더 큰 사탕을 보자마자 첫 번째 사탕을 버리고 더 큰 사탕을 집는 아이와 같다.

하지만 이 순진해 보이는 탐욕은 실제로 통한다. 함수를 완료할 때쯤이면 greatest_number는 정말로 배열 전체에서 가장 큰 숫자가 된다.

사회적 맥락에서 탐욕은 미덕이 아니지만 알고리즘 속도 면에서는 놀라워질 수 있다. 이 알고리즘은 배열의 각 숫자에 한 번씩만 접근하면 되니까 시간 복잡도가 $O(N)$에 불과하다.

20.5.2 최대 부분 합

탐욕이 어떤 결과를 가져오는지 다른 예제를 보자.

숫자 배열을 받아 배열의 어떤 '부분(subsections)'에서든 계산할 수 있는 최대 합을 반환하는 함수를 작성해 보겠다.

다음 배열을 예로 들어 보자.

```
[3, -4, 4, -3, 5, -9]
```

배열에 있는 모든 숫자의 합을 계산하면 −4이다.

하지만 배열의 **부분** 합을 계산할 수도 있다.

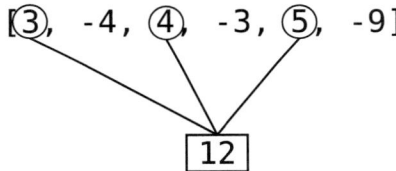

여기서 부분이란 **연속된 부분**을 의미한다. 즉, 부분은 **연이은** 숫자로 이루어진 배열의 일부분이다.

다음은 숫자가 연이어 있지 않으므로 연속된 부분이 **아니다.**

[③, -4, ④, -3, ⑤, -9]

12

우리가 할 일은 배열의 **어떤** 부분에서든 계산할 수 있는 최대 합을 찾는 것이다. 이 예제에서 최대 합은 6이며 다음 부분에서 나온다.

최대 합 = 6

[3, -4, 4, -3, 5, -9]

6

논의를 더 간단하게 하기 위해 배열에 양수가 하나 이상 들어 있다고 가정하자.

이제 최대 부분의 합을 계산하는 코드를 어떻게 작성할 수 있을까?

방법 하나는 배열에 있는 모든 부분의 합을 계산하고 그중에서 최대 부분을 선택하는 것이다. 하지만 배열에는 항목 N개에 대해 약 $N^2/2$개의 부분이 존재하므로 이들을 생성하는 데만 $O(N^2)$ 시간이 걸린다.

여기서도 상상할 수 있는 최고의 빅 오부터 떠올려 보자. 각 숫자를 한 번 이상 검사해야 하므로 $O(N)$보다 빠를 수는 없다. 그러니 $O(N)$을 목표로 삼아 보자.

언뜻 보기에 $O(N)$은 불가능해 보인다. 배열을 한 번 순회하면서 여러 부분의 합을 구할 수 있을까?

조금 탐욕스러워지면 어떻게 되는지 보자.

이 상황에서 탐욕 알고리즘은 배열을 순회하면서 각 단계에서 최대 합을 '잡아내려' 한다. 앞에 나온 예제 배열을 순회해 보겠다.

배열의 앞쪽에서 시작하면 3을 만난다. 완벽히 탐욕스러운 방식에서는 최대 합이 3이라고 가정한다.

최대 합 = 3

[3, -4, 4, -3, 5, -9]

3

다음으로 −4에 도달한다. −4와 이전 숫자인 3을 더하면 현재 합은 −1이 된다. 따라서 3이 여전히 최대 합이다.

최대 합 = 3

[3, -4, 4, -3, 5, -9]

-1

이어서 4에 도달하며 4와 현재 합을 더하면 3이 된다.

최대 합 = 3

[3, -4, 4, -3, 5, -9]

3

현재로서는 3이 여전히 최대 합이다.

다음으로 도달하는 숫자는 −3이다. 그러면 현재 합이 0이 된다.

최대 합 = 3

[3, -4, 4, -3, 5, -9]

0

정리하면 **현재** 합은 0이고 여전히 **최대** 합은 3이다.

다음으로 5에 도달한다. 현재 합은 5이다. 탐욕스럽게도 지금까지 더한 결과 중 가장 큰 합이므로 이를 최대 합이라고 선언하겠다.

최대 합 = 5

[3, -4, 4, -3, 5, -9]

5

그런 다음 마지막 숫자인 −9에 도달하면 현재 합이 −4로 떨어진다.

최대 합 = 5

[3, -4, 4, -3, 5, -9]

-4

배열의 끝에 도달할 때 최대 합은 5이다. 따라서 탐욕스러운 방법을 따른다면 이 알고리즘은 5를 반환한다.

하지만 5는 최대 부분 합이 **아니다**. 이 배열에는 합이 6인 부분이 있다.

[3, -4, 4, -3, 5, -9]

6

이 알고리즘에서 문제점은 항상 배열의 첫 번째 숫자부터 시작하는 부분으로만 최대 합을 계산했다는 것이다. 하지만 배열의 뒤에 있는 숫자부터 시작하는 부분도 있는데, 여기서는 이를 고려하지 않았다.

결국 우리의 탐욕 알고리즘은 기대한 대로 작동하지 않았다.

하지만 아직 포기하기는 이르다! 종종 탐욕 알고리즘은 약간만 조정해도 제대로 작동한다.

패턴 찾기가 도움이 되는지 살펴보자. (보통은 도움이 된다.) 앞서 봤듯이 패턴을 찾는 가장 좋은 방법은 예제를 많이 생성하는 것이다. 이제 최대 부분 합을 가진 배열의 몇 가지 예제를 만들어 보고 흥미로운 점을 발견할 수 있는지 살펴보자.

[1, 1, 0, -3, 5]   [5, -2, 3, -8, 4]

5   6

[2, -3, 1, 2, -1]   [5, -8, 2, 1, 0]

3   5

이러한 사례를 분석하다 보면 궁금증이 떠오른다. '왜 어떤 사례에서는 배열의 처음부터 시작하는 부분에서 최대 합이 나오고, 어떤 사례에서는 그렇지 않을까?'

사례를 보면 음수가 중간에 흐름을 끊었을 때 최대 부분이 배열의 처음부터 시작하지 않았다.

음수
[1, 1, 0, (-3), 5]   음수
[2, (-3), 1, 2, -1]

즉, 최대 부분이 배열의 시작에서 나왔어야 하지만 음수 때문에 흐름이 끊어져서 최대 부분이 배열의 더 뒤쪽에서 시작됐다.

그런데 가만 보면 어떤 사례에서는 최대 부분에 음수가 **있지만** 흐름을 끊지 않기도 한다.

음수
[5, (-2), 3, -8, 4]
6

차이가 무엇일까?

이 패턴은 다음과 같다. 음수 때문에 이전 부분의 합이 음수가 되면 흐름이 끊어진다. 하지만 음수가 단순히 현재 부분의 합을 낮출 뿐 합이 양수로 유지되면 흐름이 끊어지지 않는다.

생각해 보면 말이 된다. 배열을 반복하는 동안 현재 부분 합이 0보다 작아지면 **현재 합을 0으로 재설정하는 것이 좋다**. 그렇지 않으면 현재 음수 합이 우리가 찾으려는 최대 합을 찾지 못하게 하기 때문이다.

이제 이러한 통찰을 바탕으로 탐욕 알고리즘을 개선해 보자.

다시 3부터 시작하겠다. 현재 최대 합은 3이다.

최대 합 = 3
[3, -4, 4, -3, 5, -9]
3

다음으로 −4를 만난다. 현재 합이 −1이 된다.

최대 합 = 3

[3, -4, 4, -3, 5, -9]

-1

최대 합인 부분을 찾아야 하는데 현재 합이 음수이므로 다음 숫자로 넘어가기 전에 현재 합을 0으로 재설정해야 한다.

최대 합 = 3

[3, -4, 4, -3, 5, -9]

0

그리고 다음 숫자부터 새 부분을 시작한다.

다시 말하지만 이렇게 하는 이유는 다음 숫자가 양수이면 현재 숫자인 음수가 합을 끌어내리게 두지 말고 그 지점부터 다음 부분을 시작하는 편이 더 낫기 때문이다. 대신 여기서는 현재 합을 0으로 설정하고 다음 숫자를 새 부분의 **시작점**으로 간주하여 재설정해 보겠다.

그럼 계속해 보자.

이제 4에 도달했다. 다시 말하지만 여기서부터 새 부분을 시작하므로 현재 합은 4이며, 이는 지금까지의 최대 합이 된다.

최대 합 = 4

[3, -4, 4, -3, 5, -9]

4

다음으로 −3을 만난다. 이제 현재 합은 1이다.

최대 합 = 4

[3, -4, 4, -3, 5, -9]

1

다음으로 5가 나온다. 현재 합은 6이 되고, 동시에 지금까지의 최대 합이 된다.

최대 합 = 6

```
[3, -4, 4, -3, 5, -9]
        └─────────┘
            6
```

마지막으로 −9에 도달한다. 현재 합이 −3이 되니 0으로 재설정한다. 또한 배열의 끝에 도달했으므로 최대 합은 6이라고 결론 내릴 수 있다. 그리고 실제로 이 결과가 옳다.

다음은 이 방식을 구현한 코드이다.

```python
def max_sum(array):
    current_sum = 0
    greatest_sum = 0

    for num in array:
        if current_sum + num < 0:
            current_sum = 0
        else:
            current_sum += num
            if current_sum > greatest_sum:
                greatest_sum = current_sum

    return greatest_sum
```

탐욕 알고리즘을 사용하면 숫자 배열을 한 번만 순회하기 때문에 까다로운 문제를 단 $O(N)$ 시간 만에 해결할 수 있다. 처음 $O(N^2)$에 비해 성능이 크게 개선되었다. 이 알고리즘은 어떤 데이터도 추가로 생성하지 않으므로 공간 측면에서도 $O(1)$이다.

패턴을 발견함으로써 정확한 해결책을 찾을 수 있었지만, 탐욕스러운 사고방식을 채택함으로써 처음부터 어떤 종류의 패턴을 찾아야 하는지 알게 되었다.

20.5.3 탐욕스러운 주가 예측

탐욕 알고리즘을 하나 더 살펴보자.

주가(stock price)를 예측하는 금융 소프트웨어를 만든다고 해 보자. 지금 작업 중인 알고리즘은 주식에 상승 추세가 있는지 판단한다.

구체적으로는 주가 배열을 받아 상승세를 이루는 주가 3개가 있는지 판단하는 함수를 작성한다.

특정 주식의 시간 경과에 따른 가격을 나타낸 주가 배열을 보자.

```
[22, 25, 21, 18, 19.6, 17, 16, 20.5]
```

처음에는 발견하기 어렵겠지만 상승세를 이루는 주가가 3개 있다.

$$[22, \ 25, \ 21, \ ⓐ18, \ ⓐ19.6, \ 17, \ 16, \ ⓐ20.5]$$

이 주가 3개는 왼쪽에서 오른쪽으로 가면서 '오른쪽' 주가가 '중간' 주가보다 크고, '중간' 주가가 다시 '왼쪽' 주가보다 크다.

반면에 다음 배열에는 상승세를 이루는 주가 3개가 없다.

```
[50, 51.25, 48.4, 49, 47.2, 48, 46.9]
```

함수는 배열에 상승세를 이루는 주가 3개가 있으면 True를 반환하고, 그렇지 않으면 False를 반환한다.

그렇다면 어떻게 하면 될까?

방법 하나는 중첩 루프 세 개를 사용하는 것이다. 첫 번째 루프는 각 주가를 순회하고, 두 번째 루프는 뒤따르는 모든 주가를 순회한다. 그리고 두 번째 루프의 각 반복마다 세 번째 루프가 두 번째 주가 다음에 뒤따르는 모든 주가를 확인한다. 세 개의 주가 조합을 고를 때마다 오름차순인지 확인한다. 오름차순인 집합을 찾는 즉시 True를 반환한다. 그러나 상승 추세를 찾지 못하고 루프가 종료되면 False를 반환한다.

알고리즘의 시간 복잡도는 $O(N^3)$이다. 꽤 느리다! 이를 최적화할 방법이 있을까?

먼저 상상할 수 있는 최고의 빅 오를 생각해 보자. 추세를 찾으려면 각 주가를 검사해야 하므로 알고리즘이 $O(N)$보다 빠를 수 없다. 이 속도까지 최적화할 수 있는지 보자.

다시 한번 탐욕을 부려야 할 때이다.

예제에 탐욕스러운 사고방식을 적용하려면 상승세를 이루는 주가 3개 중 저점이라고 생각하는 주가를 계속 잡아 둬야 한다. 또한 상승세의 중간과 고점이라고 생각하는 주가도 계속 잡아 두면 좋다.

이렇게 해 보자.

배열의 첫 번째 주가를 상승세를 이루는 주가 3개 중 저점이라고 가정한다.

중간은 배열 내 고점보다 확실히 더 높은 가격으로 초기화한다. 이를 위해 중간을 무한대로 설정한다. 처음에는 이해되지 않을 수 있지만, 왜 이렇게 해야 하는지 곧 알게 될 것이다.

그리고 다음 단계에 따라 전체 배열을 한 번 순회한다.

1. 현재가가 지금까지의 저점보다 낮으면 이 가격이 새로운 저점이 된다.
2. 현재가가 저점보다 높지만 중간보다 낮으면 중간을 현재가로 업데이트한다.
3. 현재가가 중간보다 높으면 상승세를 이루는 주가 3개를 발견한 것이다!

실제로 어떻게 작동하는지 살펴보자. 먼저 다음과 같이 간단한 주가 배열 예제로 시작하겠다.

$$[5, 2, 8, 4, 3, 7]$$

5부터 배열을 순회하기 시작한다. 순수하게 탐욕스러운 방식으로 시작하여 5를 다음 배열에 표시된 것처럼 상승세를 이루는 주가 3개의 저점이라고 가정한다.

$$[⑤\ 2,\ 8,\ 4,\ 3,\ 7]$$
저점

다음은 2 차례이다. 2가 5보다 낮으므로 더 탐욕을 부려 2가 현재 추세의 저점이라고 가정한다.

$$[5,\ ②\ 8,\ 4,\ 3,\ 7]$$
저점

배열의 다음 숫자는 8이다. 8은 저점보다 높으므로 저점을 2로 유지한다. 하지만 현재 중간인 무한대보다는 낮으므로 이제 탐욕을 부려 8을 상승세를 이루는 주가 3 개의 **중간**으로 지정한다.

$$[5, \textcircled{2}\ \textcircled{8}\ 4, 3, 7]$$

저점 중간

다음으로 4에 도달한다. 4는 2보다 높으므로 2를 상승세의 저점이라고 가정한다. 하지만 4는 8보다는 낮으므로 8 대신 4를 중간으로 삼는다. 이 역시 탐욕에서 비롯 된 것으로, 중간을 낮추면 나중에 더 높은 주가를 찾을 확률이 높아져 우리가 원하 는 추세를 형성할 수 있기 때문이다. 따라서 4가 새로운 중간이 된다.

$$[5, \textcircled{2}\ 8, \textcircled{4}\ 3, 7]$$

저점 중간

배열의 다음 숫자는 3이다. 3은 2보다 높으므로 저점은 2로 유지한다. 하지만 3은 4 보다는 낮으므로 새로운 중간으로 삼는다.

$$[5, \textcircled{2}\ 8, 4, \textcircled{3}\ 7]$$

저점 중간

끝으로 배열의 마지막 값인 7에 도달한다. 7이 중간(즉, 3)보다 높으므로 배열에 상 승세를 이루는 주가 3개가 있다는 의미이며, 함수는 True를 반환할 수 있다.

$$[5, \textcircled{2}\ 8, 4, \textcircled{3}\ \textcircled{7}]$$

저점 중간 고점

이 배열의 상승세는 두 군데이다. 2-3-7도 있고 2-4-7도 있다. 하지만 우리는 이 배 열에 상승세가 **있는지만** 확인하면 되기 때문에 하나만 찾아도 True를 반환할 수 있 으니 이는 중요하지 않다.

다음은 이 알고리즘을 구현한 코드이다.

```
def is_increasing_triplet(array):
    lowest_price = array[0]
    middle_price = float('inf')

    for price in array:
        if price <= lowest_price:
            lowest_price = price
        elif price <= middle_price:
            middle_price = price
        else:
            return True

    return False
```

이 알고리즘에는 직관에 어긋나는 부분이 있다. 특히 일부 시나리오에서는 이 알고리즘이 작동하지 않을 것 같지만 실제로는 작동한다.

다음 시나리오를 보자.

$$[8, \ 9, \ 7, \ 10]$$

위 배열에 이 알고리즘을 적용하면 어떻게 되는지 살펴보자.

처음에는 8이 저점이 된다.

그다음에는 9가 중간이 된다.

다음으로 7에 도달한다. 7은 저점보다 낮으므로 저점을 7로 업데이트한다.

계속해서 10에 도달한다.

10이 현재 중간인 9보다 높으므로 함수는 True를 반환한다. 실제로 배열에 8-9-10 이라는 추세가 있으므로 올바른 결과이다. 하지만 함수가 완료될 때쯤이면 저점 변수는 7을 가리킨다. 그러나 7은 상승세의 일부가 아니다!

그럼에도 불구하고 함수는 여전히 올바른 결과를 반환했다. is_increasing_triplet 함수가 해야 할 일은 중간보다 높은 숫자에 도달하는 것이기 때문이다. 중간가는 그전에 이미 낮은 가격을 찾은 후에야 설정되기 때문에 중간보다 높은 수에 도달하면 여전히 배열에 상승세가 있다는 의미이다. 나중에 저점을 다른 숫자로 덮어쓰더라도 마찬가지이다.

어쨌든 배열을 단 한 번만 순회했으므로 탐욕스러운 접근 방식이 성과를 거두었다고 할 수 있다. $O(N^3)$에서 실행되던 알고리즘을 $O(N)$으로 줄였으니 놀라운 성능 향상이다.

물론 탐욕스러운 방식이 **항상** 통하지는 않는다. 하지만 알고리즘을 최적화할 때 시도해 볼 수 있는 또 하나의 도구이다.

20.6 자료 구조 변경하기

주어진 데이터를 다른 자료 구조로 저장하면 어떻게 될지 상상해 보는 것도 유용한 최적화 기법 중 하나이다.

예를 들어 데이터가 배열 형태로 주어진 문제를 처리한다고 해 보자. 하지만 같은 데이터를 해시 테이블이나 트리 또는 다른 자료 구조로 저장한다고 상상해 보면 때때로 기막힌 최적화 기회를 얻을 수 있다.

마법의 조회에서 사용한 해시 테이블이 그 대표적인 예이다. 그리고 곧 알게 되겠지만 자료 구조 변경이 다른 시나리오에서도 유용할 수 있다.

20.6.1 애너그램 검사기

한 가지 예를 들어 보겠다. 주어진 두 문자열이 서로 애너그램인지 알아내는 함수를 작성한다고 해 보자. 11장 '애너그램 생성'(195쪽)에서 애너그램 함수를 접했었지만, 거기서는 문자열의 모든 애너그램을 생성하는 함수였다. 여기서는 두 문자열을 나란히 비교하겠다. 그리고 두 문자열이 서로 애너그램이면 True를 반환하고 그렇지 않으면 False를 반환한다.

이제 애너그램 생성 함수를 사용하여 이 문제를 해결할 수 있다. 즉, 첫 번째 문자열의 모든 애너그램을 생성한 후 두 번째 문자열이 그중 하나와 일치하는지 확인하면 된다. 하지만 문자열에 문자가 N개 있으면 항상 $N!$개의 애너그램이 생기므로 알고리즘은 최소 $O(N!)$시간이 걸린다. 엄청나게 느린 속도이다.

잘 알고 있듯이 코드 최적화를 진행하기 전에 상상할 수 있는 최고의 빅 오를 생각해 내야 한다.

이제 두 문자열을 나란히 비교하려면 두 문자열의 각 문자를 적어도 한 번은 방문해야 한다. 그리고 입력 문자열의 크기가 다를 수 있기 때문에 각 문자를 한 번씩 방문하려면 $O(N + M)$이 된다. 이보다 더 빠른 속도는 상상할 수 없으므로 $O(N + M)$을 목표로 삼겠다.

이론적으로는 크기가 다른 문자열이 애너그램이 될 수 없으므로 두 문자열의 크기가 다른 경우 즉시 False를 반환하는 코드를 함수의 시작 부분에 넣을 수 있다. 그러면 알고리즘은 크기가 같은 문자열만 처리하므로 $2N$이 목표 속도가 되고, 이는 $O(N)$으로 축약된다.

하지만 여기서는 크기가 다른 문자열 입력을 허용하므로 $O(N + M)$을 목표로 삼는다.

목표를 향해 가 보자.

이 문제에 적용할 수 있는 두 번째 접근 방식은 중첩 루프를 실행하여 두 문자열을 비교하는 것이다. 구체적으로는 외부 루프가 첫 번째 문자열의 각 문자를 순회하면서 해당 문자와 두 번째 문자열의 모든 문자를 비교한다. 그리고 일치하는 문자를 찾을 때마다 두 번째 문자열에서 해당 문자를 삭제한다. 이 방식의 핵심은 첫 번째 문자열의 모든 문자가 두 번째 문자열에도 있다면 외부 루프를 완료할 때까지 두 번째 문자열의 모든 문자를 삭제한다는 것이다.

따라서 첫 번째 문자열의 순회를 마쳤을 때 두 번째 문자열에 여전히 문자가 남아 있다면 두 문자열은 애너그램이 아니라는 뜻이다. 또한 첫 번째 문자열을 여전히 순회하고 있는데 두 번째 문자열이 이미 모두 삭제됐다면 이 역시 두 문자열이 애너그램이 아니라는 뜻이다. 그러나 첫 번째 문자열의 루프 끝에 도달했고, 두 번째 문자열이 완전히 삭제되었다면 두 문자열은 실제로 애너그램이라고 결론 내릴 수 있다.

다음은 이를 파이썬 코드로 구현한 것이다.

```python
def are_anagrams(first_string, second_string):
    second_string_array = list(second_string)

    for i in range(len(first_string)):
        if len(second_string_array) == 0:
            return False

        for j in range(len(second_string_array)):
            if first_string[i] == second_string_array[j]:
                del second_string_array[j]
                break

    return len(second_string_array) == 0
```

배열을 순회하면서 항목을 삭제할 때는 오류가 발생하기 쉽다. 제대로 처리하지 않으면 자신이 앉아 있는 나뭇가지를 잘라내는 꼴이다. 하지만 이를 제대로 처리했어도 알고리즘은 $O(N * M)$으로 실행된다. $O(N!)$보다는 빠르지만 우리가 목표로 하는 $O(N + M)$보다는 훨씬 느리다.

두 문자열을 정렬하면 더 빠르게 접근할 수 있다. 정렬한 후에 두 문자열이 정확히 같으면 애너그램이고, 그렇지 않으면 애너그램이 아니다.

이 접근 방식은 퀵 정렬과 같은 빠른 정렬 알고리즘을 사용하며 각 문자열에 대해 $O(N \log N)$ 시간이 걸린다. 그리고 두 문자열의 길이가 다를 수 있으므로 합산하면 $O(N \log N + M \log M)$이 된다. $O(N * M)$보다는 개선됐지만, 여기서 멈추지는 말자. 왜냐하면 우리 목표는 $O(N + M)$이기 때문이다.

바로 이 지점에서 다른 자료 구조가 매우 유용할 수 있다. 문자열을 다루고 있지만 문자열 데이터를 다른 유형의 자료 구조에 저장한다고 상상해 보자.

문자열을 단일 문자의 배열로 **저장할 수도** 있다. 하지만 이는 아무런 도움이 되지 않는다. 그럼 문자열을 해시 테이블로 상상해 보자. 그러면 어떤 모습일까?

한 가지 가능성은 각 문자를 키로 하고, 문자열에서 해당 문자가 발생한 횟수를 값으로 하는 해시 테이블을 만드는 것이다. 예를 들어 문자열 "balloon"은 다음과 같이 된다.

```
{"b": 1, "a": 1, "l": 2, "o": 2, "n": 1}
```

이 해시 테이블은 문자열에 "b"가 1개, "a"가 1개, "l"이 2개, "o"가 2개, "n"이 1개 있음을 나타낸다.

하지만 이 코드가 문자열에 대한 **모든** 사항을 알려 주지는 않는다. 즉, 해시 테이블로는 문자열에 있는 문자들의 **순서**를 알 수 없다. 따라서 이와 관련한 약간의 데이터 손실이 생긴다.

하지만 이런 데이터 손실이야말로 두 문자열이 애너그램인지 확인할 때 **정확히** 필요한 것이다. 두 문자열은 순서에 상관없이 각 문자의 개수가 같으면 애너그램이 된다.

단어 "rattles", "startle", "starlet"을 보자. 이들은 모두 "t"가 2개, "a", "l", "e", "s"가 각각 1개씩 있다. 바로 이런 구성 덕분에 서로 애너그램이 되고, 쉽게 순서를 바꿔 서로를 변형할 수 있다.

이제 각 문자열을 문자별 개수를 세는 해시 테이블로 변환하는 알고리즘을 작성할 수 있다. 두 문자열을 각각 해시 테이블로 변환하고 나면, 두 해시 테이블을 비교하는 일만 남는다.

두 해시 테이블이 같으면 두 문자열은 애너그램이다.

다음은 이를 구현한 코드이다.

```python
def are_anagrams(first_string, second_string):
    first_word_hash_table = {}
    second_word_hash_table = {}

    for char in first_string:
        if char in first_word_hash_table:
            first_word_hash_table[char] += 1
        else:
            first_word_hash_table[char] = 1

    for char in second_string:
        if char in second_word_hash_table:
            second_word_hash_table[char] += 1
        else:
            second_word_hash_table[char] = 1

    return first_word_hash_table == second_word_hash_table
```

이 알고리즘은 두 문자열 내 각 문자를 한 번씩 순회하는 $N + M$단계이다.

`return first_word_hash_table == second_word_hash_table`로 해시 테이블이 같은지 확인할 때 파이썬은 내부적으로 $N + M$단계가 더 필요할 수 있다. 이는 파이썬이 해시 테이블의 각 키-값 쌍을 순회하여 해당 쌍이 두 해시 테이블에 모두 있는지 확인해야 하기 때문이다. 하지만 그렇다고 하더라도 총 $2(N + M)$단계에 불과하며, 이는 $O(N + M)$으로 축약된다. 이전의 어떤 접근 방식보다도 속도가 훨씬 빠르다.

엄밀히 말하면 해시 테이블을 생성하느라 약간의 공간을 추가로 차지하게 된다. 이전에 제안했던 두 문자열을 정렬하고 비교하는 방법은 정렬을 제때에 수행하기만 하면 공간을 추가로 차지하지 않는다. 하지만 해시 테이블은 문자열의 각 문자를 **한 번씩만** 접근하면 되므로 속도가 중요하다면 이보다 나은 방식은 없다.

문자열을 다른 자료 구조(여기서는 해시 테이블)로 변환함으로써 원래 데이터에 접근하면서도 알고리즘 속도를 크게 개선했다.

어떤 자료 구조를 새로 사용해야 할지는 항상 명확하지는 않으니 현재 데이터를 다양한 형식으로 변환했을 때 어떤 모습일지 상상해 보고, 최적화할 수 있는 부분이 있는지 살펴보는 것이 좋다. 그렇지만 해시 테이블은 대게 훌륭한 선택이 되므로 출발점으로 삼기에 좋다.

20.6.2 그룹 정렬

자료 구조를 변경하여 코드를 최적화하는 다른 예제를 하나 더 살펴보자. 값을 여러 개 포함하는 배열이 있고 같은 값끼리 묶어 데이터를 재배열하고 싶다고 해 보자. 이때 **그룹**(group)이 어떤 순서로 나오는지는 중요하지 않다.

다음과 같은 배열이 있다고 해 보자.

```
["a", "c", "d", "b", "b", "c", "a", "d", "c", "b", "a", "d"]
```

목표는 이를 다음과 같은 그룹으로 분류하는 것이다.

```
["c", "c", "c", "a", "a", "a", "d", "d", "d", "b", "b", "b"]
```

다시 말하지만 그룹의 순서는 중요하지 않으므로 다음과 같은 결과도 괜찮다.

```
["d", "d", "d", "c", "c", "c", "a", "a", "a", "b", "b", "b"]
["b", "b", "b", "c", "c", "c", "a", "a", "a", "d", "d", "d"]
```

이제 어떤 전형적인 정렬 알고리즘을 사용하든 다음과 같은 결과가 나오기 때문에 작업을 완료할 수 있다.

```
["a", "a", "a", "b", "b", "b", "c", "c", "c", "d", "d", "d"]
```

알다시피 가장 빠른 정렬 알고리즘 시간은 $O(N \log N)$이다. 더 나은 방법은 없을까?

상상할 수 있는 최고의 빅 오를 생각해 보는 것부터 시작하자. $O(N \log N)$보다 빠른 정렬 알고리즘은 없으니 더 빠른 시간에 정렬할 수 있는 방법을 상상하기는 어렵다.

하지만 정확하게 정렬하지 않아도 되니까 누군가 이걸 $O(N)$ 시간에 완료한다고 말한다면 나는 그 말을 믿을 것 같다. 각 값을 적어도 한 번은 방문해야 하므로 $O(N)$보다 빠를 수는 없다. 그러니 $O(N)$을 목표로 해 보자.

지금까지 설명한 기법을 써서 데이터를 다른 자료 구조로 바꾼다고 상상해 보자.

해시 테이블부터 시작해 보겠다. 문자열 배열이 해시 테이블이라면 어떤 모습일까?

애너그램에서와 비슷한 방식을 취한다면 다음과 같이 배열을 표현할 수 있다.

```
{"a": 3, "c": 3, "d": 3, "b": 3}
```

이전 예제와 마찬가지로 일부 데이터에 손실이 있다. 즉, 모든 문자열의 원래 순서를 모르기 때문에 이 해시 테이블을 다시 원래 배열로 변환할 수 없다.

하지만 그룹화 목적이라면 이 정도 데이터 손실은 중요하지 않다. 실제로 해시 테이블에는 우리가 원하는 그룹화된 배열을 만드는 데 필요한 모든 데이터가 들어 있다.

구체적으로 말하면 해시 테이블 내 각 키-값 쌍을 순회하면서 해당 데이터를 사용하여 각 문자열의 개수만큼 정확하게 배열에 채울 수 있다.

다음은 이를 위한 코드이다.

```
def group_sort(array):
    hash_table = {}
    new_array = []

    for value in array:
        if value in hash_table:
            hash_table[value] += 1
        else:
            hash_table[value] = 1

    for key in hash_table:
        count = hash_table[key]
        for i in range(count):
            new_array.append(key)

    return new_array
```

group_sort 함수는 array를 받아서 빈 hash_table과 빈 new_array부터 생성한다. 먼저 각 문자열의 개수를 세어 해시 테이블에 저장한다.

```
for value in array:
    if hash_table.get(value):
        hash_table[value] += 1
    else:
        hash_table[value] = 1
```

이렇게 하면 다음과 같은 해시 테이블이 생성된다.

```
{"a": 3, "c": 3, "d": 3, "b": 3}
```

그런 다음 각 키-값 쌍을 순회하면서 이 데이터로 new_array를 채운다.

```
for key in hash_table:
    count = hash_table[key]
    for i in range(0, count):
        new_array.append(key)
```

즉, "a": 3 쌍에 도달하면 new_array에 "a"를 3개 추가한다. 그리고 "c": 3에 도달하면 new_array에 "c"를 3개 추가하는 식으로 진행한다. 작업이 끝나면 new_array에는 모든 문자열이 그룹화되어 저장된다.

이 알고리즘은 $O(N)$ 시간밖에 걸리지 않으므로 정렬에 걸리는 $O(N \log N)$에 비하면 상당히 최적화됐다. 추가된 해시 테이블과 new_array 때문에 $O(N)$ 공간을 사용하지만, 원래 배열을 덮어서 메모리를 절약할 수 있다. 다만 배열의 각 문자열이 모두 다른 최악의 경우에는 해시 테이블이 차지하는 공간이 여전히 $O(N)$일 것이다.

하지만 속도가 목표라면 상상할 수 있는 최고의 빅 오를 달성한 것이며 엄청난 성공이다.

20.7 마무리

여기서 소개한 기법은 코드 최적화에 매우 유용하게 쓰일 것이다. 다시 강조하지만 항상 현재의 빅 오와 상상할 수 있는 가장 좋은 빅 오를 파악하는 것부터 시작해야 한다. 그다음엔 상황에 따라 다양한 기법을 사용하면 된다.

상황에 따라 어떤 기법은 다른 기법보다 더 효과적이기도 하므로 주어진 상황에서 해당 기법이 적합한지 고민해 봐야 한다.

경험이 쌓이면 최적화 감각이 길러지고 자신만의 최적화 기법도 개발하게 될 것이다!

20.8 작별 인사

이번 여정에서 많은 것을 배웠지만 진짜 여정은 이제 막 시작되었다. (드라마틱한 음악이 흐른다.)

알고리즘 설계와 올바른 자료 구조 선택이 코드 성능에 미치는 영향이 크다는 것을 배웠다.

코드의 효율성을 파악하는 방법도 배웠다.

또한 코드를 최적화하여 더 빠르고, 더 메모리 효율적이며, 더 우아하게 만드는 방법도 배웠다.

이 책에서 얻을 수 있는 것은 기술적 결정을 현명하게 내릴 수 있는 프레임워크이다. 훌륭한 소프트웨어를 만들기 위해서는 다양한 선택지의 장단점을 평가하고 그중 가장 적절한 것을 선택하는 능력이 필요하다. 그러다 보면 처음에는 명확하게 보이지 않았던 **새로운** 선택지를 떠올릴 수도 있다.

이렇게 복잡하고 난해해 보이는 주제도 사실은 여러분이 충분히 이해할 수 있는 더 단순하고 쉬운 개념들의 조합일 뿐이다. 개념을 잘 설명하지 않아 어렵게 느껴지는 참고 문헌이라고 해서 겁먹지 말자. 개념은 언제나 이해할 수 있는 방식으로 세분화할 수 있다.

지금까지 쌓은 기초를 바탕으로 이제 더 고급 주제와 기법을 익힐 수 있다. 다음에 출간될 **이 책의 2권**에서 나와 함께 자료 구조와 알고리즘에 대한 여정을 계속 이어가길 바란다. 놓치지 말고 꼭 기억해 두면 좋겠다.

2권에서는 흥미롭고 강력하며 **실용적인** 자료 구조와 알고리즘, 개념을 더 만나볼 수 있다. 그러면 지금보다 훨씬 뛰어난 소프트웨어 엔지니어로 거듭날 수 있다고 감히 얘기할 수 있다. 무엇보다도 **여러분의 사고방식을 계속해서 변화시킬 것**이다.

물론 그 여정도 매우 재미있을 것이다. 그럼 2권에서 만나자!

(아, 먼저 연습하는 것을 잊지 말자.)

20.9 연습 문제

다음 문제로 코드 최적화를 연습해 보자. 이 연습 문제의 해답은 부록 '연습 문제 해답'의 20장(496쪽)에 있다.

1. 운동선수를 분석하는 소프트웨어를 개발하고 있다. 다음 두 배열은 서로 다른 종목의 운동선수 목록이다.

```
basketball_players = [
  {first_name: "Jill", last_name: "Huang", team: "Gators"},
  {first_name: "Janko", last_name: "Barton", team: "Sharks"},
  {first_name: "Wanda", last_name: "Vakulskas", team: "Sharks"},
  {first_name: "Jill", last_name: "Moloney", team: "Gators"},
  {first_name: "Luuk", last_name: "Watkins", team: "Gators"}
]

football_players = [
  {first_name: "Hanzla", last_name: "Radosti", team: "32ers"},
  {first_name: "Tina", last_name: "Watkins", team: "Barleycorns"},
  {first_name: "Alex", last_name: "Patel", team: "32ers"},
  {first_name: "Jill", last_name: "Huang", team: "Barleycorns"},
  {first_name: "Wanda", last_name: "Vakulskas", team: "Barleycorns"}
]
```

자세히 살펴보면 두 종목을 모두 뛰는 선수가 있다. 질 황(Jill Huang)과 완다 바쿨스커스(Wanda Vakulskas)는 농구와 축구를 **모두** 한다.

두 선수 배열을 받아 두 종목을 **모두** 뛰는 선수를 배열로 반환하는 함수를 작성해야 한다. 이 경우에는 다음과 같다.

```
["Jill Huang", "Wanda Vakulskas"]
```

이름이나 성이 같은 선수가 있지만, **성과 이름**이 모두 같은 사람은 없다고 가정하자.

이때 중첩 루프 방식을 사용해 한 배열의 모든 운동선수와 다른 배열의 모든 운동선수를 각각 비교할 수 있지만 실행 시간이 $O(N * M)$이다. $O(N + M)$ 안에 실행되도록 이 함수를 최적화하라.

2. 0, 1, 2, 3부터 N까지의 서로 다른 정수로 이뤄진 배열을 받는 함수를 작성하고 있다. 만약 배열에 정수 하나가 누락됐다면 함수는 **누락된 정수를 반환해야 한다.**

예를 들어 다음 배열에는 0부터 6까지의 모든 정수가 있지만 4가 누락됐다.

```
[2, 3, 0, 6, 1, 5]
```

따라서 함수는 4를 반환해야 한다.

다음 예제에는 0부터 9까지의 모든 정수가 있지만 1이 누락됐다.

```
[8, 2, 3, 9, 4, 7, 5, 0, 6]
```

그러면 함수는 1을 반환해야 한다.

중첩 루프 방식으로는 최대 $O(N^2)$이 걸린다. 실행 시간이 $O(N)$이 되도록 코드를 최적화하라.

3. 주가 예측 소프트웨어를 개발하는 중이다. 특정 주식의 시간 경과에 따른 예상 주가를 배열로 받는 함수를 작성하고 있다.

예를 들어 예상 주가 7개로 이루어진 배열이 있다.

```
[10, 7, 5, 8, 11, 2, 6]
```

여기서는 주어진 주식이 향후 7일 동안의 예상 주가를 예측한다. (1일 차 종가는 10달러, 2일 차 종가는 7달러, 이런 식으로 이어진다.)

함수는 주식을 한 번 사고 나중에 한 번 팔아서 얻을 수 있는 최대 수익을 계산해야 한다.

앞의 예제에서 주가가 5달러일 때 매수하고 11달러일 때 매도하면 가장 많은 수익을 낼 수 있다. 주당 6달러의 수익이다.

여러 번 사고팔면 돈을 더 많이 벌 수 있지만 지금 이 함수는 **한 번** 사고 **한 번** 팔 때 얻을 수 있는 최대 수익에 집중한다.

이제 중첩 루프로 가능한 모든 매수-매도 조합의 수익을 계산할 수 있다. 하지만 이 방식은 $O(N^2)$이 걸리며 잘 나가는 트레이딩 플랫폼에서 사용하기에는 너무 느리다. 함수 실행 시간이 단 $O(N)$이 되도록 코드를 최적화하라.

4. 숫자 배열을 받아 배열에 있는 두 숫자의 가장 큰 곱을 계산하는 함수를 작성하고 있다. 언뜻 보기에는 가장 큰 두 숫자를 찾아 곱하기만 하면 되므로 간단해 보인다. 하지만 배열에 음수가 있을 수 있다.

```
[5, -10, -6, 9, 4]
```

이 경우 실제로는 **가장 낮은** 두 숫자 -10과 -6의 곱이 가장 큰 곱인 60을 만든다.

중첩 루프로 가능한 모든 숫자 쌍을 곱할 수도 있지만 그러면 $O(N^2)$의 시간이 걸린다. 이 함수를 빠른 $O(N)$이 되도록 최적화하라.

5. 수백 명의 사람을 대상으로 측정한 체온 데이터를 분석하는 소프트웨어를 만들고 있다. 건강한 사람과 아픈 사람을 대상으로 측정한 체온은 모두 화씨 95도에서 105도 사이이다.

다음은 체온 측정값의 샘플 배열이다.

```
[98, 99, 95, 105, 104, 98, 101, 99, 100, 97]
```

이 측정값을 가장 낮은 온도부터 가장 높은 온도 순으로 정렬하는 함수를 작성하라.

퀵 정렬과 같은 전형적인 정렬 알고리즘을 사용한다면 $O(N \log N)$ 시간이 걸린다. **하지만 이 경우에는 더 빠른 정렬 알고리즘을 작성할 수 있다.**

그래, 맞다. 가장 빠른 정렬은 $O(N \log N)$이라고 배웠지만 이 경우는 다르다. 왜 그럴까? 이 경우에는 **측정값의 범위가 제한되어** 있기 때문이다. 이때는 이러한 값들을 $O(N)$ 만에 정렬할 수 있다. 어쩌면 N에 상수를 곱한 값일 수도 있지만 이는 여전히 $O(N)$으로 간주된다.

6. 정렬되지 않은 정수 배열을 받아 그중 **가장 긴 연속된 수열**의 길이를 반환하는 함수를 작성하고 있다. 이 수열은 1씩 증가하는 정수로 구성된다. 다음 예제를 보자.

```
[10, 5, 12, 3, 55, 30, 4, 11, 2]
```

이 배열에서 가장 긴 연속된 수열은 2-3-4-5이다. 4개의 정수는 각 정수가 이전 정수보다 1씩 더 큰 증가수열이다. 수열 10-11-12도 있지만 이는 3개의 정수로만 이루어진 수열이다. 이 배열에서 **가장 긴** 연속된 수열의 길이가 4이므로 함수는 4를 반환해야 한다.

다른 예제를 들어 보겠다.

```
[19, 13, 15, 12, 18, 14, 17, 11]
```

이 배열에서 가장 긴 수열은 11-12-13-14-15이므로 이 함수는 5를 반환한다.

배열을 정렬했다면 배열을 한 번만 순회하여 가장 긴 연속된 수열을 찾을 수 있다. 하지만 정렬 자체에는 $O(N \log N)$ 시간이 걸린다. 이 함수의 시간 복잡도를 $O(N)$으로 최적화하라.

부록 A

연습 문제 해답

1장

다음은 1장 연습 문제(19쪽)의 해답이다.

1. 하나씩 자세히 살펴보자.

    a. 배열에서 읽기는 항상 1단계면 된다.

    b. 크기가 100인 배열에서 존재하지 않는 요소를 검색하면 컴퓨터가 배열의 각 요소를 검사한 후 요소를 찾을 수 없다고 판단해야 하므로 100단계가 필요하다.

    c. 맨 앞에 삽입하려면 101단계가 필요하다. 각 요소를 오른쪽으로 100번 이동하고 배열의 맨 앞에 새 요소를 삽입하는 1단계가 추가된다.

    d. 맨 뒤에서 삽입은 항상 1단계면 된다.

    e. 맨 앞에서 삭제하려면 100단계가 필요하다. 먼저 컴퓨터가 첫 번째 요소를 삭제하고, 나머지 99개 요소를 한 번에 하나씩 왼쪽으로 이동한다.

    f. 맨 뒤에서 삭제는 항상 1단계면 된다.

2. 하나씩 자세히 살펴보자.

    a. 배열과 마찬가지로 배열 기반 집합에서 읽기는 1단계면 된다.

    b. 배열과 마찬가지로 배열 기반 집합을 검색할 때도 각 요소를 검사한 후 해당 요소가 없다고 판단해야 하므로 100단계가 필요하다.

    c. 집합에 삽입하려면 먼저 전체 검색을 수행하여 해당 값이 집합에 없는지

확인해야 한다. 이 검색에는 100단계가 필요하다. 그런 다음 100개 요소를 모두 오른쪽으로 이동시켜 새 값을 넣을 공간을 확보해야 한다. 마지막으로 집합의 맨 앞에 새 값을 넣는다. 따라서 총 201단계이다.

   d. 이 삽입에는 101단계가 필요하다. 다시 말하지만 삽입하기 전에 전체 검색을 해야 하므로 100단계가 필요하다. 그런 다음 집합의 맨 뒤에 새 값을 삽입하면서 마무리한다.

   e. 맨 앞에서 삭제는 일반 배열과 마찬가지로 100단계가 필요하다.

   f. 맨 뒤에서 삭제는 일반 배열과 마찬가지로 1단계면 된다.

3. 요소 N개의 배열에서 문자열 "apple"의 모든 인스턴스를 검색하는 데는 N단계가 걸린다. 하나의 인스턴스만 검색할 때는 인스턴스를 찾자마자 검색을 멈출 수 있다. 하지만 모든 인스턴스를 찾아야 한다면 배열 전체의 요소를 각각 검사할 수밖에 없다.

2장

다음은 2장 연습 문제(34쪽)의 해답이다.

1. 이 배열에서 선형 검색은 4단계가 필요하다. 배열의 맨 앞에서 시작하여 왼쪽에서 오른쪽으로 각 요소를 확인한다. 8은 네 번째 숫자이므로 4단계로 찾을 수 있다.

2. 이 경우 이진 검색은 1단계만 수행하면 된다. 가장 가운데 요소부터 이진 검색을 시작하는데, 우연히도 그 값이 바로 8이다!

3. 이 문제를 풀려면 1이 될 때까지 100,000을 반으로 나누는 횟수를 세어야 한다. 100,000을 2로 계속 나누면 약 1.53이 될 때까지 16번 나눠진다. 이를 17번째까지 반으로 나누면 약 0.76이 되는데, 이는 이미 1보다 작다. 이는 최악의 시나리오에서 요소 100,000개에 대해 이진 검색을 수행하는 데 16단계 또는 17단계가 걸린다는 의미이다. 여러분의 답이 16 또는 17이라면 이 개념을 잘 이해하고 있다는 뜻이다. 잘했다!

   실제로 이진 검색은 16단계가 걸린다. (수고스럽겠지만) 각 단계를 하나씩 따라가 보면 이를 알 수 있다.

요소가 100,000개일 때부터 시작하겠다. 요소가 짝수일 때는 정가운데에 항목이 없다. 대신 가운데에 요소가 **두 개** 있으므로 그중 하나를 임의로 검색한다. 이 요소를 검색하면 한쪽에는 요소가 50,000개 남고 다른 쪽에는 요소가 49,999개 남는다. 최악의 시나리오라면 검색할 값은 요소 50,000개 중에 있을 것이다.

검색을 몇 번 더 수행해 보겠다. 두 번째 검색에서는 요소 25,000개가 남는다. 세 번째 검색에서는 요소 12,500개가 남는다. 네 번째 검색은 요소 개수를 6,250개로 줄인다. 다섯 번째 검색에서는 요소 3,125개가 남는다.

이제 처음으로 홀수 개의 요소를 만나게 된다. 여기에는 가운데 요소가 하나 있고, 이를 검색하면 요소가 양쪽에 1,562개씩 있다. 따라서 다음 검색을 위한 계산에서 3,125에서 1을 빼고(가운데 요소를 제외했으므로) 3,124를 2로 나누면 앞서 언급한 것처럼 1,562가 된다.

이 패턴을 계속 진행하면 원하는 값을 찾을 때까지 100,000개를 반으로 줄이는 데 16단계가 걸린다는 사실을 알 수 있다.

3장

다음은 3장 연습 문제(46쪽)의 해답이다.

1. 이 함수의 시간 복잡도는 $O(1)$이다. N을 함수에 전달된 연도라고 생각할 수 있다. 하지만 연도에 상관없이 알고리즘이 수행하는 단계 수는 변하지 않는다.

2. 이 함수의 시간 복잡도는 $O(N)$이다. 배열에 요소가 N개 있으면 루프도 N번 실행된다.

3. 이 함수의 시간 복잡도는 $O(\log N)$이다. 여기서 N은 함수에 전달되는 number_of_grains의 숫자이다. 이 루프는 placed_grains < number_of_grains일 때만 실행되지만 placed_grains는 1에서 시작하여 루프가 실행될 때마다 **두 배**가 된다. 예를 들어 number_of_grains가 256이면 placed_grains는 8번에 걸쳐 2배씩 증가하므로 루프는 N이 256일 때 8번 실행된다. number_of_grains가 512이면 루프는 9번 실행되고, number_of_grains가 1024이면 루프는 10번 실행된다. 루프는 N이 두 배가 될 때마다 한 번만 더 실행되므로 시간 복잡도는 $O(\log N)$으로 간주된다.

4. 이 함수의 시간 복잡도는 $O(N)$이다. N은 배열 내의 문자열 개수이며, 루프는 N번 실행된다.

5. 이 함수의 시간 복잡도는 $O(1)$이다. N을 배열의 크기로 간주할 수 있지만, 이 알고리즘은 N이 무엇이든 일정한 단계 수만큼 수행한다. 알고리즘은 N이 짝수인지 홀수인지 고려하긴 하지만 두 경우 모두 같은 단계 수만큼 수행한다.

4장

다음은 4장 연습 문제(65쪽)의 해답이다.

1. 완성된 표는 다음과 같다.

요소 개수(N)	$O(N)$	$O(\log N)$	$O(N^2)$
100	100	약 7	10,000
2,000	2,000	약 11	4,000,000

2. 16^2이 256이므로 배열에는 요소가 16개 있다. (이를 다른 식으로 표현하면 256의 제곱근은 16이다.)

3. 이 알고리즘의 시간 복잡도는 $O(N^2)$이다. 여기서 N은 배열의 크기이다. 배열을 N번 순회하는 외부 루프가 있고, 이 루프의 각 반복마다 같은 배열을 N번 반복하는 내부 루프가 있다. 그러므로 N^2단계가 된다.

4. 다음 버전은 배열을 한 번만 반복하므로 $O(N)$이다.

```python
def greatest_number(array):
    if not array:
        return None

    greatest_number_so_far = array[0]

    for i in array:
        if i > greatest_number_so_far:
            greatest_number_so_far = i

    return greatest_number_so_far
```

5장

다음은 5장 연습 문제(82쪽)의 해답이다.

1. 상수를 제거하면 시간 복잡도를 $O(N)$으로 줄일 수 있다.

2. 상수를 제거하면 시간 복잡도를 $O(N^2)$으로 줄일 수 있다.

3. 이 알고리즘은 $O(N)$이며, 여기서 N은 배열의 크기이다. 요소 N개를 처리하는 루프가 두 개 있지만 이는 단순히 $2N$일 뿐이며, 상수를 제거하면 $O(N)$으로 줄어든다.

4. 이 알고리즘은 $O(N)$이며, 여기서 N은 배열의 크기이다. 루프 내에서 3단계를 실행하므로 알고리즘은 $3N$단계를 수행한다. 하지만 상수를 제거하면 $O(N)$으로 줄어든다.

5. 이 알고리즘은 $O(N^2)$이며, 여기서 N은 배열의 크기이다. 내부 루프를 반만 실행하므로 이는 단순히 알고리즘이 $N^2/2$단계를 실행한다는 뜻이다. 하지만 2로 나눈 값은 상수이므로 간단히 $O(N^2)$으로 표현한다.

6장

다음은 6장 연습 문제(101쪽)의 해답이다.

1. 빅 오 표기법에서는 $2N^2 + 2N + 1$이 $O(N^2)$으로 줄어든다. 모든 상수를 제거하면 $N^2 + N$이 남지만 N은 N^2보다 차수가 낮으므로 제거한다.

2. $\log N$은 N보다 차수가 낮으므로 간단히 $O(N)$으로 줄어든다.

3. 여기서 주목해야 할 점은 합이 10이 되는 쌍을 찾는 즉시 함수가 종료된다는 사실이다. 최선의 시나리오는 처음 두 숫자의 합이 10인 경우이며, 이때는 루프가 돌기도 전에 함수가 종료될 수 있다. 평균의 시나리오는 두 숫자가 배열의 중간쯤에 있는 경우이다. 최악의 시나리오는 합이 10이 되는 두 숫자가 없는 경우로, 이때는 두 루프를 완전히 반복해야 한다. 이 최악의 시나리오는 $O(N^2)$이며 N은 배열의 크기이다.

4. 배열의 크기가 N이면 루프가 요소 N개를 모두 반복하므로 알고리즘의 효율성 은 $O(N)$이다.

이 알고리즘은 "X"를 발견하더라도 배열이 끝날 때까지 루프를 계속 진행한 다. "X"를 찾는 즉시 True를 반환하면 코드가 더 효율적이다.

```python
def contains_X(string):
    for char in string:
        if char == "X":
            return True

    return False
```

7장

다음은 7장 연습 문제(118쪽)의 해답이다.

1. 여기서 N은 배열의 크기이다. 이 루프는 반복마다 값 두 개를 처리하므로 $N/2$ 번 실행된다. 하지만 상수는 제거할 수 있으므로 $O(N)$이 된다.

2. 이 문제는 서로 다른 두 배열을 다루기 때문에 N을 정의하기가 약간 까다롭다. 알고리즘은 각 값을 한 번씩만 처리하므로 두 배열에 있는 값의 총 개수를 N이 라고 한다면 시간 복잡도는 $O(N)$이 된다. 더 엄밀히 말하자면 한 배열을 N으 로, 다른 배열을 M으로 하면 효율성을 $O(N + M)$으로 표현할 수도 있다. 하지 만 단순히 N과 M을 더하기만 하므로 두 배열의 전체 데이터 요소 개수를 N이 라고 하고, $O(N)$으로 표현하는 방식이 더 간단하다.

3. 최악의 시나리오에서 이 알고리즘은 (대략적으로) 바늘의 문자 개수에 건초 더 미의 문자 개수를 곱한 횟수만큼 실행된다. 예를 들어 건초 더미 aaaaaaaaaaab 에서 바늘 ab를 찾는다고 상상해 보자. 외부 루프가 새로운 a에 도달할 때마다 내부 루프를 실행하여 ab를 찾는다.

바늘과 건초 더미의 문자 개수가 다를 수 있으므로 이 함수의 시간 복잡도는 $O(N * M)$이다.

4. 여기서는 N이 배열의 크기이며, 세 번 중첩된 루프를 통해 처리되므로 시간 복

잡도는 $O(N^3)$이다. 실제로 중간 루프는 $N/2$번, 가장 안쪽 루프는 $N/4$번 실행되므로 $N * (N/2) * (N/4)$, 즉 $N^3/8$단계이다. 하지만 상수를 제거하면 $O(N^3)$만 남는다.

5. 여기서 N은 배열 resumes의 크기이다. 루프를 반복할 때마다 이력서의 반을 제거하므로 이 함수의 효율성은 $O(\log N)$이 된다.

8장

다음은 8장 연습 문제(142쪽)의 해답이다.

1. 다음 함수는 먼저 첫 번째 배열의 값을 해시 테이블에 저장한 다음, 두 번째 배열의 각 값을 해시 테이블과 비교하여 확인한다.

```python
def get_intersection(array1, array2):
    intersection = []
    hash_table = {}

    for value in array1:
        hash_table[value] = True

    for value in array2:
        if hash_table.get(value):
            intersection.append(value)

    return intersection
```

이 알고리즘의 효율성은 $O(N)$이다.

2. 다음 함수는 배열의 각 문자열을 확인한다. 문자열이 아직 해시 테이블에 없으면 해당 문자열을 해시 테이블에 추가한다. 문자열이 해시 테이블에 **있으면** 이전에 추가되었다는 뜻이므로 중복된 문자열이다! 이 알고리즘의 시간 복잡도는 $O(N)$이다.

```python
def find_duplicate(array):
    hash_table = {}

    for value in array:
        if hash_table.get(value):
```

```
            return value
        else:
            hash_table[value] = True

    return None
```

3. 다음 함수는 문자열에서 발견되는 모든 문자로 해시 테이블을 생성하면서 시작
한다. 그다음에 알파벳의 각 문자를 순회하여 해당 문자가 해시 테이블에 있는
지 확인한다. 포함되지 않은 문자가 있으면 문자열에서 해당 문자가 없다는 뜻
이므로 이를 반환한다.

```python
def find_missing_letter(string):
    hash_table = {}

    for char in string:
        hash_table[char] = True

    alphabet = "abcdefghijklmnopqrstuvwxyz"

    for char in alphabet:
        if not hash_table.get(char):
            return char

    return None
```

4. 다음 함수는 문자열의 각 문자를 순회하면서 시작한다. 만약 해시 테이블에 없
는 문자가 있으면 이 문자를 키로, 1을 값으로 하여 해시 테이블에 추가해서 지
금까지 한 번 발견되었음을 나타낸다. 해당 문자가 이미 해시 테이블에 있으면
값만 1 증가시킨다. 문자 "e"의 값이 3이면 문자열에 "e"가 3개 있다는 뜻이다.

그다음에 문자를 다시 한번 순회하며 문자열에서 중복되지 않는 첫 번째 문자
를 반환한다. 이 알고리즘은 $O(N)$이다.

```python
def first_non_duplicate(string):
    hash_table = {}

    for char in string:
        if hash_table.get(char):
            hash_table[char] += 1
        else:
            hash_table[char] = 1
```

```
    for char in string:
        if hash_table.get(char) == 1:
            return char

    return None
```

9장

다음은 9장 연습 문제(161쪽)의 해답이다.

1. 당연히 전화를 건 사람에게 친절하게 대하려면 전화를 받은 순서대로 응대해야 할 것이다. 이를 위해 데이터를 선입선출(FIFO) 방식으로 처리하는 큐를 사용한다.

2. 이제 스택의 최상위 요소인 4를 읽을 수 있다. 이전에 4 위에 있던 6과 5를 팝했기 때문이다.

3. 1과 2를 디큐했으므로 지금 맨 앞에 있는 3을 읽을 수 있다.

4. 스택에서는 각 항목을 푸시한 순서와 반대로 팝하기 때문에 이러한 이점을 활용할 수 있다. 따라서 먼저 문자열의 각 문자를 스택에 푸시한다. 그런 다음 스택에서 각 문자를 하나씩 팝하여 새 문자열의 끝에 추가한다.

```
import stack as stack_module

def reverse(string):
    stack = stack_module.Stack()
    new_string = ""

    for char in string:
        stack.push(char)

    while stack.read():
        new_string += stack.pop()

    return new_string
```

여기서 언급된 stack_module은 9장의 '추상 데이터 타입'에서 구현한 Stack 클래스이며, stack.py 파일에 저장되어 있다.

10장

다음은 10장 연습 문제(174쪽)의 해답이다.

1. 이 함수의 기저 조건은 if low > high:이다. 즉, low가 high를 초과하면 재귀를 중지한다. 그렇지 않으면 high보다 더 큰 숫자들까지 출력하게 되고, 무한대로 계속될 것이다.

2. 무한 재귀에 빠진다! factorial(10)은 factorial(8)을 호출하고, 이는 다시 factorial(6)을 호출하고, 이는 다시 factorial(4)를 호출하고, 이는 다시 factorial(2)를 호출하고, 이는 다시 factorial(0)을 호출한다. 기저 조건이 if number == 1이라면 number는 1이 되는 경우가 없으므로 재귀 호출은 계속된다. 결국 factorial(0)은 factorial(-2)를 호출하고 이런 식으로 계속 진행된다.

3. low가 1이고 high가 10이라고 해 보자. sum(1, 10)을 호출하면 10 + sum(1, 9)가 반환된다. 즉, 1부터 9까지의 합(sum)이 무엇이든 10과 더해진 합이 반환된다. sum(1, 9)는 sum(1, 8)을 호출하고, 이는 다시 sum(1, 7)을 호출하고, 이런 식으로 이어진다.

   우리는 마지막 호출이 단순히 숫자 1을 반환하는 sum(1, 1)이 되길 원한다. 이게 바로 기저 조건이 된다.

```
def sum(low, high):
    # 기저 조건
    if high == low:
        return low

    return high + sum(low, high - 1)
```

4. 이 접근 방식은 10장의 '파일시스템 순회'에서 살펴본 디렉터리 이름 출력 예제와 비슷하다.

```
def print_all_items(array):
    for value in array:
        # 현재 값이 파이썬 '리스트', 즉 배열이면
        if isinstance(value, list):
            print_all_items(value)
        else:
            print(value)
```

여기서는 외부 배열(array)의 각 항목을 순회한다. 만약 값이 또 다른 배열이면 해당 부분 배열에 대해 함수를 재귀적으로 호출한다. 그렇지 않으면 단순히 값을 화면에 출력하는 기저 조건이 된다.

11장

다음은 11장 연습 문제(200쪽)의 해답이다.

1. 여기서 작성하려는 함수 이름을 character_count라고 부르자. 첫 번째 단계는 character_count 함수가 이미 구현됐다고 가정하는 것이다.

   다음으로 하위 문제를 파악해야 한다. 우리 문제가 배열 ["ab", "c", "def", "ghij"]이라면 하위 문제는 하나의 문자열이 누락된 같은 배열일 수 있다. 구체적으로 하위 문제를 배열에서 **첫 번째** 문자열을 뺀 ["c", "def", "ghij"]라고 가정하자.

   이제 하위 문제에 '이미 구현된' 함수를 적용하면 어떤 결과가 나오는지 살펴보자. character_count(["c", "def", "ghij"])를 호출하면 총 8개의 문자가 있으므로 반환 값은 8이 된다.

   따라서 원래 문제를 해결하려면 하위 문제에서 character_count 함수를 호출한 결과에 첫 번째 문자열("ab")의 길이를 더하기만 하면 된다.

   이 함수는 다음과 같이 구현할 수 있다.

```python
def character_count(array):
    # 기저 조건: 배열이 비었을 때
    if not array:
        return 0

    return len(array[0]) + character_count(array[1:])
```

   여기서 기저 조건은 빈 배열이며, 이때 셀 문자 개수가 0이 된다.

2. 우선 select_even 함수가 이미 작동한다고 상상해 보자. 그다음에 하위 문제를 확인해 보자. 예를 들어 배열 [1, 2, 3, 4, 5]에서 짝수를 모두 선택하려고 하면 첫 번째 숫자를 제외한 배열의 모든 숫자가 하위 문제라고 할 수 있다. 따라서 select_even([2, 3, 4, 5])가 이미 작동하여 [2, 4]를 반환한다고 해 보자.

배열의 첫 번째 숫자는 1이므로 [2, 4]만 반환하면 된다. 하지만 배열의 첫 번째 숫자가 0이었다면 0을 더한 [0, 2, 4]를 반환해야 할 것이다.

기저 조건은 빈 배열이다.

이 함수는 다음과 같이 구현할 수 있다.

```python
def select_even(array):
    if not array:
        return []

    if array[0] % 2 == 0:
        return [array[0]] + select_even(array[1:])
    else:
        return select_even(array[1:])
```

3. 삼각수의 정의는 n에 수열의 이전 수를 더한 값으로, 여기서 n은 수열에서 해당 숫자의 위치를 나타낸다. (예를 들어 수열의 일곱 번째 숫자를 계산한다면 n은 7이다.) 이 함수 이름이 triangle이면 n + triangle(n – 1)로 간단히 표현할 수 있다. 여기서 기저 조건은 n이 1일 때이다.

```python
def triangle(n):
    if n == 1:
        return 1

    return n + triangle(n - 1)
```

4. 구현하려는 함수 이름이 index_of_x이며, 이 함수가 이미 구현되어 있다고 가정하자. 다음으로 하위 문제가 문자열에서 첫 번째 문자를 뺀 것이라고 가정한다. 예를 들어 입력 문자열이 "hex"라면 하위 문제는 "ex"이다.

이제 index_of_x("ex")는 1을 반환한다. 원래 문자열에서 "x"의 인덱스를 계산하려면 문자열 앞에 "h"가 추가되면서 "x"의 인덱스가 하나 밀리기 때문에 여기에 1을 더해야 한다. 다음은 이 함수 코드이다.

```python
def index_of_x(string):
    if string[0] == "x":
        return 0

    return index_of_x(string[1:]) + 1
```

5. 이 문제는 계단 문제와 비슷하다. 차근차근 살펴보자.

시작 위치에서 움직일 수 있는 선택지는 두 가지뿐이다. 한 칸 오른쪽으로 이동하거나 한 칸 아래로 이동할 수 있다.

즉, 고유한 최단 경로의 총 개수는 S의 오른쪽 칸에서 오는 경로 개수와 S의 아래 칸에서 오는 경로 개수를 더한 값이다.

S의 오른쪽 칸에서 오는 경로 개수는 다음 그림에서 볼 수 있듯이 3행 6열로 구성된 격자에서 계산한 경로 개수와 같다.

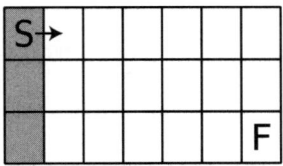

S의 아래 칸에서 오는 경로 개수는 2행 7열로 구성된 격자의 경로 개수와 같다.

재귀를 사용하면 이를 멋지게 표현할 수 있다.

```
return unique_paths(rows - 1, columns) + unique_paths(rows, columns - 1)
```

이제 기저 조건만 추가하면 된다. 기저 조건으로는 행 또는 열이 하나만 있을 때로, 이 경우에는 갈 수 있는 경로가 하나뿐이기 때문이다.

완성된 함수는 다음과 같다.

```
def unique_paths(rows, columns):
    if rows == 1 or columns == 1:
        return 1

    return unique_paths(rows - 1, columns) + \
        unique_paths(rows, columns - 1)
```

12장

다음은 12장 연습 문제(217쪽)의 해답이다.

1. 여기서 문제는 함수를 실행할 때마다 자기 자신을 **두 번** 재귀 호출한다는 것이다. 함수를 실행할 때마다 자기 자신을 한 번만 호출하도록 만들어 보자.

```python
def add_until_100(array):
    if not array:
        return 0

    sum_of_remaining_numbers = add_until_100(array[1:])

    if array[0] + sum_of_remaining_numbers > 100:
        return sum_of_remaining_numbers
    else:
        return array[0] + sum_of_remaining_numbers
```

2. 다음은 메모이제이션을 사용한 버전이다.

```python
def golomb(n, memo):
    if n == 1:
        return 1
    if n not in memo:
        memo[n] = 1 + golomb(n - golomb(golomb(n - 1, memo), memo), memo)
    return memo[n]
```

3. 여기서 메모이제이션을 수행하려면 행 수와 열 수를 모두 고려한 키를 만들어야 한다. 이를 위해 행과 열을 함께 사용하여 키를 만들 수 있다.

```python
def unique_paths(rows, columns, memo):

    if rows == 1 or columns == 1:
        return 1

    if (rows, columns) not in memo:
        memo[(rows, columns)] = (unique_paths(rows - 1, columns, memo)
                                 + unique_paths(rows, columns - 1, memo))

    return memo[(rows, columns)]
```

배열 [rows, columns] 대신 파이썬 튜플(tuple)인 (rows, columns)를 키로 사용했다. 파이썬에서는 배열을 해시 테이블 키로 사용할 수 없기 때문이다. 이 책에서는 튜플에 대해 다루지는 않았지만, 간단히 말하자면 튜플은 불변의 배열이다. 즉, 튜플은 한 번 생성되면 절대 변경할 수 없다.

13장

다음은 13장 연습 문제(244쪽)의 해답이다.

1. 숫자를 정렬하면 가장 큰 숫자 3개가 배열 끝에 있게 되므로 이들을 곱하기만 하면 된다. 정렬에는 $O(N \log N)$이 걸린다.

```python
def greatest_product_of_3(array):
    array.sort()

    return array[-1] * array[-2] * array[-3]
```

(이 코드는 배열에 값이 최소 3개 있다고 가정한다. 그렇지 않을 때 배열을 처리하는 코드를 추가할 수 있다.)

2. 배열을 미리 정렬하면 각 숫자는 자신의 인덱스에 있을 것이다. 즉, 0은 인덱스 0에, 1은 인덱스 1에 있어야 하는 식이다. 그다음에 배열을 순회하여 인덱스와 같지 않은 숫자를 찾을 수 있다. 해당 숫자를 찾으면 누락된 숫자를 건너뛰었다는 사실을 알 수 있다.

```python
def find_missing_number(array):
    array.sort()

    for index, num in enumerate(array):
        if num != index:
            return index

    return None
```

정렬에는 $N \log N$단계가 걸리고 이후 루프에는 N단계가 걸리므로 $(N \log N) + N$이 된다. 하지만 추가된 N은 $N \log N$에 비해 낮은 차수이므로 $(N \log N) + N$을 $O(N \log N)$으로 축약할 수 있다.

3. 다음 구현은 중첩 루프를 사용하며 $O(N^2)$이다.

```
def max(array):
    if not array:
        return None

    for i in array:
        i_is_greatest_number = True

        for j in array:
            if j > i:
                i_is_greatest_number = False

        if i_is_greatest_number:
            return i
```

다음 구현은 단순히 배열을 정렬하고 마지막 숫자를 반환한다. 이 정렬은 $O(N \log N)$이다.

```
def max(array):
    if not array:
        return None

    array.sort()

    return array[-1]
```

마지막 구현은 배열을 한 번씩만 순회하기 때문에 $O(N)$이다.

```
def max(array):
    if not array:
        return None

    greatest_number_so_far = array[0]

    for number in array:
        if number > greatest_number_so_far:
            greatest_number_so_far = number

    return greatest_number_so_far
```

14장

다음은 14장 연습 문제(268쪽)의 해답이다.

1. 간단한 while 루프를 사용할 수 있다.

```python
def print_list(self):
    current_node = self.first_node

    while current_node:
        print(current_node.data)
        current_node = current_node.next_node
```

2. 이중 연결 리스트를 사용하면 마지막 노드에 바로 접근할 수 있으며 '이전 노드' 링크를 따라 이전 노드들에 접근할 수 있다. 기본적으로 이 코드는 문제 1을 반대로 구현한 코드이다.

```python
def reverse_print(self):
    current_node = self.last_node

    while current_node:
        print(current_node.data)
        current_node = current_node.previous_node
```

3. 여기서는 while 루프로 각 노드를 순회한다. 그러나 앞으로 이동하기 전에 노드의 링크를 통해 다음 노드가 **있는지** 미리 확인한다.

```python
def last(self):
    current_node = self.first_node

    while current_node.next_node:
        current_node = current_node.next_node

    return current_node.data
```

재미 삼아 재귀로 구현한 버전도 소개한다.

```python
def recursive_last(self, current_node=None):
    if not current_node:
        current_node = self.first_node
```

```
    if current_node.next_node:
        return self.recursive_last(current_node.next_node)
    else:
        return current_node.data
```

4. 기존의 연결 리스트를 역순으로 뒤집으려면 세 변수를 추적하면서 리스트를 순
   회하면 된다.

   기본 변수는 순회하는 기본 노드인 current_node이다. 또한 current_node 바
   로 다음에 있는 노드인 next_node도 추적한다. 그리고 current_node 바로 이전
   에 있는 노드인 previous_node도 추적한다. 다음 그림을 보자.

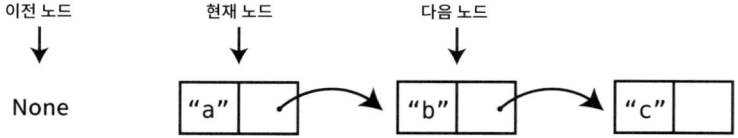

처음에는 current_node가 첫 번째 노드이고, previous_node는 None을 가리킨
다. 즉, 첫 번째 노드 앞에는 노드가 없다.

   세 변수를 설정하면 루프를 시작하면서 알고리즘을 실행한다.

   먼저 루프 안에서 current_node의 링크가 previous_node를 가리키도록 변경
한다.

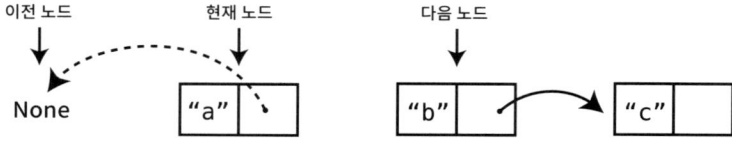

그다음에 모든 변수를 오른쪽으로 이동한다.

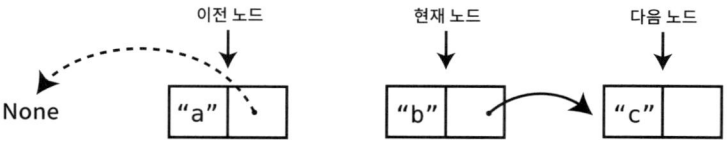

루프를 다시 시작해 current_node의 링크가 previous_node를 가리키도록 변경
하는 과정을 리스트 끝에 도달할 때까지 반복한다. 리스트 끝에 도달하면 리스

트가 완전히 뒤집힌다.

이 알고리즘은 다음과 같이 구현할 수 있다.

```python
def reverse(self):
    previous_node = None
    current_node = self.first_node

    while current_node:
        next_node = current_node.next_node
        current_node.next_node = previous_node

        previous_node = current_node
        current_node = next_node

    self.first_node = previous_node
```

5. 믿기 어렵겠지만 앞에 있는 어떤 노드에도 접근하지 않고 중간 노드를 삭제할 수 있다.

다음은 문제 상황을 나타낸 그림이다. 4개의 노드 중 노드 "b"에만 접근할 수 있다. 즉, 링크는 기존 연결 리스트에서 **앞쪽**만 가리키기 때문에 노드 "a"에는 접근할 수 없다. 이를 점선으로 표시했는데, 즉 점선 왼쪽에 있는 노드에는 접근할 수 없다.

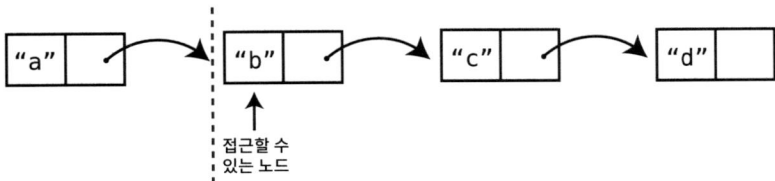

(노드 "a"에 접근하지 못하더라도) 노드 "b"를 삭제하는 방법은 다음과 같다. 명확하게 하기 위해 노드 "b"를 접근할 수 있는 첫 번째 노드라는 의미로 '접근 노드'라고 부르겠다.

먼저 접근 노드 **다음**에 있는 노드를 가져와 그 데이터를 복사하여 접근 노드의 데이터를 덮어쓴다. 예제에서는 문자열 "c"를 접근 노드에 복사하는 것에 해당한다.

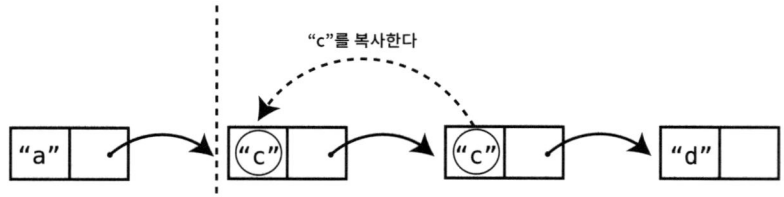

그다음에 접근 노드의 링크를 변경하여 오른쪽으로 **두 번째**에 있는 노드를 가리키도록 한다. 이렇게 하면 원래의 "c" 노드가 사실상 삭제된다.

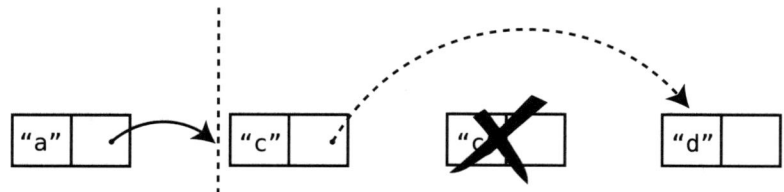

이에 대한 코드는 짧고 간단하다.

```
def delete_node(node):
    node.data = node.next_node.data
    node.next_node = node.next_node.next_node
```

15장

다음은 15장 연습 문제(301쪽)의 해답이다.

1. 트리는 다음과 같은 모습이어야 한다. 루트 노드에는 오른쪽 하위 트리만 있고 왼쪽 하위 트리가 없으므로 균형이 맞지 않는다.

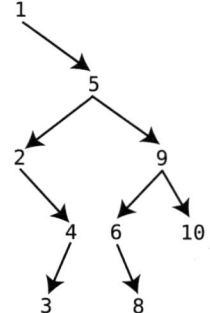

2. 균형 잡힌 이진 탐색 트리에서의 검색은 최대 log(N)단계가 필요하다. 따라서 N이 1,000이면 검색에는 최대 10단계가 필요하다.

3. 이진 탐색 트리에서 가장 큰 값은 항상 오른쪽 맨 아래에 있는 노드이다. 맨 아래에 도달할 때까지 각 노드의 오른쪽 자식을 재귀적으로 따라가면 이 값을 찾을 수 있다.

```python
def max(node):
    if node.right_child:
        return max(node.right_child)
    else:
        return node.value
```

4. 전위 순회는 다음 순서대로 이동한다.

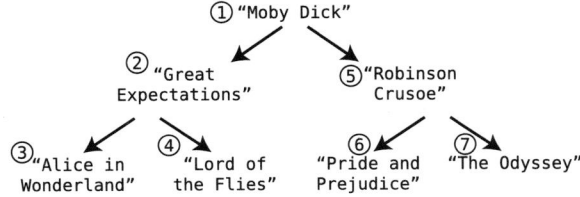

5. 후위 순회는 다음 순서대로 이동한다.

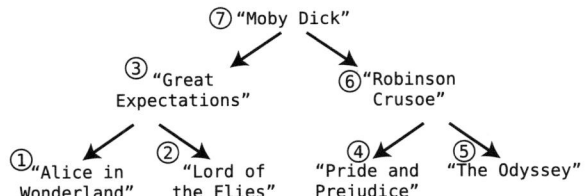

16장

다음은 16장 연습 문제(327쪽)의 해답이다.

1. 11을 삽입하면 힙은 다음과 같은 모양이 된다.

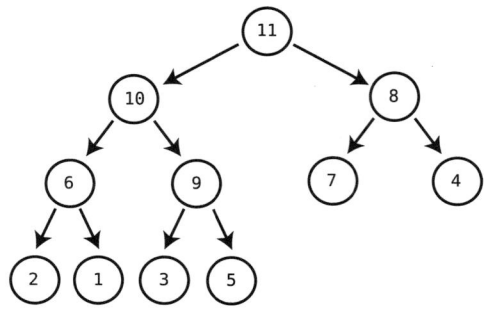

2. 루트 노드를 삭제하면 힙은 다음과 같은 모양이 된다.

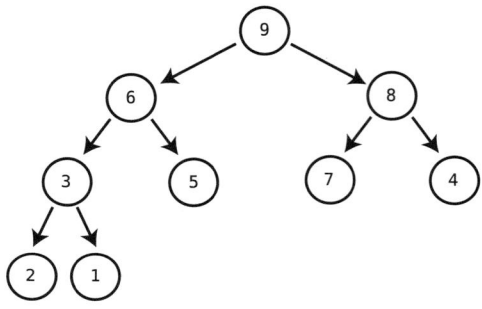

3. 숫자들은 완벽한 내림차순이 된다. (최대 힙이면 그렇다. 최소 힙이면 **오름차순**
   이 된다.)

   이게 무슨 의미인지 아는가? 방금 또 다른 정렬 알고리즘을 발견했다는 뜻
   이다!

   힙 정렬(Heapsort)은 모든 값을 힙에 삽입한 후, 각 값을 꺼내는 정렬 알고리
   즘이다. 연습 문제에서 볼 수 있듯이 값은 항상 정렬된 순서가 된다.

   퀵 정렬과 마찬가지로 힙 정렬도 $O(N \log N)$이다. 힙에 값을 N개 삽입해야
   하고, 삽입할 때마다 $\log N$단계가 필요하기 때문이다.

   효율성을 극대화하려는 더 멋진 버전의 힙 정렬도 있지만, 기본 개념은 같다.

17장

다음은 17장 연습 문제(352쪽)의 해답이다.

1. 트라이는 단어 'tag, tan, tank, tap, today, total, we, well, went'를 저장한다.

2. 단어 'get, go, got, gotten, hall, ham, hammer, hill, zebra'를 저장하는 트라이를 보자.

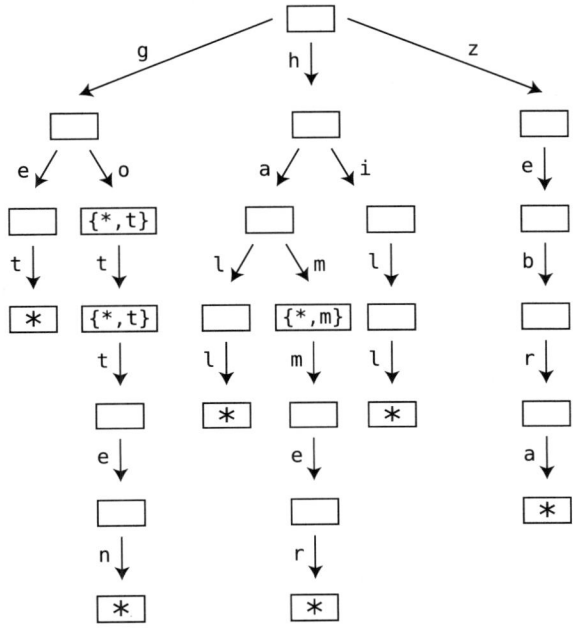

3. 다음 코드는 트라이의 노드에서 시작하여 각 자식을 순회한다. 자식 노드마다 키를 출력한 후 자식 노드에서 자신을 재귀적으로 호출한다.

```python
def traverse(self, node=None):
    current_node = node or self.root

    for key, child_node in current_node.children.items():
        print(key)

        if key != "*":
            self.traverse(child_node)
```

4. autocorrect 함수는 search 함수와 collect_all_words 함수를 조합해 구현했다.

```python
def autocorrect(self, word):
    current_node = self.root
    word_found_so_far = ""
```

```
for char in word:
    if current_node.children.get(char):
        word_found_so_far += char
        current_node = current_node.children.get(char)
    else:
        return word_found_so_far + \
            self.collect_all_words([], current_node)[0]

return word
```

기본적인 방식은 먼저 트라이를 검색해 가능한 한 많은 접두사를 찾는 것이다. 트라이의 끝에 도달하면 (search 함수처럼) None을 반환하는 대신 현재 노드에서 collect_all_words를 호출하여 해당 노드로부터 파생된 모든 접미사를 수집한다. 그다음에 배열의 첫 번째 접미사를 접두사와 연결하여 사용자에게 새로운 단어를 제안한다.

18장

다음은 18장 연습 문제(411쪽)의 해답이다.

1. 사용자가 'nails'를 검색하면 온라인 스토어는 'nail polish', 'needles', 'pins', 'hammer'를 추천한다.

2. 깊이 우선 탐색의 순서는 다음 그림과 같이 A-B-E-J-F-O-C-G-K-D-H-L-M-I-N-P가 된다.

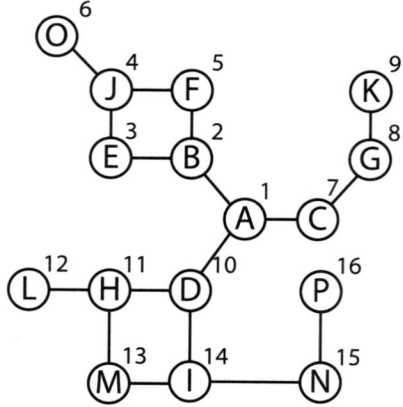

3. 다음 그림에서 볼 수 있듯이 너비 우선 탐색의 순서는 A-B-C-D-E-F-G-H-I-J-K-L-M-N-O-P이다.

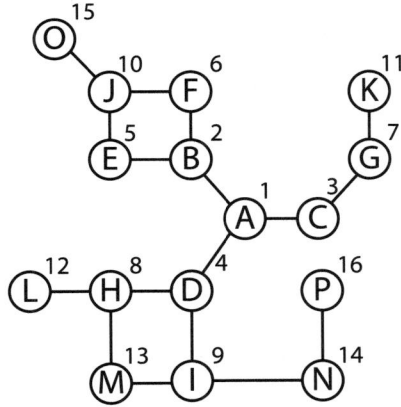

4. 다음은 너비 우선 탐색을 구현한 코드이다.

```python
import queue_implementation

def bfs(starting_vertex, search_value):
    queue = queue_implementation.Queue()
    visited_vertices = {}
    visited_vertices[starting_vertex.value] = True
    queue.enqueue(starting_vertex)

    while queue.read():
        current_vertex = queue.dequeue()
        if current_vertex.value == search_value:
            return current_vertex

        for adjacent_vertex in current_vertex.adjacent_vertices:

            if not visited_vertices.get(adjacent_vertex.value):
                visited_vertices[adjacent_vertex.value] = True
                queue.enqueue(adjacent_vertex)

    return None
```

5. **가중치가 없는** 그래프에서 최단 경로를 찾기 위해 너비 우선 탐색을 사용하겠다. 너비 우선 탐색의 주요 특징은 시작 정점에 최대한 가까이 머무른다는 것이다. 이 특징이 최단 경로를 찾는 데 핵심적인 역할을 한다.

이를 소셜 네트워킹 예제에 적용해 보겠다. 너비 우선 탐색은 가능한 한 이드리스 주변에서 수행되므로 먼저 최단 경로로 리나를 찾게 된다. 탐색 후반부에야 더 긴 경로로 리나를 찾는다. 사실 리나를 찾으면 바로 탐색을 중단할 수도 있다. (잠시 후에 나오는 코드는 실행이 일찍 끝나지 않지만 그렇게 하도록 수정할 수 있다.)

따라서 각 정점을 처음 방문할 때마다 **현재** 정점이 **항상 시작** 정점에서 방문 중인 **정점**까지의 최단 경로에 포함된다는 사실을 알 수 있다. (너비 우선 탐색을 사용하면 현재 정점과 방문 중인 정점이 반드시 같지 않아도 된다.)

예를 들어 리나를 처음 방문하면 카밀이 현재 정점이 된다. 너비 우선 탐색에서는 사샤를 거쳐 리나를 만나기 전에 카밀을 거쳐 리나를 먼저 만나기 때문이다. (카밀을 통해) 리나를 방문하면 이드리스에서 리나까지의 최단 경로가 카밀을 경유한다는 사실을 해시 테이블에 저장할 수 있다. 이 해시 테이블은 데이크스트라 알고리즘의 cheapest_previous_stopover_city_table과 비슷하다.

실제로 **모든** 정점을 방문할 때마다 이드리스에서 해당 정점까지의 최단 경로는 현재 정점을 통과하게 된다. 이 **모든** 데이터를 previous_vertex_table이라는 해시 테이블에 저장한다.

마지막으로 이 데이터를 사용하여 리나에서 이드리스까지 거슬러 올라가면서 두 정점 사이의 정확한 최단 경로를 구성할 수 있다.

코드를 살펴보자.

```
import queue_implementation

def shortest_path(first_vertex, second_vertex, visited_vertices):
    queue = queue_implementation.Queue()
    previous_vertex_table = {}

    visited_vertices[first_vertex.value] = True
    queue.enqueue(first_vertex)

    while queue.read():
        current_vertex = queue.dequeue()

        for adjacent_vertex in current_vertex.adjacent_vertices:
            if not visited_vertices.get(adjacent_vertex.value):
                visited_vertices[adjacent_vertex.value] = True
                queue.enqueue(adjacent_vertex)
                previous_vertex_table[adjacent_vertex.value] = \
```

```
                    current_vertex.value

    shortest_path = []
    current_vertex_value = second_vertex.value

    while current_vertex_value != first_vertex.value:
        shortest_path.insert(0, current_vertex_value)
        current_vertex_value = \
            previous_vertex_table.get(current_vertex_value)

    shortest_path.insert(0, first_vertex.value)

    return shortest_path
```

19장

다음은 19장 연습 문제(424쪽)의 해답이다.

1. 공간 복잡도는 $O(N^2)$이다. 왜냐하면 이 함수가 문자열이 N^2개인 collection 이라는 배열을 생성하기 때문이다.

2. 이 구현은 N개의 항목을 포함하는 new_array를 생성하므로 $O(N)$의 공간을 차지한다.

3. 이 구현에서 사용한 알고리즘은 다음과 같다. 첫 번째 항목과 마지막 항목을 제자리에서 교환한다. 그다음에 두 번째 항목과 끝에서 두 번째 항목을 제자리에서 교환한다. 이어서 세 번째 항목과 끝에서 세 번째 항목을 제자리에서 교환한다. 이런 식으로 계속 진행한다. 모든 작업이 제자리에서 이루어지고 새 데이터를 생성하지 않기 때문에 공간 복잡도는 $O(1)$이다.

```python
def reverse(array):
    i = 0

    while i < len(array) // 2:
        mirror_of_i = len(array) - 1 - i
        array[i], array[mirror_of_i] = array[mirror_of_i], array[i]

        i += 1

    return array
```

(파이썬 내부에서는 교환할 때마다 임시 변수를 생성할 수 있지만, 알고리즘이 실행되는 동안에 저장하는 데이터는 그것뿐이다.)

4. 완성된 표는 다음과 같다.

버전	시간 복잡도	공간 복잡도
버전 1	$O(N)$	$O(N)$
버전 2	$O(N)$	$O(1)$
버전 3	$O(N)$	$O(N)$

세 버전 모두 배열의 숫자 개수만큼의 단계로 실행되므로 시간 복잡도는 모두 $O(N)$이다.

버전 1은 2배로 증가한 숫자를 저장하기 위해 새 배열을 생성한다. 이 배열은 원래 배열과 길이가 같으므로 $O(N)$의 공간을 차지한다.

버전 2는 원래 배열을 제자리에서 수정하므로 추가 공간을 전혀 차지하지 않는다. 이는 $O(1)$로 표현한다.

버전 3도 원래 배열을 제자리에서 수정한다. 하지만 함수가 재귀적이기 때문에 정점에 도달한 호출 스택에는 N개의 호출이 쌓여 있으므로 $O(N)$의 공간을 차지한다.

20장

다음은 20장 연습 문제(465쪽)의 해답이다.

1. "마법처럼 $O(1)$ 시간 만에 원하는 정보를 찾을 수 있다면 알고리즘을 더 빠르게 만들 수 있을까?"라고 자문하면 알고리즘을 최적화할 수 있다.

좀 더 구체적으로 말하자면 하나의 배열을 순회할 때 다른 배열에서 해당 선수를 $O(1)$ 시간에 '마법처럼' 찾아낸다면 좋을 것이다. 그러려면 먼저 배열 중 하나를 해시 테이블로 변환하면 된다. 성과 이름을 키로 사용하고, True(또는 임의의 값)를 값으로 사용한다.

배열 하나를 해시 테이블로 변환한 후 다른 배열을 순회한다. 각 선수를 발견할 때마다 해시 테이블에서 $O(1)$ 조회를 수행하여 해당 선수가 이미 다른 종목에도 참가하는지 확인한다. 참가한다면 해당 선수를 배열 multisport_athletes에 추가하고, 함수 끝에서 배열을 반환한다.

이 접근 방식을 구현한 코드는 다음과 같다.

```python
def find_multisport_athletes(array_1, array_2):
    hash_table = {}
    multisport_athletes = []

    for athlete in array_1:
        hash_table[athlete["first_name"]
                + " "
                + athlete["last_name"]] = True

    for athlete in array_2:
        if hash_table.get(athlete["first_name"]
                + " "
                + athlete["last_name"]):
            multisport_athletes.append(athlete["first_name"]
                        + " "
                        + athlete["last_name"])

    return multisport_athletes
```

이 알고리즘은 두 배열을 한 번씩만 순회하므로 $O(N + M)$이다.

2. 이 알고리즘은 예제를 만들어 패턴을 찾아보는 방법이 크게 도움이 된다.
정수가 6개인 배열에서 매번 다른 정수를 제거하면 어떻게 되는지 살펴보자.

```
[1, 2, 3, 4, 5, 6] : missing 0: sum = 21
[0, 2, 3, 4, 5, 6] : missing 1: sum = 20
[0, 1, 3, 4, 5, 6] : missing 2: sum = 19
[0, 1, 2, 4, 5, 6] : missing 3: sum = 18
[0, 1, 2, 3, 5, 6] : missing 4: sum = 17
[0, 1, 2, 3, 4, 6] : missing 5: sum = 16
```

한번 보자. 0을 제거하면 합계는 21이 된다. 1을 제거하면 합계는 20이 된다. 그
리고 2를 제거하면 합계는 19가 된다. 이는 확실히 패턴처럼 보인다!

더 알아보기 전에 21을 '전체 합'이라고 부르겠다. 전체 합은 0이 누락된 배열
의 합이다.

예제들을 주의 깊게 분석하면 어떤 배열의 합이든 전체 합에서 **누락된 숫자만
큼** 작다는 것을 알 수 있다. 예를 들어 4가 누락된 배열의 합은 17로 21보다 4가
작다. 그리고 1이 누락된 배열의 합은 20으로 21보다 1이 작다.

따라서 전체 합이 얼마인지 계산하는 것부터 알고리즘을 시작할 수 있다. 그런 다음 전체 합에서 실제 합계를 빼면 누락된 숫자가 된다.

이를 위한 코드는 다음과 같다.

```python
def find_missing_number(array):
    full_sum = 0

    for num in range(1, len(array) + 1):
        full_sum += num

    current_sum = 0

    for num in array:
        current_sum += num

    return full_sum - current_sum
```

이 알고리즘은 $O(N)$이다. 전체 합을 계산하는 데 N단계가 걸리고, 실제 합계를 계산하는 데 또 N단계가 걸린다. 이는 $2N$단계이지만 $O(N)$으로 축약할 수 있다.

3. 탐욕 알고리즘을 사용하면 함수를 훨씬 빠르게 만들 수 있다. (우리 코드가 주식에서 최대한의 수익을 내기 위해 노력하고 있다는 점을 감안하면 이는 놀랄 일도 아니다.)

최대한의 수익을 내기 위해 가능한 한 낮은 가격에 매수하고 높은 가격에 매도하고자 한다. 탐욕 알고리즘은 첫 번째 가격을 buy_price로 지정하면서 시작한다. 그다음에 모든 가격을 순회하면서 더 낮은 가격을 찾으면 그 가격을 새로운 buy_price로 지정한다.

마찬가지로 가격을 순회하면서 해당 가격에 판매하면 얼마나 수익을 많이 내는지 확인한다. 이는 현재 가격에서 buy_price를 빼서 계산한다. 욕심을 부려서 이 수익을 변수 greatest_profit에 저장한다. 모든 가격을 순회하면서 **더 큰 수익**을 발견할 때마다 이를 greatest_profit으로 바꾼다.

가격을 모두 순회하고 나면 greatest_profit에는 주식을 한 번 사고팔 때 얻을 수 있는 최대 이익이 저장된다.

다음은 이 알고리즘의 코드이다.

```
def find_greatest_profit(array):
    buy_price = array[0]
    greatest_profit = 0

    for price in array:
        potential_profit = price - buy_price

        if price < buy_price:
            buy_price = price
        elif potential_profit > greatest_profit:
            greatest_profit = potential_profit

    return greatest_profit
```

가격 N개를 한 번만 순회하므로 이 함수는 $O(N)$ 시간이 걸린다. 우리는 많은 돈을 심지어 빠르게 벌었다.

4. 이 알고리즘도 예제를 만들어 패턴을 찾아보면 최적화하는 데 큰 도움이 된다. 문제에서 언급했듯이 최대 곱의 결과가 음수일 수도 있다. 다양한 배열 예제에서 두 숫자로 구성된 최대 곱들을 살펴보자.

```
[-5, -4, -3, 0, 3, 4] -> 최대 곱: 20 (-5 * -4)
[-9, -2, -1, 2, 3, 7] -> 최대 곱: 21 (3 * 7)
[-7, -4, -3, 0, 4, 6] -> 최대 곱: 28 (-7 * -4)
[-6, -5, -1, 2, 3, 9] -> 최대 곱: 30 (-6 * -5)
[-9, -4, -3, 0, 6, 7] -> 최대 곱: 42 (6 * 7)
```

이 예제들을 보면 가장 큰 곱은 가장 큰 두 숫자 또는 **가장 작은** 두 숫자(음수)로만 구성될 수 있다.

이를 염두에 두고 다음 네 가지 숫자를 추적하도록 알고리즘을 설계해야 한다.

- 가장 큰 숫자
- 두 번째로 큰 숫자
- 가장 작은 숫자
- 두 번째로 작은 숫자

그다음에 가장 큰 두 숫자의 곱과 가장 작은 두 숫자의 곱을 비교한다. 두 곱 중에 더 큰 곱이 배열에서 가장 큰 곱이 된다.

이제 가장 큰 두 숫자와 가장 작은 두 숫자를 어떻게 찾을까? 배열을 정렬하면 쉬울 것이다. 하지만 여전히 $O(N \log N)$이고, 문제에 따르면 $O(N)$까지 달성해야 한다.

실제로 배열을 **한 번만 순회하면** 숫자 네 개를 모두 찾을 수 있다. 이제 다시 욕심을 부릴 때이다.

다음은 코드와 그에 대한 설명이다.

```python
def greatest_product(array):
    greatest_number = float("-inf")
    second_to_greatest_number = float("-inf")

    lowest_number = float("inf")
    second_to_lowest_number = float("inf")

    for number in array:
        if number >= greatest_number:
            second_to_greatest_number = greatest_number
            greatest_number = number
        elif number > second_to_greatest_number:
            second_to_greatest_number = number

        if number <= lowest_number:
            second_to_lowest_number = lowest_number
            lowest_number = number
        elif number < second_to_lowest_number:
            second_to_lowest_number = number

    greatest_product_from_two_highest = (greatest_number
                                * second_to_greatest_number)

    greatest_product_from_two_lowest = (lowest_number
                                * second_to_lowest_number)

    if (greatest_product_from_two_highest
        > greatest_product_from_two_lowest):
        return greatest_product_from_two_highest
    else:
        return greatest_product_from_two_lowest
```

루프를 시작하기 전에 가장 큰 숫자(greatest_number)와 두 번째로 가장 큰 숫자(second_to_greatest_number)를 **음의** 무한대로 설정한다. 이렇게 하면 현재 배열에 있는 어떤 숫자보다 **낮게** 시작하게 된다.

그다음에 각 숫자를 순회한다. 현재 숫자가 greatest_number보다 크면 욕심을 부려 현재 숫자를 새로운 greatest_number로 바꾼다. 이미 second_to_greatest_number를 찾았으면 현재 숫자에 도달하기 전의 greatest_number로 second_to_greatest_number를 재할당한다. 이렇게 하면 second_to_greatest_number가 실제로 두 번째로 큰 숫자가 된다.

현재 순회하고 있는 숫자가 greatest_number보다 작지만 second_to_greatest_number보다 크면 second_to_greatest_number가 현재 숫자가 되도록 업데이트한다.

같은 과정을 거쳐 lowest_number와 second_to_lowest_number를 찾는다.

숫자 네 개를 모두 찾으면 가장 큰 두 숫자의 곱과 가장 작은 두 숫자의 곱을 계산하여 더 큰 곱을 반환한다.

5. 알고리즘 최적화의 핵심은 한정된 수의 값을 정렬한다는 사실이다. 구체적으로 말하면 이 배열에서 찾을 수 있는 온도 측정값은 다음 11가지뿐이다.

```
95, 96, 97, 98, 99, 100, 101, 102, 103, 104, 105
```

입력 배열이 다음과 같다고 해 보자.

```
[98, 99, 95, 105, 104, 99, 101, 99, 101, 97]
```

온도 배열을 **해시 테이블**이라고 상상해 보면 각 온도를 키로, 측정 횟수를 값으로 저장할 수 있다.

그러면 다음과 같은 형태가 된다.

```
{98: 1, 99: 3, 95: 1, 105: 1, 104: 1, 101: 2, 97:1}
```

이를 염두에 두고 95에서 105까지 수행하는 루프를 실행하여 해당 온도가 **해시 테이블에 몇 번 등장했는지 확인한다.** 이러한 조회는 각각 $O(1)$ 시간밖에 걸리지 않는다.

그다음에 등장 횟수를 사용해 새 배열을 채운다. 루프가 95에서 105까지 올라가도록 설정되어 있으므로 배열은 완벽한 오름차순으로 완성된다.

다음은 이를 위한 코드이다.

```python
def sort_temperatures(array):
    hash_table = {}

    for temperature in array:
        if temperature in hash_table:
            hash_table[temperature] += 1
        else:
            hash_table[temperature] = 1

    sorted_temperatures = []
    temperature = 95

    while temperature <= 105:
        if temperature in hash_table:
            for i in range(hash_table[temperature]):
                sorted_temperatures.append(temperature)

        temperature += 1

    return sorted_temperatures
```

이제 알고리즘의 효율성을 분석해 보자. 해시 테이블 생성에 N단계를 거친다. 그런 다음 95에서 105까지 가능한 모든 온도에 대해 루프를 11번 실행한다.

루프의 각 반복에서 중첩 루프를 실행하여 sorted_temperatures를 온도 값으로 채운다. 하지만 내부 루프는 입력 배열의 **온도 N개보다 더 많이 실행되지 않는다.** 내부 루프는 원래 배열의 온도마다 한 번씩만 실행되기 때문이다.

따라서 해시 테이블을 생성하는 데 N단계, 외부 루프에 11단계, 내부 루프에는 N단계가 필요하다. 이는 $2N + 11$이며 $O(N)$으로 줄어든다.

이 알고리즘은 **계수 정렬**(counting sort)이라고 하는 고전적인 정렬 알고리즘이다. 입력 값의 범위가 비교적 작을 때 유용하게 사용할 수 있으며, 지금처럼 가능한 값이 11개뿐인 상황에 특히 적합하다.

6. 이 최적화는 내가 지금까지 본 사례 중 가장 뛰어나게 마법의 조회를 사용한다.

숫자 배열을 순회하다가 5를 발견했다고 해 보자. 마법의 조회 질문을 해 보자. "$O(1)$ 시간 만에 원하는 정보를 마법처럼 찾을 수 있다면 알고리즘을 더 빠르게 만들 수 있을까?"

5가 가장 긴 연속 수열의 일부인지 확인하려면 배열에 6이 있는지 알아야 한다. 또한 7이 있는지, 8이 있는지 등도 알고 싶을 것이다.

배열의 모든 숫자를 해시 테이블에 먼저 저장하면 이러한 조회를 각각 $O(1)$ 시간에 수행할 수 있다. 즉, 배열 [10, 5, 12, 3, 55, 30, 4, 11, 2]의 데이터를 해시 테이블로 옮기면 다음과 같다.

```
{10: True, 5: True, 12: True, 3: True, 55: True,
 30: True, 4: True, 11: True, 2: True}
```

이때 2를 발견하면 해시 테이블에서 다음 숫자를 계속 확인하는 루프를 실행할 수 있다. 다음 숫자를 찾으면 현재 수열의 길이를 하나씩 증가시킨다. 수열에서 다음 숫자를 찾을 수 없을 때까지 루프는 이 과정을 반복한다. 이 조회는 각각 1단계 만에 이뤄진다.

하지만 이게 어떻게 도움이 되는지 묻고 싶을 수 있다. 배열이 [6, 5, 4, 3, 2, 1]이라고 해 보자. 6을 순회할 때는 그로부터 쌓이는 수열이 없다는 것을 알 수 있다. 5에 도달하면 5-6 수열을 찾을 수 있다. 4에 도달하면 4-5-6 수열을 찾을 수 있다. 3에 도달하면 3-4-5-6 수열을 찾을 수 있다. 결국 모든 수열을 찾는 데 약 $N^2/2$단계가 걸린다.

답은 현재 숫자가 수열의 **가장 작은 숫자**일 때만 수열 만들기를 시작한다는 것이다. 따라서 배열에 3이 있을 때는 수열 4-5-6을 만들지 않는다.

하지만 현재 숫자가 수열의 가장 작은 숫자인지 어떻게 알 수 있을까? 마법의 조회를 수행하면 알 수 있다!

어떻게? 수열을 찾는 루프를 실행하기 전에 해시 테이블을 $O(1)$ 조회하여 **현재 숫자보다 1이 작은** 숫자가 있는지 확인한다. 따라서 현재 숫자가 4라면 먼저 배열에 3이 있는지 확인한다. 3이 있으면 수열을 만들지 않는다. 해당 수열의 가장 작은 숫자부터 시작하는 수열만 만들며, 그렇지 않으면 중복 단계가 생긴다.

다음은 이를 위한 코드이다.

```python
def longest_sequence_length(array):
    hash_table = {}
    greatest_sequence_length = 0

    for number in array:
```

```
        hash_table[number] = True

    for number in array:
        if not hash_table.get(number - 1):
            current_sequence_length = 1
            current_number = number

            while hash_table.get(current_number + 1):
                current_number += 1
                current_sequence_length += 1

                if current_sequence_length > greatest_sequence_length:
                    greatest_sequence_length = current_sequence_length

    return greatest_sequence_length
```

이 알고리즘에서는 해시 테이블을 만드는 데 N단계가 걸린다. 또한 배열을 순
회하는 데 또 N단계가 걸린다. 그리고 해시 테이블에서 숫자를 조회하여 다른
수열을 만드는 데 또 다른 N단계가 걸린다. 전체적으로 이 알고리즘은 약 $3N$이
며, 이는 $O(N)$으로 줄어든다.

찾아보기